Berlin

Text von Hans Scholz
mit Bildlegenden
in Deutsch, Englisch und Französisch
Fotos von Anno Wilms

Süddeutscher Verlag

Mit 97 Farbaufnahmen von Anno Wilms

Schutzumschlag: Rudolf Miggisch
Vorderseite: Kurfürstendamm
Rückseite: Brandenburger Tor

Vorsatzkarte: Christl Aumann

Übersetzungen der Bildlegenden:
Patricia Goehl (englisch), Janine Impertro (französisch).

1981 · 15. Tausend

ISBN 3-7991-5958-4

© 1977 Süddeutscher Verlag GmbH, München. Alle Rechte vorbehalten.
Printed in Germany.
Reproduktion: Repro Zwölf, Wien
Druck: Karl Wenschow GmbH, München
Bindearbeit: Conzella Urban Meister, München

Inhalt

Rom-Orakel und Kreml-Politik 9
Unbeackertes Forschungsfeld: Metropoleologie 10
Metropoleologische Glossen 21
Berlin historio-hydrographisch 34
Onomastische Anmerkungen 49
Berlin, Numen, Nomen, Omen, ... 56
Berlin, geographisch, topographisch nebst etwas Politik . . . 77
Vom verschwundenen Reich 99
Berlin, Mischung und Mentalität 112
Berlin strukturell soziologisch 129
Berlin, geistige Metropolis 148
Berlin Feindlage 175
Bildlegenden 196
Explanation of Plates 201
Explication des illustrations 207

Bildverzeichnis

1 Schloß Charlottenburg, Kuppel
2 Schloß Charlottenburg, Ansicht der Gartenfassade
3 Belvedere im Park des Schlosses Charlottenburg
4 Kurfürstendamm mit Gedächtniskirche bei Nacht
5 Café am Kurfürstendamm
6 Shopping auf dem Kurfürstendamm
7 Das Europacenter
8 Europacenter, Innenhof mit Wasserplastik ›Archimedisches Spiralobjekt‹ von Hein Sinken
9 Blick vom Europacenter nach Westen
10 Hansaviertel mit Spreeufer
11 Schloß Bellevue im Tiergarten
12 Der ›Englische Garten‹ im Tiergarten
13 Tiergarten, Neuer See
14 Skulpturenhof der Nationalgalerie und Matthäikirche
15 Nationalgalerie mit Bronzeplastik von Henry Moore
16 ›Performance‹ in der Akademie der Künste
17 Ruine des Anhalter Bahnhofs
18 Das Reichstagsgebäude
19 Die Philharmonie
20 Olympiastadion
21 S-Bahngelände mit Funkturm am Abend
22 Berliner Nachtleben – eine senegalesische Tänzerin
23 Berliner Nachtleben – in einem Transvestitenlokal
24 Modeschau im Hotel Kempinsky
25 Jazzkonzert in der Philharmonie
26 »Empedokles Hölderlin lesen« in der Schaubühne am Halleschen Ufer
27 »Warten auf Godot« im Schillertheater
28 Freie Universität, Institut für Geisteswissenschaften
29 Staatsbibliothek
30 Technische Universität, Institut mit Plastik von Rudolf Gräsel
31 Max-Planck-Institut für Bildungsforschung in Dahlem
32 Völkerkundemuseum in Dahlem, Abteilung Südsee
33 Klinikum Steglitz der Freien Universität
34 Botanischer Garten
35 Museumsdorf in Düppel
36 Zoologischer Garten
37 Tauentzien- und Wittenbergplatz von oben

38 Bismarckstraße mit der Deutschen Oper
39 Am Lietzensee
40 Charlottenburg, Christstraße
41 Ernst-Reuter-Platz bei Nacht
42 Deutsch-Französisches Volksfest
43 Kongreßhalle
44 U-Bahnhof Fehrbelliner Platz
45 Rathaus Schöneberg
46 Die Mauer
47 Brandenburger Tor
48 Marienkirche
49 Ehemaliges Zeughaus, Museum für Deutsche Geschichte
50 Neue Wache
51 Altes Museum
52 Alexanderplatz
53 Glienicker Brücke
54 Schloß Köpenick
55 Schloß Glienicke
56 Sanssouci
57 Segeln auf der Havel
58 Badewiese am Halensee
59 Lübars
60 Buddhistischer Tempel in Frohnau
61 Sanddünen in Heiligensee
62 Acker vor dem Märkischen Viertel
63 Ausflugslokal am Tegeler See (Tegel Ort)
64 Am Tegeler See
65 Schloß Tegel
66 Zitadelle Spandau mit Juliusturm
67 Spandau, Am Kolk
68 Spandau, Ritterstraße
69 Spandau, Standbild des Kurfürsten Joachim II.
70 Spandauer Schleuse
71 Südhafen Spandau
72 Autobahndreieck am Funkturm
73 Kraftwerk Reuter
74 Kreuzberg, Adalbertstraße
75 Berlin-Museum in der Lindenstraße
76 Berlin-Museum, Weißbierstube

77 *Kreuzberg, Leierkastenmann am Chamissoplatz*
78 *Mehringplatz*
79 *Türkisches Geschäft in Kreuzberg*
80 *Kreuzberger Gören*
81 *Stadtpanorama über Tiergarten und Ost-Berlin*
82 *Kreuzberg, zwischen Linden- und Friedrichstraße*
83 *Zillehof*
84 *Nachtpanorama bei Vollmond*
85 *Wilhelm-Foerster-Sternwarte*
86 *Drachenflieger am Teufelsberg*
87 *Trabrennbahn Mariendorf*
88 *Alt-Mariendorf*
89 *Dorfkirche Mariendorf*
90 *Märkisches Viertel*
91 *Jagdschloß Grunewald*
92 *Moorlake*
93 *Flughafen Tegel, Schalterhalle*
94 *Am Strandbad Wannsee*
95 *Pfaueninsel, Schloß*
96 *Siegessäule*
97 *Im Grunewald im Winter*

Rom-Orakel und Kreml-Politik

> »Rahel hat öfter gesagt: ›In Berlin hält sich nichts, alles kommt herunter, wird ruppig, ja wenn der Papst nach Berlin käme, so bliebe er nicht lange Papst, er würde was Ordinaires, ein Bereiter etwa.‹ . . . Jene Eigenschaft Berlins aber wäre tiefer zu erforschen, sie deutet auf eine scharfe Macht unentwickelter Größe und kann, zum Positiven entwickelt, Berlins höchsten Ruhm tragen . . .«
>
> (Varnhagen von Ense, 1841)

Ein gelehrteres, gescheiteres und poetischeres Historienbuch als Ferdinand Gregorovius' ›Geschichte der Stadt Rom im Mittelalter‹ gibt es weder zu diesem Thema noch überhaupt – wenn man von der ›Geschichte der Stadt Athen im Mittelalter‹ des gleichen Verfassers absieht.

Der evangelische Kreisjustizratssohn aus Neidenburg in Ostpreußen hatte zunächst nur eine beträchtliche Forschungslücke schließen wollen. Denn als er sich 1854 an Ort und Stelle an das Riesenwerk machte, bot, im authentischen Zeugnis einer Fülle antiker Autoren und zahlloser archäologischer Hinterlassenschaften, zwar das alte Rom ein weitgehend geschlossenes oder rekonstruierbares Bild; auch ließ sich, wenngleich undeutlichen Anfangs, die Geschichte des Papsttums zusammenhängend darstellen. Wie es aber in christlicher Zeit um die Stadt selbst bestellt gewesen war, war nur in spärlichen Andeutungen ersichtlich. So setzte Gregorovius die Jahre 410 und 1527, für die ›Urbs aeterna‹ sehr fatale Jahre, als Grenzdaten seiner Forschungen und begann, diese bewegten elf Jahrhunderte einer Stadtgeschichte in gebührendes und – Einzelheiten ausgenommen, die inzwischen korrigiert werden mußten – immer noch gültiges Licht zu rücken.

Aber als wolle Roma ihrem nachdrücklichsten Verherrlicher und Ehrenbürger die vielzitierte, oft beschworene Ewigkeit erneut bestätigen, wurde die Ewige Stadt fünfviertel Jahre, bevor Gregorovius im Jahre 1872 den Schlußstrich unter den achten und letzten Band seines Meisterwerks ziehen konnte, als königliche Hauptstadt des geeint erstandenen Italiens im Handstreich mit einer auffrischenden Funktion versehen; ohne darüber ihre herkömmliche katholische, die antike Größe abgewandelt tradierende Bedeutung als ›Cathedra Petri‹ einzubüßen; wenn auch der Heilige Stuhl im Zuge der Ereignisse, die am 20. September 1870 angefangen hatten, seines weltlichen Herrscheramtes hatte entsagen müssen. (Anno Christi 438, gerade am Beginn der finstersten Zeiten, hatte man im Codex Theodosianus von Konstantinopel aus der ehemaligen Kaiserstadt am Tiber den Ehrentitel – und das Trostpflaster – der ›Ewigen‹ zugesprochen.)

Schicksalsschwere Verschränkung der Fakten und Daten: Am 18. Juli 1870 hatte das Vatikanische Konzil zugunsten der Unfehlbarkeit des Papstes entschieden, und sechs Wochen danach war am 2. September die Schlacht von Sedan geschlagen worden, was jenen antifranzösischen ›Marsch auf Rom‹ vom 20. September zur unmittelbaren Folge hatte. Am 18. Januar 1871 wurde, ebenfalls Folge jenes entscheidenden Sieges über die Franzosen, die preußische Königsstadt fern an der Spree zur Reichshauptstadt und kaiserlichen Residenz erhoben. Aber auch die leidigen Jahre des ›Kulturkampfes‹ standen bevor: 1873 sollte Virchow den zweischneidigen Begriff prägen: Bismarck also contra Pius IX., der unbeschadet der weltlichen Machteinbußen, die er hatte hinnehmen müssen, zumindest die innerkirchliche Geltung des Papstes, aber auch seinen allgemeinen Einfluß hatte erheblich steigern können; Berlin also contra Rom, Berlin als Anti-Rom! Und soviel vorweg, zu zeigen, in welch größeren, aber nicht zu großen Zusammenhängen die berlinischen Dinge hier betrachtet werden sollen.

Als Nationalliberaler war Gregorovius ein abgesagter Feind des »germanischen Chauvinismus in Berlin«, den er da am unguten Werk sah oder zu sehen glaubte, und meinte vielmehr den Tag vorauszusehen, da die soeben verjüngte Roma, ihrem historischen Rang noch ange-

1 *Die Fortuna auf der Charlottenburger Schloßkuppel*
Fortuna on the Cupola of Charlottenburg Palace
La Fortune sur le dôme du château de Charlottenbourg

2 *Schloß Charlottenburg, Parkansicht*
Charlottenburg Palace, View from the Park
Le château de Charlottenbourg, vue du parc

messener, in supranationaler Funktion »*nach Jahrhunderten wieder der Sitz der Völker sein wird, wenn das Papsttum nicht mehr besteht, sondern seine Stelle der Präsident der europäischen Staatenunion einnimmt*«. Solchem utopischen Orakel eines Romverzückten gegenüber, der aber ganz gewiß nun kein Ultramontaner gewesen ist, stecke eine Sentenz des Chefarchitekten der Sowjetbotschaft zu Berlin Unter den Linden, eine Sentenz also aus sowjetischem Munde, unser Betrachtungsfeld ab: Anatol Pawljewitsch Strijewski beantwortete 1948 meine Frage, warum denn gerade dieses Botschaftsgebäude so sehr viel größer aufgeführt werde als andere Botschaften, die er gebaut habe, zu meiner Verblüffung dahingehend, daß in einem künftigen Sowjeteuropa, an dem er ganz offensichtlich keinen Augenblick zweifelte, nicht Moskau etwa die Metropole sein werde, sondern Berlin, woselbst dann die schloßartigen Dimensionen seiner Ambassade nur die angemessenen sein würden. Was er da preisgab, deutete ohne Frage auf eine Direktive, die ihm seinerzeit vom Obersten Sowjet erteilt worden sein muß. Wahrscheinlich gehört diese auf lange Sicht geplante Rangerhöhung Berlins noch nach wie vor zu den Zielen der Kreml-Politik; das Ringen und Rangeln um Berlin seit 1945 fände so seine plausible Erklärung.

Unbeackertes Forschungsfeld: Metropoleologie

»Ich habe immer die entschiedene Neigung gehabt, die Geschichte von Völkern und Staaten im Rahmen ihrer historischen Städte zu betrachten.«
(Ferdinand Gregorovius)

Des Gregorovius römischen und italienischen Studien schlossen sich griechische und byzantinische Studien an, die aber in noch ärgere Kenntnislücken stießen. ›*Die Geschichte der Stadt Athen im Mittelalter*‹, so er 1880 in einem Brief von dort, »*sie fehlt noch ganz und gar*«. Dieser Satz des 59jährigen versprach aber bereits Thema und Titel des großartigen Werkes, das dann neun Jahre später in zwei Bänden auch wirklich erscheinen sollte. Doch zu einer dritten Arbeit solchen Umfangs und Anspruchs, über Jerusalem nämlich, die er gleichwohl ins Auge gefaßt hatte, reichten weder Kräfte mehr noch Lebensdauer.
Die zünftige Wissenschaft hat seinem Werk – vielleicht wegen der belletristischen, auch gar feuilletonistischen Komponenten – zurückhaltend gegenübergestanden; wie sie auch, weil nicht gefunden werden durfte, was gefälligst Sage zu sein und zu bleiben hatte, Schliemann, den Troia-Ausgräber, nicht hat anerkennen wollen, dessen unbestreitbare Genialität aber Gregorovius wahlverwandschaftlich geschätzt hat. Mag Politisches hinzugekommen sein: einen Lehrstuhl hat Gregorovius jedenfalls niemals innegehabt. Und so blieb ein weites Feld der Forschung, das eine auf ihm fußende, in seinen Spuren weiter denkende und gehende Schule erfolgreich hätte bestellen können, blieb ein Forschungsgebiet, das doch nicht bloß Historiogeographie wäre und etwa Metropoleologie zu heißen hätte, bis auf diesen Tag unbestellt. Es wird, wohlverstanden mit der gebotenen Zurückhaltung, noch zu zeigen versucht werden, inwiefern Berlin trotz seines geringen Alters, wenn man seine Ausstattung mit deutschem Stadtrecht zugrunde legt, mit in die Reihe der gedachten, sagen wir der heroischen

3 Das Belvedere oder Teehaus im Charlottenburger Schloßpark

The Belvedere or Teahouse in the grounds of Charlottenburg Palace

Le Belvédère ou la maison de thé dans le parc du château de Charlottenbourg

Städte gehört. Städte von der Art, die wir hier meinen, sind schöpferische Hervorbringungen großer Kollektive und mithin unter kollektivpsychologischen Gesichtspunkten zu betrachten, wie wenig man derer auch hat. Solche Städte werden zu Individuen, die von der Menschenansammlung, die das Stadtareal behaust, in sehr langen Fristen gebildet werden. Mit der Zeit und nach ihrer Art ziehen sie die Rolle des geschichtlichen Handelns an sich und erheischen Berücksichtigung als selbständige Akteure, als Personen geradezu. Dies ist ein eigengesetzlicher Vorgang, ein unwillkürlicher, der durch einen Gründungsakt oder durch dirigistische Maßnahmen nicht schon automatisch in Gang zu setzen noch auch in Gang zu halten ist. Doch sind einigermaßen langlebige Metropolen auch schon aus regelrechten und planvollen Gründungen erwachsen, Antiochia zum Beispiel. Nicht aber das ägyptische Alexandria, dem schon die Siedlung Rhakotis vorausging, deren Alter nicht mehr bestimmt werden kann. Über die Gründung Berlins ist nur zu mutmaßen.

Das hervorbringende Kollektiv muß weder von rassischer noch völkischer Einheit sein. Aufgrund ethnischer Einheitlichkeit scheint die bezeichnende auszeichnende Weltverbindlichkeit vielmehr gar nicht entstehen zu können. Die Frühgeschichte der heroischen Städte, auch der vergleichsweise moderneren wie Paris, London, Moskau oder gar New York als einer sehr jungen Zeitigung, läßt jedenfalls durchweg Rassenüberschichtung und weiterhin Rassen- und Völkermischung erkennen. Und nun erst Jerusalem! Schon der vorisraelische Name Uruschalimu (um 2000 v. Chr.) verweist auf nichthebräische, vielleicht andersrassige Vorbewohner bis ins 4. Jahrtausend hinauf. Als um 1000 v. Chr. Uruschalimu zur Stadt Davids wurde, hörte sie auf, eine Königsstadt der kanaanitischen Jebusiter zu sein. Auch der andere Name Jerusalems, Zion, ist etymologisch sicherlich vorhebräisch.

Und was hat diese geprüfte Stadt vor allen ihresgleichen seitdem nicht für Eroberer und Beherrscher gesehen, die doch jeweils auch eine neue Bewohnerschicht einführten und als forterbende Zubuße hinterließen: Assyrer, Perser, Griechen, Römer, Araber, Seldschuken, Ägypter, Franken, Türken, Juden, Jordanier, Israelis. Sie sah und sieht den Zuzug ungezählter Bekenner so vieler Sekten und Unterkirchen über kaum abzusehende Zeiten hin, sieht den Strom der Touristen und Pilger – sah Touristen und Pilger schon, ehe denn die Kreuzzüge begannen. Hat die heftigsten Auseinandersetzungen um die Macht über sich erleiden müssen, erleidet sie noch, hat Zerstörung und Entweihung ertragen, aber sich dem Phönix gleich immer wieder aus der Asche erhoben: Brennpunkt der Weltpolitik und Streitobjekt Nr. 1. Vollständiger kann die Loslösung, die überdauernde Verselbständigung, die Unabhängigkeit eines reifen Stadtindividuums von welcher sie beherrschenden Macht auch immer, von welcher sie tragenden Bevölkerung nicht gedacht werden.

Denn selbst das Kommen und Gehen etlicher Hochkulturen, in deren Umkreis und Schnittpunkt sich Jerusalem befunden hat, konnte diese Stadt, nur sich selber treu, durchleben und überleben, zuletzt die griechisch-römische und die byzantinisch-arabische, in die dann das Abendland mit den Kreuzzügen eingriff. Im heutigen Zionistenstaat Israel finden sich Okzident und Orient wiederum konfrontiert, in gewisser Beziehung sogar innerhalb der Israelis selbst. Berlin aber, dessen relative Vergleichbarkeit hier allerdings noch zu erweisen sein wird, ist nur eine abendländische Stadt. Als solche steht sie in einer, für das Europa außerhalb des Limes, ersten Hochkultur, während London und Paris als Römerstädte, die sie waren (Provinzstädte damals freilich nur) doch schon ihre zweite Hochkultur erleben, diesmal in führender Rolle. Daraus resultieren selbstverständlich Unterschiede, nicht der Kategorie, wohl aber der Gereiftheit und Sublimierung. Dies hat oder hätte jede Beurteilung Berlins billigerweise zu berücksichtigen.

Auf der anderen Seite besteht, faßt man die deutschen Verhältnisse ins Auge, eine grundsätzliche Andersartigkeit im Vergleich mit denjenigen unserer Landeshauptstädte, die auch Stammeshauptstädte sind. Dort war und ist es auch jetzt noch der umwohnende Stamm, der den Charakter des Stammeszentrums prägte und prägt. Diese

4   *Kurfürstendamm, Ecke Uhlandstraße um 21 Uhr 19*
    Kurfürstendamm, corner of Uhlandstraße at 9.19 p.m.
    Le Kurfürstendamm, au coin de la rue Uhland, à 21 h 19

5   *Junges Café am alten Kurfürstendamm*
    Young Café on the old Kurfürstendamm
    Un café jeune sur l'ancien Kurfürstendamm

6   *Straßenhandel auf dem Kurfürstendamm*
    Street-trade on the Kurfürstendamm
    Commerce ambulant sur le Kurfürstendamm

Zentren sind als schöne Ausblühungen zu betrachten, sind Stammesleistungen, Stammesrepräsentationen. Bis heute – oder noch bis vor kurzem – ist oder war ihnen auch eine spezifische Ländlichkeit eigen, die sie anheimelnd macht oder machte und die man aus metropolischer Sicht nicht einfach als Provinzialität abtun darf. Lange fungierten sie ganz selbstverständlich als Residenzen der Landesväter und atmen sogar heute noch etwas wie Hofluft. Das war in Berlin aber keineswegs so, wie noch dargetan werden wird.
Auch die Sprache einer solchen Stammeshauptstadt stimmt alles in allem mit der des Stammes überein; gebürtige Darmstädter zum Beispiel sprechen untereinander nicht wesentlich anders als die Bauern draußen, und die Großherzogin zu Hessen und bei Rhein regiert in so manchem Gemüt, eingestanden oder nicht, noch leise weiter oder ist doch in schweigendem Consensus Darmstadts *first lady*. Berlin hingegen hat sich sehr früh schon der märkischen Umwohnersprache entschlagen und sein eigenes, oft gelästertes Idiom entwickelt. Ja, man kann heute sogar den gegenläufigen, noch laufenden Prozeß feststellen: das Berlinische, selbst immer noch in Wandel und weiterer Entfaltung, hat während der letzten hundert Jahre das märkische Platt dergestalt verdrängt, daß in einem Umkreis von 100 Kilometern nichts anderes mehr als ein, allenfalls leicht abgewandeltes Berlinisch zu vernehmen ist. Das Berlinische ist die *Koine* der Mark Brandenburg geworden und hatte zuzeiten auch schon angesetzt, die deutsche *Koine* zu werden. Fontane aber, der märkische Wanderer vor hundert Jahren, hat auf dem Lande draußen noch durchgehend und ausschließlich die niederdeutsche Zunge gehört, die ihm als Neuruppiner vertraut und geläufig war.
Diese Verdrängung der Landessprache durch einen Stadtjargon, der sich immer mehr zur Sprache verselbständigte, ist ein bezeichnender Vorgang und nur aus der Metropolität Berlins zu erklären. Freilich war Berlin in seinem Einzugsbereich eben auch niemals eine Stammeshauptstadt und brauchte demgemäß über eine verbindlich anhaftende Paganität und Erdenschwere nicht erst hinauszuwachsen. Die umwohnenden Märker sind zwar ein besonderer Schlag innerhalb der deutschen Völker, sind dies aber nicht als Stamm, sondern als koloniale Mischung, die noch besonders aufzuschlüsseln sein wird, insofern sie auch die Grundsubstanz der berlinischen Mischung bildet.
Berlin ist in der Mark entstanden und aufgewachsen, gehört darin aber nicht etwa zu den ältesten Stadtsiedlungen. Brandenburg und Havelberg, die Städte, sind, wie ihre germanischen Namen besagen, älter. Aber auch die weniger betagten slawischen Burgplätze Potsdam, Spandau und Köpenick gab es schon in vorberlinischer Zeit. Diese Gegebenheiten machen die Deutung des Phänomens Berlin nicht eben leichter. Sicher aber ist, daß Berlin ohne den dicht verflochtenen Zusammenhang mit der Mark nicht dargestellt werden kann. Ja, man muß, ohne es jedesmal eigens zu unterstreichen, Berlins märkisches Umland als dauernden Coeffizienten mit in Rechnung stellen oder im Sinn behalten. Tatsächlich ist ja Berlin erst in den 80er Jahren des 19. Jahrhunderts aus dem Verwaltungsverband der Mark ausgegliedert worden und hat sich andrerseits 1921 wieder erhebliche Teile angrenzenden märkischen Bodens samt Städten und Dörfern einverleibt.
Aber Provinzialität, verstockte, auf die eigene Rückständigkeit als Tugend wohl auch noch pochende Borniertheit und Philisterei gehören zur nachteiligen Kehrseite des Metropolenwesens: Berlin zum Beispiel hat die Mark weitgehend ausgesaugt – ich spreche insbesondere von der Kaiserzeit, aber auch noch von der Weimarer Republik – und viele märkische Stadtgeschwister zu Pauperismus und Provinzialität verurteilt.

7 *Das Europa-Center im Zentrum West-Berlins*
The Europa Centre in the heart of West Berlin
L'Europa Center au coeur de Berlin-Ouest

Metropoleologische Glossen

>»In voller Jugend glänzen sie,
>Da schon Jahrtausende vergangen:
>Der Zeiten Wechsel raubet nie
>Das Licht von ihren Wangen.
>Hier aber unter unserm Blick
>Verfällt, vergeht, verschwindet alles:
>Der Erde Pracht, der Erde Glück
>Droht eine Zeit des Falles.«
>
>(Johann Gottfried Herder)

Von welcher Bevölkerungszahl an die symbiotische Wohn- und Wirtschaftsgemeinschaft namens Stadt Züge von einschlägiger Genialität und, über praktische Tüchtigkeit hinaus, Anziehungskraft und über diese hinaus Ausstrahlungskraft gewinnt, wann also erfaßbare Quantitäten in unwägbare, aber leuchtende Qualitäten umschlagen, wäre eine der ersten Fragen, die sich die Metropoleologie zu stellen hätte. Wie immer auch hängen zwar Metropolität und Bürgeranzahl zusammen, doch ist zum Beispiel das alte *Jerusalem* nie sonderlich volkreich gewesen; dies zu schließen, legt der heutige Mauergürtel nahe: er ist türkisch. Die jebusitische Mauer der Davidsstadt umfaßte aber nicht einmal ein Zwanzigstel der jetzigen Altstadt. Das um noch vieles ältere Jericho, das schon um 8000 v. Chr. bestand, ist, obschon in schöner Oasenlage, zuzeiten zwar ebenso groß, niemals aber Metropole gewesen. Ehrwürdiges Alter und bevorzugte Lage tun es demnach nicht.

Es versteht sich allerdings, daß Metropolenbildung in frühen Menschheitszeiten nicht schon auf Millionen von Bewohnern beruhen konnte, und andrerseits leuchtet es ein und ist ersichtlich, daß beim heutigen Stand der Weltbevölkerung von vier Milliarden Menschen nicht jede Millionen- oder Mehrfach-Millionenstadt schon in jene schöpferische Glut geraten kann, um die es hier geht. Also tut es auch die Einwohnerzahl nicht allein und bleibt nur zu konstatieren, daß der Vorgang der metropolischen Individuation selten und immer rar gewesen ist. Nicht jede vorauszusetzende Rassenmischung verbürgt auch schon geistige Früchte.

Im Laufe der deutschen Geschichte bilden die volkreichsten Schwerpunkte eine nach Nordost verlaufende Kette:

Basel mit rund 40000 Einwohnern im 14. Jahrhundert bis zum Erdbeben von 1356, ist 1812 mit nur 15000 Bürgern die größte Stadt der Schweiz.

Nürnberg galt zur Dürer-Zeit mit ebenfalls 40000 Bürgern als größte deutsche Stadt, zählte aber 1812 nur noch 27000 in seinen Mauern.

Magdeburg zählte im 17. Jahrhundert vor seiner Zerstörung von 1631 35000 Seelen und erst 1812 wieder 30000.

Berlin hatte im 18. Jahrhundert beim Tode Friedrichs des Großen 145000 Häupter einschließlich der Garnison nebst Weibern, Kind und Kegel; zu welcher Zeit Wien, Metropole bereits, Kelten-, Römer- und Slawenstadt, bevor sie deutsch wurde, schon auf 200000 Wiener ohne Militärpersonen und deren Anhang blicken konnte.

Die ersten drei Angaben machen jeweils Stagnierung und Rückgang nach der Hochblüte deutlich, was noch augenfälliger wäre, schlüge nicht derweilen eine allgemeine Bevölkerungszunahme zu Buche. Zu einer überdauernden Prävalenz wenigstens vermöge der Kopfzahl reichte es selbst bei dem großartigen genie-gesegneten Nürnberg nicht. Deutschlands Schwerpunkt suchte, als folge er ganz eigenen Gesetzen, erst noch seinen Platz und fand ihn zielstrebig im Nordosten, und zwar schon lange bevor das Bismarckreich Tatsache wurde, in Berlin.

Ein Blick auf die kulturelle Schwerpunktbildung in Deutschland zeigt je südwestlicher desto früher ein Fruchtbarwerden, zeigt aber ebenso eine entsprechende Verlagerung nach Nordost im Laufe der Zeiten:

Basel und *Straßburg* blühen schon im Hochmittelalter,

Augsburg und *Nürnberg* in der Zeit um 1500,

Wittenberg jählings im 16. Jahrhundert bis 1547

8 *Lichthof im Innern des Europa-Centers*
   Courtyard within the Europa Centre
   Cour à l'intérieur de l'Europa Center

9 *Blick vom Europa-Center nach Westen*
   View from the Europa Centre towards the West
   Vue vers l'ouest du haut de l'Europa Center

als Lutherstadt und kursächsische Residenz; nachdem die Kurwürde an die sächsisch-albertinische Linie übergegangen ist, kann aus deren bescheidener Herzogstadt Dresden erst ein ›Elbflorenz‹ werden, während die Universität zu Wittenberg gar bald an ihrem starren Dogmatismus lutherischer Observanz verholzt –
Dresden und *Weimar* im 18. Jahrhundert,
Berlin und *Königsberg*, dieses besonders im späten 18. Jahrhundert und
Berlin im 19. und 20. Jahrhundert bis 1945 vor allen deutschen Städten, wenn auch nicht ohne Rivalitäten und von provinzieller Engsicht bestritten:
Kulturschwerpunkt und größte Bewohneransammlung waren in zündende Kongruenz getreten, in Konjunktion, in den potentiellen Stand der Metropolität. (Daß eine gesonderte Betrachtung der vordem römischen Städte und desgleichen eine der Hansestädte hier beiseite zu lassen ist, gebietet das Thema; wesentliche Änderungen an obiger Aufstellung ergäben sich nicht.)
Diese innerdeutsche Gewichteverlagerung von Südwest nach Nordost ist ein Teilphänomen des innereuropäischen Kulturgefälles. Doch ist früh datierbare Kulturüberlegenheit nicht auch als konstant gegeben anzusehen und kein Lorbeer, auf dem man sich für immer ausruhen könnte. Indes will man es namentlich am Rhein, in den alten römischen Grenzgarnisonen so halten; für den cisrhenanischen Kölner liegt ja sogar schon das rechtsrheinische Deutz im kulturellen Unland ›up de schäl sig‹, welche Beurteilung ganz gewiß vor zweitausend Jahren zutreffend gewesen ist. Daran ist also etwas, aber nicht mehr allzuviel.
Die abendländische Kultur entzündete sich an den Berührungsflächen der germanischen Neu- und Zubesiedlung mit dem Römerreich, wo der Boden zudem durch keltische Zwischenkultur schon günstig aufbereitet war, oder auf dem römischen Reichsboden selbst, wie weit immer sich die germanische Wanderung über diesen hinbreitete, und ergriff dann erst – gegenläufig und gewissermaßen zurückschwappend – Schritt für Schritt die Aufbruchsgebiete der Wanderung, denen das Ingenium einer Hochkultur nie zuvor zuteil geworden war. Das daraus resultierende Kulturgefälle samt dem Wandern des schöpferischen Schwerpunktes hat von dort her Motivierung und Fallgesetzlichkeit. Als Eigenerzeugnis aus ›wilder Wurzel‹ scheint übrigens noch nirgends etwas wie Kultur erwachsen zu sein und also auch die abendländische nicht; es stehe mit altamerikanischen und ostasiatischen wie es wolle. Hier heißt die Kette des Gebens und Empfangens, ebenfalls gefällegesetzlich, nach ihren wichtigsten Gliedern: *Ägypten, Kreta, Hellas, Rom, Byzanz, Abendland*.
Das Christentum zudem ist als unabdingbarer Teil der Zivilisation *Roms* von den angesiedelten oder den kriegerisch einrückenden Germanen angenommen worden. Ob Christi Lehre aus sich heraus und ohne den attraktiven römischen Unterbau soviel missionierende Kraft gehabt hätte, ist noch die Frage. Vor die ungehobelten Germanen trat es aber als Staatsreligion einer in jeder Beziehung und über alle Maßen faszinierenden Hochkultur hin. Der Vorgang, der zur willenlosen Preisgabe des eigenen Götterglaubens führte, muß eine tief schmerzende Wunde hinterlassen haben: Rom im alten betörenden Goldglanz der Heidenzeit, von dem sie Kunde hatten, das sie teils auch kannten, die Ewige Stadt, die auch den christlichen *Pontifex maximus* noch mit einer augustäischen, kaisermächtigen Aureole umgab, Rom wurde – kompensatorische Selbstrechtfertigung der Getauften – zum Richtpunkt, zum Sehnsuchtsziel, das an mystischer Zugkraft nur noch von Jerusalem überboten werden sollte, welches die lechzenden Gemüter des Abendlandes verzückt gar als irdisches Spiegelbild der Himmlischen Stadt anschauten. Rom wurde über so heftigen Affektbeziehungen auch zum Trauma der germanischen Welt, zumal der deutschen. Damit war das Schicksal eines deutschen Anti-Roms, sollte dermaleinst etwas derartiges zustande kommen, schon im Ansatz besiegelt, das Schicksal Wittenbergs zum Beispiel als eines ersten Gegenpols diesen Sinnes.
Dies ist keine unbegründete Konstruktion, sie stützt sich

10 *Hochhäuser am Nordrand des Hansaviertels*
High-rise Blocks on the northern edge of the Hansaviertel
Immeubles-tours à la lisière nord du quartier de la Hanse

vielmehr auf das entsprechende Phänomen in Osteuropa: Für die gotischen und warägischen Germanen nicht anders als für ihre russischen Erbfolger wurde *Byzanz*, wurde *Constantinopolis* zum ebenso drängend ersehnten, leidenschaftlich angestrebten, goldenen Zarigrad, und selbst als Muhammed II. sich der Traumstadt am Goldenen Horn bemächtigte (1453), sah er sich nicht so sehr als türkischen Eroberer mehr, sondern fortan als oströmischen, ja in der Nachfolge Constantins des Großen als römischen Kaiser überhaupt. Die andere Roma, denn als solche war dieser weithin ausstrahlende Mittelpunkt einer 1000jährigen Kulturepoche einst konzipiert und gegründet worden, diese reiche, volkreiche, magnetische Stadt diktierte im Untergang noch, für was sich ihr asiatischer Bezwinger zu halten habe.
Die ›dritte Roma‹ aber, *Moskau*, wo der alte Doppeladler von Byzanz im russischen Reichswappen sein beziehungsreiches Fortleben hatte, wurde niemals zu einem Anti-Rom jenes zweiten Roms am Bosporus, das nun türkisch zu sein hatte, sondern zur konkurrierenden Erbfeindin der Türken und blieb es, auch nachdem diese ihren Regierungssitz von Istanbul nach Ankara zurückverlegt hatten.

Das große Städtespiel, vieltausendjährige Dramenfolge auf der Erdenbühne! Nicht ohne tragische Zwischenzeiten, Durststrecken, hoffnungslos scheinende Elendsphasen, doch auffallend selten mit kompletten, buchstäblichen Untergängen. Ein Trost: So zähe hängen die Menschen über Generationen und im Wechsel der Völker und Kulturen am einmal erkorenen Platz oder so haltbar bindet der Genius des Platzes die Menschen an sich fest.
Tartessos freilich, die bronzezeitliche Handelsmetropole im iberischen Westen, ist so vollständig verschwunden, daß seine Lage nur noch vermutet werden kann. *Ninive* ist wenigstens archäologisch noch faßbar. Aber *Karthago*, die tyrische Phöniziergründung und Rivalin Roms, ist doch nicht so untergegangen wie der ältere Cato das insistent gefordert hatte, wenn auch sein Boden nach radikalster Zerstörung (146 v. Chr.) feierlich verflucht worden ist. Denn dort siedelten dem Fluch zum Trotz, den erst Kaiser Augustus aufhob, sehr bald schon wieder römische Kolonisten: Colonia Karthago Iunonia war der neue Name, doch nur offiziell. Der alte Name überdauerte, Karthago wurde unter den Römern nicht minder groß und wichtig als Alexandria. Wurde Hauptstadt der Vandalen. Doch sprach man, trotz dieses nordischen Intermezzos von knapp einem Jahrhundert und sogar unberührt durch die arabische Eroberung von 697, dort auch im 11. Jahrhundert noch lateinisch. Allerdings hatte die arabische Expansion mit Feuer und Schwert die Auswanderung eines Gutteils der Karthager ins nahe Tunis zur Folge gehabt, welches fortan zu wachsen begann und zur Hauptstadt Tunesiens werden konnte.

Kein Selbstzweck! Jede dieser Mitteilungen dient der Darstellung dessen, was es mit den Metropolen auf sich hat und haben kann, und bedarf dann jeweils keiner näheren Erörterung und Erläuterung mehr, wenn später auf Berlin einzugehen sein wird. Es liegt indes nahe anzunehmen, daß kaum etwas ortsfester sei als eine Stadt. Allein das Verhältnis Karthago – Tunis zeigt, daß fruchtbringende Ortsversetzung im Bereich des Möglichen liegt: als werde der *genius loci*, dessen man nicht entraten möchte, wie in einer Bundeslade von Ort zu Ort mitgeführt. Paradebeispiel auf Zypern ist *Enkomi*. Der chalkolithische Name ist nicht auf uns gekommen; sein Hafen verlandet, die Einwohner gründen *Salamis*. Dieses, größtes und reichstes Handelsemporium der reichen Insel vom 17. vorchristlichen Jahrhundert bis zur Zerstörung durch die Araber 648 n. Chr., hat sich während seines zweitausend Jahre währenden Daseins im Kulturgewand der Phönizier, der Mykener, der Griechen, der Römer und der Byzantiner gezeigt. Vor den Arabern fliehen die Einwohner und lassen sich an einem öden Platz namens Ammochostos nieder, nicht eben weit vom alten Ort, der wieder von Enkomi nicht weit entfernt gewesen war. Ammochostos gelangt als *Famagusta* mit und seit den Kreuzzügen zu märchenhaftem Reichtum und Ruhm: das deutsche Volksbuch vom Fortunatus hat in Famagusta seinen zentralen Handlungsort. Das

11 *Straßenfront des Schlosses Bellevue*
The Façade of Bellevue Palace
Façade du château de Bellevue

12 *Im Englischen Garten*
In the English Garden
Dans le Jardin anglais

Eingehen in die Literatur ist symptomatisch: auch Shakespeares Othello spielt in Famagusta, obwohl dieses stark befestigte Emporium unter höllischen Umständen schon 1471 in türkische Hände gefallen war. Unter dem Halbmond kommt die geschundene Stadt nicht mehr in Flor. Die moderne – griechische – Neustadt heißt Varoscha an der Südostflanke der türkischen Halbruinenstadt. Varoscha war blühend und schick und wurde jüngst von den Türken ausgeplündert und entvölkert. Die Griechen sahen sich des Hafens und ihrer Stadt beraubt. Larnaka, das uralte Kition, wo Elissa-Dido vor der Gründung Karthagos Aufenthalt genommen hatte, die Vaterstadt des Zenon, wäre an der Reihe, dem Genius von Enkomi den nächsten Hafenplatz zu bieten.

Ein weiteres Phänomen unserer Metropoleologie: Megara hatte einst auf alt-thrakischem Burgplatz die Kolonie Byzantion gegründet, die, obschon äußerst lagebegünstigt, aus sich selbst keine Bedeutung zu gewinnen vermochte. Als Constantin der Große aber den Plan seiner Vorgänger aufgriff, das Imperium nicht mehr von Rom aus zu regieren, hatte er die Wahl zwischen dem ägyptischen Alexandria und dem syrischen Antiochia, beides schon ausgeprägte Weltstädte von Lebhaftigkeit, Geist und Witz; ferner zwischen der Stätte Troia, dessen Lage noch nicht vergessen war, wo sich zur Zeit aber nur ein Zentrum für bildungsbeflissene Reisende befand, und eben Byzantion.

Eine Schwerpunktverlagerung nach Troia hätte die Rückkehr an den sagenumwobenen Ausgangspunkt der römischen Geschichte bedeutet. Constantins Wahl fiel auf Byzanz, das den Bosporus kontrollierte wie Troia einst die Dardanellen; Troia und Byzanz können, wenn man so will, als ein geschichtlicher Raum aufgefaßt werden. Uns mag genügen, daß Troia immerhin in die engere Wahl gekommen ist. Das Motiv der Rückkehr in den Ausgangsraum ist zu beachten. Da die Alten Troias Zerstörung auf das Jahr 1184 datierten und des Aeneas Sohn Ascanius Roms Mutterstadt Alba Longa gegen 1120 gegründet haben mag, liegen zwischen diesen Daten und der Einweihung Konstantinopels 330 n. Chr. so etwa anderthalb Jahrtausende. Sagenhaftes hatte Staatspolitisches mitbestimmt. Kann es das geben?

Rückkehr an den alten Platz: als die leidig zerzankten Griechen sich am Beginn des 19. Jahrhunderts unserer Zeitrechnung nach einer gemeinsamen Hauptstadt umsahen, standen Nauplia, Epidaurus, Piräus und andere Plätze mehr zur Diskussion. Nauplia hatte auch de facto schon als neugriechischer Regierungssitz unter dem ersten Präsidenten, Kapodistria, gedient, und erst 1834 verlegte Griechenlands erster König, Otto I., die Residenz in das nahezu menschenleere, weitgehend wüste *Athen*. Dabei spielte übrigens eine ›Berolinensie‹ eine Rolle, die nicht unerwähnt bleiben soll: Im Juli 1833 war die Entscheidung gefallen, und ein Bebauungsplan der dortigen Wüstenei ward im Prinzip angenommen. Diesen hatten Eduard Schaubert und Stamatios Kleanthes entworfen, die, seit ihrem Studium an der Berliner Bauakademie miteinander befreundet, Schinkel-Schüler gewesen waren. Symptom der anhebenden Metropolität Berlins.

Für Griechen aber, die sich lange noch in Träumen von einem Groß-Griechenland wiegten, war die Stadt der ›Griechischen Kaiser‹ am Bosporus nach wie vor die wahre und zumal die kirchliche Hauptstadt: *Istanbul!* Welche Stadt aber auch hätte es im Lauf der Zeiten dazu gebracht, daß die bloße Sachbezeichnung ›Stadt‹ mit dem auf ihren Sog weisenden Vorsatz ›in die‹ zum anderen, zum überdauernden Namen wird: in die Stadt = is tan polin = Istanbul, auch Stambul. Die Türken hatten solcher Metropolität nichts entgegenzusetzen. Der Akkusativ des bestimmten Artikels ›tan‹ ist noch ionischer Dialekt von der Ionischen Wanderung her, die den griechischen Geniestamm der Ionier ab dem 11. vorchristlichen Jahrhundert in die dortigen Gegenden geführt hatte.

Tastend war auch die Suche nach einem Regierungsschwerpunkt in Italien: Als die Italiener sich, wie eingangs berührt, ebenfalls vor die Wahl einer verbindlichen Hauptstadt gestellt sahen, dachte man an Turin, das auch wirklich von 1814 bis 1864 als Hauptstadt zu fungieren

13 Kahnfahrt auf dem Neuen See im Tiergarten
Boating on the New Lake in the Tiergarten
Promenade en bateau sur le nouveau lac dans le Tiergarten

hatte. Florenz hatte diese Funktion ab 1865. Als hätte da aber etwas geradezu ins Lot kommen müssen, Rom wurde es schließlich mit der Schwerkraft des *genius loci*. Das Experiment Peters des Großen andrerseits mit der Öffnung des wesentlich byzantinisch strukturierten Zarenreichs zum römisch-abendländischen Westen aber erwies sich nach guten 200 Jahren schon als nicht tragfähig. 1917 verlor seine prächtige Gründung an der Newa – sie war einst ganz wider Wunsch und Willen der orthodoxen Geistlichkeit in ihr kurzes Leben als Residenz gerufen worden – den Hauptstadtcharakter, und *Moskau* stieg wieder zu seinem angestammten Rang auf. 1918 verlegte die Sowjetregierung ihren Sitz von Petrograd (Sankt Petersburg) an die Moskwa. Der Bolschewismus suchte den byzantinischen Mutterboden, um zu wachsen. Nebenbei: An Petersburgs Bauten und Stadtbild hätte Andreas Schlüter stärker beteiligt werden sollen. Was aber 1834 mit dem Bauplan von Schaubert und Kleanthes für Athen zustande kam und uns als Index berlinischer Reifung zur Metropole dient, 1713, als Peter der Große den Berliner Baumeister und Bildhauer zu sich rief, sollte es noch nicht gelingen, denn Schlüter starb schon ein Jahr danach im werdenden Sankt Petersburg einen vorzeitigen Tod. Man kann das für symptomatisch halten.

Der Flußname Moskwa, heißt es, sei ugrofinnisch. Kreml bedeutet ›Festung‹ und ist tatarisch.
London scheint keine keltische Kapitale gewesen zu sein. Legendäres, den Ursprung betreffend, findet sich archäologisch kaum bestätigt. Wie in Berlin ist innerstädtische Archäologie dort erst durch den Bombenkrieg recht eigentlich möglich geworden. Die Römer nannten diese ihre ansehnliche Kolonialstadt, die erstmals bei Tacitus erwähnt wird, Londinium. Die Angelsachsen machten daraus ihr Lundenburg oder Lundenwic. Doch wie das so geht, hat sich auf die Dauer der frühere keltische Name wieder durchgesetzt oder eine abgeschliffene Form dieses Namens.
Paris – gallische Siedlung in Zusammenfassung zweier Handelsstraßen mit dem günstigen Seine-Übergang,

Gauhauptstadt der Parisii, Lutetia Parisiorum auf der Ile de la Cité; die römische Stadt lag auf dem linken Seine-Ufer.
Berlin? Über Herkunft, Sprachzugehörigkeit und Bedeutung des Namens streiten sich die Gelehrten und streiten sich die Ungelehrten, von den Unbelehrbaren zu schweigen.

Und ein letztes Wort noch: Was man den *genius loci* zu nennen pflegt, ohne diese etwas vage Bezeichnung immer gleich als kollektivpsychologischen Terminus zu verstehen, der er aber ist, das also, was man den schöpferischen Geist nennt, der an einem Ort waltet, verdichtet sich, nicht eben oft, bis zur Numinosität, bis zur Heiligkeit schlechthin. Als Herd und Wurzelstock dreier Weltreligionen dürfte in dieser Hinsicht Jerusalem den höchsten Rang erklommen haben.
Aber auch die Athener Akropolis hatte nicht wenig davon. Es war die Heiligkeit des Athena-Tempels, die ermöglichte und gebot, daß dieser antike Jungfrauentempel, Parthenon, ohne weiteres zur Kirche der Himmlischen Jungfrau werden konnte und wurde. Aber sicher ist an dieser erhabenen Stätte dem Athenakult schon die Verehrung der ›pelasgischen‹ Eulengöttin vorausgegangen, wie zu Jerusalem dem Jahwe-Dienst schon ältere Kulte. Denn die Erfahrung lehrt, daß das, was am Heiligtum heilig ist, das Numen der heiligen Stätte, fortwirkt und es zumindest früher Menschendenkart entsprochen hat, vorgefundene fremde Heiligkeit zu vereinnahmen und weiter heilig zu halten. Götter lösen einander ab, die Heiligkeit bleibt. Aus diesem Wissen heraus und nicht bloß, um den Triumph über bezwungenes Heidentum augenfällig zu machen, haben Roms kluge Emissäre Kirchen und Kapellen sehr oft an oder auf vormaligen Heidenkultplätzen errichtet.
Je mehr aber ein numinoser Platz an Heiligkeit zunimmt – ein wahrhaft kollektivpsychologischer Vorgang – desto mehr treten die sogenannten praktischen Gründe, die in vor- oder frühgeschichtlicher Zeit irgendwann zu einer ersten Niederlassung geführt haben mögen, in den Hintergrund und versinken in Vergessenheit.

14 *Skulpturenhof der Neuen Nationalgalerie*
    Sculpture Court of the New National Gallery
    La cour des sculptures de la nouvelle galerie nationale

15 *Die Neue Nationalgalerie*
    The New National Gallery
    La nouvelle galerie nationale

Berlin historiohydrographisch

»Durch Berlin fließt immer noch die Spree . . .«
(Text: Franz Stolzenwald, Musik: Jan Gilbert)

Was Berlin mit der Mark als erstes einmal verbindet, ist erdgeschichtlich-landschaftlicher und zwar verhältnismäßig junger Natur. Gemeint sind nicht geologische Schichten, die Braunkohle, Bernstein, Salze, Gips – bei Sperenberg im Süden – und Kalkstein – bei Rüdersdorf am Ostrand Berlins – führen. Es waren die Zinnaer Mönche, die diese Kalksteinlager entdeckten oder doch als erste in größerem Umfang abbauten. Aller hier benötigte Kalk ist jahrhundertelang in Rüdersdorf gewonnen worden, und auch heute noch werden die Bergwerke mit gutem Ertrag von der DDR betrieben.
An Braunkohle ist die Mark nicht arm. Während der Blockade 1948/49 kamen schlaue Bergfachleute auf die Idee, eine Autarkie der belagerten Stadt West-Berlin wenigstens für den Kohlebedarf sicherzustellen. Allein die Bohrungen erwiesen, daß das so nötige Brennmaterial erst 3000 m unter Tage anliege. Auch nach Erdgas – es ist drei, vier Jahre her – hat man gebohrt und sich wunderwas versprochen, denn angeblich soll ganz Berlin bis nach Bernau hinaus auf einer mächtigen Gasblase liegen oder besser vielleicht schweben, und die DDR sah sich schon eines köstlichen Reichtums beraubt, der da nach West-Berlin verströmen werde. Doch stieß man im wesentlichen nur auf heiße Mineralquellen. Quellen gibt es eine Anzahl. Nach einer, die einst einen ganzen Kur- und Badebetrieb ermöglicht hatte, heißt heute noch ein Stadtviertel Gesundbrunnen. Die Berliner nennen's Plumpe.
Die oft verspottete Beschaffenheit des märkischen Bodens samt Luch und Bruch und Sumpf und Sand ist, wie sich's dem Auge bietet, den Eiszeiten zu verdanken, die vor 600000 Jahren begannen. Stellen Sie sich an deren zeitlichem Ende vom alten Ober-Schlesien herab eine Ur-Oder vor, die aber noch nicht in die Ostsee abfließen kann, weil alles Land bis zu ihr hin und sie selbst unter 2000 m dickem Gletschereis begraben liegt, so daß ein Abströmen der sintflutenden Wassermassen nur nach Nordwesten möglich ist. Der also gelenkte Urstrom fließt mithin in seinem frühesten Verlauf ab ›Breslau‹ nach ›Magdeburg‹ und von dort immer am Eisrand entlang eine nachmalige Aller vorbahnend in die untere ›Weser‹ nach ›Bremen‹.
Mit dem Schwinden der Eisfront aber in wärmeren, Jahrtausende währenden Zwischeneiszeiten kann sich unsere Ur-Oder ein neues, nördlicheres, sozusagen parallel verlaufendes Hauptbett über ›Glogau – *Baruth* – Brandenburg – Havelberg – Wittenberge – Hamburg‹ bahnen, das Baruther-Urstromtal; nach Äonen sucht es sich wiederum nördlicher ein Bett auf der Linie ›Glogau – Frankfurt – *Berlin* – Rhinow – Havelberg‹ und so weiter, das Berliner Urstromtal, und bettet sich auch ein drittes Mal noch in das sogenannte Eberswalder Urstromtal nördlich des Berliner Stadtgebietes. Kurz, der Urstrom verlagert sich von Bett zu Bett, immer längs der abtauenden Eiszungen mit deren Rückzug nach Nordnordost, ohne seine Hauptrichtung gen ›Bremen‹ und ›Hamburg‹ zu ändern. Das ist erst anders geworden, als nach gewissen Hebungen der von den unvorstellbaren Eislasten befreiten Landschollen, Weichsel sowohl wie Oder ihren Lauf änderten und in eine nach und nach dann schon eisfreie Ostsee abströmen konnten, die zunächst noch ein Binnenmeer war; bei dieser nachhaltigen Oberflächenveränderung nahm die Oder auch Warthe und Netze mit, die zuvor ebenfalls zum beschriebenen Urstromsystem gehört hatten.
Als dies nun geschehen war, abgeschlossen vielleicht vor 20 bis 30000 Jahren, als die Ur-Oder die Wasserdschungel ihrer alten Täler verlassen hatte, blieben (von den schlesischen Flüssen abgesehen, die nach wie vor in die Oder fallen) die verlandenden Urtalmulden den bis dahin linken Nebenflüssen allein überlassen: der Spree bis zum Eintritt ins Baruther Tal, woselbst sie sich im Oberspreewald unentschlossen verzögert, und der Elbe, die zunächst so etwa oberhalb ›Wittenberg‹ (nicht Witten-

16 ›Performance‹ in der Akademie der Künste
Performance in the Academy of Arts
«Performance» à l'Académie des beaux-arts

berge), später bei ›Magdeburg‹ in jene Ur-Oder gefunden hatte. Nun bekam sie Gelegenheit, sich im übergroßen Ur-Oderbett zum eigenständigen Fluß aufzuschwingen, indes es der Spree zufiel, zum reichlich kleinen Hauptfluß der verlassenen Urtäler teils von Baruth und ganz von Berlin zu avancieren.

Es versteht sich aber, daß auch von den schmelzenden Eismassen herab und unter ihnen hervor unzählige Gletscherbäche stürzten und quollen, die allerorten beachtlich tiefe Kolke aus dem gepressten Erdreich gewaschen und damit die unabsehbare Menge der hiesigen Seen vorbereitet haben. Wie ein Blick auf die Landkarte lehrt, wiederholt die Anordnung der Seen mehrfach eine Erstreckung von Nordost nach Südwest – das ist die Schmelzwasserrichtung – und eine andere von Südost nach Nordwest, die Urstromrichtung. Mehr als einmal formieren Seenketten und Wasserläufe, wo sie zusammenfinden, einen annähernd rechten, südwärts weisenden Winkel, so oberhalb Berlins der Scharmützelsee gegen den Storkower See oder die Kette von Rüdersdorf nach Zeuthen gegen den Dahmelauf von Zeuthen nach Köpenick (letzterer war 1936 die Wasserbahn der olympischen Regatten); so unterhalb Berlins das Havelseendreieck Potsdam – Ferch – Werder.

Man kann dem eigenartig unentschlossenen, auch im Unterspreewald sich verhaltenden Lauf der Spree noch ansehen, daß sie ihren Abfluß teils noch in die sich schon verlagernde Oder aufrecht zu erhalten gesucht hat. Ja, es gibt nordöstlich von Berlin gar ein Wässerchen namens Stöbber, das sowohl mit dem Spreesystem als auch unter dem Namen Stobberow mit dem der Oder kommuniziert. Kurzum, die hiesigen Wasserverhältnisse in ihrer Kompliziertheit sind eigentlich eine Sache für sich, bilden aber die unabdingbare Grundlage Berlins in so vielen Bezügen, daß sie hier nicht unerörtert bleiben können. Einleuchtend jedenfalls, daß bei so beschaffener Wasserkarte den Sumpfpässen und besonders den wenigen Flußübergängen seit urältesten Zeiten sonderliche Bedeutung zukam und zwar für Tier und Mensch: für die auf den sogenannten Rentierstraßen jahreszeitlich wandernden Renherden ebenso wie für die Horden altsteinzeitlicher Jagdbeuter, die gerade eben an den Flußübergängen lauerten, wo die Tiere sich drängten und einigermaßen leicht zu erlegen waren. Vorräte überreicher Fleischbeute wurden dann im Tundraboden eingelagert, der in einiger Tiefe noch gefroren war. Ein Fundplatz dieser Art liegt am Tegeler Fließ in West-Berlin, Alter etwa 10 000 Jahre.

An Feuersteinschabern und bearbeiteten Riesenhirschknochen nachgewiesen, ist menschliche Anwesenheit hier aber etwa 55 000 Jahre hinauf zu datieren, also noch ins Interglacial der letzten, der Würm-Eiszeit: Fundplatz Spandauer Kiesgrube in West-Berlin. Doch mögen auch frühere Datierungen eines Tages noch zu belegen sein, bis zum ›Rixdorfer Horizont‹ zum Beispiel, der so viel Urgetiergebein in seinen Kiesen bewahrt hatte. Das hieße 70 000 Jahre.

Da die Wasserläufe je mehr in Urzeiten zurückgedacht, desto beträchtlichere Breite hatten, war es mit den anderweitig sonst gegebenen einfachen Furtübergängen hierzulande meist nicht getan. Die hiesigen Flüsse waren am besten dort zu überwinden, wo Schwemmlandinseln die Fluten teilten und etappenweisen Übergang erlaubten.

An der Stelle eines nachmaligen Platzes Berlin waren es ursprünglich vier Inseln, die einer solchen Rentierstraße gedient haben könnten. Zudem lagen sie an einer relativen Enge des Urstromtals von nur 4 km Breite, was ja auch die unvermeidlichen Sumpfpassagen bis zu den eigentlichen Uferborden vorteilhaft einschränkte. Sie lagen an einer Talenge zwischen den Landschollen ›Teltow‹ im Süden und ›Barnim‹ im Norden. Doch könnte nur ein Glücksfall den Nachweis eines solchen tierischen Wanderweges noch erbringen. Daß auch Bären auf solche Herdenwege ihr Augenmerk gerichtet haben, darf unterstellt werden, soll aber nicht zu unbegründeten Spekulationen verführen.

Dr. Erwin Reinbacher, der noch Vorgeschichtsfachmann in beiden Teilen der bereits gespaltenen Stadt gewesen ist, ließ mich von seiner Vermutung wissen, daß sich an den Köpfen der heutigen Mühlendammbrücke (im Bezirk 1 Mitte) Packlagen eines steinzeitlichen

17 *Portal des ehemaligen Anhalter Bahnhofs*
    Entrance of the old Anhalter Station
    Portail de l'ancienne gare de Anhalt

18 *Das ehemalige Reichstagsgebäude*
    The former Reichstag building
    L'ancien édifice du Reichstag

19 *Die neue Philharmonie*
    The new Philharmonic Hall
    La nouvelle Philharmonie

Dammes befänden. Damals gerade, Ende der 50er Jahre, hatte der erfolgreiche Gelehrte eine frühe Kirche unter der gotischen Nikolaikirchenruine ausgegraben. Unter diesen romanischen Baurelikten hatte er aber einen noch früheren Christenfriedhof ans Licht befördert und vermutet, es werde unter der Ruine von Sankt Petri nicht anders aussehen. Ob nun Ostberlins Spatenforscher mittlerweile den Reinbacherschen Mutmaßungen hinsichtlich des Mühlendammes nachgegangen sind – ich weiß es nicht. Der Mühlendamm jedenfalls, Vorgänger obiger Brücke, ist, wie alt auch immer, die Spange zwischen den beiden Keimblättern Berlins beiderseits der Spree, ›dem‹ Berlin eben, und dem kleineren Cölln, zwischen denen unser Text der Einfachheit halber nur da unterscheiden wird, wo es nicht zu umgehen ist. Die Archäologie der DDR ist im übrigen so rührig wie erfolgreich.

1974 zum Beispiel fanden Ausgräber bei Bilzingsleben im Bezirk Halle Schädelstücke des Homo erectus, denen ein Alter von 350000 Jahren zudatiert wird. Homo erectus, glaube ich, ist jedoch kein Vorfahr hiesiger Bevölkerungen, sondern gehört einer ausgestorbenen Menschenspecies an.

Alle heutigen Städte an Spree und Havel liegen an derartigen Flußübergängen, oft an zwiefachen wie Köpenick über Dahme und Spree, Spandau über Spree und Havel, Potsdam über Havel und Nuthe oder an einfachen Übergängen auf einer oder mehreren Inseln: Cottbus, Lübben, Beeskow über die Spree, Brandenburg, Rathenow und Havelberg über die Havel. Alle diese Städte haben wie Berlin ein zwei- oder mehrteiliges Keimblatt, Brandenburg hat deren drei ohne die sogenannten Kietze und ohne frühe Eingemeindungen. Manche entstanden aus Ansiedlungen im Schutz einer vordeutschen Burg, die den Flußübergang kontrollierte: Havelberg, Rathenow, Brandenburg, Potsdam, Spandau, Köpenick und so fort. Alle bestanden sie bereits, ehe von Berlin überhaupt die Rede war.

All diese stadtartigen Plätze älteren germanischen Ursprungs wie Havelberg und Brandenburg oder jüngeren slawischen wie Potsdam, Spandau und Köpenick blühten in der spätslawischen Periode ab 1000 n. Chr. bis zur Eindeutschung als Fürstensitze wie Brandenburg und Köpenick oder als Herrenburgen wie Potsdam und Spandau. Zu den Flußübergängen am Fuß dieser Residenzen führte das hochmittelalterliche vordeutsche Straßennetz, das den so günstigen Spreeübergang ›Berlin‹ aber wie tot liegen ließ. Wohnte dort niemand? War das ein Ort, den man mied?

Alt- oder besser Früh-Berlin ist zu keiner Zeit slawisch besiedelt gewesen. Die früher oft wiederholte Klischeedefinition ›wendisches Fischerdorf, das es zur Weltstadt gebracht habe‹, trifft nicht zu. Germanische Funde hat dieser Ort hergegeben, slawische nicht, noch hat Berlin je ein Fischereigerechtsam auf der Spree besessen und wahrgenommen. Dies besaßen spreeab nur die Cöllner und spreeauf die Stralauer. In Stralau, eine Wegstunde von Berlin, befand sich auch eine Slawenburg, wie es deren ungezählte in der Mark gegeben hat, viele davon freilich auf Burghügeln errichtet, deren sich vor den Germanen schon Angehörige des illyrischen Kulturkreises oder gar Neolithiker bedient hatten. Wie nachher da und dort auch Deutsche.

Erst ab dem letzten Drittel des 12. Jahrhunderts, in askanischer Zeit, zeichnet sich eine Spur von Berlin ab. Diese markieren zwei Gottesäcker, einer unter St. Nikolai, den wir schon erwähnten, und einer unter St. Petri, wo man nach Reinbachers Ableben genau dasselbe wie unter St. Nikolai ans Licht gebracht hat (wie er es erwartet hatte). Gottesäcker unter zwei romanischen Feldsteinkirchen, von deren einstigem Vorhandensein man bis 1956 so gut wie nichts gewußt hatte und deren heilige Patrone wir auch nicht kennen. Und vollends nichts hatte man von den christlich Bestatteten gewußt, die da im reinen, zuvor nie berührten Spreedünensand ruhten, die Füße nach Osten und ohne Grabbeigaben. Seltsamer Fund! Denn quer durch diese Totenäcker, zum Teil sogar mitten durch die einzelnen Gerippe, fanden sich die Grundmauern jener Kirchen gezogen. Wie soll man das verstehen?

Die Gotteshäuser werden vor 1230 angesetzt. Zu den beiden Friedhöfen müssen hölzerne Kapellen gehört ha-

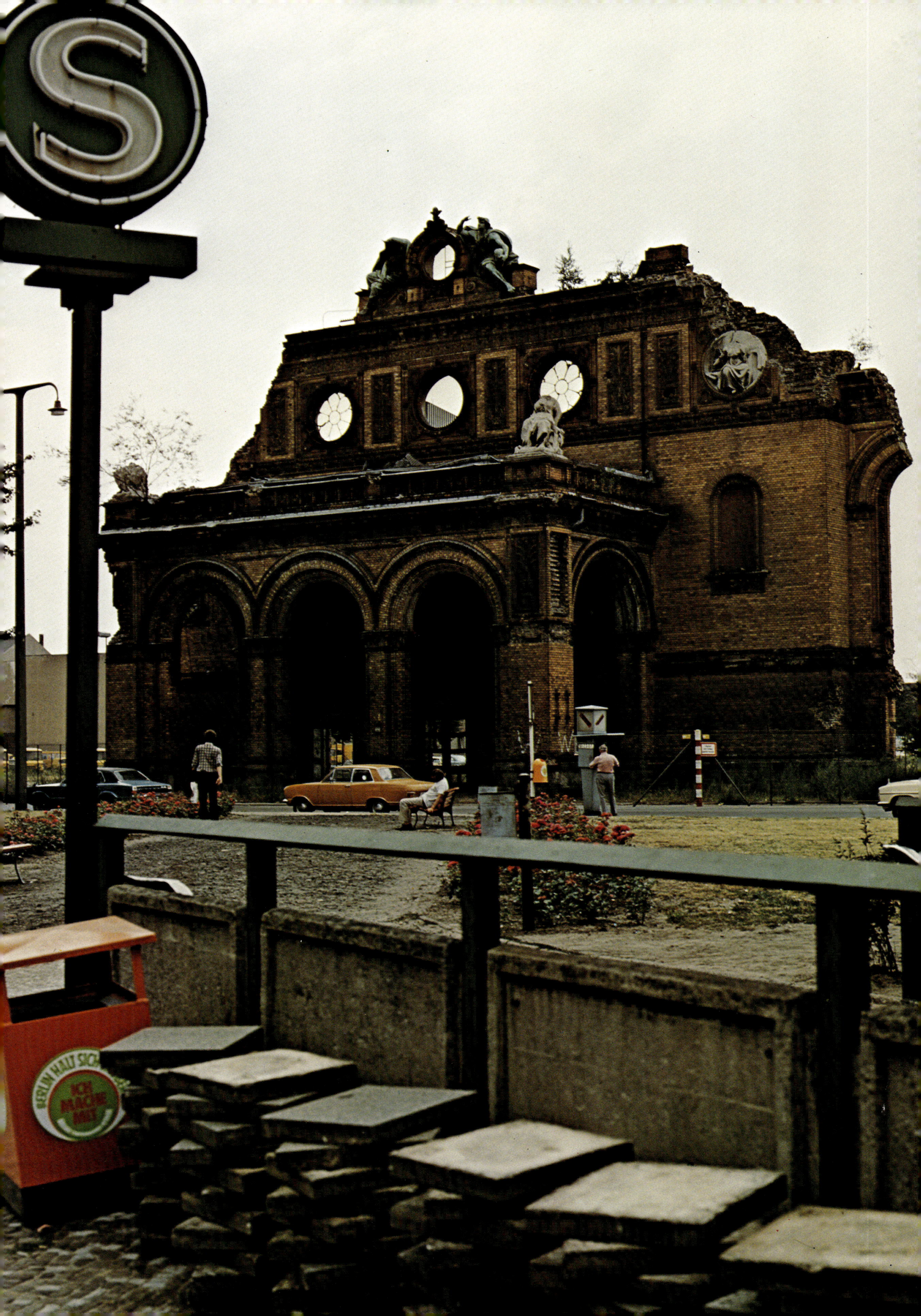
S
ICH MACHE MIT

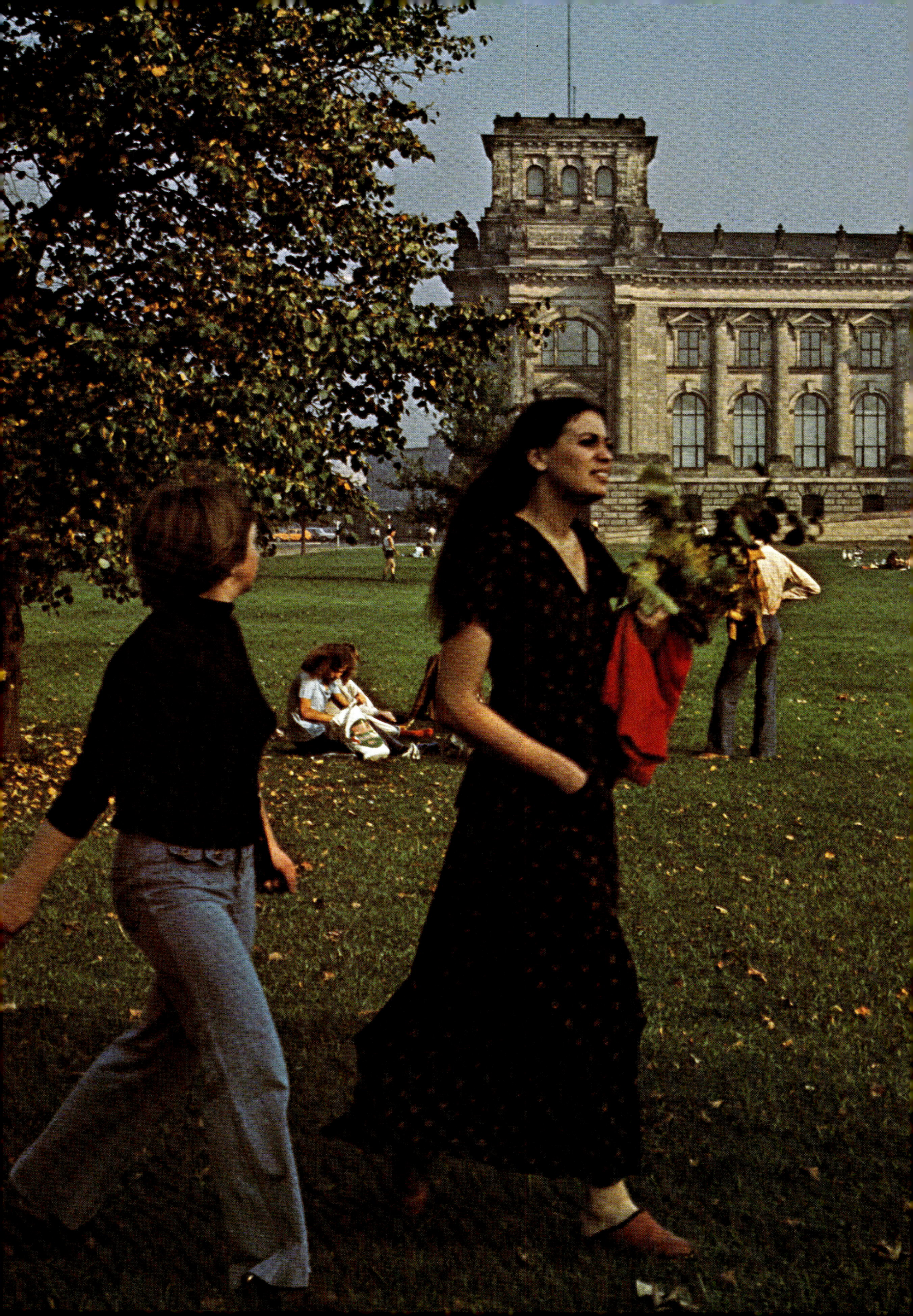

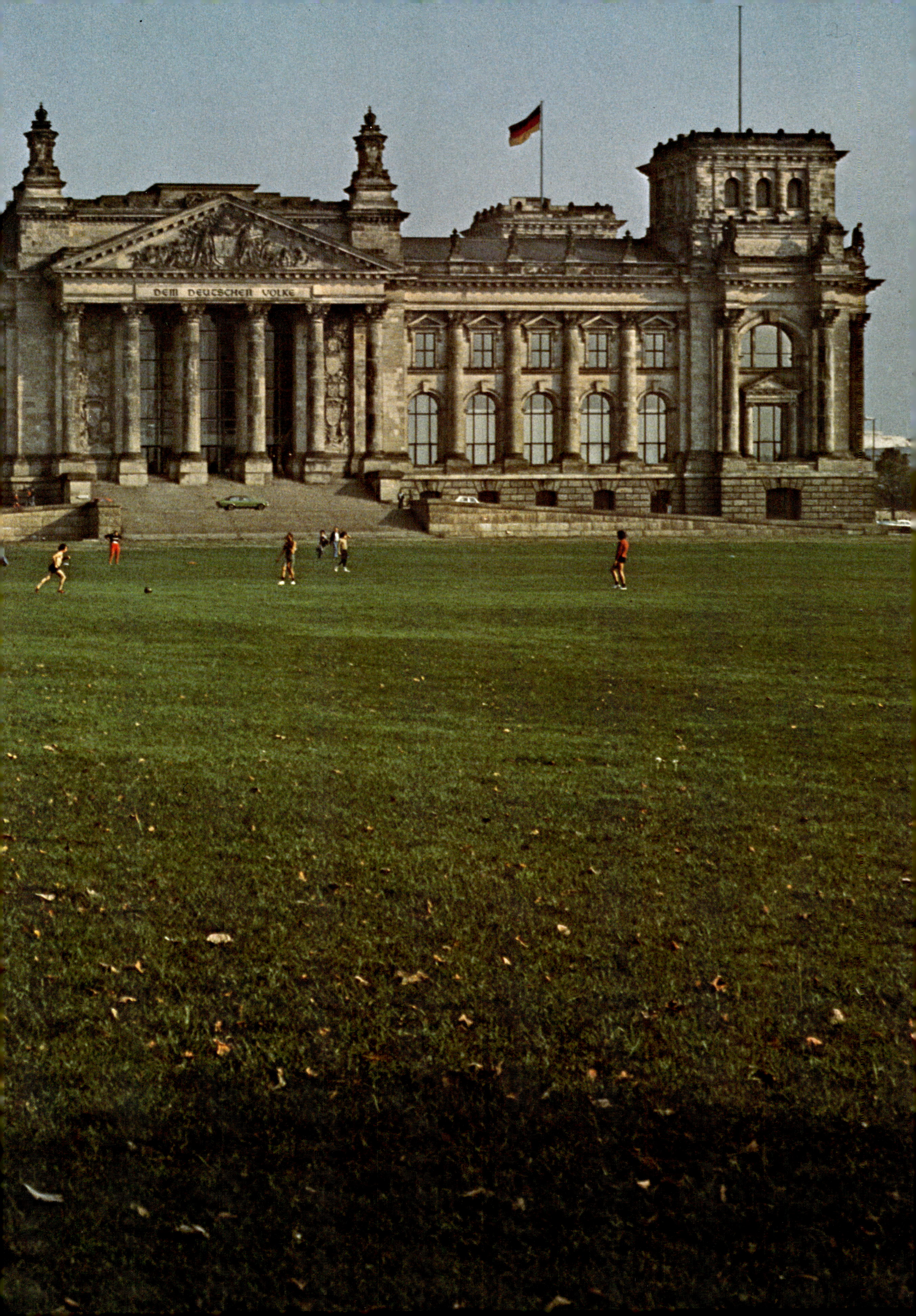
DEM DEUTSCHEN VOLKE

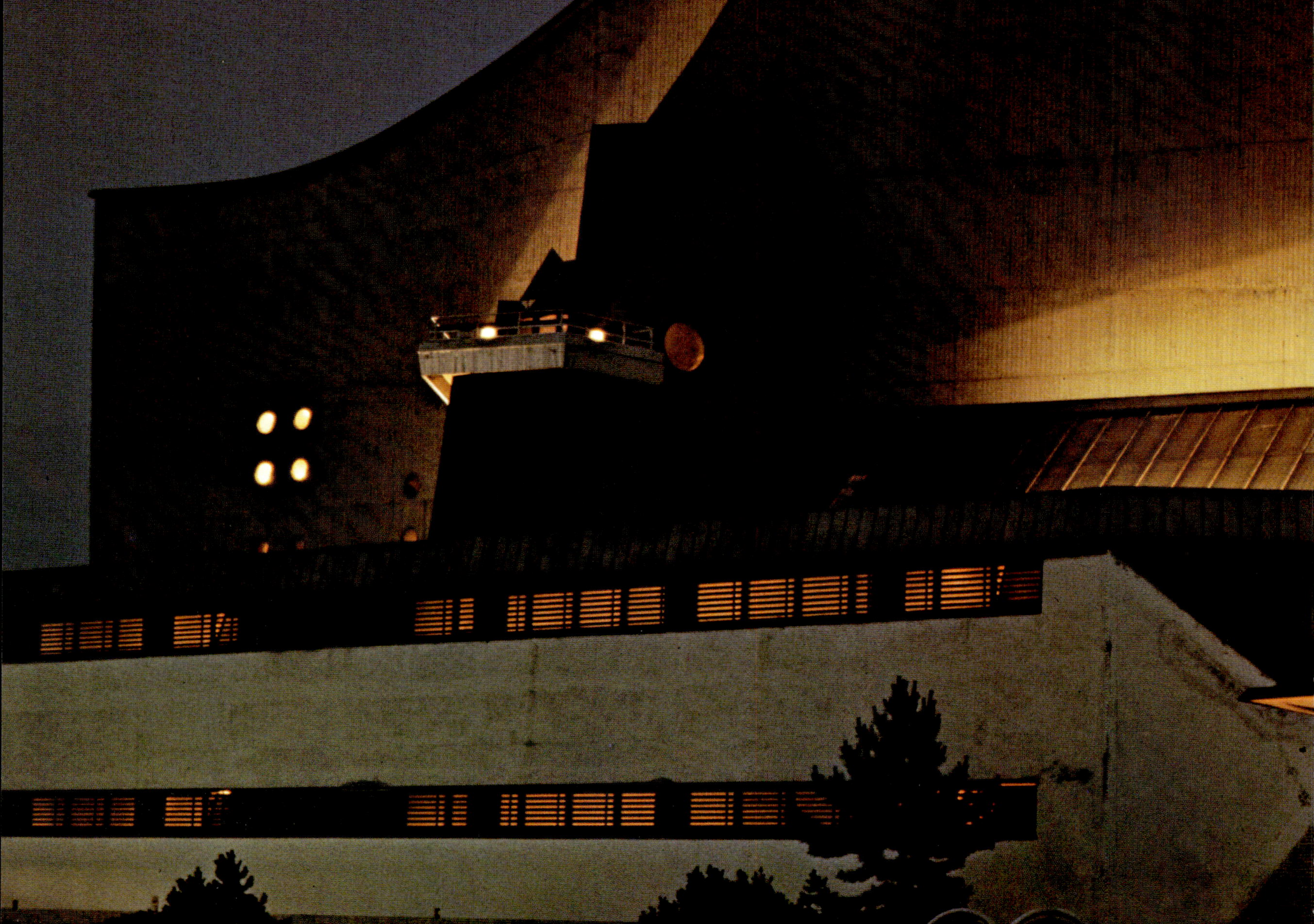

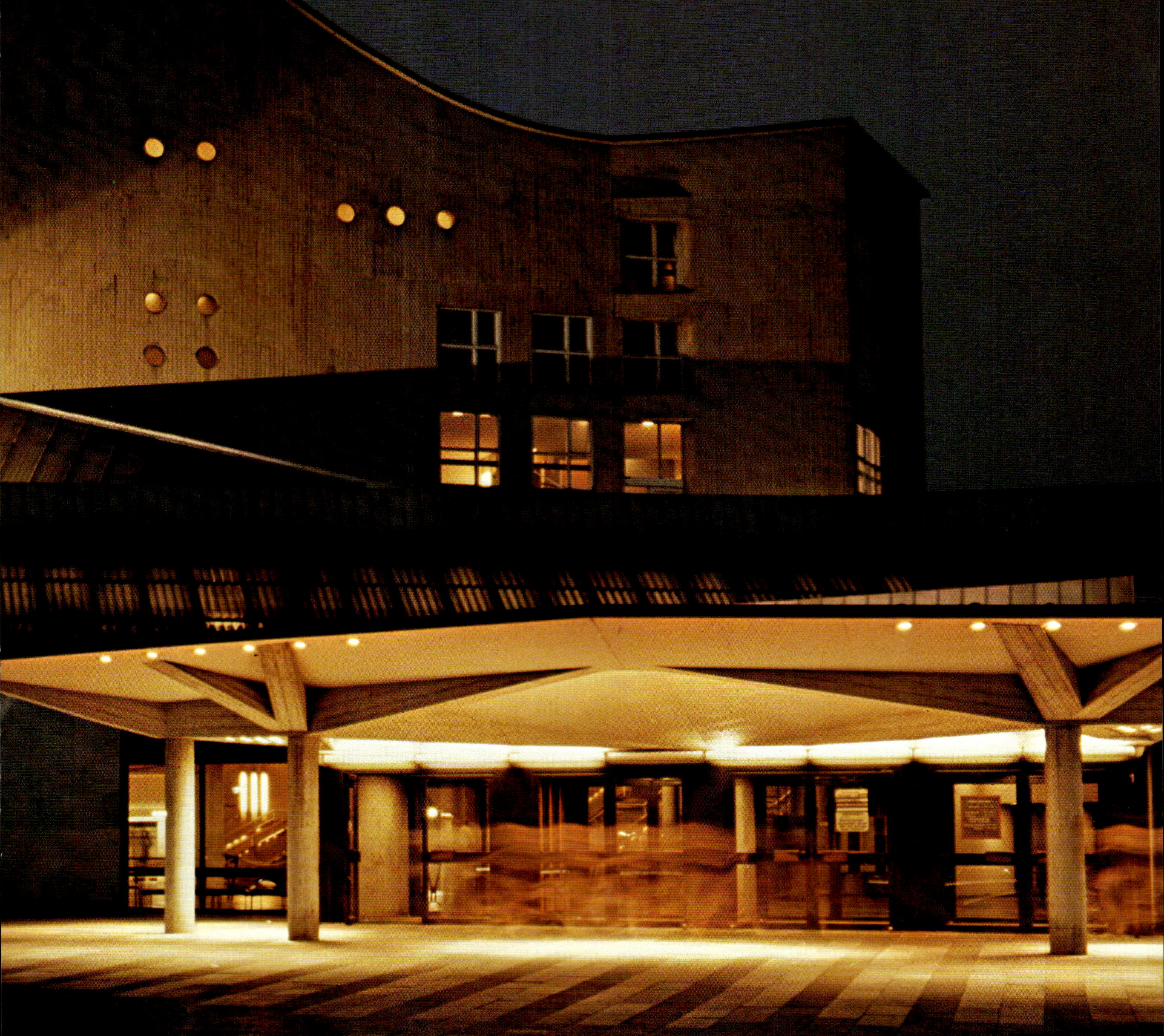

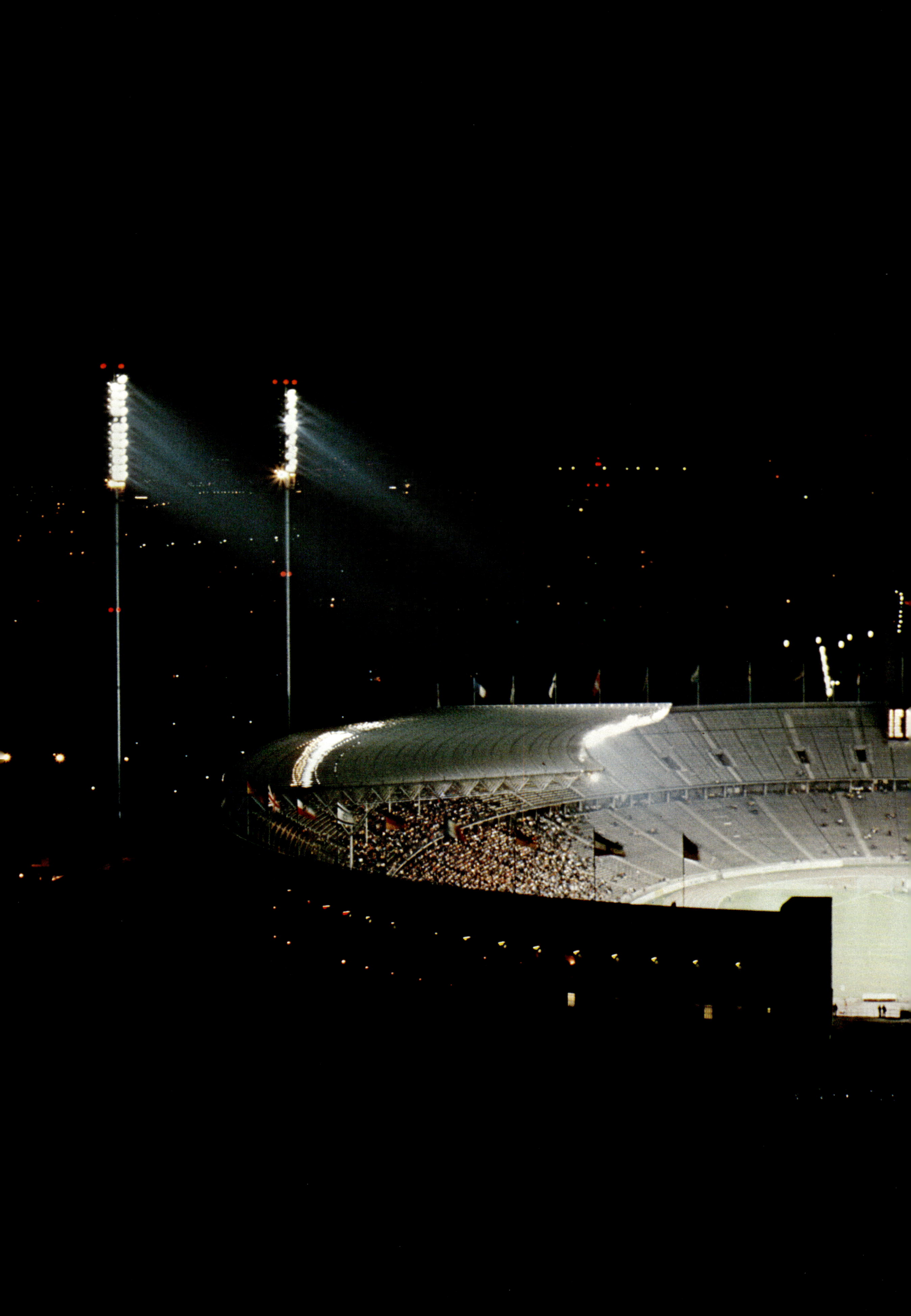

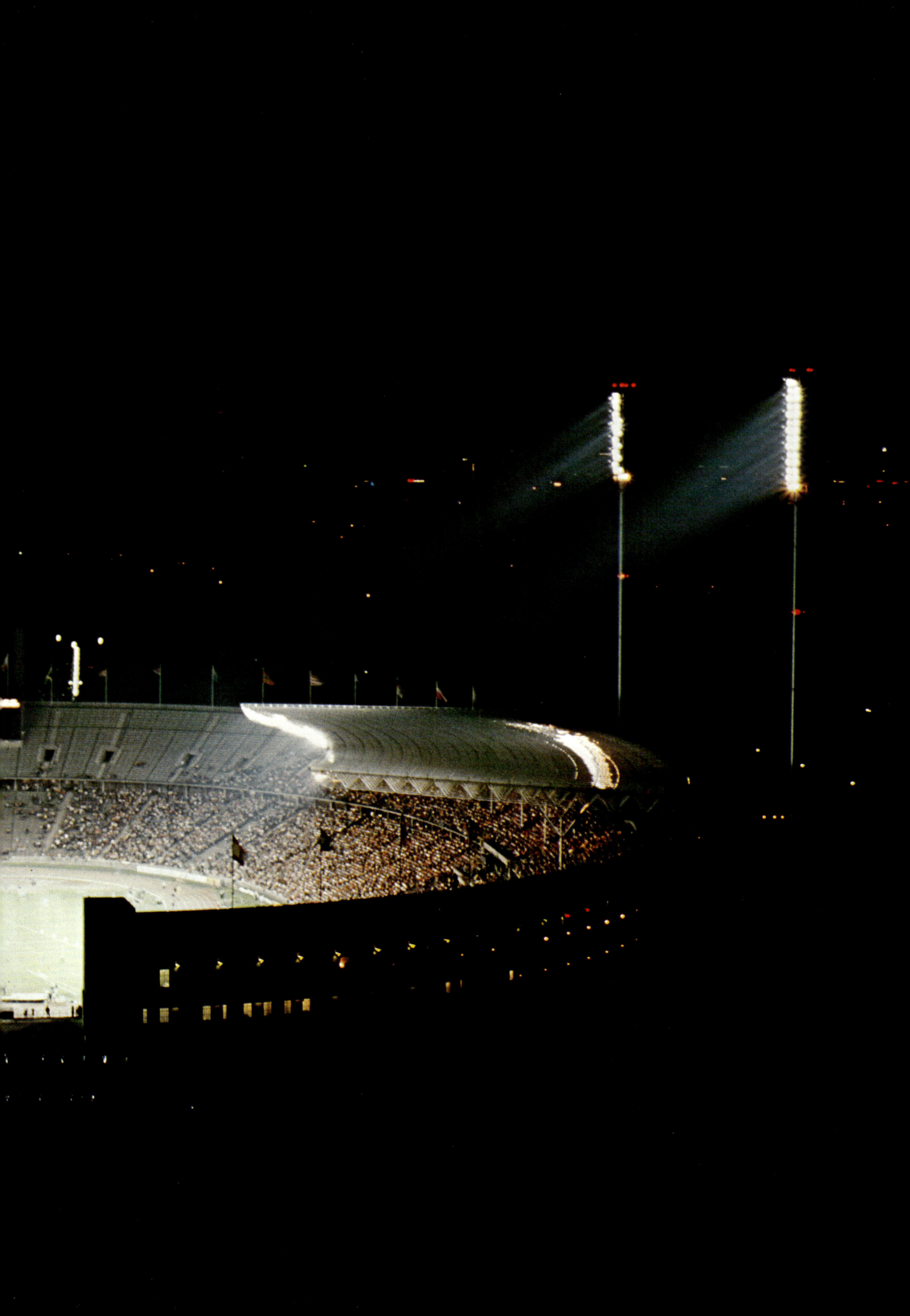

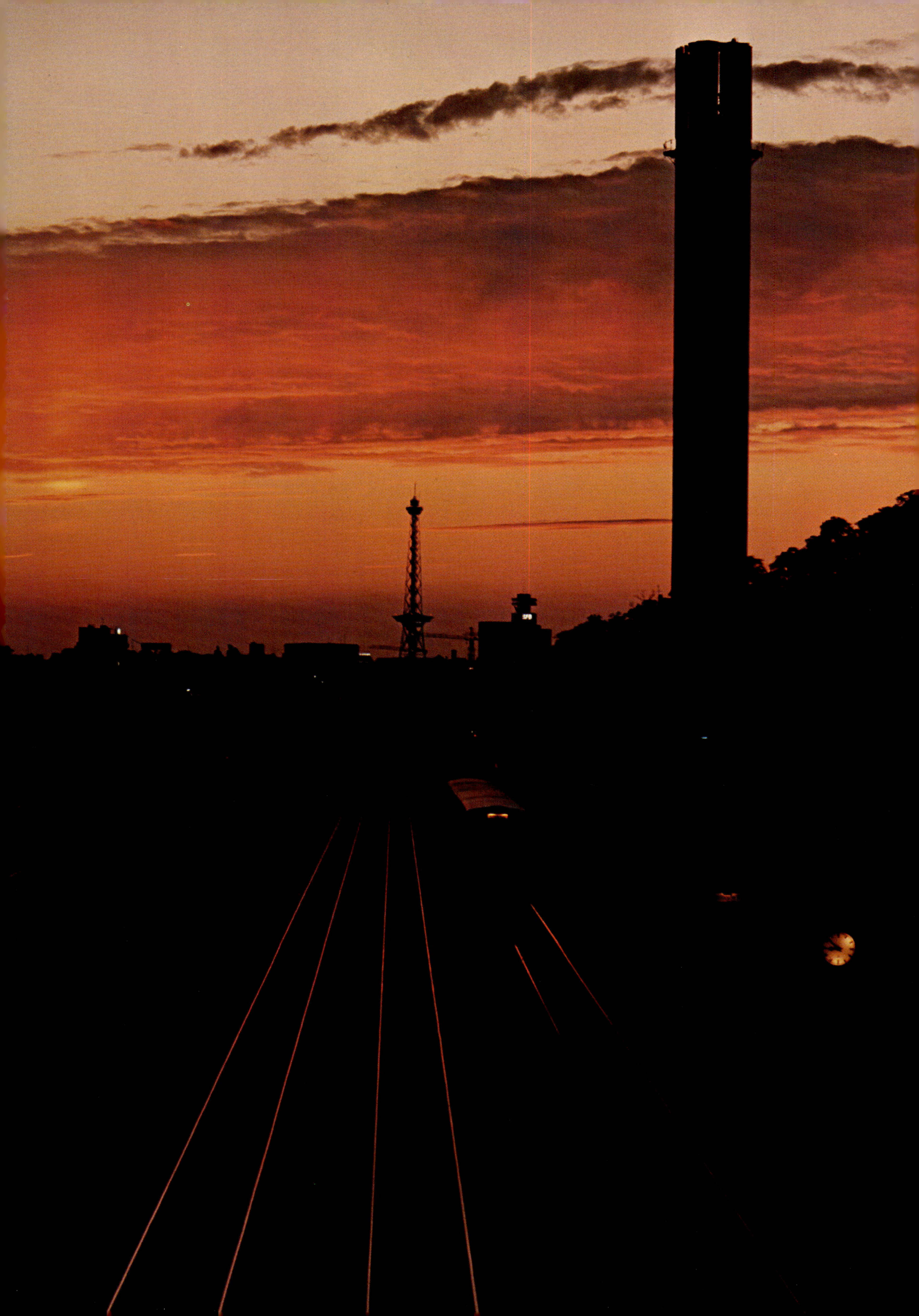
SFB

20 *Das Olympia-Stadion bei nächtlicher Veranstaltung*
    A Floodlit Event in the Olympic Stadium
    Meeting nocturne au stade olympique

21 *Abendlicher Blick vom S-Bahnhof Hohenzollerndamm zum Funkturm*
    View at evening from the S-Bahnhof Hohenzollerndamm to the Radio Tower
    D'une gare de la S-Bahn, vue nocturne sur le pylône de radio

---

ben, die man aber noch nicht gefunden hat und wohl auch kaum mehr finden wird, weil die Ruinen- und Nachkriegszeit vorbei ist, die ausnahmsweise Ausgrabungen mitten in der Stadt ermöglicht hatte. Aber wird man denn durch Gräber, die angeblich höchstens 60 Jahre alt gewesen sein sollen, einfach Mauern treiben und den Totenfrieden derart mißachten? Was hätte das auch für einen Eindruck im Land draußen gemacht, wo alles noch tief im Heidentum steckte?

Oder hat man diese Begräbnisplätze viel früher anzusetzen, so daß eine Rücksichtnahme auf die Toten nicht mehr geboten schien? Hatten die Beigesetzten ihre Taufe schon in vordeutscher Zeit empfangen, wie es in Spandau schon vordeutsche Christen gegeben hat und wie der nicht sagenhafte, sondern historische Herzog Jaxa von Köpenick auch schon Christ gewesen war, ehe die Deutschen kamen? Hat man die Begrabenen, als man auf sie stieß, als christlich Bestattete nicht erkannt und also nicht gewürdigt? Oder hätten wir diese beiden frühberlinischen Gottesäcker gar schon im 10. Jahrhundert anzusetzen, als von den Bistümern Brandenburg und Havelberg, die beide nun schon über 1000 Jahre alt sind oder wären, eine erste Missionswelle ins Land ging?

Dann wären zur Zeit des Baubeginns der zwei Feldsteinkirchen zumindest die frühesten Gräber schon an 200 Jahre alt gewesen und folglich aufgelassen worden. Aber wäre Berlin dann ebenfalls um 200 Jahre älter? Wer weiß? Immerhin mögen diese Toten – es sind ungefähr hundert, soweit ich weiß – als die ersten Berliner angesprochen werden. Messungen ergaben Langschädeligkeit, aber was die Radio-Carbon-Methode ergeben hat, deren Anwendung man ja nicht unterlassen haben wird, ist mir nicht bekannt. Im alten Berlin galt es als ausgemacht, sagenhafterweise wohlverstanden, daß sich unter der Petrikirche ein heidnisches Heiligtum befunden habe. Doch hat sich archäologisch diesbezüglich nichts ergeben. Unter St. Nikolai desgleichen nichts. Die Ausgrabungen werden zur Zeit wieder fortgesetzt.

Onomastische Anmerkungen

> ». . .Und der Jesuit Bissel meint, eine so schöne Stadt wie Berlin, müsse den Namen von einer Perle haben und gleichsam ein Perlein heißen, und was der Possen mehr sind. . .«
>
> (Friedrich Nicolai: Beschreibung der kgl. Residenzstädte Berlin und Potsdam, 1779)

Die Spree kommt aus der Oberlausitz herab und rechtfertigt dort im Gebirge ihren Namen, der aus derselben germanischen Wortwurzel abzuleiten sein soll wie ›sprühen‹ und ›sprudeln‹. Nach ihrem Eintritt ins Baruther Urstromtal, in den Oberspreewald wie gesagt, hätte sie, gesänftigt wie sie dort zu fließen hat, diesen Namen keinesfalls mehr erwerben können. Also wurde der zutreffende Name ihres nach Norden gerichteten Oberlaufs talwärts getragen und ist schließlich ihren ganzen 365 Kilometern zuteil geworden.

Die Havel hingegen ist von Haus aus ein Gletscherschmelzwasser, dessen Oberlauf dem der Spree entgegen, also südwärts fällt, um nach 150 Kilometern unterhalb Spandau (im Bezirk 8 in West-Berlin) durch eine Enge, die bezeichnenderweise ›Gemünde‹ heißt, in jene beachtliche Kolkseenkette einzumünden, die sich im Consensus aller Fachgelehrten in germanischer Zeit die beschreibenden Namen wie ›Hafen‹, ›Häfen‹ oder ›Haffs‹ erworben haben. Der daraus abzuleitende Flußname ist Havel. Dieser ist landauf getragen und somit einem oberhalb Berlins eher schmächtigen Tieflandfluß von gleichmäßiger Breite erteilt worden, der zwar einige der vielen mecklenburgischen Seen entwässert, die jedoch als ›Häfen‹ nicht zu charakterisieren gewesen wären. Unsere ›Häfen‹, Hervorbringungen übrigens einer Nahtstelle zweier Gletscherstränge (daher Größe und Tiefe der Auswaschungen) zieht sich wenig unterbrochen bis unterhalb Brandenburg, dort schon auf Urstromboden. Von Brandenburg ab fließt, mäßigen Gefälles und im Mittel nordwestwärts, in jenem früher be-

22 *Folklore-Tänzerin aus Senegal*
Folk-dancer from Senegal
Danseuse folklorique du Sénégal

23 *Night life bei den Transvestiten*
Night-life with the Transvestites
Night life chez les travestis

---

schriebenen Winkelknick also, die Unterhavel im Urstromtal zur Elbe als einer ihrer Nebenarme von ehedem.
Da die Spree nun aber ihr Berliner Tal in Richtung Nauen selbst zugeschwemmt oder sich Dünenflugsand dort derart in die Quere gelegt hat, daß kein Weiterkommen war, mündet sie, voralters mehrarmig, ebenfalls in besagte ›Häfen‹ und gibt sich auf. Nur dem heutigen Zustand nach scheint es aber richtig, daß sie sich in die Havel ergösse, wie die Erdkunde lehrt. Genetisch ist das falsch. Die Spree ist älter und die Havel glacialhistorisch ohne Zweifel nur ein rechter Nebenfluß der Ur-Spree. Die Spree ist ja bis zu ihrer unfreiwilligen Mündung in die Havel auch mehr als doppelt so lang wie diese und überhaupt auch länger als das mehrgliederige Ganze, das den Namen Havel trägt. Viel besegelt und schön anzusehen, zieht sich die Wassertrift jener ›Häfen‹ über gute 25 Kilometer von Tegel bis kurz vor Potsdam durch den Westen West-Berlins.
Gottfried Keller hat den Tegeler See besungen, Fontane die Havel selbst: »*Nimm heimische Havel mich wieder auf!*« Viele sind es, die die Havel gefeiert oder doch poetisch erwähnt haben, von Melanchthons Schwiegersohn Sabinus angefangen. »*Auch hierbei kann die Spree nicht stille schweigen:/ Mein helles Kristallin,/ Das täglich durch Berlin/ Und bei Charlottenburg vorüber fließet...*«, heißt es anno 1710 in einem höfischen Singspiel des Christian Reuter, und der weiteren Spree-Bedichter bis zu den Schlagertexten sind Legion.
Die Namen sonstiger märkischer oder berlinischer Flüßchen sind meist germanisch: Nuthe, deren Oberlauf einst Aa, Ager oder Agerbach, deren Nebenarm bei Saarmund Saar oder Saare hieß, und Notte, Emster, Erpe, Bäke und Dosse. Doch bei Rhin und Panke kommen Zweifel, vielleicht sind sie vorgermanisch, das ist ja nie auszuschließen; Flußnamen sind sehr dauerhaft.
Slawisch hingegen ist die Mehrzahl der Seen-Namen. Der größte berlinische mit 746 ha ist allerdings germanisch benannt, der Müggelsee oder die Müggel im Ost-Berliner Bezirk 16 Köpenick (zu ›mikkil‹ = groß). »*Wo liegt Schloß Köpenick?*« fragte Fontane poetisch-rhetorisch: »*An der Spree: Wasser und Wald in Fern und Näh, die Müggelberge, der Müggelsee.*« Und hat Blechens Gemälde ›Semnonenlager auf den Müggelbergen‹ sehr geschätzt.
Wenn aber die vordeutschen Stämme, die zwischen Köpenick und jenem Gemünde von den Chronisten als Spriauwanen und rings im Havelland als Heveller notiert worden sind, so manchem deutschen Historiker damit eo ipso als erwiesene Slawen oder Wenden gelten, sind Bedenken anzumelden. Keine obsoleten Dinge! Das sind wahrhaftig doch Fragen, die Berlins abendländische Existenz tangieren: Je mehr man das germanische Überdauern in diesen Gebieten unterschätzt oder unterschlägt, mit oder ohne Absicht, das alleinige und gar noch ur-autochthonische Slawentum aber unterstreicht, desto mehr wird man zum Wegbereiter utopisch-panslawistischer Ansprüche auf alles Land bis zur Elbelinie mindestens, wie sie von russischen, polnischen und tschechischen Gelehrten und Politikern seit dem vorigen Jahrhundert erhoben wurden und bis in die Nachkriegszeit hinein – unter offiziellem Beifall der DDR – erhoben worden sind.
Je mehr andererseits das Vorhandensein des slawischen Elements aller Tradition, aller Ortsnamenskunde und aller neueren Archäologie zum Trotz, generell bestritten wird, und man einfach alles, was man früher in Bausch und Bogen als Wenden bezeichnete, als Vandalen deklariert und die braven Sorben, die doch zum Teil noch heute ihre slawische Sprache sprechen, zu germanischen Soraben umdefiniert, desto mehr fördert man einen nichtsnutzigen Meinungsstreit, der jederzeit politisches Feuer anfachen kann. Und als ob wir solches Feuer nicht schon kennten.
Heute wissen wir, und eine weniger indoktrinierte jüngere Forschergeneration in Polen und der Tschechoslowakei bestätigt Entsprechendes, daß es sich bei den hiesigen Vordeutschen um ein nicht mehr aufzuschlüsselndes Gemisch aus Germanen, die sich der Völkerwanderung enthalten hatten, und aus nach und nach und ohne Gewalt in die nachgerade verdünnt besiedelten Räume einsickernden Slawen handelt. Es gibt in der Mark sogar

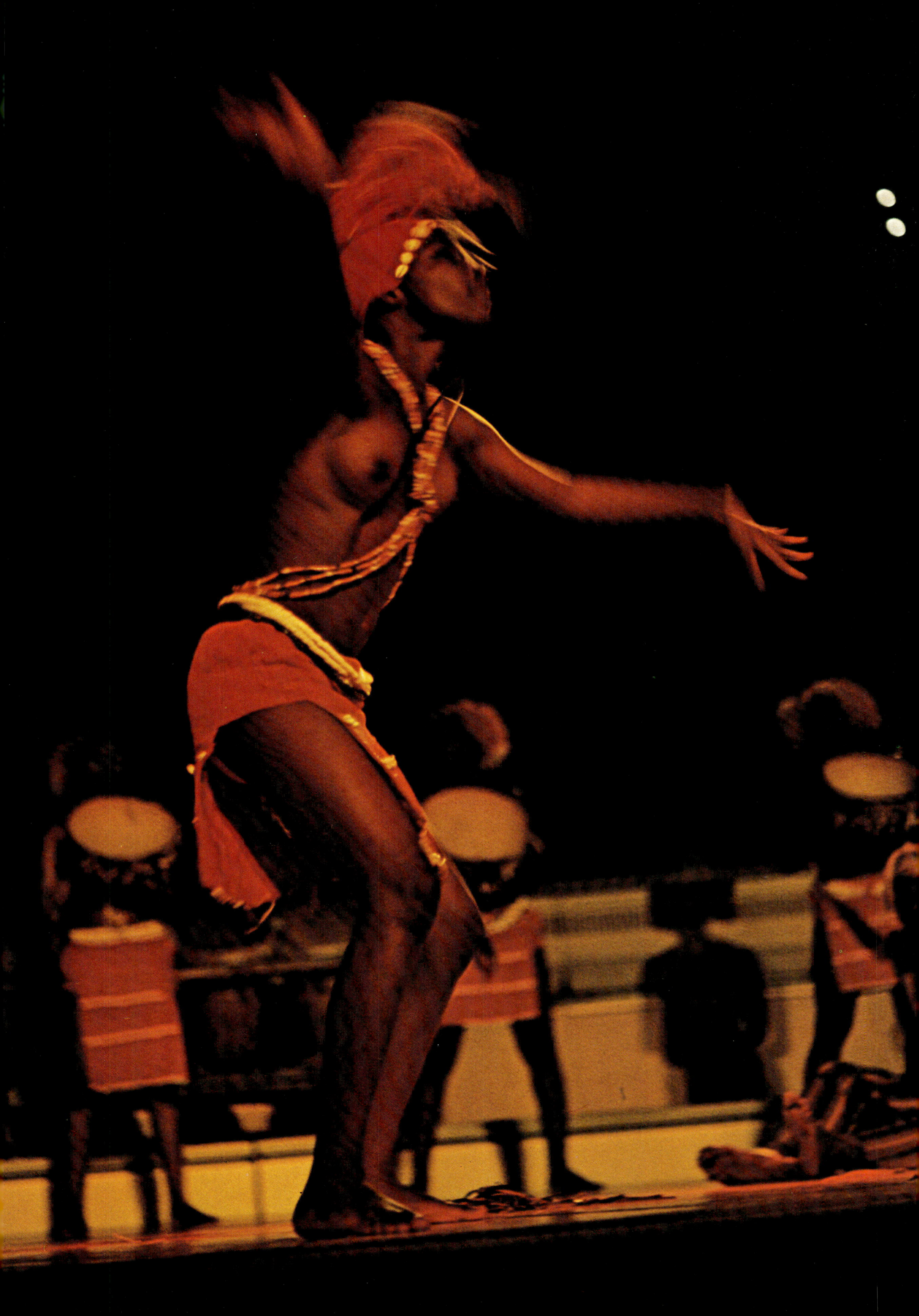

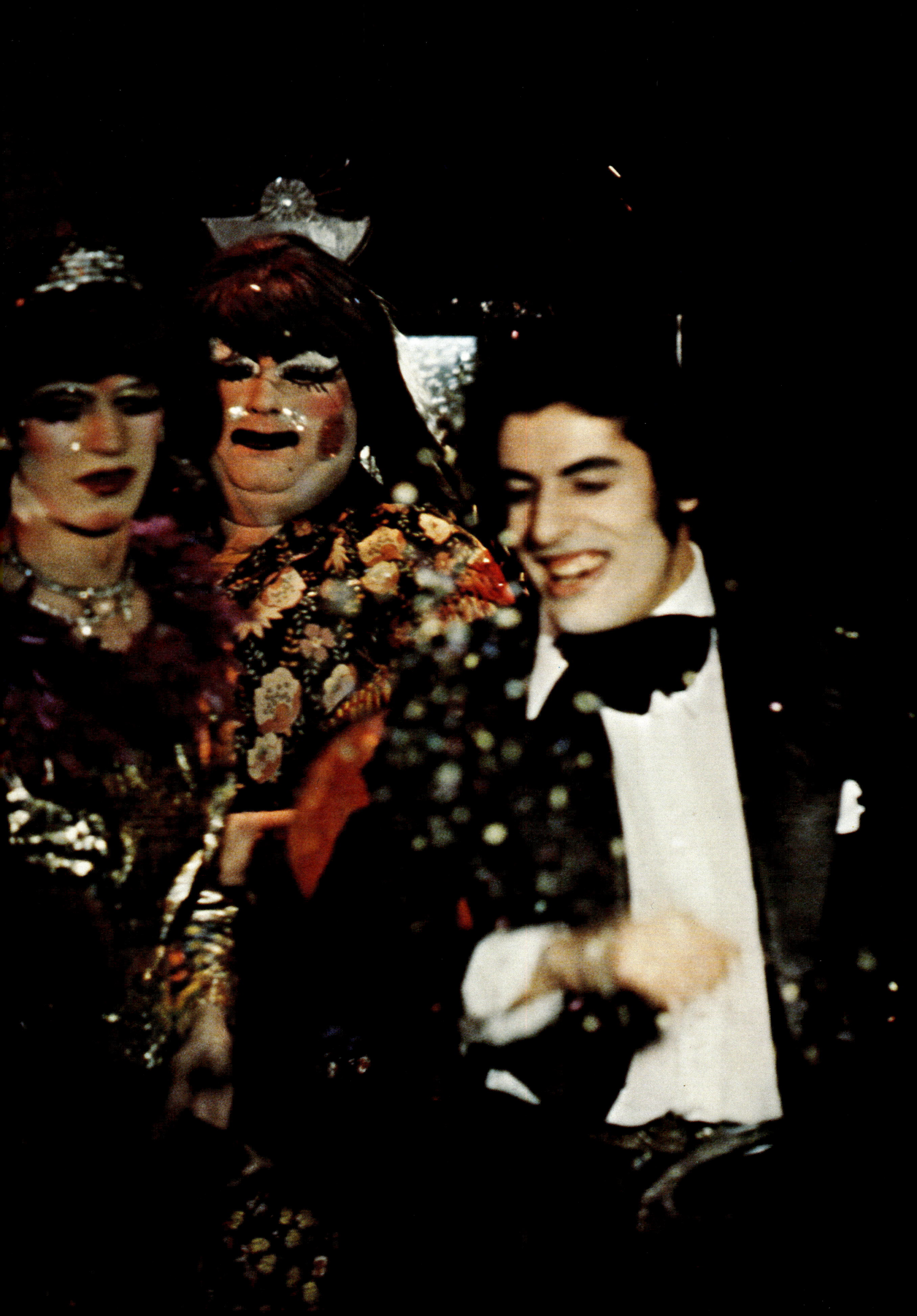

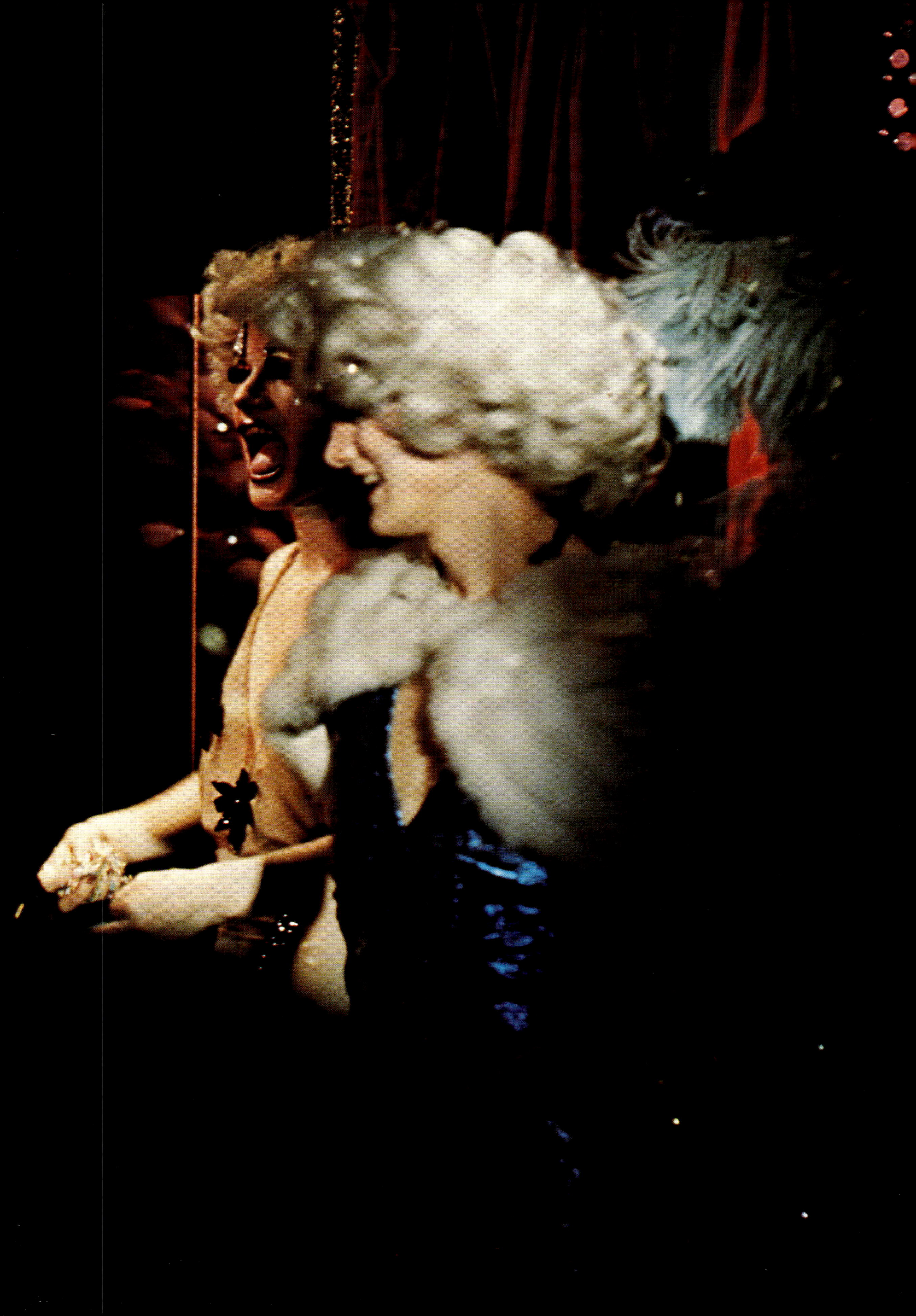

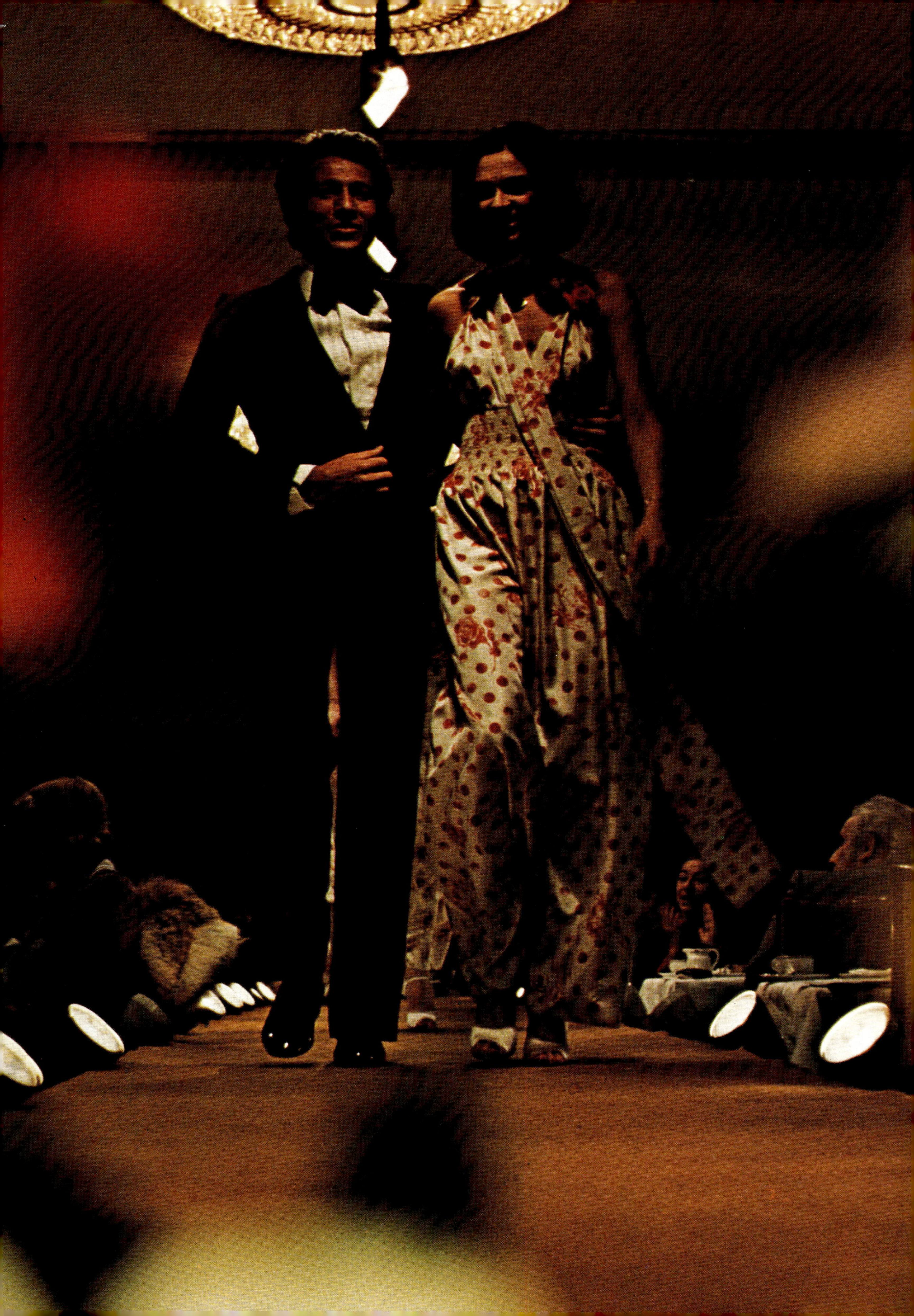

24 *Mannequin und Dressman auf dem Steg*
Mannequin and Male Model on the Platform
Mannequin et dressman sur l'estrade

Orte, in denen eine kontinuierliche Besiedlung durch Germanen, Slawen und Deutsche, die dann aus dem Westen kamen, nachgewiesen ist. Und es haben sich im Groß-Berliner Raum noch germanische Begräbnisplätze bis dicht an die zweite Hälfte des 7. nachchristlichen Jahrhunderts aufdecken lassen. Das Reitergrab, Mann und Roß, aus Neukölln (Bezirk 14) ist eins der Beispiele, die nach dem Krieg ausgegraben wurden.
Daß auch die Namen der dörflichen Siedlungen diesem Befund entsprechen, versteht sich. Und wie sich das Germanische je weiter westlich und nordwestlich desto deutlicher, ja augenfälliger gehalten hat, so gibt es im Havelland – neben den bereits genannten Städten – auch noch ein paar unbestritten germanische Dorfnamen, Reckhahn zum Beispiel (= Rehhagen), Ribbeck (aus Riedbeck, beck = Bach), Glindow (zu Glinde = Zaun) und andere mehr, darunter allerdings auch viele strittige. Rings in der Mark, und zwar je östlicher desto gewisser, sind die meisten vordeutschen Namen jedoch slawisch. Es gibt aber auch deutsche Ortsnamen, die aus slawischen übersetzt sind, wie Birkholz, heute Bergholz aus ›Briechowa‹, wie vermutlich auch slawische aus dem Germanischen. Eigentümlicherweise scheint es aber auch deutsche Ortsnamen zu geben, die in deutscher Zeit erst slawisiert worden sind: die Berliner neigten dazu, aus dem ordensritterlichen Tempelhof (Bezirk 13) ein Templow zu machen, und Grundbuchbeamte fanden für richtig, aus Eiche, das einst Bredereke oder Breidereyke geheißen hatte, ein Eichow zu slawisieren. Das war so gegen die Mitte des 19. Jahrhunderts.
Unter den bäuerlichen und bürgerlichen Familiennamen gibt es selbstverständlich sehr viele slawische, und deren wären wohl noch mehr zu erkennen, wenn nicht behördlicherseits so viele eingedeutscht worden wären oder ihre Träger sie aus Gründen der Anpassung ins Deutsche übertragen hätten. Aber daß es noch lebende adelige Familien gibt, die sich hier aus vordeutscher Zeit erhalten haben, dürfte weniger bekannt sein, die Britzkes aus Britz im Bezirk Neukölln, einem eingemeindeten Rittergutsdorf, und die Ribbecks zum Beispiel, die in der märkischen und in der berlinischen Geschichte ihre Rolle gespielt haben, höchst volkstümlich durch Fontanes Gedicht vom Ribbeck mit dem Birnenbaum, darin der alte Herr übrigens Märkisch-Platt spricht.
Ob aber diese oder andere Adelsfamilien, die da noch namhaft zu machen sein könnten, nun dem slawischen oder gar noch dem germanischen Geblüt entsprossen – man muß es dahingestellt sein lassen. Die Ribbecks leiten ihren Namen von slawisch ›riba‹ = Fisch ab, doch bliebe das zweite ›b‹ in der Namensmitte dann ungeklärt; die Verschleifung aus Riedbeck ist wahrscheinlicher. Anno 1624 haben sie sich in der Breiten Straße in Altberlin (Bezirk Mitte) eine Stadtresidenz errichtet, Ost-Berlins letzten Renaissancebau: Das Portal hat den Bombenkrieg überstanden und ist sehenswert.
Aber, aber, aber der Name Berlin, ein Kapitel für sich, das folgende.

25 *Jazzkonzert in der Philharmonie*
   Jazz Concert in the Philharmonic Hall
   Concert de jazz à la Philharmonie

26 *Szenenbild aus der Schaubühne am Halleschen Ufer*
   Scene from the Schaubühne am Halleschen Ufer
   Scène du théâtre «am Halleschen Ufer»

Berlin, Numen, Nomen Omen

Daß . . . »also – diese Schlußfolgerung ziehe ich erst heute – Berlin im ältesten, mythischen Sinn als schwäbische Stadt zu gelten hat . . .«
(Wolfgang Schadewald vor der Bayerischen Akademie der Schönen Künste, 1962)

Es wurde oben schon angedeutet und ist anders als im Oströmischen Reich, in dem der Kaiser ein ›deus‹ war und Caesaropapismus Staat und Kirche verklammerte: Das Heilige Römische Reich deutscher Nation hat zwar auf Jahrhunderte hinaus seine geistliche Metropole in Rom gehabt, nie aber einen festen Standort seiner weltlichen Gewalt besessen; wie denn schon unsere fernen Ahnen zwar Heiligtümer und Thingstätten gekannt, zur Städtebildung aber wenig Neigung gezeigt haben. Auch zur gereihten Dorfbildung übrigens nicht. Das erste Kaiserreich kannte mithin Krönungsstädte, königliche und kaiserliche, zuletzt meist Frankfurt am Main, kannte Verwahrungsorte der Reichskleinodien, in Wien, vorher seit 1424 in Nürnberg, Tagungsstätten der Reichstage, zuletzt Regensburg, Residenzen der Reichskammergerichte, Speyer und Wetzlar, Kaiserpfalzen, Königsburgen und anderes mehr. Aber an einem einzigen Ort haben all diese weltlichen Institutionen nicht zusammenfinden wollen, können, sollen. Daher denn, je mehr Kräfte die Römerzüge der Kaiser verschlissen, je wirkungsloser ihr ambulantes Regierungsgeschäft und das diffuse langwierige Amtieren der Reichsorgane verpufften, desto selbstherrlicher die Territorialfürsten erstarkten: Ihre ortsfesten Residenzen konnten zu lokalen Hauptstädten in der oben beschriebenen Weise herangedeihen, standen aber jede für sich dem Überhandnehmen jeder anderen als einer möglichen Überwinderin aller eifersüchtig entgegen.

Zu einer Schwerpunktfixierung kam es dennoch und zwar im sogenannten stammneutralen Kolonialland, wo es nur verschiedene Mischungen aber keine Stämme und am Ende gar eine gesamtdeutsche Bevölkerungsmischung mit mancherlei fremden Einsprengseln gab. Berlin, wie gesagt, die preußische Königsstadt, wurde 1871 kaiserliche Reichshauptstadt des zweiten Kaiserreichs, wenn auch, da Bismarck im Grunde Berlin nicht mochte und allzu dichter Konzentration zuguterletzt doch auch mißtraut haben mag, ohne das Reichsgericht, das in Leipzig etabliert wurde. Vielleicht als Douceur für die 1815 so gedemütigten Sachsen. Später hätte er auch den Reichstag und andere Institute der Schärfe berlinischer Kritik gern entzogen.

Mit der aus der Größe und Vormachtstellung des Preußenstaates folgernden Standortfindung in Berlin aber war die neue Reichsgewalt – in kleindeutscher Lösung, wie man weiß – unbeabsichtigt und von kaum jemandem beachtet oder bedacht in einen Raum gelangt, der in vorgeschichtlicher Zeit eine außerordentliche, doch nur im kollektiven Unbewußten, wo alles gespeichert und nichts vergessen wird, noch fortlebende Bedeutung gehabt zu haben scheint, in das nicht eben reiche Land zwischen Elbe und Oder, das in keinem anderen Ruf mehr stand als in dem, des Reiches Streusandbüchse zu sein. Zufall? Zufall sagt man nur, wo die kausalen Zusammenhänge zu fehlen scheinen.

Wir übertragen hier den Begriff des Unbewußten unbedenklich aus der analytischen Individualpsychologie in die kollektive. Im kollektiven Unbewußten bilden sich, den Träumen vergleichbar, die Mythen und Sagen. Diese sind Formen der kollektiven Erinnerung an längst vergessene Historie; Erinnerung, die, auch wenn sie nicht oder nur gelegentlich ins volle allgemeine Bewußtsein heraufdringt, die Handlungen der Menschen mitbestimmt, auch wo nur praktischer Vorteil bestimmend zu sein scheint, und vielleicht sogar, wie Grundwasseradern den Lauf der Gewässer und die lokale Meteorologie bestimmen, den Gang der Dinge regiert.

Die Kaisersagen zum Beispiel vom Kaiser, der im archetypischen Ort der Verborgenheit oder des Unbewußten, im Berg, dem Tag entgegenwartet, da er zur Entscheidungsschlacht aufersteht und siegend bessere Zeiten heraufführt! Wie mußten solche sehr alten, übrigens auch

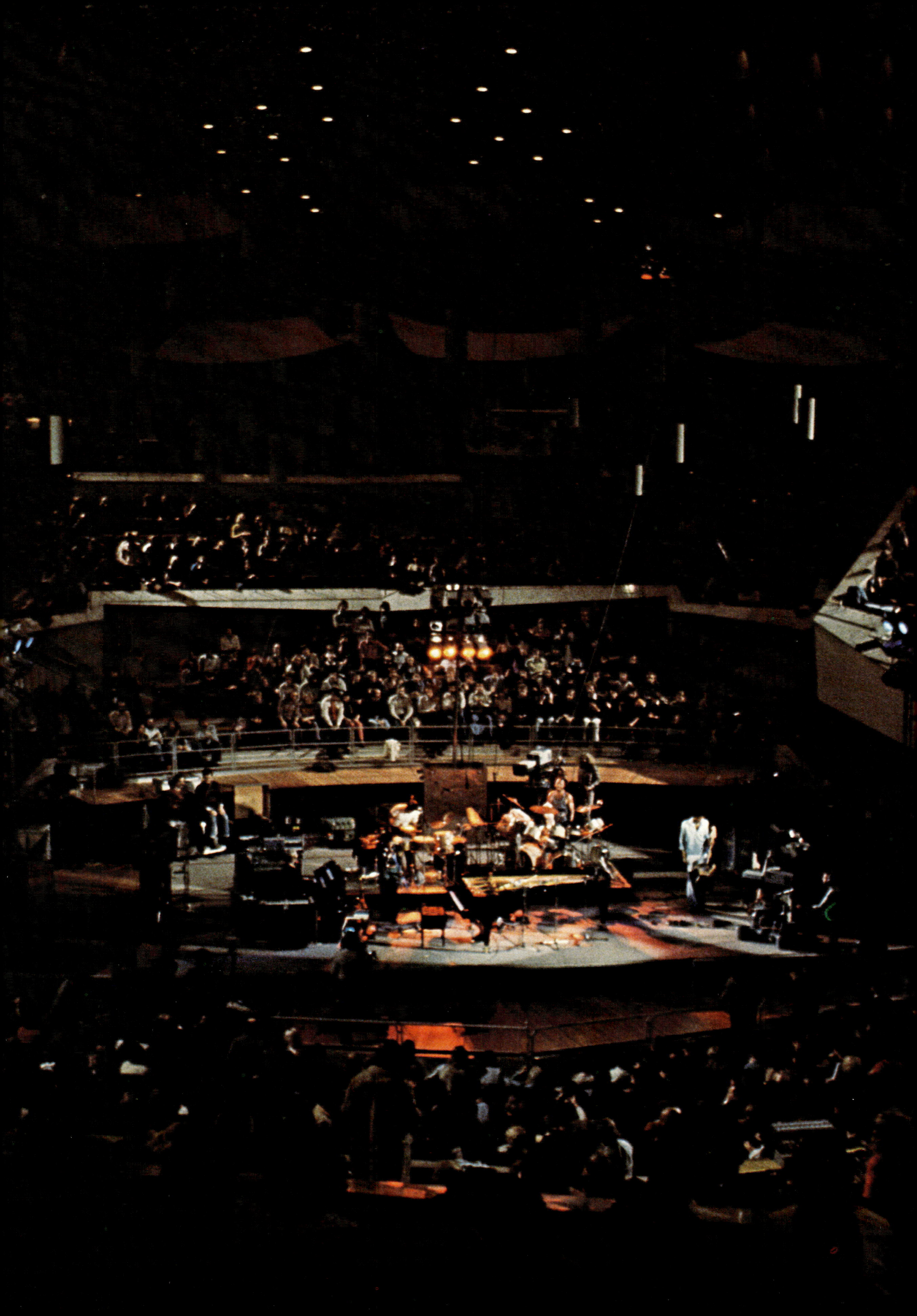

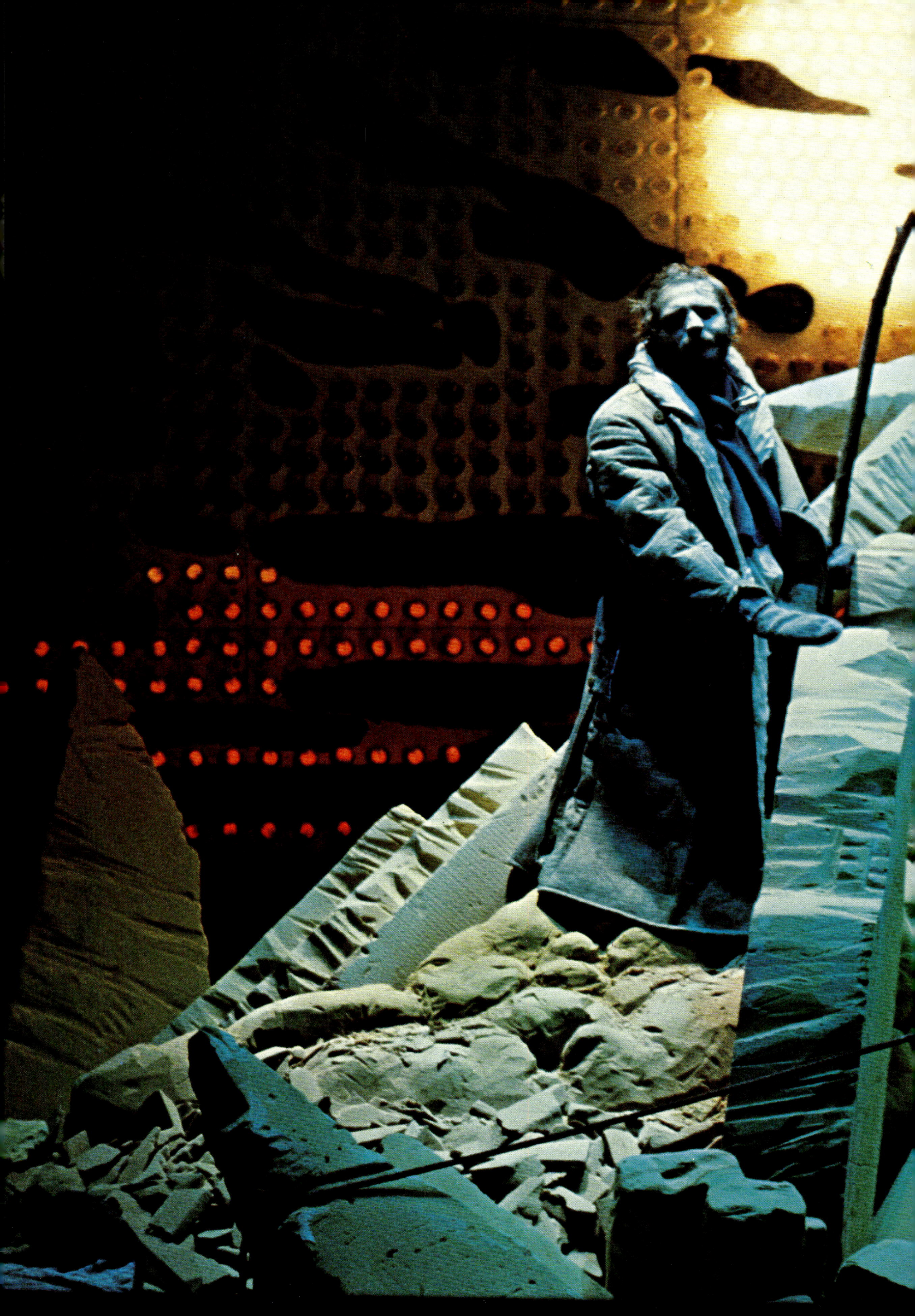

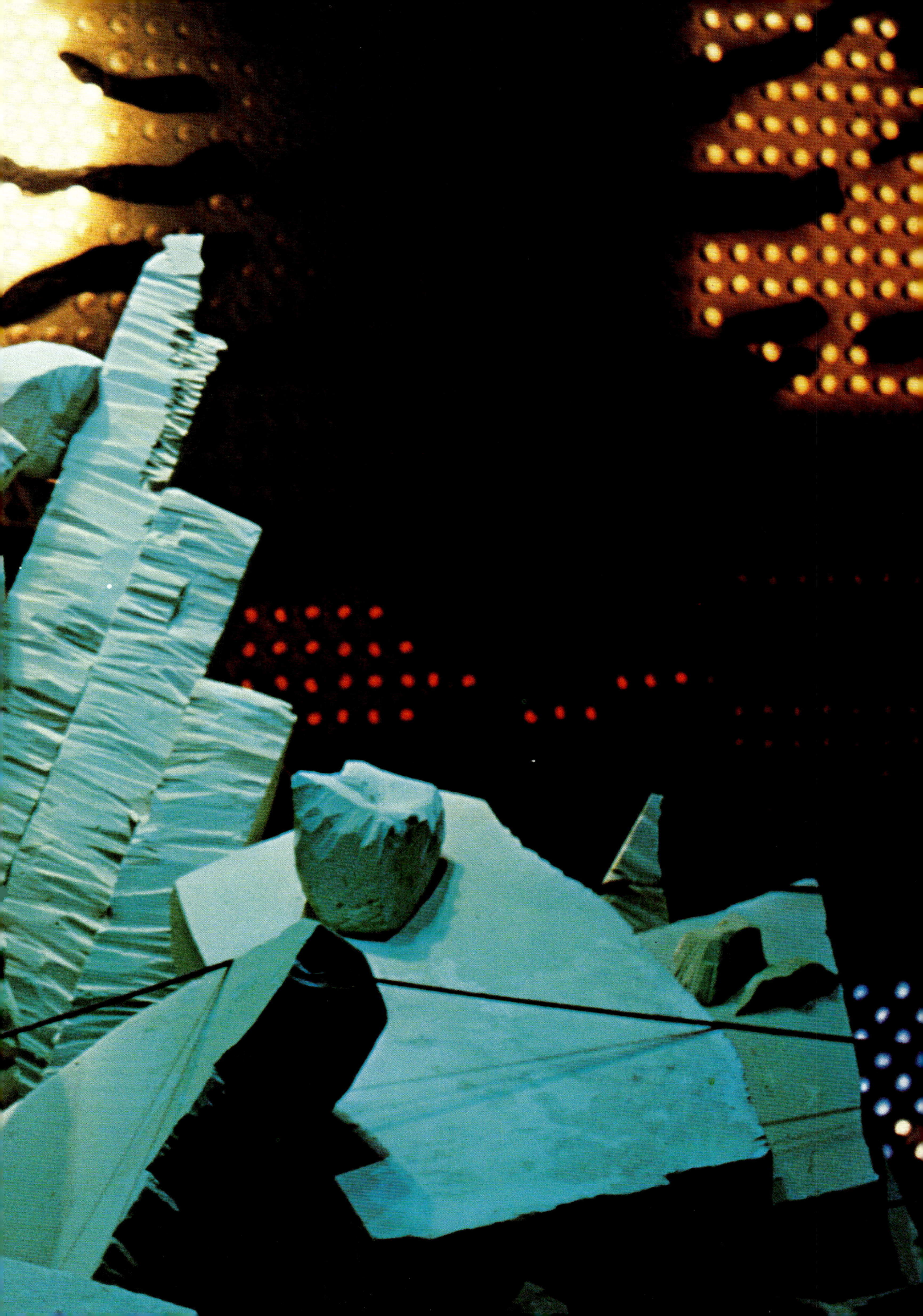

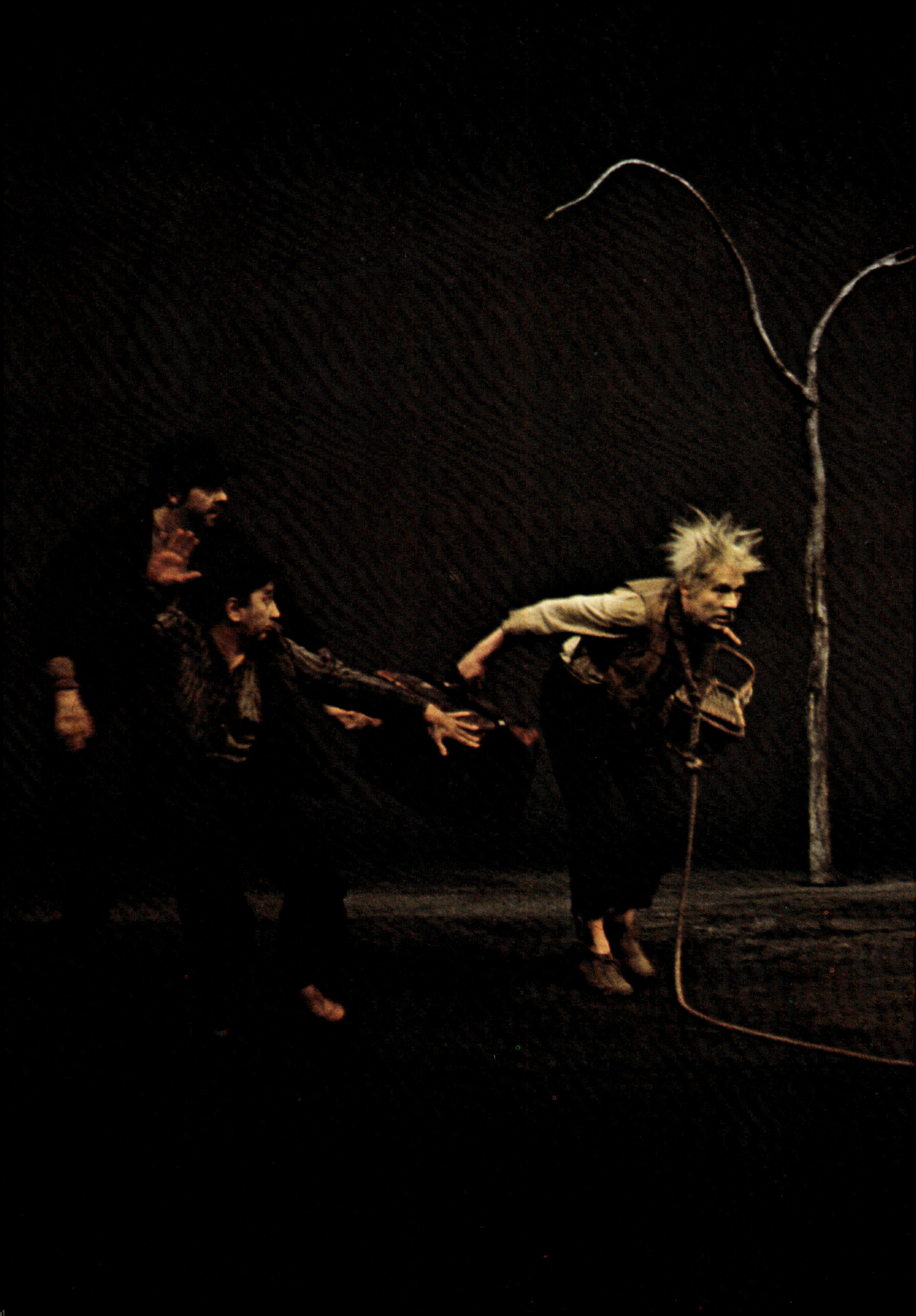

27 *Szenenbild aus dem Schillertheater*
Scene from the Schiller Theatre
Scène du théâtre Schiller

allgemein germanischen Endzeiterwartungen durch die Vorgänge von 1871 an greifbarem Anschein gewinnen. Das waren doch nicht bloß höfische Panegyristen, die jetzt Wilhelm I., in Analogie zum sagenhaften Endkaiser Barbarossa, als Barbablanca feierten; wie es denn auch nicht gerade monarchistische Kreise gewesen waren, die 1849 schon König Friedrich Wilhelm IV. von Preußen die deutsche Kaiserkrone angetragen hatten, sondern fortschrittliche Männer von 1848! –
In des Tacitus ›Germania‹ steht es im 39. Kapitel: »*Als die ältesten und angesehensten unter den Sueben geben sich die Semnonen aus; der Glaube an ihr hohes Alter wird durch einen religiösen Brauch bestätigt. Zu bestimmter Zeit kommen in einem Walde, der durch die den Vätern zuteil gewordenen Götterzeichen und den Schauder der Urzeit geheiligt ist, alle Stämme desselben Blutes in Abordnungen zusammen und begehen, nachdem sie auf gemeinsamen Beschluß einen Menschen geschlachtet haben, die schauerlichen Weihen eines barbarischen Brauches. Der Hain erweckt auch noch aus anderem Grunde Ehrfurcht: im Gefühl der Niedrigkeit und im Glauben, so die Macht der Gottheit an sich selbst zur Schau zu tragen, betritt ihn niemand, ohne sich*« (vorher) »*fesseln zu lassen. Wenn er zufällig zu Fall kommt, ist es ihm nicht erlaubt, sich aufzurichten und aufzustehen; sie wälzen sich dann am Erdboden hinaus. Und auf der Anschauung beruht dieser ganze Aberglaube, als wenn von hier die Anfänge des Volkes stammten, hier die allbeherrschende Gottheit wohne.*«
Der in jenem offenbar ausschließlich und nach sehr altem Ritus verehrte Gott war Ziu, Herr des Himmels wie Zeus und erst in späterer Zeit in die Trinität mit Wotan und Donar abgesunken. Die Suebenstämme stellten nach Ansicht der antiken Schriftsteller die größte Masse der Germanen dar, und die Semnonen bewohnten nach Tacitus »*hundert Gaue*« und, »*weil sie eine so mächtige Körperschaft bilden, halten sie sich für das Haupt der Sueben*«.
Der heilige Hain kann nicht groß gewesen sein. Man hat ihn in Burg im Spreewald orten wollen, ihn in Ost-Berlin auf den Müggelbergen vermutet. Vom Friesacker Zootzen am Rhinluch-Nordrand sagt die örtliche Fama, dies Auwaldstück sei jener Hain gewesen. Da hat sich nichts bestätigt, und alles ist im Ungewissen geblieben. Nur über eines sind sich heute alle Zuständigen einig: jene hundert Semnonengaue haben zwischen Elbe und Oder gelegen. Und da sich, wie mit dem Spaten erwiesen, die dichteste Versammlung semnonischer Dörfer just auf dem Groß-Berliner Boden befunden hat, sind sonderliche Zweifel über die Lage jenes numinosen Hains überflüssig. Daß er inmitten der »*hundert Gaue*« und nicht am Rand irgendwo gelegen haben wird, ist keine kühne Annahme weiter.
Als 1921 durch entsprechende Verwaltungsakte Groß-Berlin erschaffen werden sollte, wurden 8 Städte, 59 Dörfer und 27 Gutsbezirke zu einer einzigen Gemeinde zusammengefügt. Es ist kaum übertrieben, daß unter jeder dieser Gemeinden im Boden eine vorgeschichtliche Niederlassung, ein Urnenfriedhof, ein Gräberfeld stecken oder steckten oder daß sonstige Hinterlassenschaften wie Opferbrunnen, Schmelzöfen für Raseneisenerz und Kalkbrennereien ergraben wurden. Die Hauswände dazumal bestanden aus Lehmflechtwerk, waren aber außen mit Kalktünche geweißt, damit der Lehm nicht durch Regen ausgewaschen werde. Einzelfunde über Einzelfunde, die Berliner – noch vorwissenschaftliche – Archäologie reicht bis 1700 etwa zurück. Und daß die Mark Brandenburg ohnehin ein diesbezüglich besonders fündiges Stück Erdoberfläche ist, steht längst fest. So etwas wie Rassereinheit soll hier aber nicht stillschweigend unterstellt werden. Und falsch ist die Annahme, hier oder irgendwo könne ein Volk das andere, indem es die Vorherrschaft an sich brachte, so abgelöst haben, daß das abgelöste seither rest- und spurlos verschwunden wäre. Immer vielmehr ist Vermischung der Ankömmlinge mit den Angetroffenen – Überlebenden, Überbleibenden – in irgend einem Grade als etwas sehr Menschliches vorauszusetzen, dergestalt daß in den Adern aller Hiesigen der vordeutschen Zeit und mit weiteren Zumischungen später hin, Schicht über Schicht gewissermaßen, die Gene der Jagdbeuter, der Stielspitzen-, Trichterbecher-, Federmesserleute, der Schnurkerami-

28 *Ein Gartenhof in der Freien Universität*
A Grass Court in the Free University
Jardin de l'Université Libre

29 *Der Neubau der Staatsbibliothek*
The New State Library
La nouvelle construction de la bibliothèque nationale

30 *Eternit-Plastik auf dem Gelände der Technischen Universität*
Asbestos cement Sculpture in the grounds of the Technical University
Sculpture sur le terrain de l'Université Technique

---

ker, der Buckelamphorenleute, der Illyrer und so weiter fortleben, je nachdem in wahrhaft homöopatischer Dosierung oder Verdünnung, aber eben fortleben. Diese Gene, so ist anzunehmen, sind die Träger unbewußten Erinnerns; dies gesagt, um unsern etwas abstrakten Thesen das naturwissenschaftlich-biologische Substrat zu geben.

Der Siedlungsraum der Suebenvölker erstreckte sich, antiken Geographen einigermaßen bekannt, von der Odermündung und links der unteren Oder in südwestlicher Breitung bis zu den Markomannen links der Donau und den Langobarden an der Elbe, die beide ebenfalls zum Suebenbund gehörten. Deshalb konnte Ptolemäus (II/11) die untere Oder (Viadus) »*Suebus*« oder »*Syebos*«, also die Schwabenoder nennen und Tacitus (Germ. 45) die Ostsee »*Mare Suebicum*«, Schwäbisches Meer. Und selbst die Helgi-Lieder der Edda, niedergeschrieben, als die Deutschen schon auf dem Sprunge standen, die hier betrachteten Gebiete wieder zu besiedeln, nennen diese, unbekümmert um die damals schon vollzogene, eingemischte und überlagernde Slawenbesiedlung, noch Svâvaland. Sie wissen auch, daß der heilige Semnonenhain südlich der Ostsee zu suchen war. Was allerdings den berlinischen Poeten zur Zeit des Großen Kurfürsten, Nicolaus Peucker, zu dem Vers veranlaßt hat: »*. . . wo Suevus umb Berlin und Cölln die Grenze lauft*«, demzufolge auch die Spree zum Schwabenfluß erklärt wird, ist nicht mehr ersichtlich.

Dem Peucker, ›*Dichter und Richter*‹, einem schon recht spreeathenischen Kopf, mag mit diesem Schnörkel wider Willen und Wissen Beziehungsvolles aus dem Federkiel geflossen sein. Daß aber die Deutschen 500 Jahre vor Peucker, als sie das märkische Land dem Reich einzuverleiben gedachten, vom einst so berühmten Fesselwald (Fjötrlundr), jenem Hain also, und vom Frühschwabentum in diesen Landstrichen nichts mehr gewußt haben sollen, wenn doch selbst die gleichzeitigen Skalden in Island davon Kunde hatten, ist ganz und gar unwahrscheinlich. Nur die schriftlichen Dokumente fehlen, und so gilt es nicht vor den Kathedern der Historiker. Und die Archäologie wird auch kaum helfen können, denn woran sollte, wenn da etwas wie ein Hain ans Licht gefördert würde, das heilige von sonstigen Gehölzen zu unterscheiden sein?

Von der zeitentrückten Schwaben- und Semnonenherrlichkeit ist aber mehr wirksam geblieben, als der erste Blick lehren will: dem Stamm der Schwaben, dem Alemannenbund und dem Nordschwabengau zwischen Harz und Elbe entstammt die Mehrzahl der führenden Herrschergeschlechter Deutschlands: die Staufer, Habsburger, Hohenzollern, Welfen, Urach, Teck, Zähringer, Wettiner und die nachmals brandenburgischen Askanier oder Ballenstädter (ursprünglich ›Balgesteti‹). Ferner hatten die Schwaben im Reichsaufgebot das Vorrecht, allen anderen voran die Schlacht zu eröffnen. In Schwaben, in Markgröningen »*haftete auf Stadt und Burg von alten Zeiten her das Reichsfahnenträgeramt*«, auch wurde die Reichsfahne dort aufbewahrt. Im Schwäbischen befanden sich die meisten Reichsstädte und gab es auch reichsfreie Bauern.

Aus Schwaben stammt eine unverhältnismäßig große Anzahl deutscher Genies. Die speziell deutsche Kultur erblüht, wie oben dargetan, im schwäbisch-alemannischen Bereich. Und, wenn auch schriftliche Belege fehlen, so wird es doch kein Zufall gewesen sein, wenn mit der Rückgewinnung Ostelbiens gerade zwei nordschwäbische Grafengeschlechter, die Wettiner eben und die Askanier, beauftragt wurden. Fortan sollten sie in jahrhundertelanger Konkurrenz liegen und die Rivalität auch auf die Hohenzollern und die Königreiche Sachsen und Preußen noch vererben, ein Erbe, das in einer Animosität der Sachsen und der ehemaligen Preußen und zumal der Berliner noch fortlebt. Es waren die verwegenen Berliner, die für die DDR-Regierung und ihre vielen Organe das Wort »Besachsungsmacht« prägten, weil in der Tat, als der Staat Preußen 1947 liquidiert worden war, die Sachsen, wie nach einem Gesetz des historischen Ausgleichs, in der DDR ein entscheidendes Übergewicht in jeder Beziehung erhalten haben. Immerhin aber hat der Leipziger Ulbricht Berlin als »Hauptstadt der DDR« bestehen lassen. Die Gravitationskraft selbst noch der

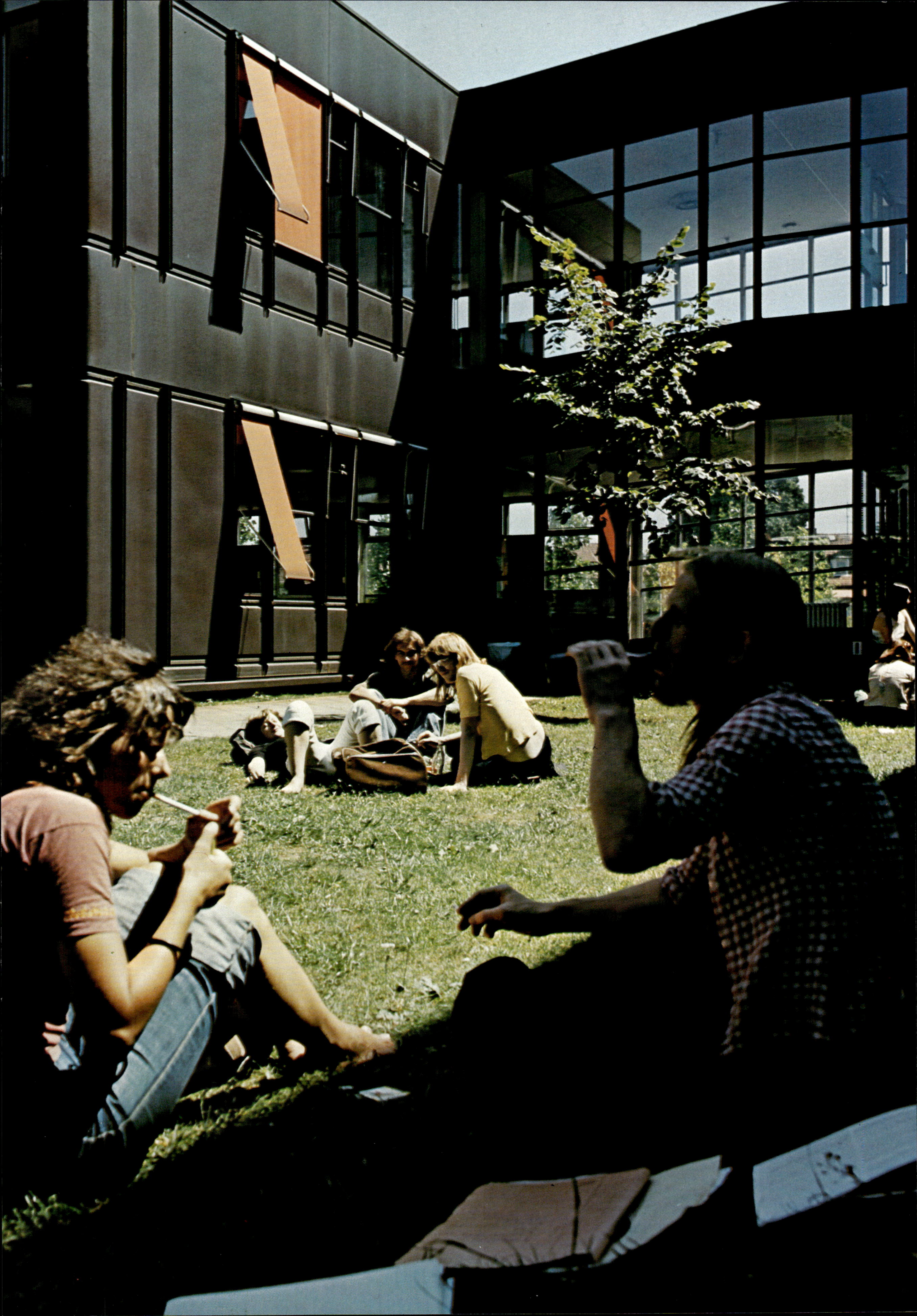

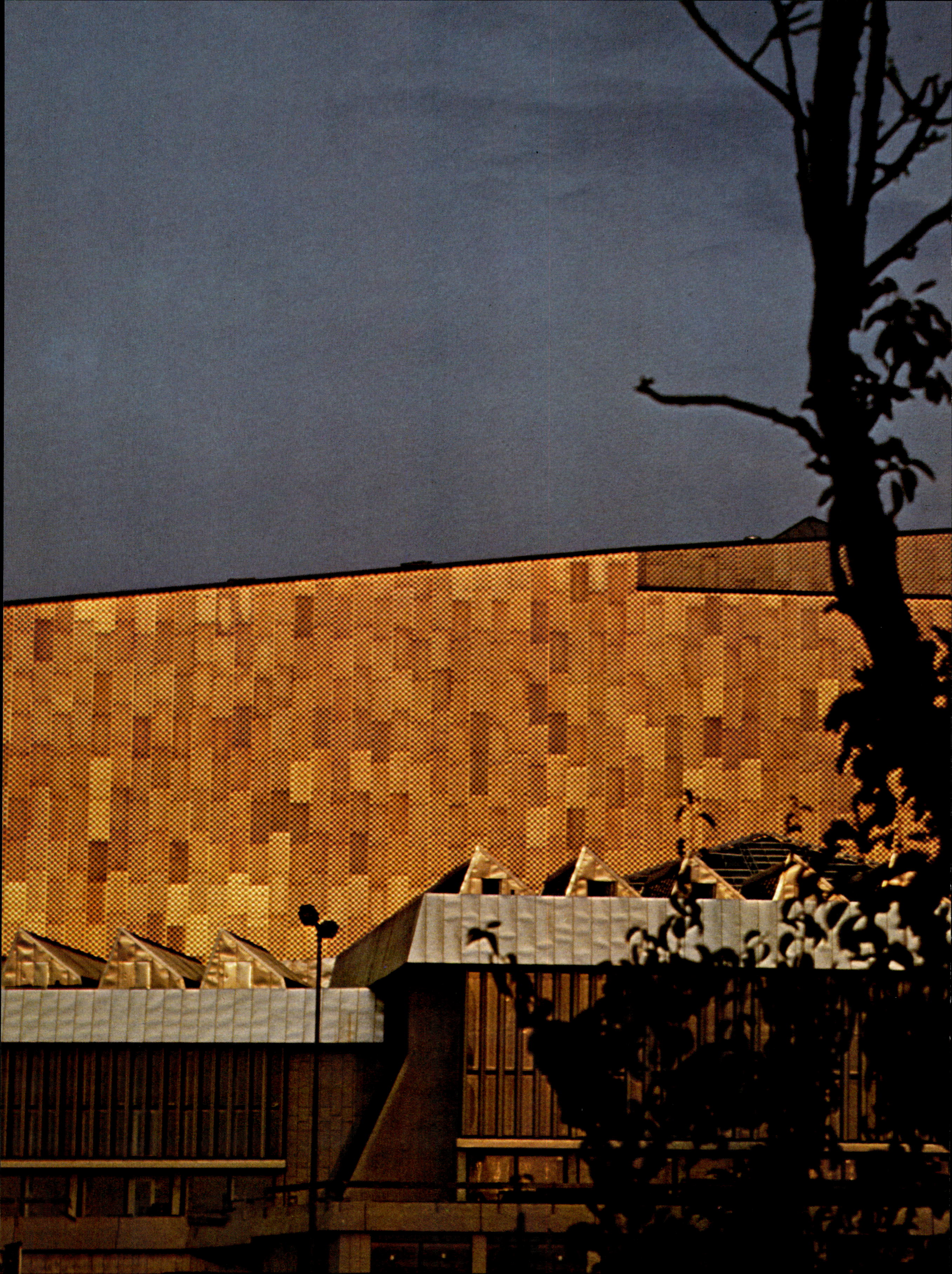

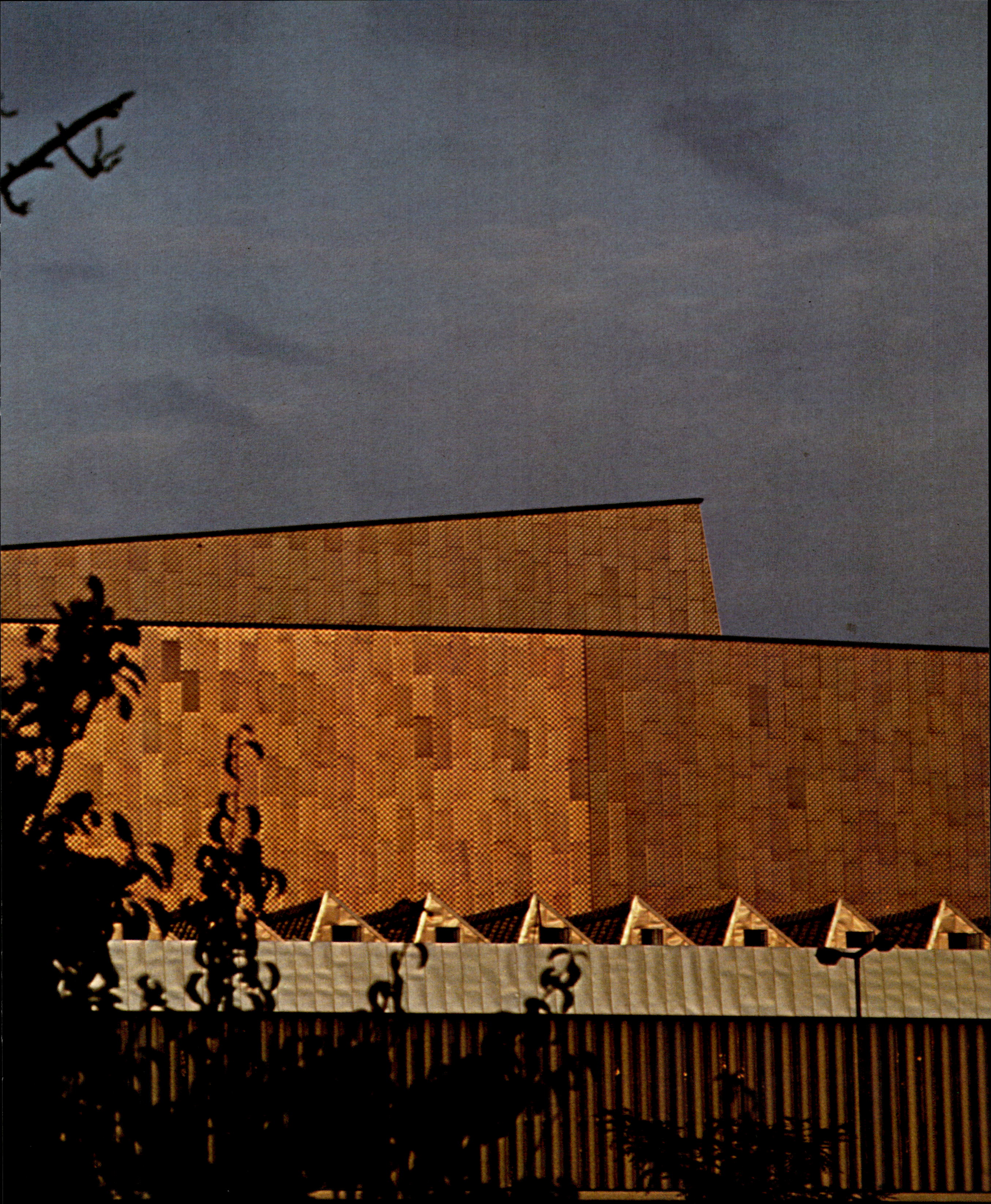

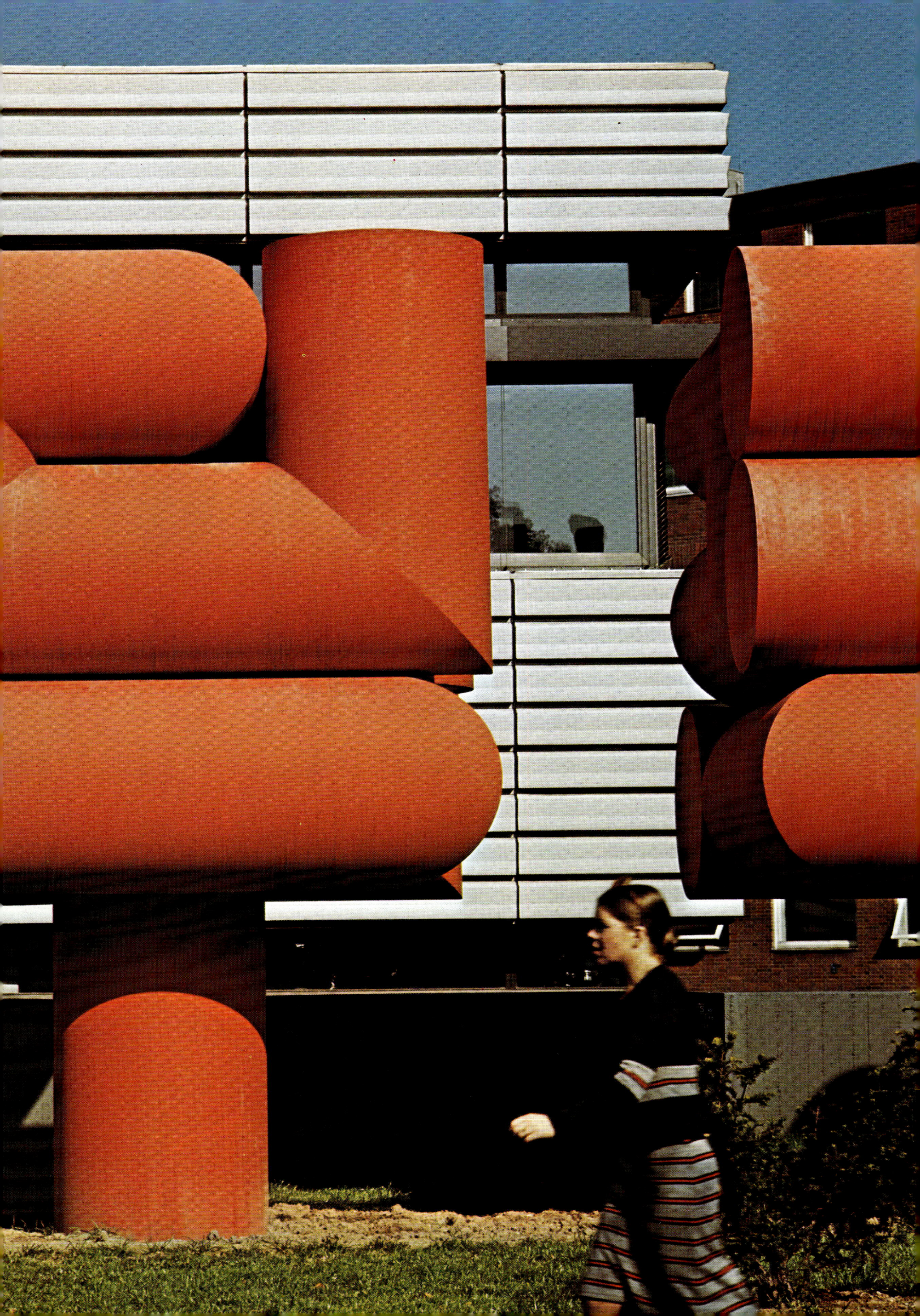

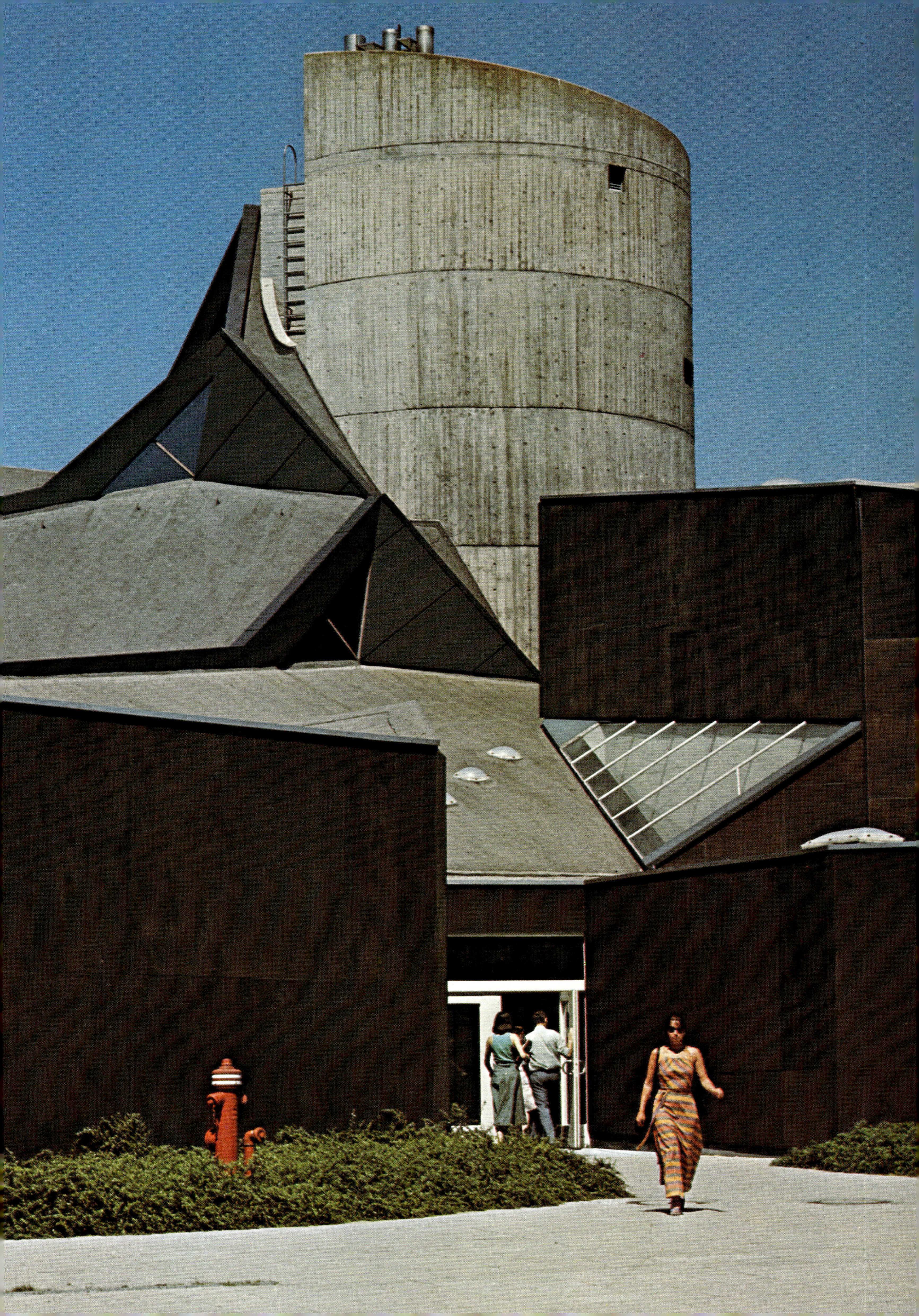

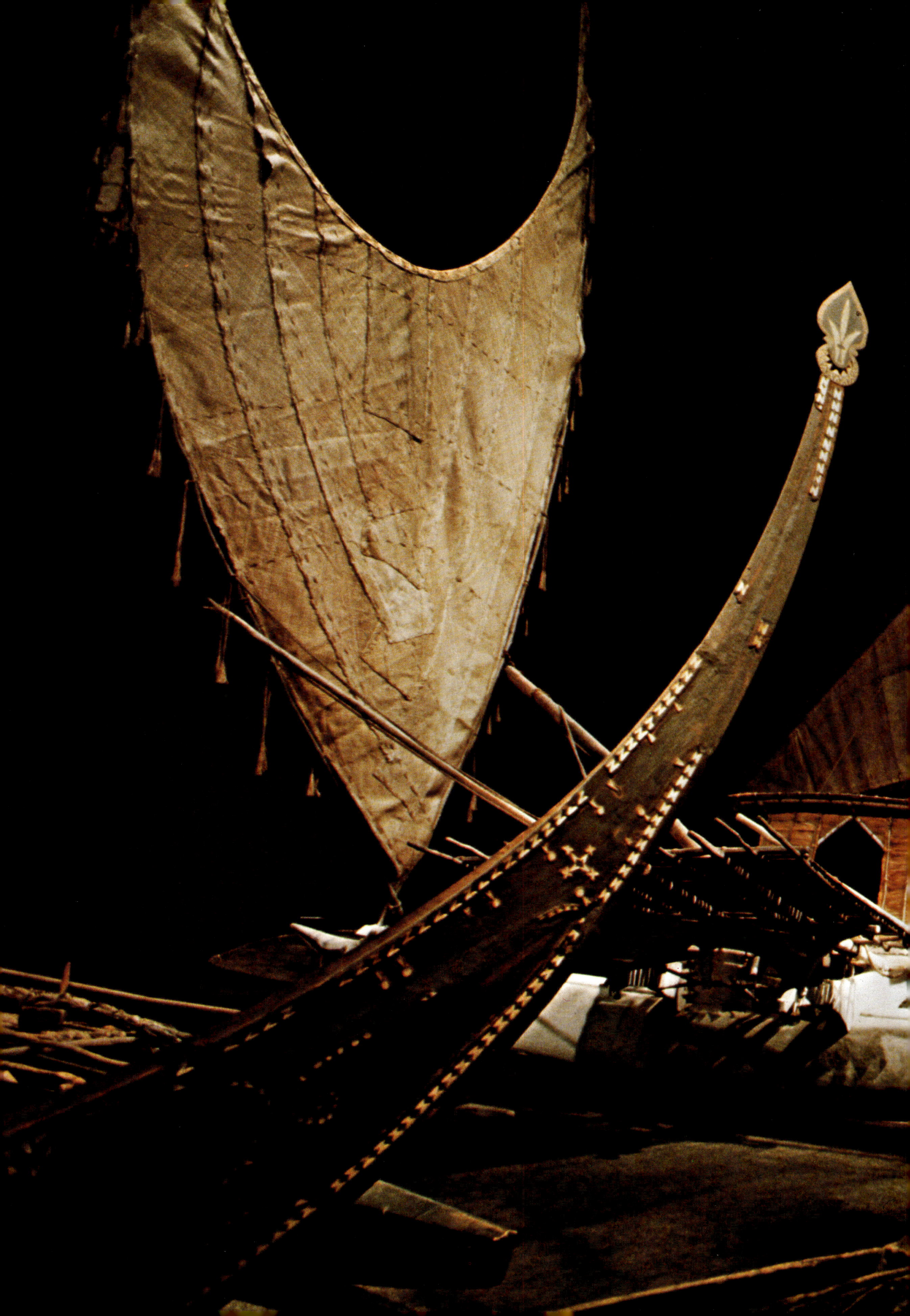

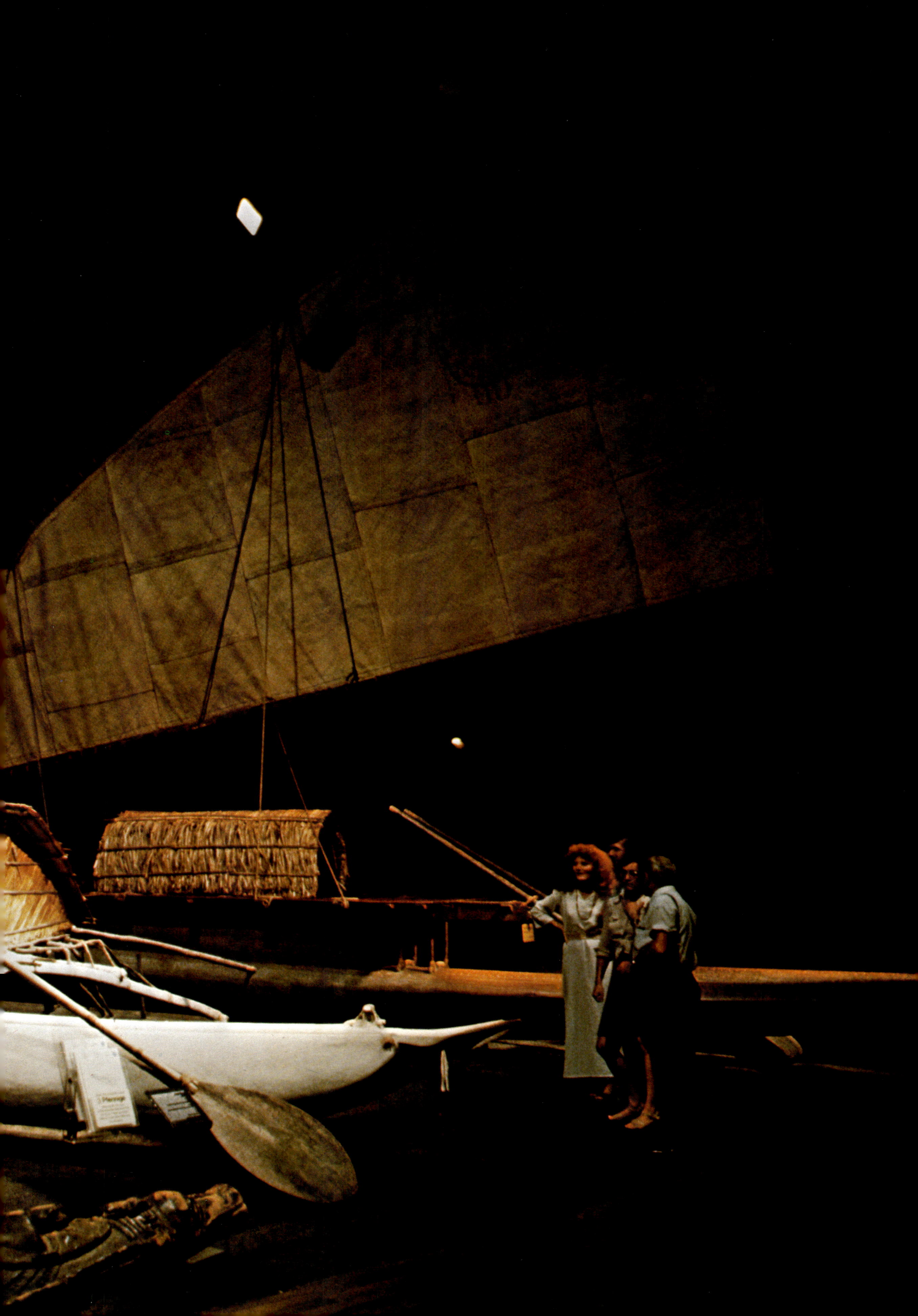

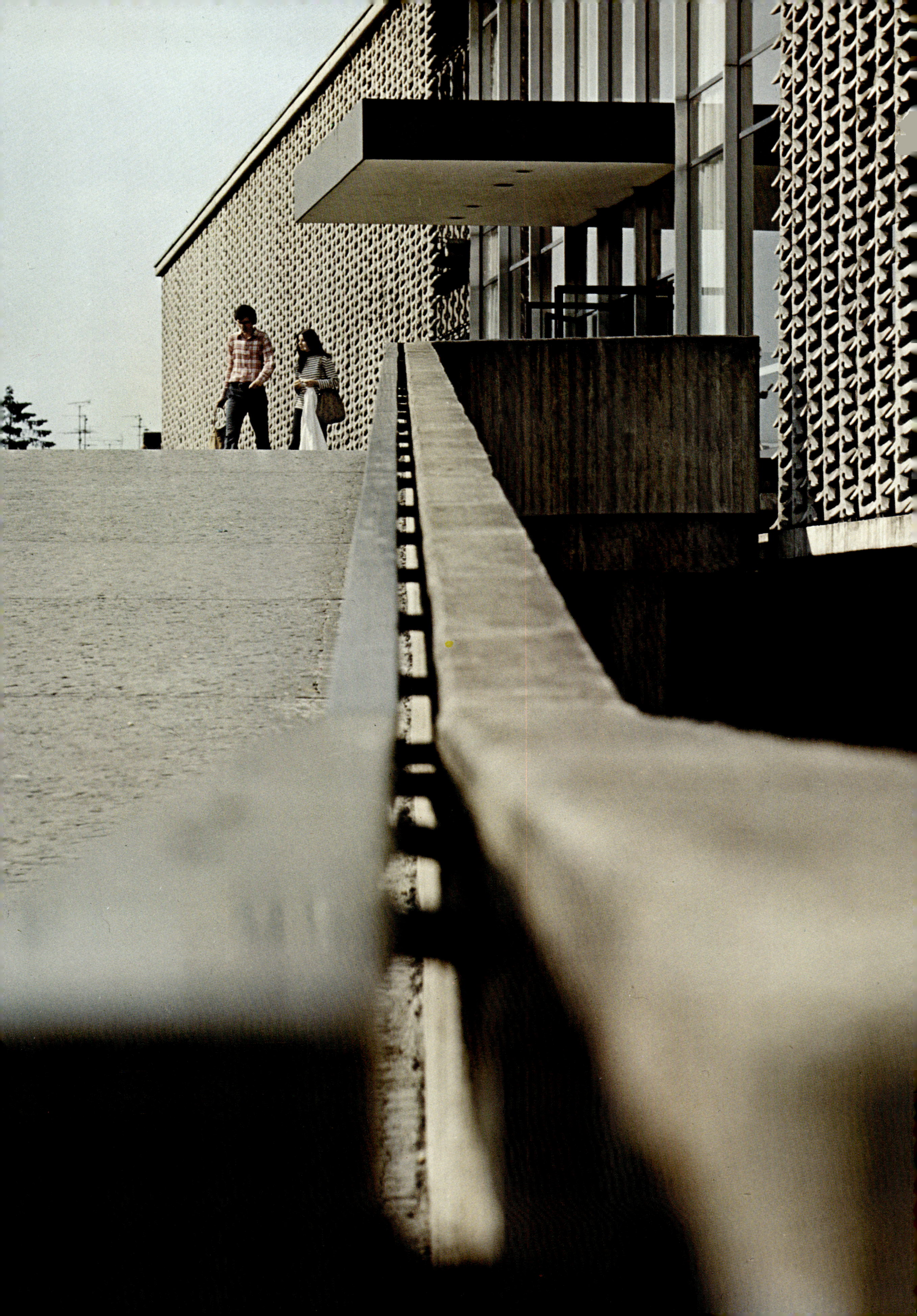

31 *Institut für Bildungsforschung der Max-Planck-Gesellschaft in Dahlem*
Institute for Educational Research of the Max Planck Society in Dahlem
Institut de recherches de l'Association Max Planck à Dahlem

32 *In der Südsee-Abteilung des Völkerkundemuseums in Dahlem*
In the Pacific section of the Ethnological Museum in Dahlem
La section «océan Pacifique» au musée ethnologique à Dahlem

33 *Rampe zum Haupteingang des Klinikums in Steglitz*
Ramp to the Main Entrance of the Clinic in Steglitz
La rampe de l'entrée principale de la clinique de Steglitz

---

gutteils zerstörten Stadt war stärker als die Abneigung des Sachsen. Das kann für die weitere Geschichte Berlins ein Akt von nicht abzusehender Tragweite gewesen sein. Wahrscheinlich aber, daß auch die Sowjets auf Berlin als Hauptstadt der von ihnen besetzten Zone bestanden haben.

Am schweizerischen Ufer des Untersees, einem Teil des Bodensees, der als Ganzes nach der Völkerwanderung auch den Beinamen Schwäbisches Meer erhalten konnte, der Reichenau gegenüber liegt ein kleiner Ort namens Berlingen. Das ›Ortsbuch der Deutschen Reichspost‹ von 1926 kennt ein Berlin in Pommern, eins in Schleswig-Holstein, ein Berlingen in der Eifel, ein Berlingershof bei Stockach in Baden, ein Berlingerode im Eichsfeld, ein Berlinghausen und ein Berlingsen in Westfalen. Berlingen nannte sich auch zu Götzens Zeiten das Rittergeschlecht derer von Berlichingen, und Berlingen wird es auch in der Zimmerschen Chronik genannt.

Das ist eine Wortbildung wie Amelungen, die Sprößlinge und Nachfahren des ostgotischen Königsgeschlechts der Amaler, oder wie Harlungen, welches herulische Fürstengeschlecht mit der Frühgeschichte unserer Brandenburg zu tun hat, daher dort der Harlungerberg. Der Schluß vom Namen Berlingen nicht gerade auf ein Heros eponymos, wohl aber auf einen Stammnamen Berlin ist nach allen Regeln der Onomastik nicht nur erlaubt, sondern fast zwingend. Ein Ort Berlingen oder Berelahinge kommt dem Lorscher Codex nach schon in Urkunden um 800 vor.

Eine Pfalzburg namens Werla oder Werle lag oberhalb von Wolfenbüttel links der Oker im Nordschwäbischen – die Nordschwaben bildeten, während die Avantgarde bis Spanien gelangte, sozusagen die Nachhut der Schwabenwanderung und werden als linke Elbanwohner die Verbindung zu den seßhaft gebliebenen Stammverwandten jenseits der Elbe nie ganz verloren haben, wenn dies auch nicht beurkundet ist. Weiß man doch auch, daß die letzten Vandalen Schlesiens mit ihren Verwandten in Nordafrika in Botenaustausch gestanden haben. Und das sollte hin und her über die Elbe nicht ebenfalls möglich und gang und gäbe gewesen sein? Dieses Werla jedenfalls findet sich bei den Chronisten als Werlaon oder Werelahon geschrieben. Und von da wäre es bis zu obigem Berelahinge gewiß kein etymologisch unvertretbarer Schritt.

Von zuständiger Seite aus der DDR hingegen wurde, die Slawität Berlins zu erweisen, ein Dorf Berlin angeführt, das einst der Stadt Ückermünde einverleibt worden ist, desgleichen auf einen Ritter Johannes de Berlin im 14. Jahrhundert sowie auf einen gleichnamigen älteren pommerschen Marschall hingewiesen, den Stettins Gründungsurkunde unter den Zeugen nennt. Doch reicht das nicht, wozu es reichen soll, zum Beweis nämlich dafür, daß diese Herren von der Küste des alten Mare Suebicum im ethnischen Sinne Slawen gewesen sein müssen, sondern bewiese höchstens, daß es dort ein Geschlecht dieses ominösen Namens gegeben habe. Dem hätte dann wohl auch der Petrus de Berlin einer Meißner Urkunde von 1200 angehört. Die Frage müßte vielmehr lauten: Gehörten diese Herren dem bodenständig überdauernden Adel an wie erwähnte Britzkes oder Ribbecks oder kamen sie erst im Gefolge der Wettiner oder der Askanier aus dem Nordschwabengau, von dem so mancher Wiederbesiedler bei der sogenannten Landnahme gezogen kam?

Ein Heilbronner Rat adeligen Gebluts hieß Hans Berlin. Ein markgräflich-ansbachischer Pagenerzieher hieß ebenfalls Hanns Berlin, kam aus Heilbronn und war der Erzieher des Götz von Berlichingen. Die Zimmersche Chronik erwähnt einen, wahrscheinlich ebenfalls adeligen Dr. Berlin zusammen mit einem Ritter von Habspurg. Um 1720 wirkte in Nürnberg ein »Ritterschäftlicher Consulent« Peter Berlin. Nördlingens Stadtmauer schmückt ein Turm, der seinen Namen von einem patrizischen Geschlecht Berlin hat. Das sind alles Gegebenheiten, die jene Kompetenten aus der DDR glatt verschweigen, und darin steckt der ganze große Hader um Berlin wie im philologischen Reagenzglas. Verschwiegen wird auch die Fülle der Familiennamen mit den Silben Berlin von den Berlin-Berlon in den Niederlanden bis zu den Grafen Berlinieri in Italien, von »Gösta Berling« bis zu dem italienischen Kommunisten Berlinguer. Dagegen

34 *Das Große Tropenhaus im Botanischen Garten*
The large Tropical House in the Botanical Garden
La grande serre tropicale au jardin botanique

35 *800 Jahre altes Dorf als Museum*
An 800-year-old Village as Museum
Un village vieux de 800 ans comme musée

warten sie mit serbisch ›brljina‹ = Pfütze, sumpfiges Land oder mit altlitauisch ›berti‹ = streuen, ausschütten auf und »*glauben, sie im Namen Berlin wiederzufinden*«. Reichlich weit hergeholt.

Der soviel diskutierte Name ist selbstverständlich auch auf seine Bedeutung als Sachbezeichnung und als Flurname abzuklopfen. Ein Wehr? Der Bär? Laut Adelung »*in dem Festungsbaue ein starker aus Steinen gemauerter Querdamm in einem Festungsgraben*« – unser uralter Mühlendamm, von dem wir sprachen? »*Da man dieses Wort in Oberdeutschland Wuhr ausspricht, so gehöret es ohne Zweifel zu Wehr, so fern dieses eine Mauer oder Damm bedeutet.*« Oder der Bär? Ein Rammklotz, mit dem man Pfähle einschlägt? Das Raubtier gleichen Namens, kommt es in Betracht?

Berlins erstes Wappen führt den Adler vor burgartigen Gebäuden, die offenbar die erste Residenz der Askanier, nämlich die Brandenburg darstellen. Der Bär im Wappen taucht erst um 1330 auf, läuft auf allen Vieren, doch ist über ihm an seinen Hals ein Adlerschild gekettet. Um 1450 hockt der Adler auf dem Bären wie auf einem Beutetier: 1448 haben die Hohenzollern einen Aufstand der Berliner gegen ihren Schloßbau niedergezwungen, den ›Berliner Unwillen‹. Der Wappenbär erscheint später zwar aufgerichtet und ohne Adler, doch hat erst ein Magistratsbeschluß von 1875 das Halsband, dieses Zeichen alter Abhängigkeit, aus dem Wappen getilgt. Der erste deutsche Kaiser des zweiten Reichs mochte der ersten Reichshauptstadt einen dahingehenden Wunsch nicht versagen. Im übrigen scheint der Bär, wie in Bern und Verona nicht anders, eher kraft Volksetymologie ins Wappen gelangt zu sein; wie es scheint, war schon im 13. Jahrhundert niemand mehr in der Lage, den offenbar sehr alten Namen noch zu deuten.

»*To dem Berlin*«: Berlins Name erscheint in frühen Erwähnungen meist so, ein Flurname also. Laut dem Berolinisten Schwebel (1888) gab es in Halle an der Saale zwei Plätze, großer und kleiner Berlin, im Hannöverschen ein Flurstück gleichen Namens. »*Rätselhaft*«, schreibt er im Vorstellungszwang von allgemeiner Slawenbesiedlung, unter dem hier im 19. Jahrhundert viele Geister gestanden haben, »*ist das Vorkommen des Wortes Berlin als Name eines Platzes in Augsburg*«. Das wäre es angesichts des suebisch-schwäbischen Zusammenhangs, den Schwebel nicht sieht oder sehen will, eben gerade nicht. Denn in Augsburg hatte sich ein Teil der abgewanderten Schwaben ein neues Kultzentrum geschaffen: die rätisch-römische Stadt Augusta Vindelicorum tauften sie in Ziesburg um, denn ihren Ziu hatten sie auf die Wanderung mitgenommen. Und die Berlingischen Inseln vor der portugiesischen Küste? Als wenn dort nicht suebisches Land gewesen wäre!

Berlin kommt auch als Name von Seen, kommt in Varianten wie Perlin vor. Einmal sogar in Galizien. Der Prinz von Homburg nennt brieflich das Städtchen Fehrbellin, das nicht weit von seiner Herrschaft in Neustadt an der Dosse entfernt liegt und ihm gewiß nicht erst durch die berühmte Schlacht bei Fehrbellin bekannt geworden sein kann, »*Fer-Berlin*« und zwar mehr als einmal. Inmitten des niederen Luchlandes um Rhin und Havel erheben sich drei einstige Urstrominseln, die »*Ländchen*« Rhinow, Friesack und Bellin. Jenes ›Fer‹ wird heute als Fähre gedeutet, wenn auch ›Fähre Bellin‹ wenig Sinn ergibt. Und wenn man bedenkt, daß die Mark auch einen Werbellin-See kennt, das gleichnamige Dorf aber gar nicht am See, sondern ganz auf dem Trockenen liegt, so sieht man sich zwischen Fer-Berlin und Werbellin in einen rechten Irrgarten geraten. Im Ländchen Bellin hat in alten Zeiten auch ein Rittergeschlecht von Bellin oder von Berlin gesessen!

Schwebels slawistisches Bravourstück einer Namensherleitung von ›pero‹ (= Feder) und ›linieje‹ (= verlieren), wonach Berlin ein Mauserplatz für Wassergeflügel sein sollte, wirkt nicht weniger krampfhaft als alle anderen Bemühungen aus nahen oder fernen slawischen oder baltoslawischen Zungen, und so bleibt Gotthold Ephraim Lessing nur zu loben, der allen diesbezüglichen Narreteien der Philologen noch einen Narren aufsetzt, wenn er ioci causa die Griechen an die Spree bemüht und Berlins Namen von ›barys linos‹ deduziert, ›schweres Netz‹.

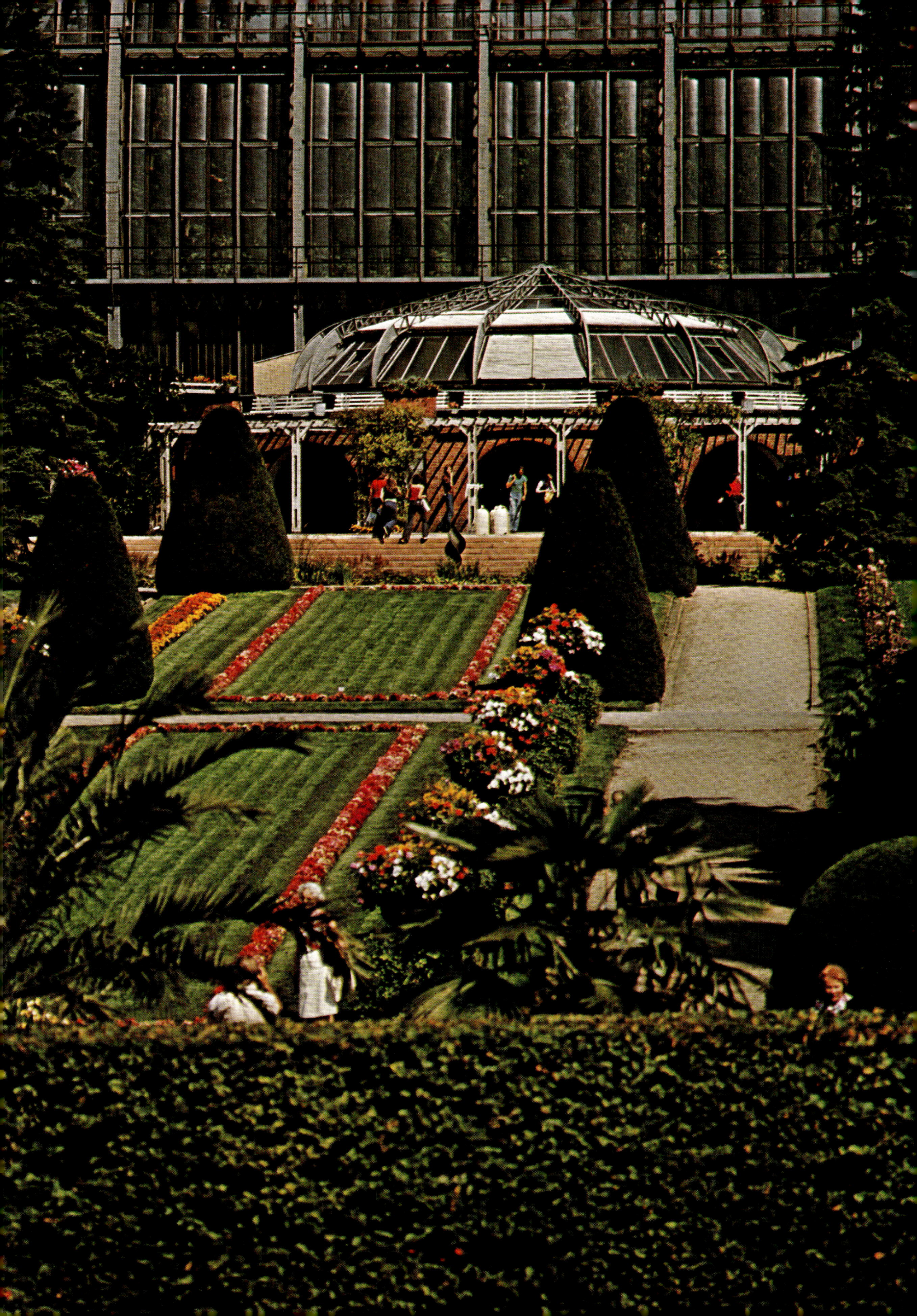

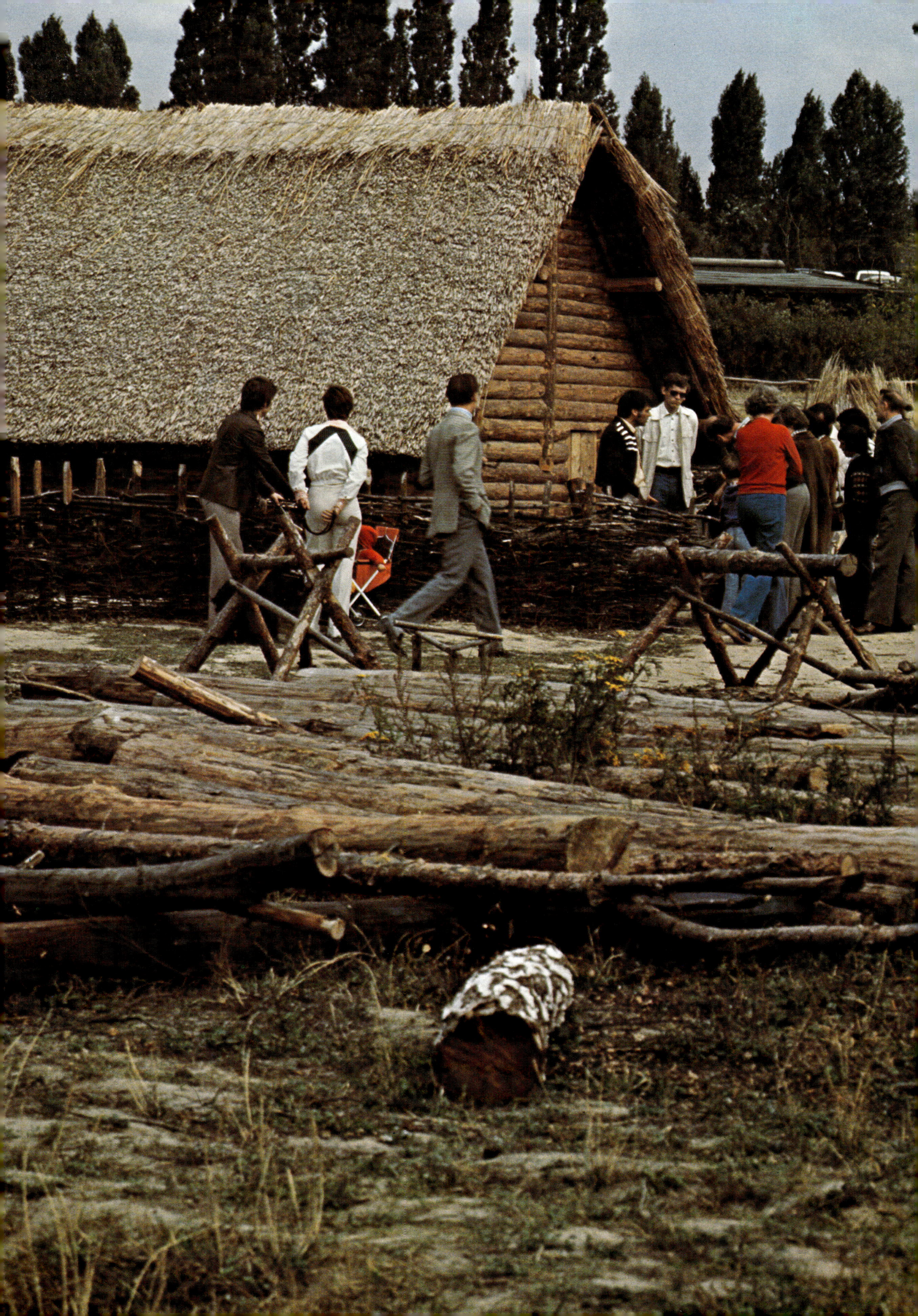

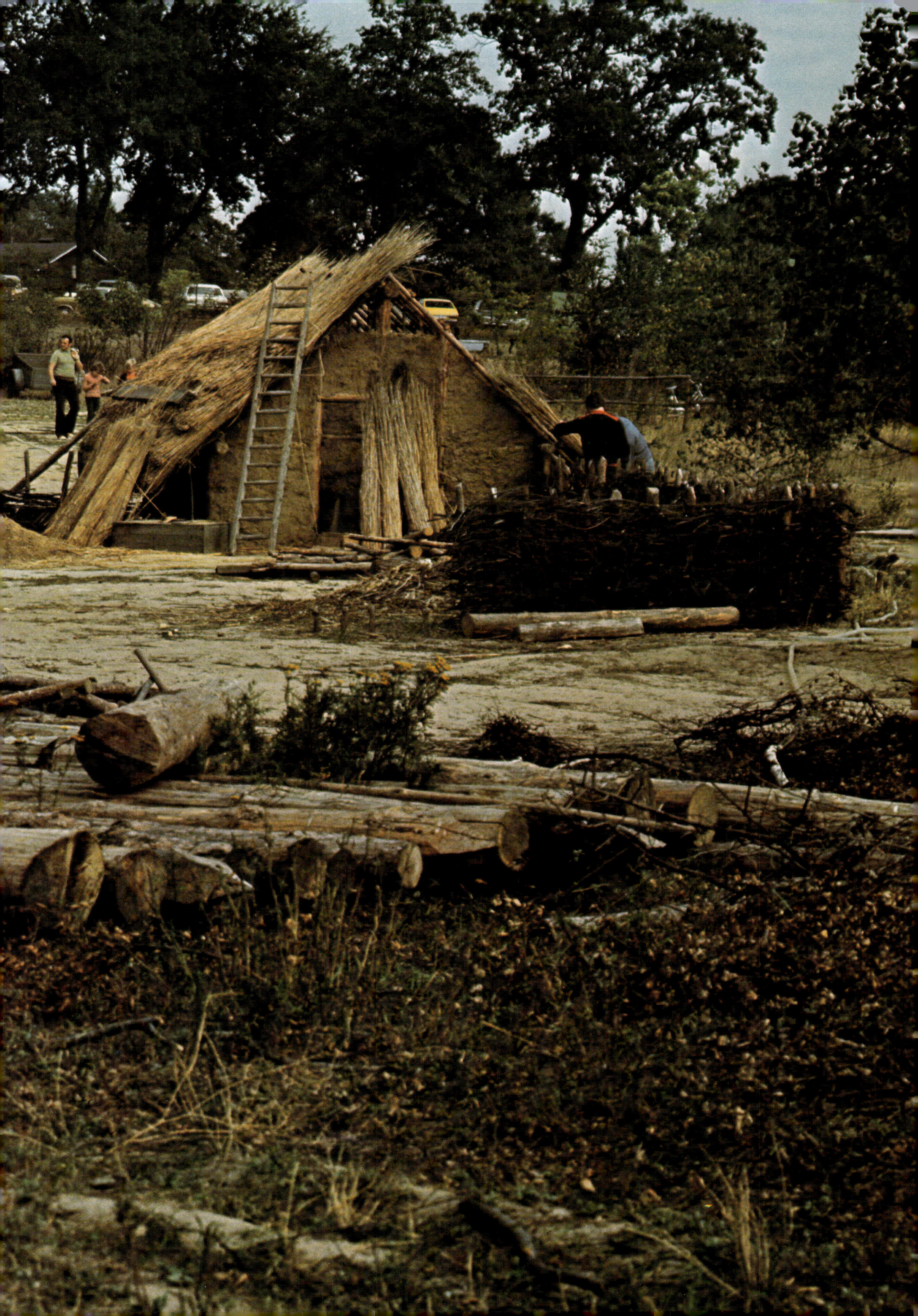

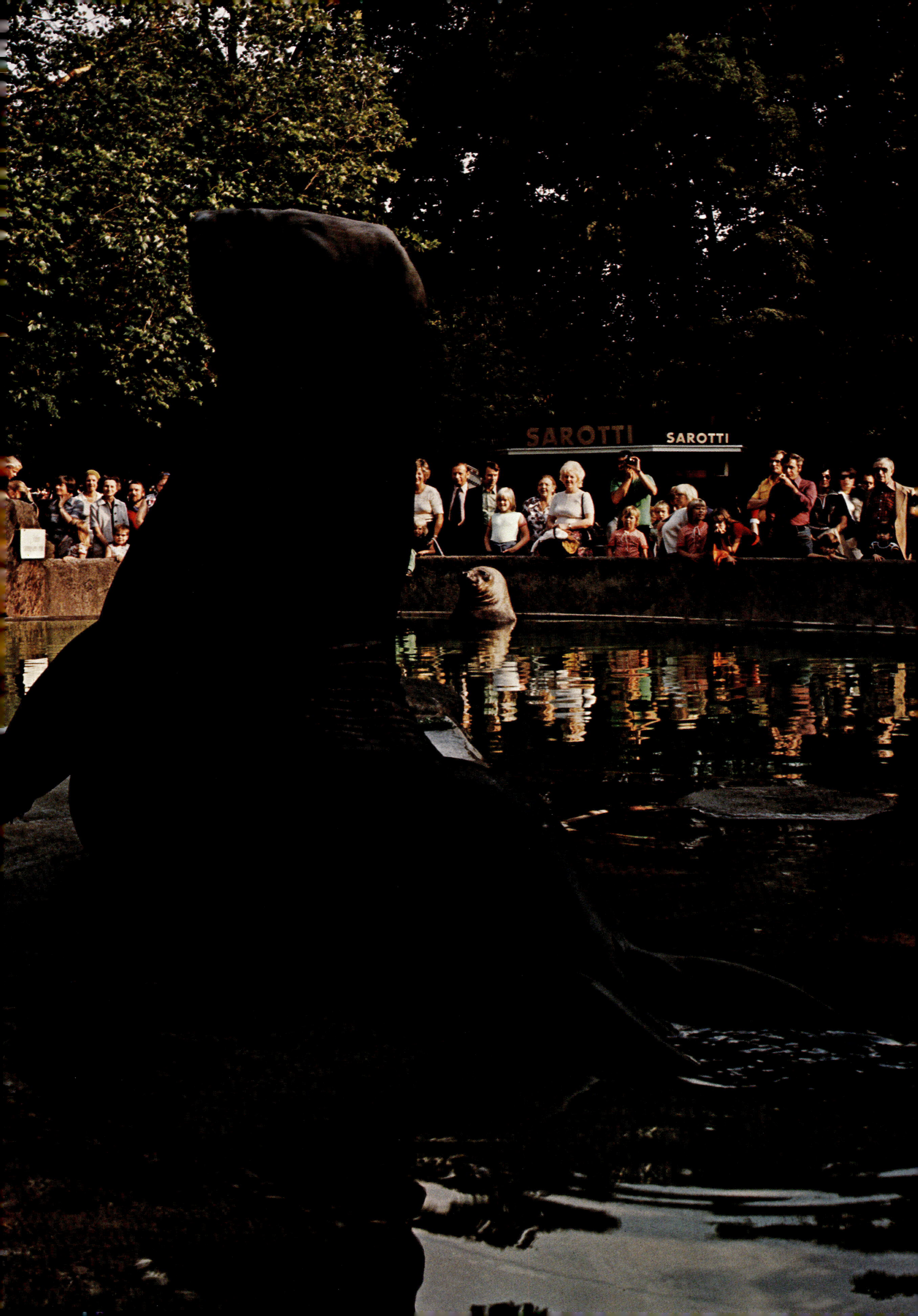
SAROTTI
SAROTTI

36 *Zwei See-Elefanten und ihr Publikum*
Two Sea-elephants and their Audience
Deux éléphants de mer et leur public

Berlin, geographisch, topographisch nebst etwas Politik

»Berlin war immer eine Grenzstadt. Im 18. Jahrhundert halb von Hugenotten bevölkert, ein Vorposten der französischen Kultur, wurde es nach der Reichsgründung (1871) die Karawanserei, durch die der Osten nach Westeuropa strömte. Die würdige Kleinstadt mit ihrem französischen Dom, der Oper Knobelsdorffs, Schlüters Schloß und der von Humboldt gestifteten Universität wurde zu einer gestaltlosen Massensiedlung.«
(Aus ›Unser Europa‹, Auftragswerk des Europarates zu Straßburg, um 1955)

Soviel heterogene Feinde Berlin auch hatte und hat, Antipoden wenigstens hat es nicht, denn südlich von Tasmanien und Neuseeland, wo deren Sitze zu orten wären, ist nur Wasser. Berlin liegt unter dem 13° 23' östlicher Länge und 52° 30' nördlicher Breite. Die Gradlinien schneiden sich auf dem Gelände des ehemaligen Anhalter Bahnhofs, den die Bomben zertrümmerten. Als geographische Stadtmitte für innerstädtische Entfernungsbestimmungen galt der Döhnhoffplatz, nach anderen auch die Kuppel der Sankt Hedwigs Kathedrale.
Diese – Bischofskirche seit unseren 20er Jahren – hat Friedrich der Große bauen lassen. 1773 fertiggestellt, ist sie der zweite katholische Kirchenbau nach der Reformation gewesen. Der erste Bau steht nicht mehr: 1722 hatte Friedrich Wilhelm I., der Soldatenkönig, bei der Spandauer Zitadelle eine Gewehrfabrik errichtet und für die Facharbeiter aus Lüttich, die er dort beschäftigte und die katholisch waren, eine Siedlung nebst Kapelle bauen lassen.
Meilensteine bezeichneten die Entfernung von jener offiziellen Stadtmitte. Ihrer einer steht noch gegenüber dem langgestreckten und mehrgliedrigen Bau des Charlottenburger Schlosses, eine goldene Kugel zuoberst mit einer Spitze, die denjenigen ähnelt, die die preußischen Pickelhauben weiland zierten. Ein Meilenstein in Hab-Acht-Stellung sozusagen: »1 Meile von Berlin.«
Von Gibraltar liegt Berlin in der Luftlinie etwa 2350 km entfernt, vom Nordkap etwas weniger. Die Luftlinie Berlin-Malta dürfte ungefähr 1950 km lang sein, Berlin-Limerick 1800 km. Berlin-Reykjavik 2600, Berlin-Kreta 2350, Berlin-Astrachan 2900 km, will sagen: Berlin befindet sich in einer für Europa einigermaßen zentralen Lage. In dieser befand sich auch, schicksalhaft genug, das Zweite Kaiserreich, dessen geographischem oder geometrischem Mittelpunkt Berlin zumindest nahe lag. Wer Berlin habe, habe Deutschland und somit Europa, hat Lenin gesagt, der sich vor 1914 mehrfach in Berlin aufgehalten hat.
Es waren aber die Spremberger, die behaupteten, ihr Spreestädtchen stelle diesen Mittelpunkt wirklich dar – mag sein. Inzwischen hat sich sowieso einiges verschoben, und der Adler des Bismarckschen Reichs hat schwer Federn lassen müssen. Aber Spremberg (aus Spreenberg) liegt, wo es immer lag, auf einer Spreeinsel 125 km südöstlich von Berlin. Im Gegensatz zu diesem, das nur zum kleineren Teil von der DDR mit Beschlag belegt ist, liegt Spremberg ganz und gar in der Ersten deutschen Arbeiter- und Bauernrepublik.
Bis 1918 reichte das Reichsgebiet ostwärts von Berlin bis hinter Wreschen (heute Września), das waren etwa 350 km, und gen Nordost erstreckte es sich bis über Memel hinaus, das waren annähernd 700 km. Heute bescheidet sich deutsches Staatsgebiet schon mit der Oder-Neiße-Linie in 90 km Entfernung von Berlin. Die ländergroßen Gebiete, die abzutreten waren, sind aber 1918 wie 1945 wohlgemerkt aus dem Leibe Preußens tranchiert worden. Dieses war zwar nach 1918 immer noch der größte Teilstaat der Weimarer Republik, nach 1945 hatte es jedoch wie zur Strafe aus Atlanten und der laufenden Historie gänzlich zu verschwinden. Dafür aber wird die Grenze des sowjetisch dirigierten Ostblocks nun schon von der Elbe gebildet: Saale – Elbe – Stecknitz – Wakenitz –Linie. An dieser Entwicklung, da sei nichts beschönigt, ist Preußen nicht unschuldig, aber es waren ganz gewiss auch andere Interessenten und tüchtig trei-

37 *Blick vom Europa-Center nach Südosten*
   View from the Europa Centre towards the South-east
   Vue de l'Europa Center sur le sud-est

38 *Die Deutsche Oper Berlin in der Bismarckstraße*
   The Deutsche Oper Berlin in the Bismarckstraße
   L'Opéra de Berlin, rue Bismarck

bende Kräfte am Werk, den Gang der Geschichte zu diesem Ergebnis zu führen.
Die imperialistische Idee der Teilung Polens geht freilich auf Friedrich den Großen zurück. Und auf Katharina II. von Rußland. Man sollte darüber jedoch nicht als nicht geschehen betrachten, daß das Königreich Polen unter Sachsens August dem Starken noch bis über den Dnjepr nach Osten gereicht hatte in der Personalunion sächsischer Kurfürst – polnischer König. Man hat nur über den drei polnischen Teilungen und über der Rolle Preußens in diesem leidigen Spiel die älteren sächsischen Ambitionen auf Polen und die zugehörigen Aggressionen vergessen und überhaupt die antipreußische und damit unablösliche antiberlinische Funktion der Achse Dresden-Warschau aus dem Gedächtnis verloren und verlieren wollen oder sie im Stillen und nachträglich sogar gutgeheißen. Sie hat einst den friderizianischen, auf Schlesien gerichteten Aktivitäten Preußens quer im Weg gestanden. Wer aber möchte sächsische Machterweiterungen zulasten Polens billigen, in preußischen Expansionen in den Schlesischen Kriegen zulasten Österreichs aber typische Straftaten sehen und dann noch ernst genommen werden?
Und man hat vor allem die schrittweise, aber unausgesetzte Ausweitung Rußlands auf seinem Weg zur größten Territorialmacht überhaupt nicht so recht beachten wollen – aus westlichem Dünkel heraus doch wohl. Rußland hatte schon 1796 fast dreimal soviel polnische Erdoberfläche wie Österreich und zweieinhalbmal soviel wie Preußen eingesackt. Nach einer kurzfristigen vierten Teilung Polens durch Napoleon, der den König von Sachsen wieder zum Gebieter über das Großherzogtum Warschau gemacht hatte, setzte Rußland 1815 auf dem Wiener Kongreß sogar die Personalunion von Polenkönig und Russenzar durch. Dies eine regelrechte Farce: Polen hatte einstweilen aufgehört zu bestehen. Zur Kompensation solchen russischen Machtzuwachses durfte Preußen sich auf Kosten Sachsens erheblich vergrößern; ganz wie 130 Jahre später sich Polen, das nach 1918 wiedererstanden und 1940 zwischen Stalin und Hitler sein fünftes Mal geteilt worden war, an preußischen Ländern wohl oder übel schadlos halten sollte und mußte, weil Rußland, weil die Sowjetunion sich entsprechender Gebiete Ostpolens bemächtigt hatte – sechste Teilung, wenn man so will, mit nur einem Divisor.
»Ist es wahrscheinlich, daß eine bis ins Riesenhafte gewachsene und ausgedehnte Großmacht«, schreibt der Korrespondent der ›New York Times‹ während des Krimkriegs 1853, »in ihrem Lauf innehalten wird, wenn sie erst auf dem Weg zum Weltreich ist? Es wird sich herausstellen, daß (nach Auffassung Rußlands) die natürliche Grenze Rußlands von Danzig oder etwa Stettin über Triest geht...« Dieser prophetische Korrespondent war Karl Marx, der freilich noch nicht ahnen konnte, daß seine Lehre vom nahenden Untergang des Kapitalismus dermaleinst den probaten Prätext zu weiteren Expansionen Rußlands, im Zeichen von Hammer und Sichel nunmehr, liefern werde.

Man tut Unrecht, wenn man Preußen und in Synonymität gleich auch Berlin oder ›Die Wilhelmstraße‹, wie man auch sagte, weil von dort aus die Reichspolitik betrieben wurde, zu Alleinschuldigen stempeln will. Vielmehr sagen wir's, in die Verteidigung gedrängt: es gibt kein bewaffnetes Unternehmen, das Preußen auf eigene Faust begonnen hätte. Alliierte waren immer zur Stelle, Komplizen, wenn man so will. Selbst Friedrichs erster schlesischer Krieg ist nur Teilaktion des österreichischen Erbfolgekrieges. In Koalition mit Preußen stehen Frankreich und Bayern, dessen Kurfürst gleich König von Böhmen und deutscher Kaiser wird. Ein kurzer Glanz, doch wer hätte ihn Bayern angekreidet? Beim zweiten schlesischen Krieg sieht man Frankreich abermals an Preußens Seite, beim dritten nicht (statt dessen aber Subsidienbündnis mit England), und so geht es fort. 1815, ließe sich sagen, sind die Rechnungen allerseits beglichen. Dann hat diese als kriegerisch so verschriene Macht bis 1863 gar keinen Krieg unternommen, England derweilen sechs, Frankreich fünf, Rußland fünf und Österreich zwei, von den kolonialen Erfolgsunternehmungen der genannten abgesehen. Dann führt Preußen innerhalb von sechs Jahren drei Kriege, den ersten gemeinsam mit

PHILIPS
KaDeWe
MÖBELHAUS
ANKER DATA SYSTEM
Luxor TV-stereo
Württembergische

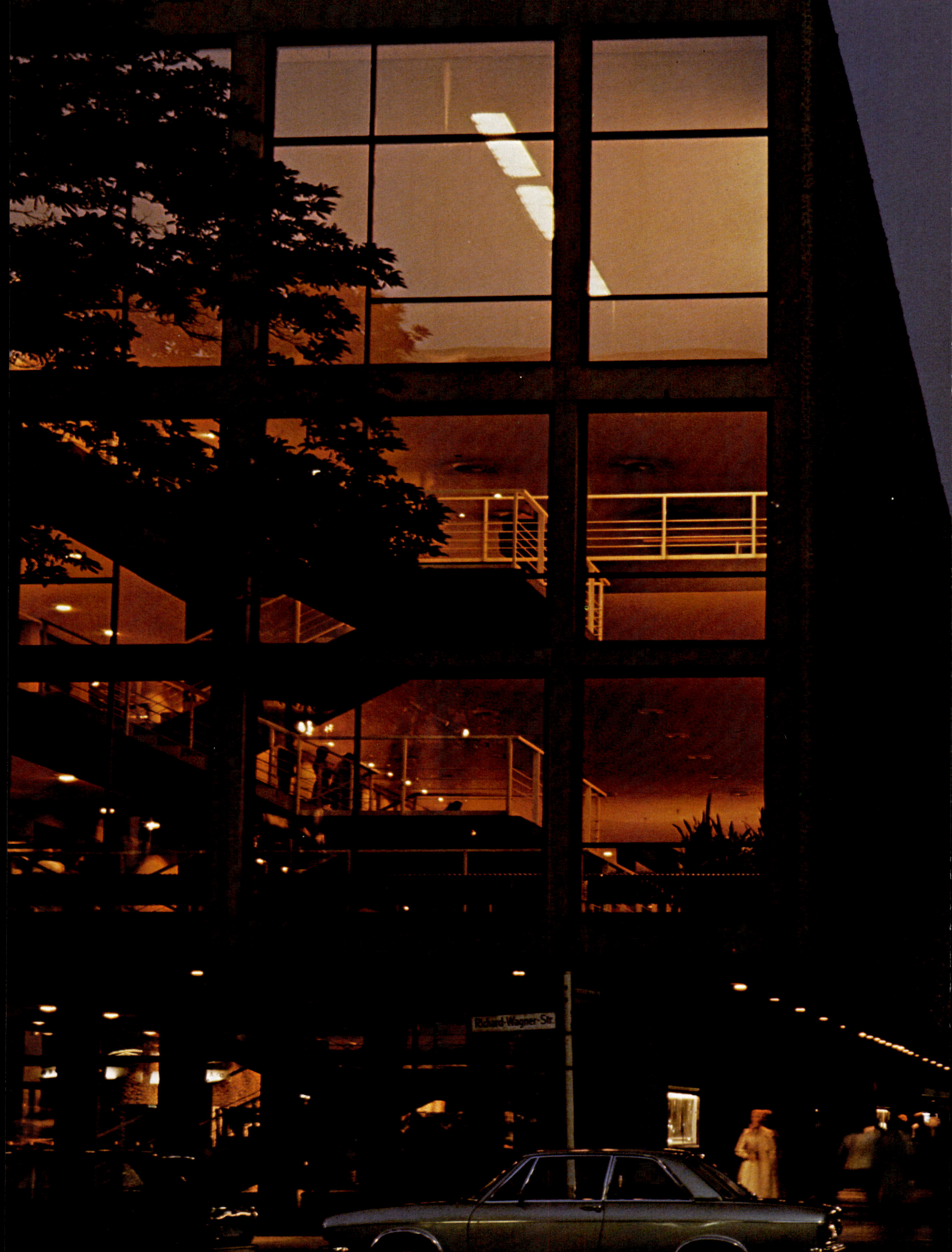
Richard-Wagner-Str.

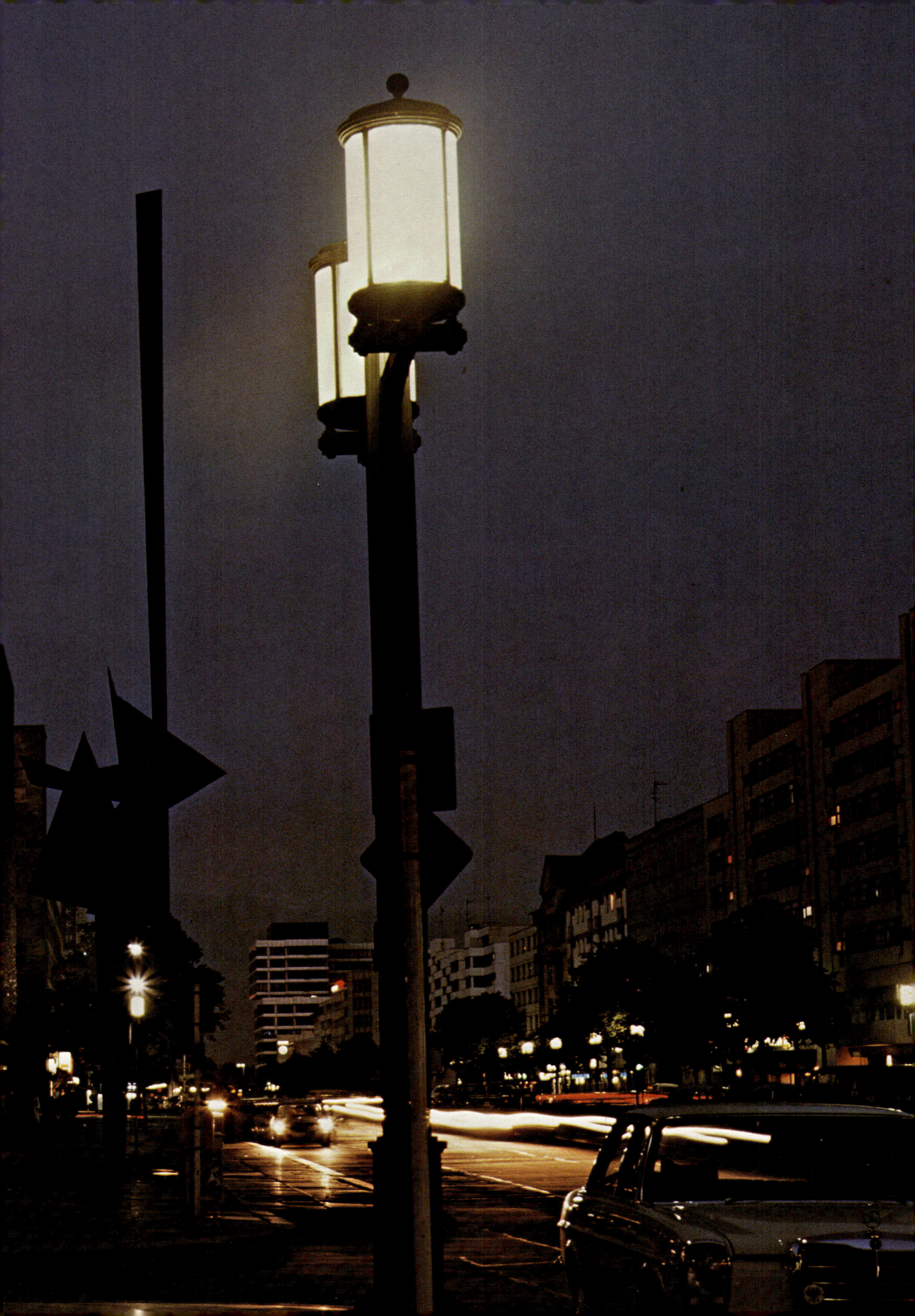

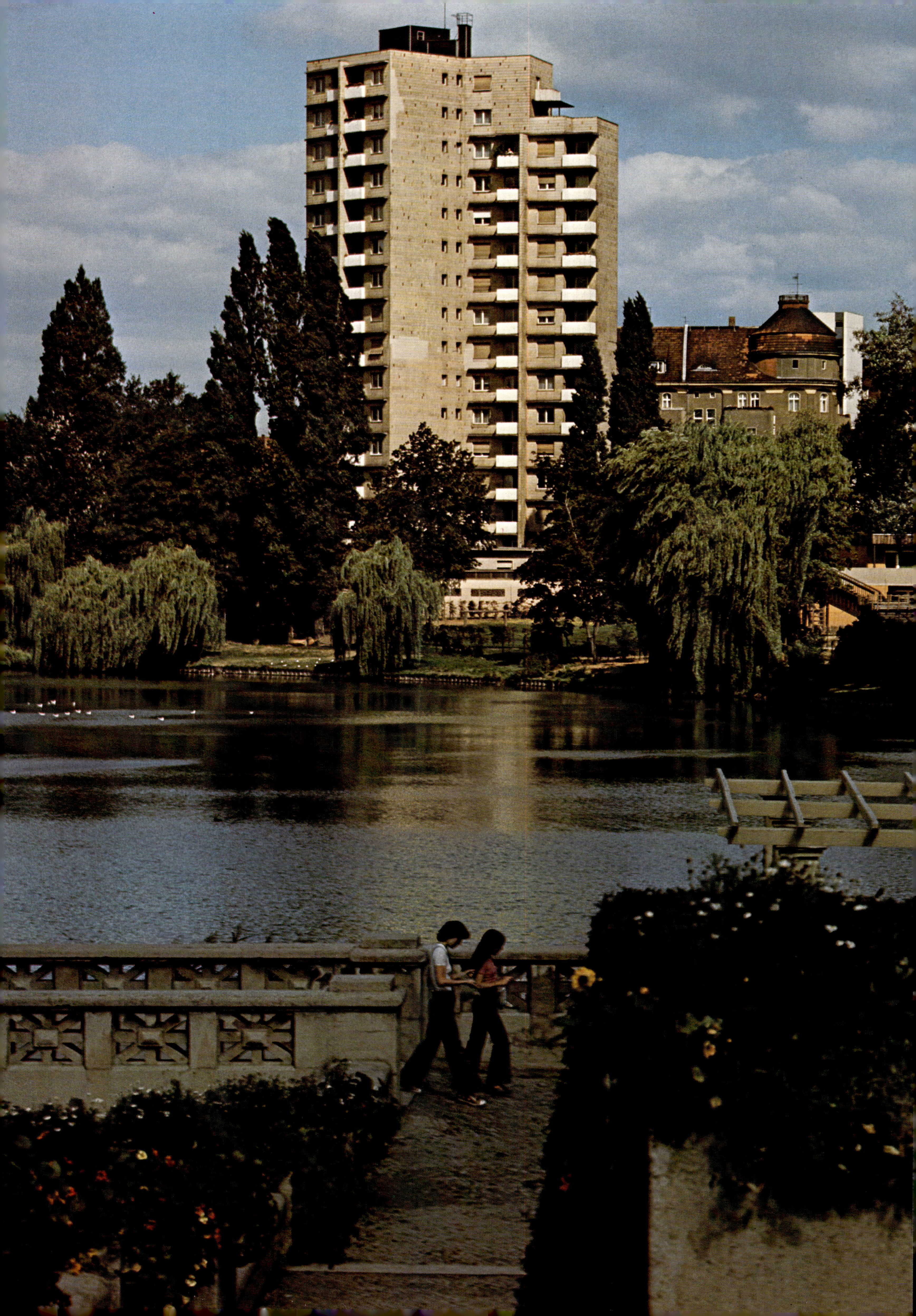

39 Der Lietzensee in Charlottenburg
Lake Lietzen in Charlottenburg
Le lac Lietzen à Charlottenbourg

Österreich, den zweiten mit Italien und einigen norddeutschen Staaten, den dritten mit allen deutschen Fürsten: 1870/71.
Von da an sind Reichs- und preußische Geschichte identisch, zeichnet Preußen nicht mehr allein verantwortlich; wenn aber doch, so hat das so preußisch dominierte Reich zunächst einmal bis 1914 Frieden gehalten. Das sind 44 Jahre, oben waren es 48! 1914 bestand Preußen 213 Jahre, 92 also verstrichen in kontinuierlichem Frieden. Die Periode von 1763 bis 1792 wäre abermals mit 29 Friedensjahren zu verbuchen; die einmalige Unterbrechung dieser Jahre durch den sogenannten Kartoffelkrieg von 1787, der ohne Gefechte blieb, wird man nicht mitrechnen wollen, macht 121 Friedensjahre. Außerdem lassen sich noch 47 verstreute Jahre zusammenzählen, wo in Preußen der Janustempel geschlossen war: macht 168 Jahre oder 78 vH. von 213 Jahren Frieden, eher mehr als weniger. Zehn, elf, schlimmsten Falles zwölf Kriege hatte Preußen unterdessen führen wollen oder müssen, dürfen oder können, aber den von 1806/07 wird man doch abzuziehen haben, der geht auf Napoleons Konto. Die Sache von der preußischen Kriegsfurie gehört demnach zu den politischen Ammenmärchen, allerdings zu den zählebigen.

Verbindet man auf einer alten Deutschlandkarte Saarbrücken und das Memelland mit einer Geraden, die dann etwa durch Berlin führt, so wird man feststellen, daß die einstige Reichshauptstadt immer noch runde 50 km westlich der Mitte dieser 1300 km langen Luftlinie lag und der primitive, vom Rhein her erhobene Vorwurf allzu östlicher Exzentrizität der Reichshauptstadt gegenstandslos gewesen ist. Nie war, wie im Motto dieses Abschnitts aber zu lesen, Berlin eine Grenzstadt, selbst zur Zeit der nicht aufzuklärenden Gründung nur für eine geringe Frist. Bis dahin war es die von den heidnischen Umwohnern gemiedene Mitte eines weißen Fleckens auf der katholischen Europakarte. Denn im Westen stand das Christentum aufmarschbereit schon lange an der Elbe und im Osten hatte es vom christlichen Polen her die Oder schon überschritten.

Müßiges Kopfzerbrechen. Bonn läge dann bezogen auf die Bundesrepublik viel zu weit westlich und im übrigen nur 60 km von der belgischen Grenze entfernt, dem nächstgelegenen Ausland mithin näher greifbar als Berlin mit seinen 90 km von den rot-weiß gestrichenen Grenzpfählen Polens. Washington und Buenos Aires liegen ganz am Ostrand der Länder, die sie gubernieren, Peking vollends im Nordosten des Reiches der Mitte, als wäre Bismarcks Reich von Königsberg her zu regieren gewesen. Und selbst das lange schon als Ablösung für Rio de Janeiro geplante Brasilia befindet sich keineswegs im Landeszentrum. Aber wessen Vorstellungskategorien solche Lage entspricht, der möge darüber nachdenken, daß Ost-Berlin in seinem Staat tatsächlich gut zentral gelegen ist.
Nur daß dieses Reichshauptstadtfragment, das wir hier nicht aus Despektierlichkeit, sondern der Kürze halber meist Ost-Berlin nennen, gleich einem Klotz sein West-Berlin am Bein hat, wie Berlins Wappenbär einst jenen Adlerschild am Hals. Seit es vermöge der Blockade von 1948/49 nicht hat glücken wollen, die westliche Stadt überzuschlucken, hat sich keine halbwegs günstige Gelegenheit zum Zuschnappen und Verschlingen mehr geboten, und man wünscht, daß West-Berlin »*endgültig in den Prozeß der allgemeinen Normalisierung und Umgestaltung der Beziehungen der europäischen Staaten auf der Grundlage der Prinzipien der friedlichen Koexistenz*« eingeschaltet werde (so aus Moskau noch am 26. April 1976), obschon man gerade an der Anomalie der hiesigen Verhältnisse, milde gesagt, nicht eben unschuldig ist. Man wartet verstohlen auf die Schicksalsfügung oder auf das Trägheitsgesetz der historischen Maschinerie, das eines Tages die Einverleibung West-Berlins in den Ostblock als eben diese Normalisierung erscheinen lassen werde. Derweilen hat sich West-Berlin in den Köpfen der DDR-Normalverbraucher längst zu so etwas wie einem Sehnsuchtsziel en miniature hinaufmythologisiert; neuerdings tummeln sich die vielfarbigen Damen des diplomatischen Corps munter und unaufhaltbar unaufgehalten von der als Einkaufszentrum nun nicht gerade ausbündig attraktiven DDR-Kapitale in die west-

40 *Hausfassade in der Charlottenburger Christstraße*
    Façade of a House in the Christstraße, Charlottenburg
    Façade dans la rue du Christ à Charlottenbourg

41 *Der Ernst Reuter Platz*
    Ernst Reuter Platz
    Place Ernst Reuter

42 *Karussells im technischen Zeitalter*
    Carousel in a Scientific Age
    Manèges à l'ère de la technique

---

liche Stadt hinüber. Zum ganz normalen fashionablen Shopping. Wie nicht anders zu erwarten seit Anerkennung der DDR und Aufnahme diplomatischer Beziehungen.
Gegen unzuträgliche Glorifizierung des Westens schien nur Gegenpropaganda helfen zu können: »Sind alles bloß gestellte Bilder«, meinte vor ein paar Jahren ein Flüchtlingsteenager vor Interviewern des RIAS (Radio im Amerikanischen Sektor), und man mochte sich fragen, wieso das dumme Ding dann überhaupt aus der DDR übergewechselt war, wenn es doch zu wissen behauptete, West-Berlin sei bloß so aufgeputzt, damit es nach was aussehe. Die verwunderten RIAS-Leute fuhren mit dem Gör kreuz und quer durch den angeblich bloß potemkinschen Westen der Stadt. Die verblüffte Verbiesterte beharrte: »Aber drüben in der Bundesrepublik da gibt's solchen Verkehr nicht, da herrschen Ausbeutung und Elend. Und die Autos sind alle bloß hierher geliehen.« Als dekorative Leihgabe. Das unlogische Kind hat später, irre ich nicht, hier die erste Kommune gründen helfen oder die zweite, Polizisten »lächerlich zu machen« versucht und sich auf Fahrdämmen US-amerikanischen Truppenaufmärschen in den Weg gesetzt. Zwischen Ost und West ist hier schon mancher um seinen Verstand gekommen.

Berlin, Groß-Berlin, die geteilte Stadt in eins genommen, füllt eine Grundfläche von 882,77 qkm bei einer maximalen Ost-West-Ausdehnung von rund 45 km und einer Erstreckung von Nord nach Süd von 38 km ungefähr. Der Umfang des Areals, auf dem das ganze Ruhrgebiet oder auch München, die »heimliche Hauptstadt«, samt Starnberger und Ammersee unterzubringen wären, beträgt 232 km, was der Entfernung Nürnberg-Karlsruhe etwa gleichkommt. Die schneidend scharfe Scheidelinie zwischen Ost- und West-Berlin, für gewöhnlich kurz und bündig »die Mauer« genannt, ist 45,1 km lang, die äußere Grenze West-Berlins gegen die DDR 115 km. In seiner auf Verknappung bedachten Sprache sagt der Berliner »seit der Mauer«, womit er alles mögliche vom 13. August 1961, dem Tag der Errichtung an, als einem Sonntag und *dies ater* datiert; wie er denn auch »seit der Währung« zu sagen pflegte, was seit der Währungsreform heißen sollte, mit der seinerzeit im Juni 1948 die Blockade begann. Himmel ja, und was hat nicht der damalige Regierende Bürgermeister Ernst Reuter in Bonn seine liebe Not gehabt, den dortigen Regierenden klar zu machen, daß West-Berlin in den Gültigkeitsbereich der ins Haus stehenden Westmark oder D-Mark West einbezogen werden müsse, sollte es nicht ganz verderben! Und hat dann mit Kummer und Unwillen wenigstens eine beschränkte Einbeziehung erreicht, indem die für den Umlauf in West-Berlin ausgegebenen Banknoten gleich einem Kainsmal ein deutliches ›B‹ aufgestempelt bekamen. Und unsereiner konnte dann sehen, wie er in der Bundesrepublik diese Assignaten als Zahlungsmittel nutzen könne: nur mit Widerstreben nahm man sie als gültiges Geld entgegen oder verweigerte auch die Annahme. –
Ost-Berlin bedeckt 402,82 qkm, West-Berlin 479,95 qkm. Die Spaltung in diese zwei recht verschieden beschaffenen Städte erfolgte ebenfalls 1948. »Seit der Währung« ist zwar ein reichlich fahriges Deutsch, umreißt aber ein ganz beträchtliches und höchst absurdes Stück neuerer Stadtgeschichte, auf unpathetische oder eben auf berlinische Weise. Seit der Währung! Die Sache Berlin beschäftigt seitdem die Welt.

Unteilbar, sollte man meinen, sei die Luft über der Stadt. So ist es nicht. Ungeteilt, flugtechnisch und -taktisch, ist die Berliner Luft für westliche Maschinen nur bis zu 3000 m Höhe. Was darüber ist – man weiß nicht recht, ob bis zu Gottes Thron – ist erklärter Luftraum der DDR. In das luftige Parterre unter 3000 m münden, je 32 km breit, die drei Luftkorridore vom Westen her; dieses Erdgeschoß ist sozusagen als international anzusehen, mit diversen Vorbehalten und Klauseln, versteht sich. Das hat aber sowjetische und DDR-eigene Militärmaschinen bisher noch nie gehindert, dem Schallmauerwerk der oberen Etagen scheibenzertrümmernde Donnerschläge zu entlocken, ja zuweilen sogar verführt, im Tiefflug über Reichstagsgebäude und Kurfürsten-

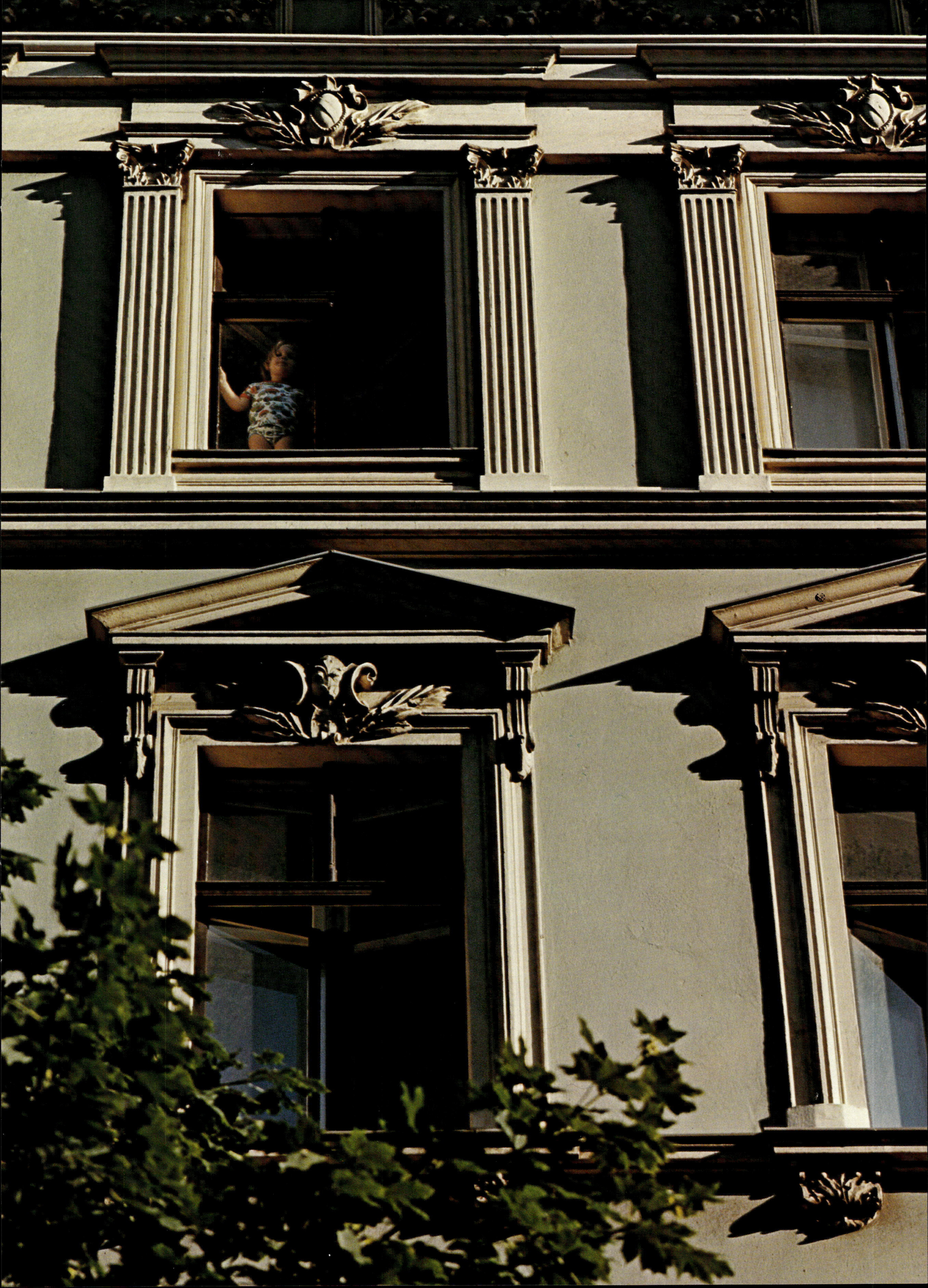

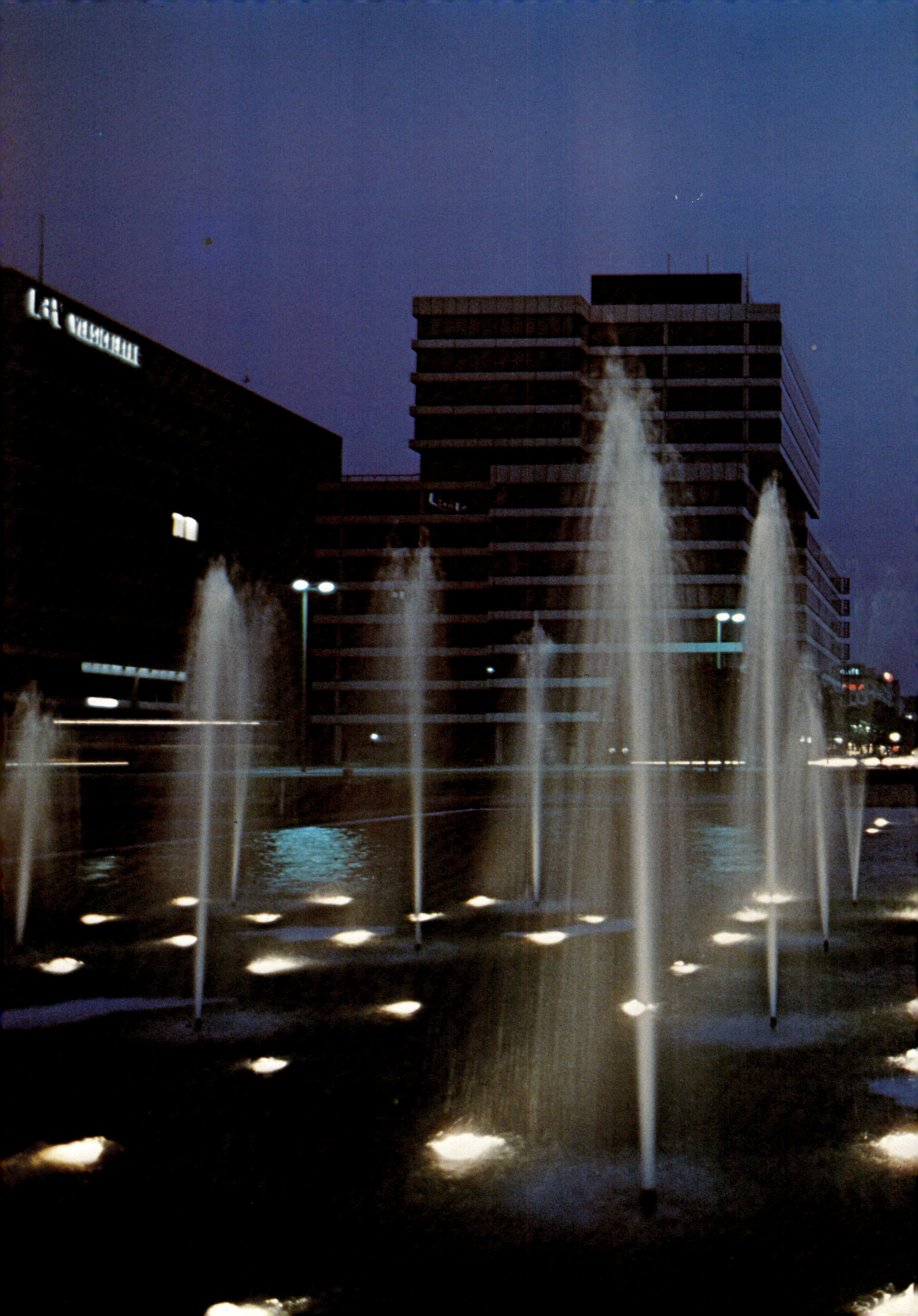

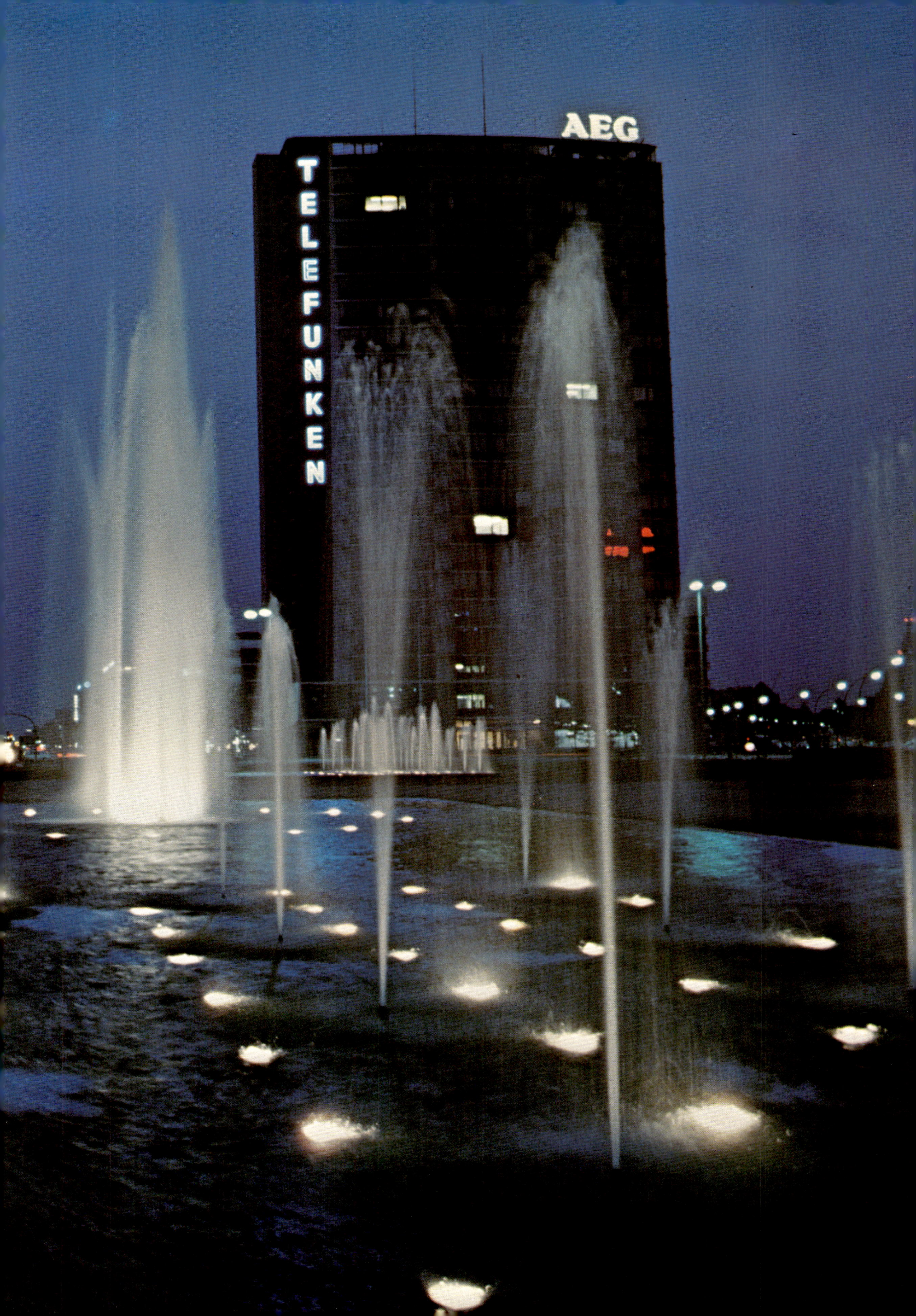
AEG
TELEFUNKEN

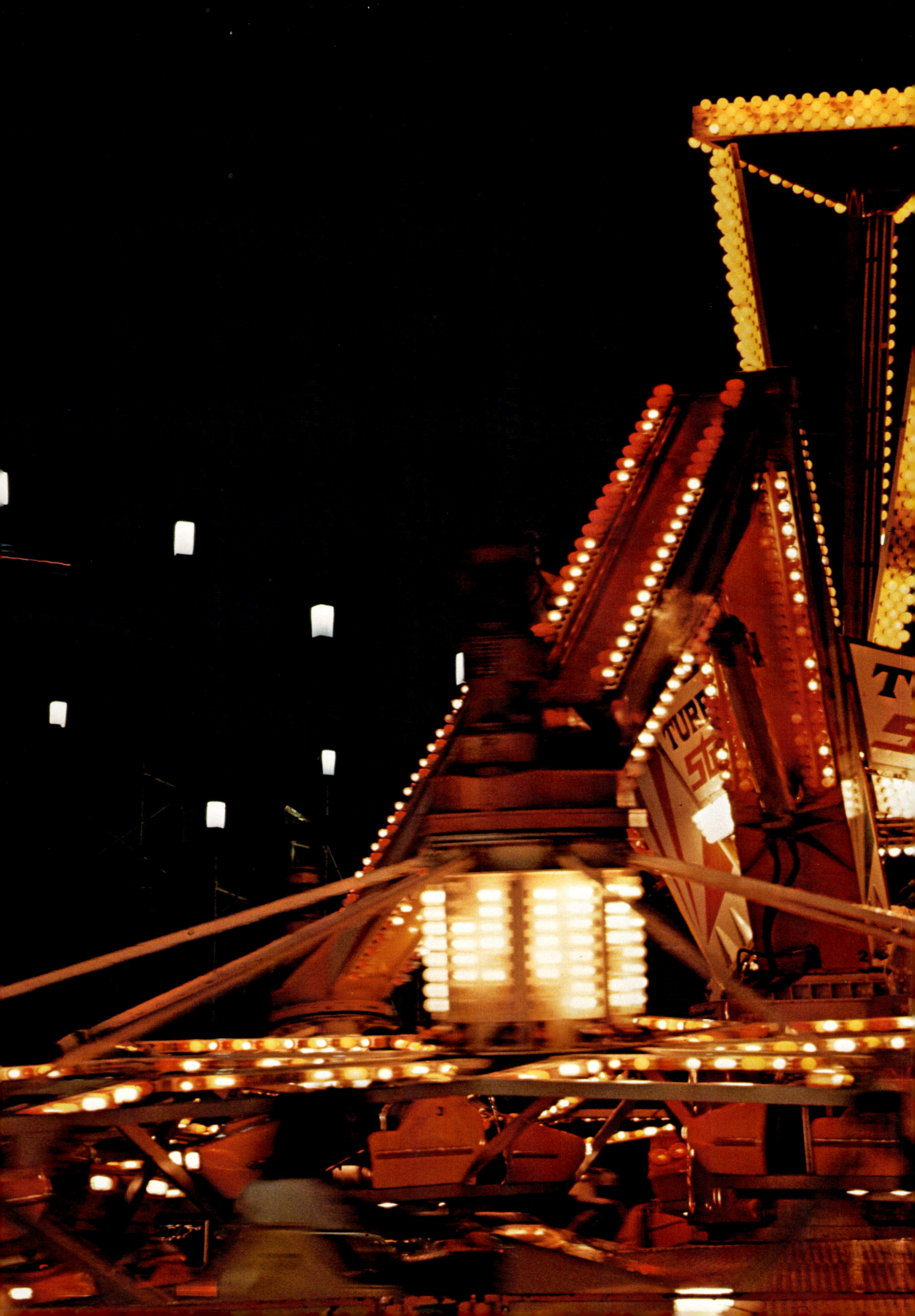

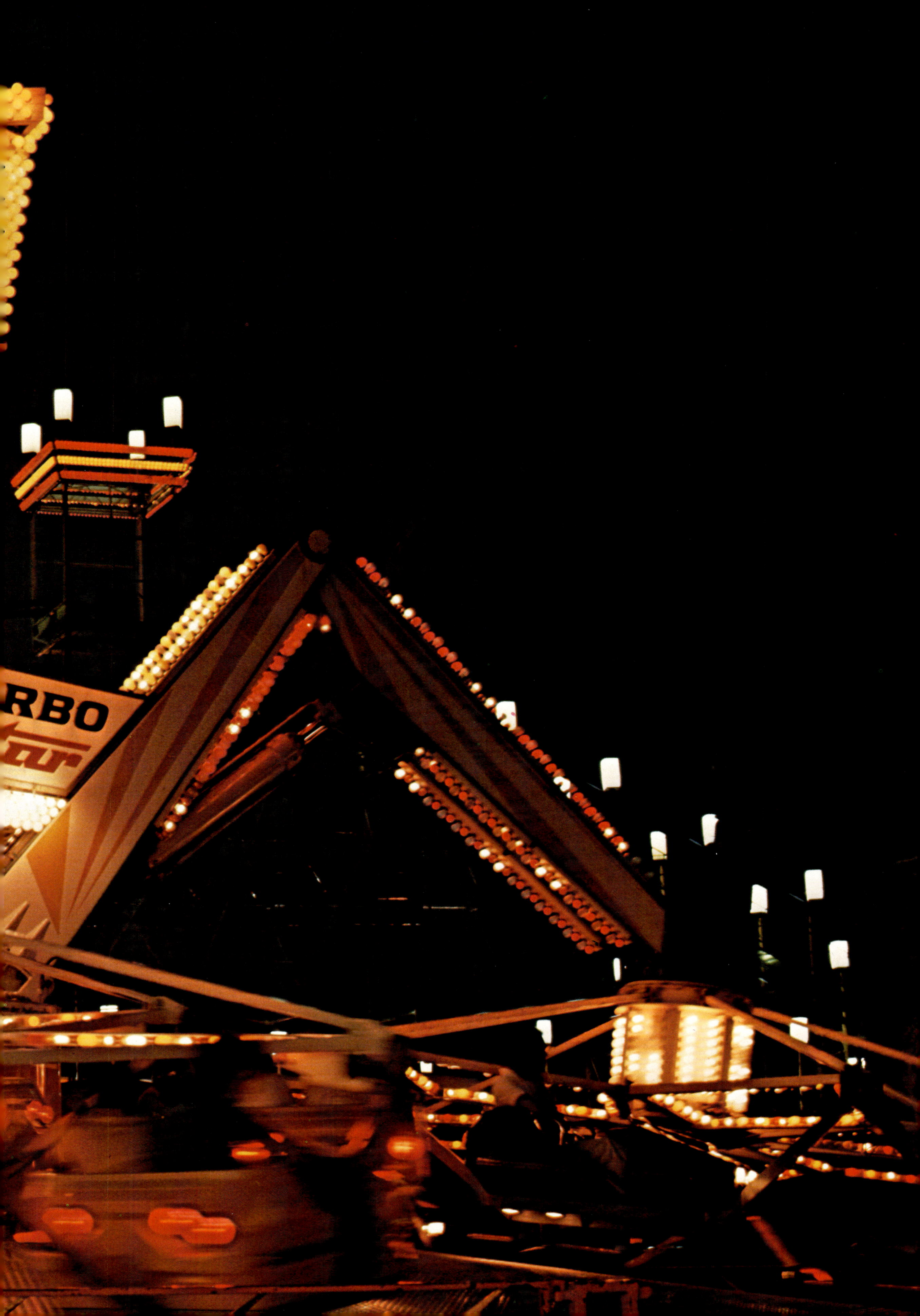
RBO

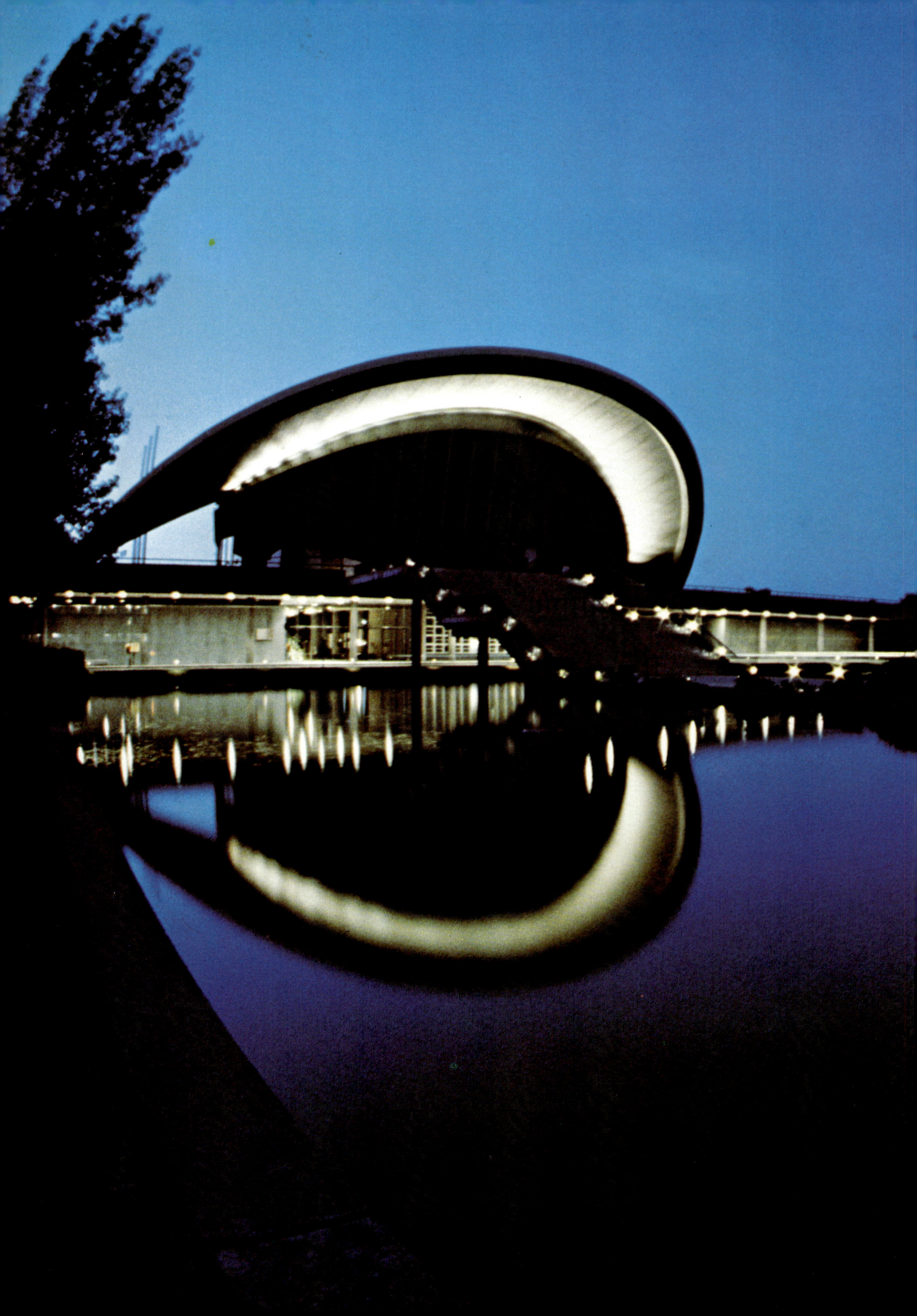

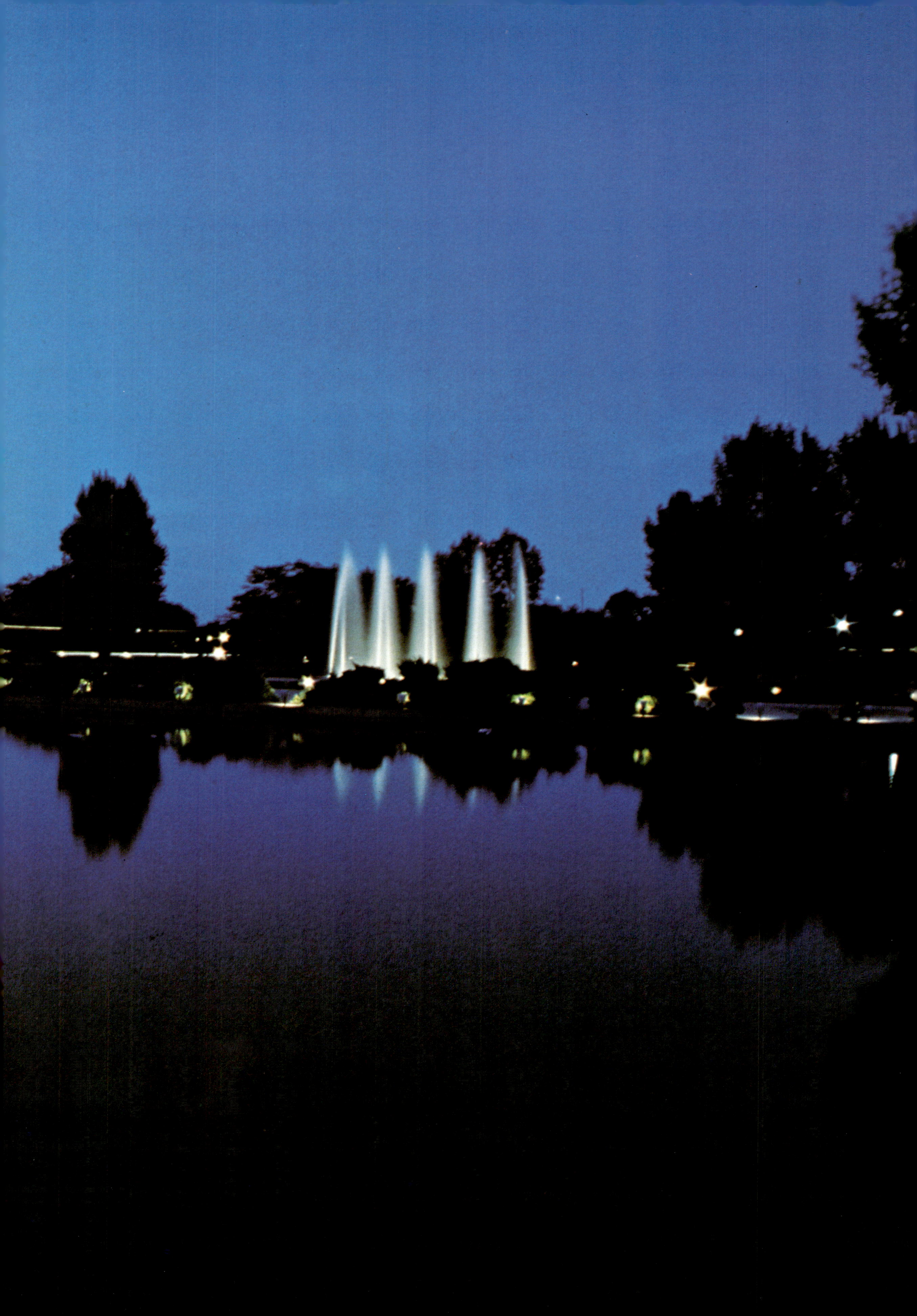

U
11 47
74 86 89
Autobus H
obus H
ner Platz
Spare bei uns
Spare bei uns
Spare

43 Die Kongreßhalle im Tiergarten
The Congress Hall in the Tiergarten
Hall des congrès dans le Tiergarten

44 U-Bahnstation Fehrbelliner Platz
Underground Station Fehrbelliner Platz
Gare de métro, place Fehrbellin

---

damm hinzudröhnen, den West-Berlinern hinzureiben, wer hier eigentlich das Sagen hätte, wenn er's hätte.
Berlin hat insgesamt jetzt vier Flugplätze: Schönefeld auf DDR-Territorium am Rande der Stadt, Tempelhof als den ältesten noch betriebenen – er wurde anno 1923 in den zivilen Betrieb übernommen –, Gatow, wie Tempelhof in West-Berlin, ein Flugplatz der nur von der Britischen Armee benutzt wird, und den jetzt offiziellen und größten: Tegel. Die Anfänge dieses Flughafens fallen in die Zeit der Blockade. Doch hat sich dort zu Kaisers Zeiten auch schon eine Luftschiffer-Abteilung betätigt. Die beiden schon eher historischen Flugplätze Johannisthal und Staaken werden nicht mehr beflogen, bestehen aber als Gelände noch.

Der 13. Meridian, der westliches Meeresluftklima von dem kontinental bestimmten Klima Osteuropas scheidet, läuft wie gezielt mitten durch Berlin. Kein Grund zu ominösen Mutmaßungen. Oder haben sich die Oststadt und die Weststadt etwa auch schon vorher unterschieden, im Stimmungsklima gewissermaßen? War da nicht auch schon vor der politischen Teilung jene haarfeine Spaltungslinie zu verspüren, wie sie jedes kristallische Mineral, sagen wir einen Diamanten, wenn man ihn spalten will, nicht an beliebiger oder zufälliger Stelle zerspringen läßt, sondern an den vorgegebenen Strukturflächen des Kristalls?
Die Klimagrenze jedenfalls schafft ein medizinisch sogenanntes Reizklima oder schuf es. Doch die früher so oft gepriesene ›Champagnerluft‹ säuselt jetzt vorwiegend nur noch in Reiseführern und Touristenwerbung und ist nicht mehr zu merken. Das liegt am Smog, dem jeder flucht, um sogleich desto herzhafter aufs Gaspedal zu treten. Wenn man sich aber – und wir dürfen es ja nach 20jähriger Zwangstrennung seit dem Sommer 1972 wieder – in die Mark hinaus begibt und zwar oderwärts nach Osten, so kann man etwas Schlesisches, Polnisches, Ukrainisches dem Schönwettersommer dort abschmecken, das Kontinentalklima mit anderen Worten. Aber wer weiß, ob jenes Prickelnde an der »*Berliner Luft, Luft, Luft*« nicht der inspirierende Anhauch der jungen Metropole gewesen ist vielmehr denn eine klimatische Gegebenheit?

Und als vorletztes vom Urstromtal: sein Gefälle bis ins Meer hinaus ist gering. Denn das Stadtgelände befindet sich nur 35 bis 60 m über Normal-0 von Amsterdam oder über dem Pegel von Kronstadt am Finnischen Meerbusen, nach welchem seit 1960 die DDR ihre Höhen berechnet. Das kommt zwar auf eins raus, aber wenn schon Trennung, dann gründlich. Eine plane Ebene, wie die alte Schlachtentenne von Leipzig eine ist, stellt Berlins Stadtboden indessen nicht dar, sondern weist eine Anzahl Erhebungen auf, darunter die Müggelberge, die wir schon nannten, mit 114,7 m, den Kreuzberg inmitten der Stadt, vor 1813 an deren Südrand und noch Tempelhofer Weinberg genannt, mit 66 m, den Karlsberg mit dem Grunewaldturm über der Havel mit 78,5 m, den Havelberg mit 96,9 m und den Schäferberg mit dem Post- und Fernsehrelais an der Südwestecke West-Berlins mit 103 m.
Dazu gesellen sich in Ost und West eine Reihe künstlicher Berge aus dem Trümmerschutt des Bombenkrieges: der Insulaner im Bezirk 11 Schöneberg 75 m, die Marienhöhe im Bezirk 13 Tempelhof 73 m, die Humboldthöhe, im Volksmund Plumpenpickel, im Bezirk 3 Wedding und die Rixdorfer und Rudower Höhe im Bezirk 14 Neukölln mit 68 bzw. 64 m. Das mächtigste dieser Schuttgebirge ist aber der Teufelseeberg im Grunewald im Bezirk 9 Wilmersdorf, 120 m hoch. Namentlich diese Aufschüttung gewährt einen beeindruckenden Rundblick, wenn der Smog es zuläßt, über nahezu die ganze, immer wieder überraschend grün durchlockerte Stadt, die vor Hitlers städtebaulichen Eingriffen und vor dem Harmageddon, das er heraufbeschworen hatte, noch viel grüner gewesen ist. Und wieder viel grüner wäre, wenn die Gartenbauämter mit dem Nachpflanzen so schnell bei der Hand wären wie die Tiefbauämter mit dem Abholzen. Die Leichtfertigkeit, mit der hier nach wie vor prächtige Bäume angeblichen Verkehrserfordernissen geopfert werden, gehört zu den psychotischen Metastasen des Dritten Reichs, deren es etliche gibt: es war Hitler vorbehalten, die Linden auf

45 *Das Schöneberger Rathaus*
    The Schöneberger Rathaus
    L'hôtel de ville de Schöneberg

46 *Die Mauer oder der Sozialistische Schutzwall*
    The "Wall" or Socialist Bulwark
    Le «Mur» ou le rempart socialiste

der nach ihnen benannten weltberühmten Straße abzuholzen. Es gibt Baumfeinde, wie es Pyromanen gibt.
Der Teufelsseeberg, »Monte Klamotte«, allein besteht aus 21 Millionen Kubikmetern Schutt und birgt tief im Innern Ansätze zu einem Neubau, der zur Ruine wurde, ehe er noch fertiggestellt werden konnte: Hitler hatte dort eine neue Technische Hochschule errichten wollen. Ein ›östlicher‹ Schuttberg befindet sich hart neben dem Friedrichsfelder Tierpark, Berlins zweitem ›Zoo‹, ein zweiter nördlich vom Zentralviehhof, beide im Bezirk 17 Lichtenberg, doch fehlen mir Namen, Spitznamen und Höhenangaben.
Die hier stationierten amerikanischen Truppen haben, eine liebenswerte Geste, ihre Panzer nach jenen Bezirken und sonstigen West-Berliner Stadtteilen genannt. Ältere Berliner werden das zu schätzen wissen. Es waren nur Intelligenzija und Schickeria in einen exaltierten Pro-Amerikanismus verfallen, der vorüberging, wie der exaltierte Anti-Amerikanismus der inzwischen nachgewachsenen Intellektuellen vorübergehen wird oder schon abgeklungen ist. Mit Berlin haben Exaltationen wenig zu tun. Denn »*der Insulaner verliert die Ruhe nich, der Insulaner liebt keen Jetue nich . . .*«, sang Günther Neumann mitten während der Blockade und traf einen Wesenskern des Berlinischen. Der Refrain gehörte zum Auftrittslied eines RIAS-Funkkabaretts namens ›Insulaner‹. Jener Trümmerberg bewahrt diesen Namen aus der Zeit des Kalten Krieges. Die schöne Bepflanzung läßt die Künstlichkeit der Aufschüttung kaum mehr erkennen. Nur ein Gedenkstein erinnert an die Entstehungszeit von 1946 bis 1951. Obenauf eine Sternwarte und jetzt auch ein Neumann-Gedenkstein.
In zwanzig Verwaltungseinheiten war und ist die Stadt aufgeteilt, wobei, unbeschadet der Spaltung in zwei Städte, die Bezirke 15 bis 19 sowie 4 und 5, vor allem aber der Bezirk Mitte 1 der Oststadt, die übrigen zwischen 2 und 20 einschließlich der Weststadt angehören.
Diese Information erhält ihr pikantes Etwas, wenn man bedenkt, daß der Bezirk 1 nahezu das gesamte Altberlin und somit insbesondere den Kern des Kerns auf den Spreeinseln umfaßt. Hinge nun, wie oben erwogen, an

dieser Mitte noch der schöpferische *genius loci* von einst, so käme im Sinn unserer kollektivpsychologischen Betrachtungsweise solcher Heftung an den Ausgangspunkt keine geringe Bedeutung gerade für Ost-Berlins Zukunft zu.
Doch ist die Frage nach einer strukturgegebenen Spaltbarkeit nicht umsonst gestellt worden: inwieweit hat sich der Genius Berlins, von dem noch zu reden sein wird, ausgeweitet und sich auch den jüngeren Bezirken der westlichen Stadt mitgeteilt, und zwar schon lange vor der Teilung von 1948, schon mit dem ›*Zug nach dem Westen*‹, jenem Romantitel von 1886, der Schlagwort wurde? Oder, wenn man es prüft, wie unten geschehen soll, noch viel früher? Daß ein Stadtgenius nicht unverrückbar ortsfest ist, sondern auch delokalisiert werden kann, wurde am Beispiel Famagustas und Karthagos aufzuzeigen versucht.
Künstliche Berge waren hier keine Errungenschaft des Bombenkrieges. Einen besaß Berlin bereits, den ›Fliegeberg‹ des Otto Lilienthal im Ortsteil Lichterfelde, 11 m über dem gewachsenen Erdboden. Lilienthal hatte seine Schwebeflüge von der Steglitzer Maihöhe aus begonnen. Die ist heute überbaut. Den Fliegeberg hatten die Lilienthals auf eigene Kosten anfahren und aufschütten lassen. Er trägt heute eine Gedenkstätte. Spätere Flugversuche fanden vom Derwitzer Mühlenberg aus statt. Der liegt außerhalb Berlins in Richtung Brandenburg. Und ab 1893 diente der 100 m hohe Gollenberg bei Rhinow den Flügen, deren letzter am 9. August 1896 tödlich verlief.
Weit ins Land sehen kann man vom Fliegeberg nicht, dennoch ist die Aussicht nicht ohne Reiz. Man blickt ins Grün ungezählter Gärten, aus denen die ziegelroten Dächer einzelner Häuser freundliche Grüße entbieten. Alles ist brav und adrett. Man erblickt die Staatsgrenze der DDR als langen Kahlschlag, sieht drüben das Osdorfer Wäldchen. Auf Mariendorf zu zeigt sich zwischen der Vielfalt der Wipfel das Kloster zum Guten Hirten. Adenauer hat von Berlin behauptet, es sei immer eine heidnische Stadt gewesen. Er war ein ausgemachter Berlin-Feind. Doch hätte er die 200000 West-Berliner Katholiken von diesem Bannspruch schon ausnehmen

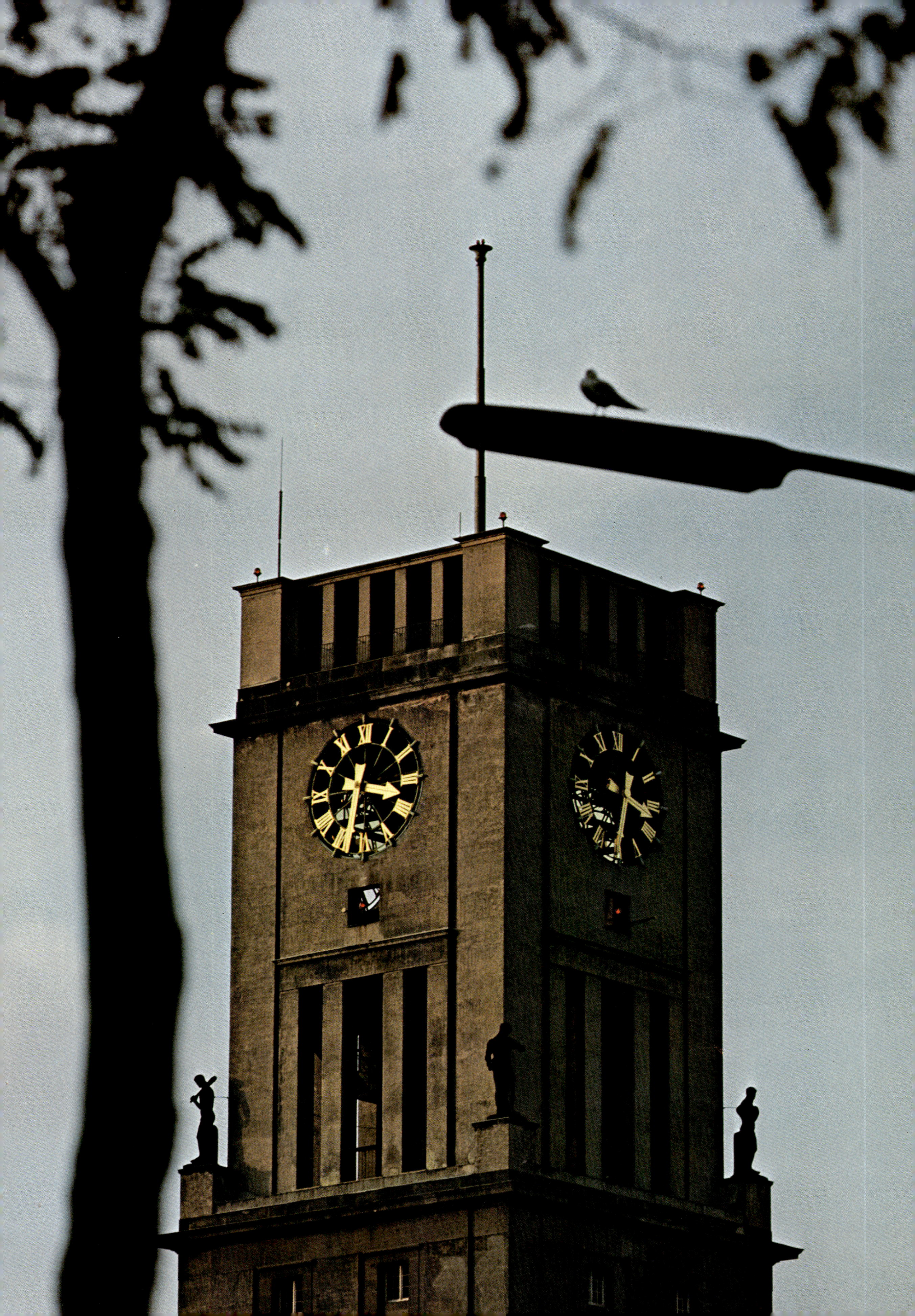

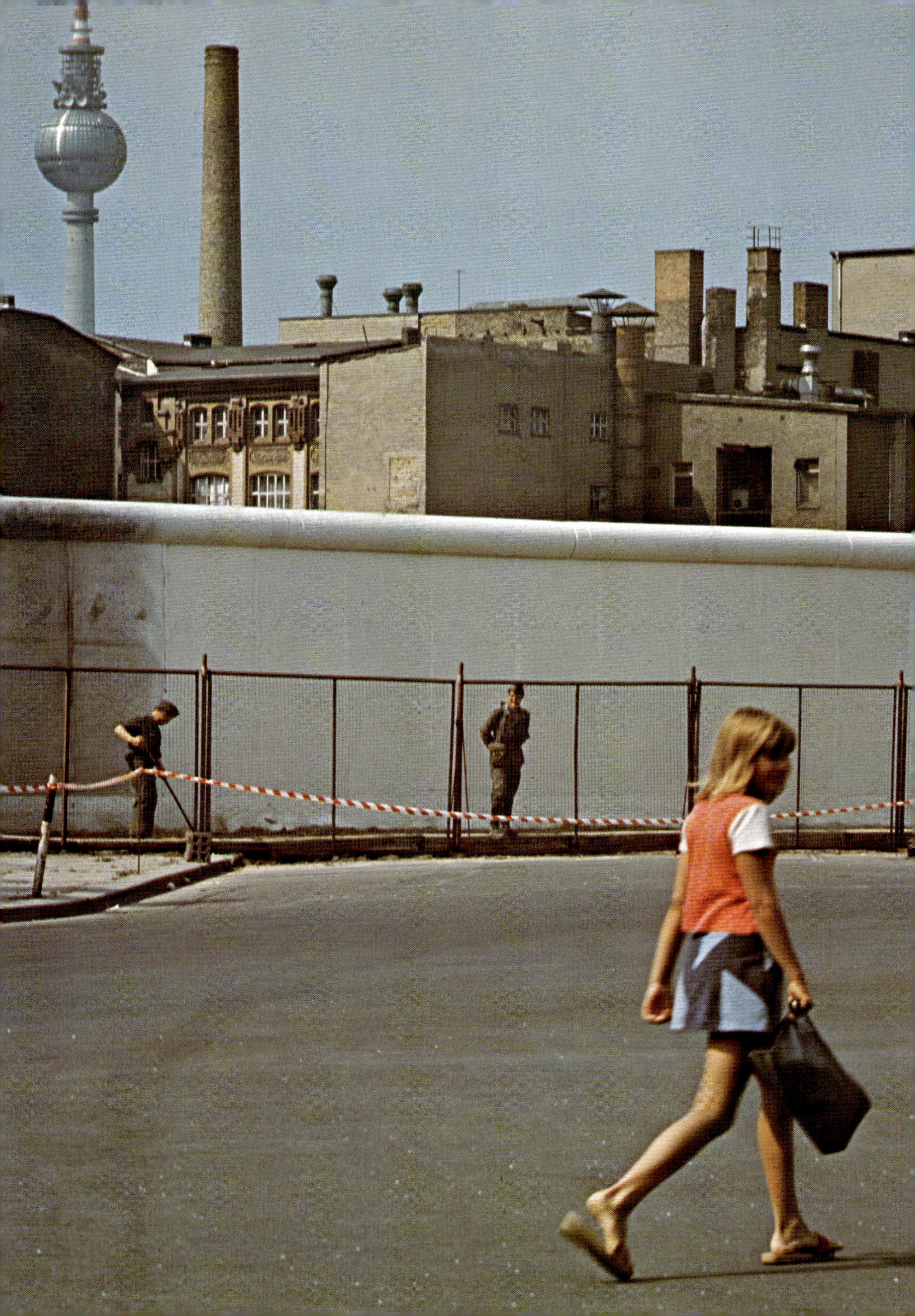

Dresdener Straße
YOU ARE LEAVING
THE AMERICAN SECTOR
ВЫ ВЫЕЗЖАЕТЕ ИЗ
АМЕРИКАНСКОГО СЕКТОРА
VOUS SORTEZ
DU SECTEUR AMERICAIN

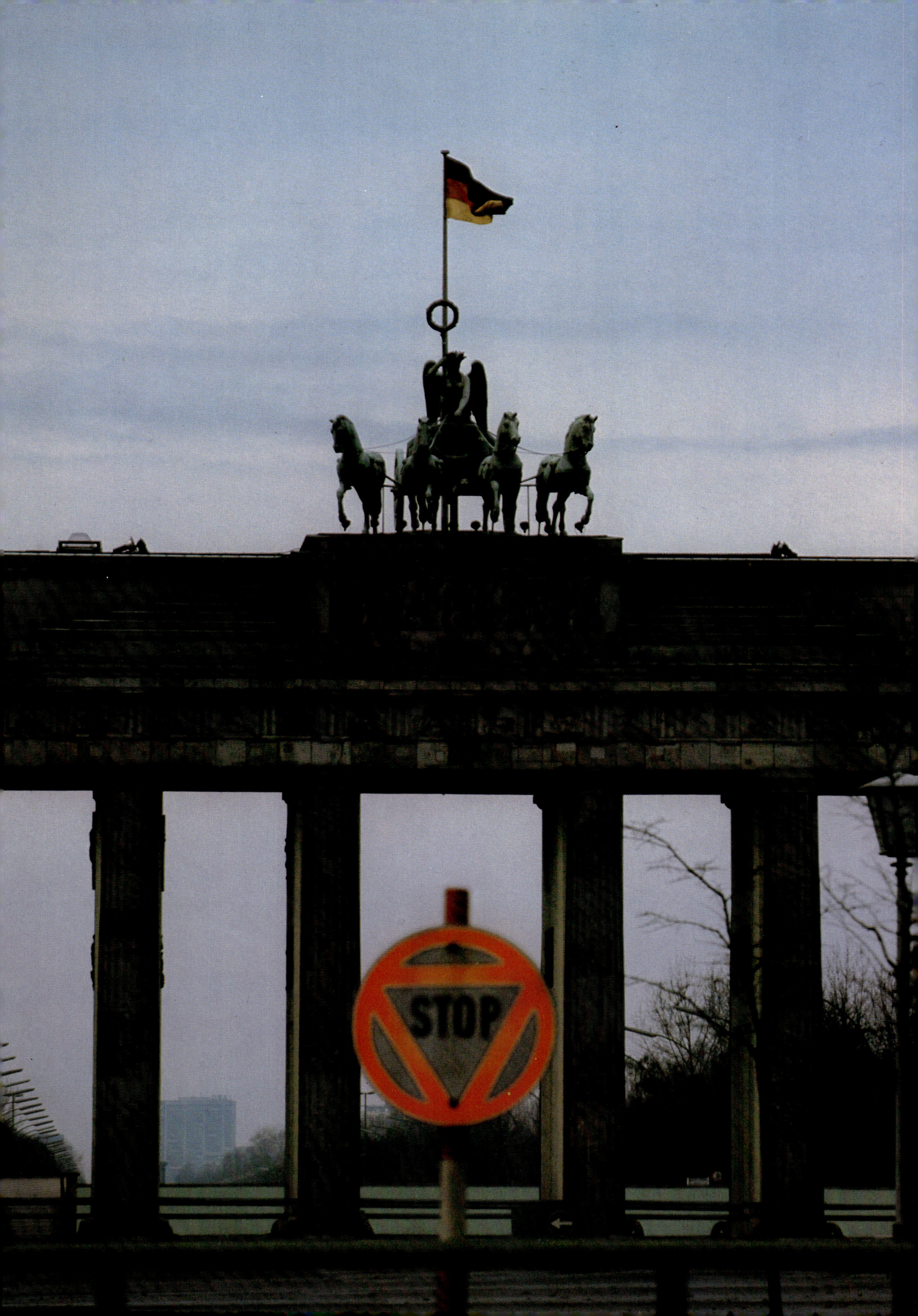
STOP

47 Das Brandenburger Tor von Osten
The Brandenburg Gate from the East
La porte de Brandebourg vue de l'est

sollen; weiß nicht, wieviele Katholiken Ost-Berlin zählt. Jedenfalls erfreut sich diese Heidensiedlung sehr vieler klösterlicher Einrichtungen, nämlich 14 männlicher und 67 weiblicher sowie 15 männlicher bzw. 29 weiblicher Orden, Kongregationen und Säkularinstitute, und ist – wir sagten es – Bistum, mit 16 Dekanaten, von denen vier auf Ost-Berlin entfallen. Und schließlich stand es dem alten Cisrhenanen auch nicht zu, die evangelischen Christen Berlins als Heiden einzustufen.

MEZ – am 1. April 1893 ist sie in Deutschland eingeführt worden, die Mitteleuropäische Zeit, und gilt nicht nur von Polen im Osten bis Portugal im Westen, sondern ist auch noch eins von den wenigen Gliedern, das die beiden deutschen Staaten gewaltlos und doch verbindlich zusammenklammert. Wenn gegen Mittag die Sonne den 15. Grad östlicher Länge erreicht und überschreitet, ist es gemäß MEZ vom linken Buguufer bei Brest Litowsk bis zum Kap Finistère und bis zu jenen Berlingas 12 Uhr. Der betreffende Meridian läuft durch Görlitz, genauer ganz nahe der Neißebrücke nach Polen durch den Stadtpark und ist dort durch eine Art beschrifteten Globus aus Steinguß gekennzeichnet. Da Berlin fast zwei Grad weiter westlich liegt und die Sonne, wenn man das so ausdrücken darf, von Grad zu Grad vier Minuten braucht, schlüge nach Berliner Ortszeit die Mittagsstunde erst, wenn die Zeiger an den Görlitzer Türmen bereits 12 Uhr und 8 Minuten anzeigen.

Diese Differenz macht sich im Leiblichen nicht weiter bemerkbar. Als aber die Russen vom 9. Mai 1945 an hier und in ihrer Besatzungszone, in der ›Zone‹, wie die Berliner zu sagen liebten, die Moskauer Sommerzeit einführten und demzufolge im Juni die hiesigen Ortszeiger schon 22 Uhr anzeigten, wenn die Sonne erst zur Rüste ging, kam der hungergetrübte Hormonhaushalt fühlbar durcheinander.

Vom verschwundenen Reich

»Ich glaube, keinen Zweifel darüber gelassen zu haben, daß meines Erachtens als künftige Reichshauptstadt unter keinen Umständen Berlin – gleichgültig, ob besetzt oder nicht – in Frage kommt.«
(Konrad Adenauer 1946 zu Jakob Kaiser)

Preußen, wie auch immer, hat für die übrigen Reichslande als Sündenbock und Opferlamm herhalten müssen. Es wurde im Februar 1947 liquidiert, notabene gegen den Wunsch der Russen, die sich von einem ungeteilten Preußen einen Einwirkungsraum über den Rhein hinaus versprochen haben mögen, wie in der Periode nach 1815. Ob aber das Reich in gleicher Weise aufgelöst worden ist, bleibt selbst den Völkerrechtlern höchst ungewiß. Ist es wie die Ursprungszelle nach der Zellteilung verschwunden, ohne zu sterben?

Die Verflüchtigung eines kompletten Reichs wirkte sich nachteiliger aus als erwartet. Das Reich, der Gegner der Alliierten des letzten Krieges, es allein nur kann der Partner eines längst fälligen Friedensvertrages sein. Aber wo ist es geblieben? Und was könnten ersatzweise Friedenspakte mit Reststaaten wert sein, mit denen man zuvor nicht im Krieg gelegen hat? Wie soll man sich auch von jemandem scheiden lassen, mit dem man nicht verheiratet war? Und wozu Frieden schließen mit einem, den man mittels Militär- und Wirtschaftsbündnissen längst auf seiner Seite weiß? Geblieben sind allerlei Reichsteile von sehr verschiedenen Graden der Verlorenheit, von total verlorenen über kaum mehr zurückzugewinnende bis zu strittigen.

Groß-Berlin nun, im Angesicht so außergewöhnlicher Vorgänge und Verhältnisse, sah sich, ohne daß man seine Bevölkerung darum befragt hätte, jenes schönen Sonntags im August 1961 vollends entzweigespalten, bildet aber nach wie vor als ein vierteiliges Territorium unter der Alliierten Kommandantura – einer lokalen Entsprechung des weiland über ganz Deutschland gebietenden

48 *Die Marienkirche in neuer Umgebung*
The Marienkirche in its new surroundings
La Marienkirche dans un nouvel entourage

49 *Das Museum für Deutsche Geschichte im Zeughaus Unter den Linden*
The Museum of German History in the Arsenal Unter den Linden
Musée de l'histoire d'Allemagne dans l'arsenal Unter den Linden

---

Kontrollrates – dennoch etwas wie eine Einheit. Zum Beispiel in jener Bezirksnumerierung. Unbeschadet solcher Zusammenhangsreste gehört West-Berlin als ein sogenanntes Land ein bißchen zur Bundesrepublik, aber nicht so ganz, auch wird jegliche Zugehörigkeit zum Bonner Staat seitens des Ostblocks hartnäckig bestritten, weil volle Bundeszugehörigkeit der Weststadt dem Überschlucken denn doch wohl allzugroße Schluckbeschwerden bereiten würde. Da hilft auch die Behauptung des Ostens nichts, West-Berlin befände sich auf dem Territorium der DDR. Dies kann es nicht, denn die DDR ist auf dem Boden der Sowjetischen Besatzungszone ins Leben gerufen worden, zu der die drei Westsektoren, aus denen West-Berlin geworden ist, nie gehört haben. Oder jedenfalls nur als befristetes Provisorium für zwei Monate anno 45.

Ost-Berlin andererseits, das aus einem Ganzheitsanspruch oder Ganzheitsbedürfnis heraus, obwohl es doch der kleinere Teil der geteilten Stadt ist, sich auch schon Groß-Berlin genannt hat, Ost-Berlin gehört zur DDR, so scheint es, aber genaugenommen doch wieder nicht so ganz: Denn dem immer noch gültigen Potsdamer Abkommen nach gehört Ost-Berlin oder genauer der Sowjetische Sektor Berlins nicht zu dem Land, das die DDR-Regierung regiert. Vielmehr waltet diese exterritorial ihres Amtes, wenn sie es von Berlin aus tut. Da haben sich Politiker jeglicher Couleur ein Puzzel, eine Zwickmühle, einen gordischen Knoten zusammengezwirbelt, den nur ein Schwertstreich lösen könnte. Aber wer wird den führen wollen? Ein Äußerstes an passiver Metropolität, es ist erreicht.

Nach alledem und in anbetracht so unlöslicher Verknotung scheint die Vermutung jedoch nicht zu absurd, das Reich sei mitnichten verschwunden, sondern sei nur auf die Größe Berlins geschrumpft und verberge sich darin wie ein heimlicher Kaiser im Kyffhäuser. Und zwar würde demnach West-Berlin, mehr als die Oststadt, das verflossene Reich in dieser mikrokosmischen Reduzierung repräsentieren, weil es nicht Sitz einer deutschen Teilregierung ist; weil es in Verfassung, Gesellschafts- und Wirtschaftsstruktur dem Reich vor 1933 zu ähneln

die Freiheit hat, während Ost-Berlin sich dem russischen Imperium zu assimilieren gehalten ist; weil die Weststadt, wie gesagt, als Land gilt und in östlicher Diktion betont als selbständiges Territorium angesprochen wird.

Während nun aber die Bevölkerung in den Reichsresten der Nachkriegszeit Wohl und Wehe ohne nennenswerte Reaktionen hinnahm – im laxen Westen überwog das Wohl, im strengen Osten das erzieherische Wehe –, war das Volk von West-Berlin berufen, jene vollständige, fast einjährige Blockade, deren Einverleibungszweck jedermann klar war, ohne Krawalle und Nervenzusammenbrüche stoisch unbeirrt und wenn nicht gar in einer sublimen Hochstimmung, so doch mit sportlicher Verbissenheit durchzustehen. Das war freilich nur mit westlicher Lufthilfe möglich. Daher, im Bezirk 13 Tempelhof, der ›Platz der Luftbrücke‹ mit einem Denkmal für die 77 Helfer, die bei dem einzigartigen Unternehmen ihr Leben ließen; fünf Deutsche waren darunter. Jener sportliche Impetus hatte auch die Piloten erfaßt, die beim Landen Süßigkeiten für die Kinder abwarfen und Geschenkspenden aus eigener Tasche einflogen. ›Rosinenbomber‹ nannten die Berliner die betreffenden Maschinen, die wohlvertrauten, die keine vier Jahre vorher ganz andere Lasten auf die Stadt niedergeschüttet hatten. Seltsamer Rollenwechsel.

Das Luftbrücken-Denkmal, das einigermaßen simpel einen emporschießenden Brückenbogenansatz darstellen will und obenhinaus mit drei Streben oder Zinken endet, haben die unsentimentalen Berliner, kaum daß der Beton abgebunden hatte, ›Hungerharke‹ getauft. Harke, ein Gartengerät, und gehungert war worden. Aber die Redensart »Ick wer' dir zeijen, wat 'ne Harke is« ist märkisch und sehr alt. Frau Harke, mit deren Erscheinen man Faule bedrohte, war eine germanische Göttin.

Doch alle Nachkriegszeitigungen in Ost und West entsprechen sich bemerkenswert – ein geschichtlich in Jahrhunderten gewordenes Kollektiv kann man der staatspolitischen Form nach zerschneiden, der Wurzelverbund, die gewachsene Zusammengehörigkeit lebt unterschwellig noch lange und wer weiß wie lange fort. Und

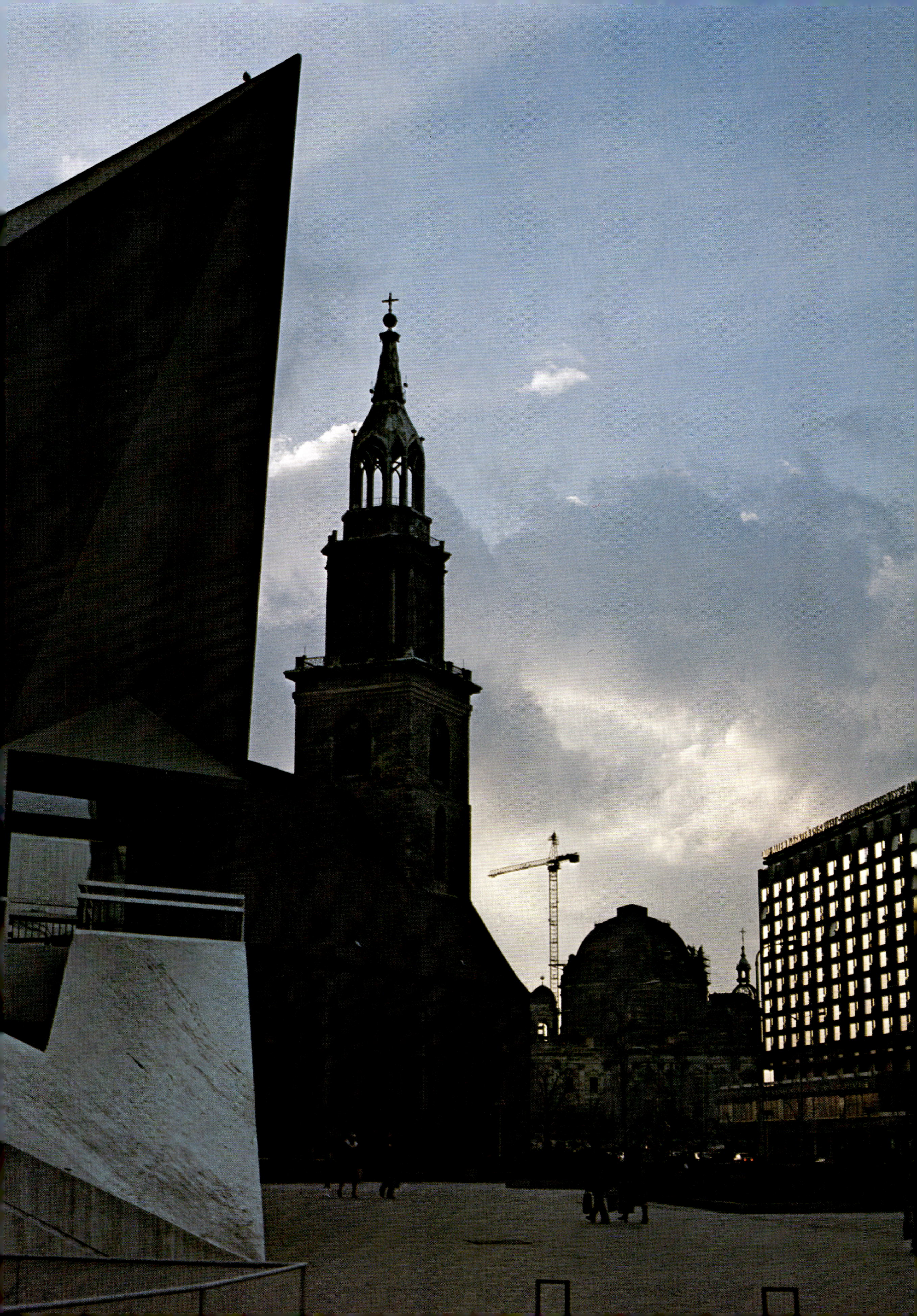

IVSTITIAE·ARMORVM·TERROR·HOST·
TVTELAE·SVORVM·POP·ET·FOEDERAT·
FRIDERICVS·I·
REX·BORVSS·P·P·P·AVG·INV·
HOC·ARMAMENTARIVM·OMNI·INSTRVM·BELL·
NEC·NON·SPOLIOR·MILIT·
AC·TROPHAEOR·GENERE·REFERTVM·
A·FVNDAM·EXTRVENDVM·CVR·M·DCC·VI·

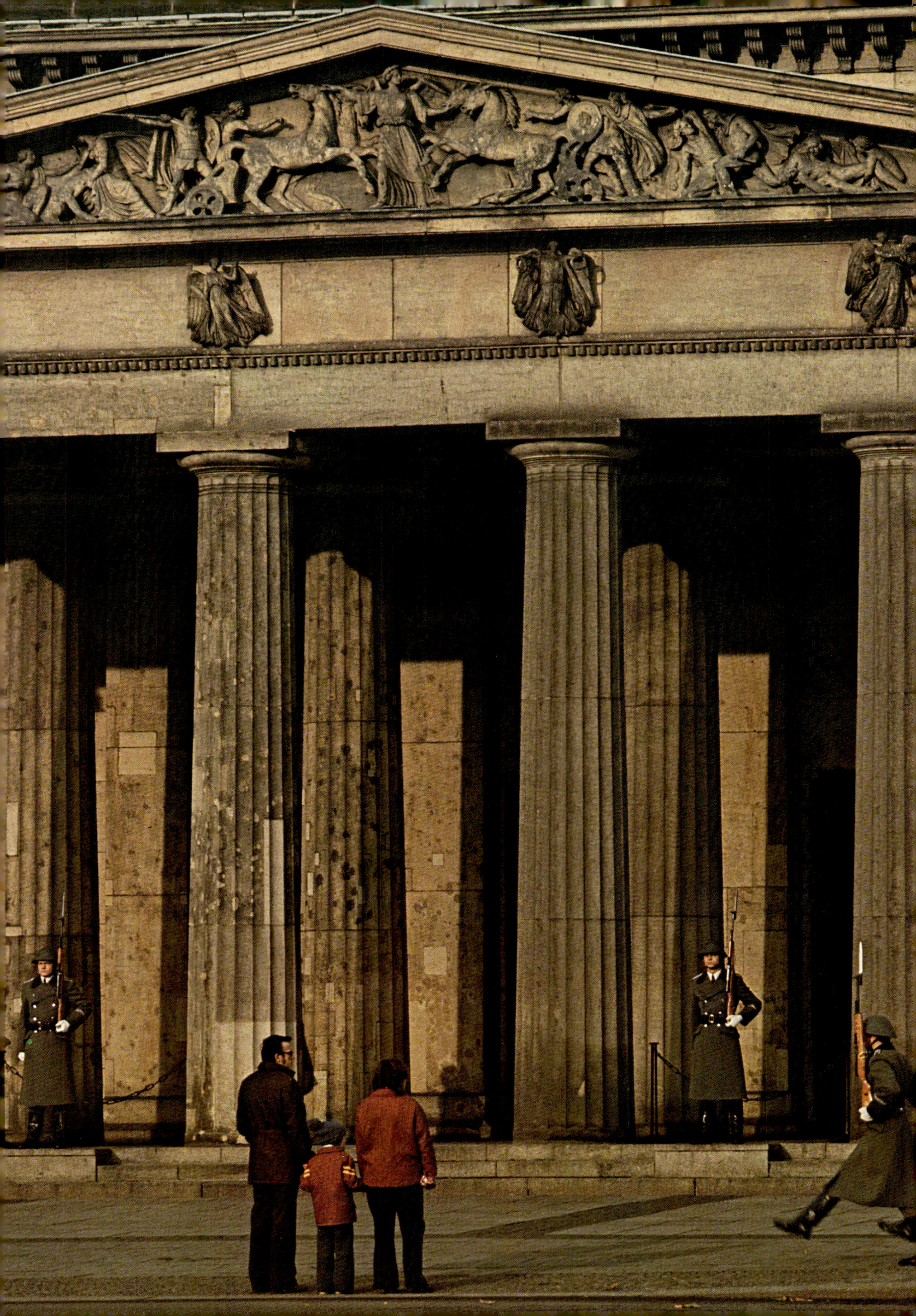

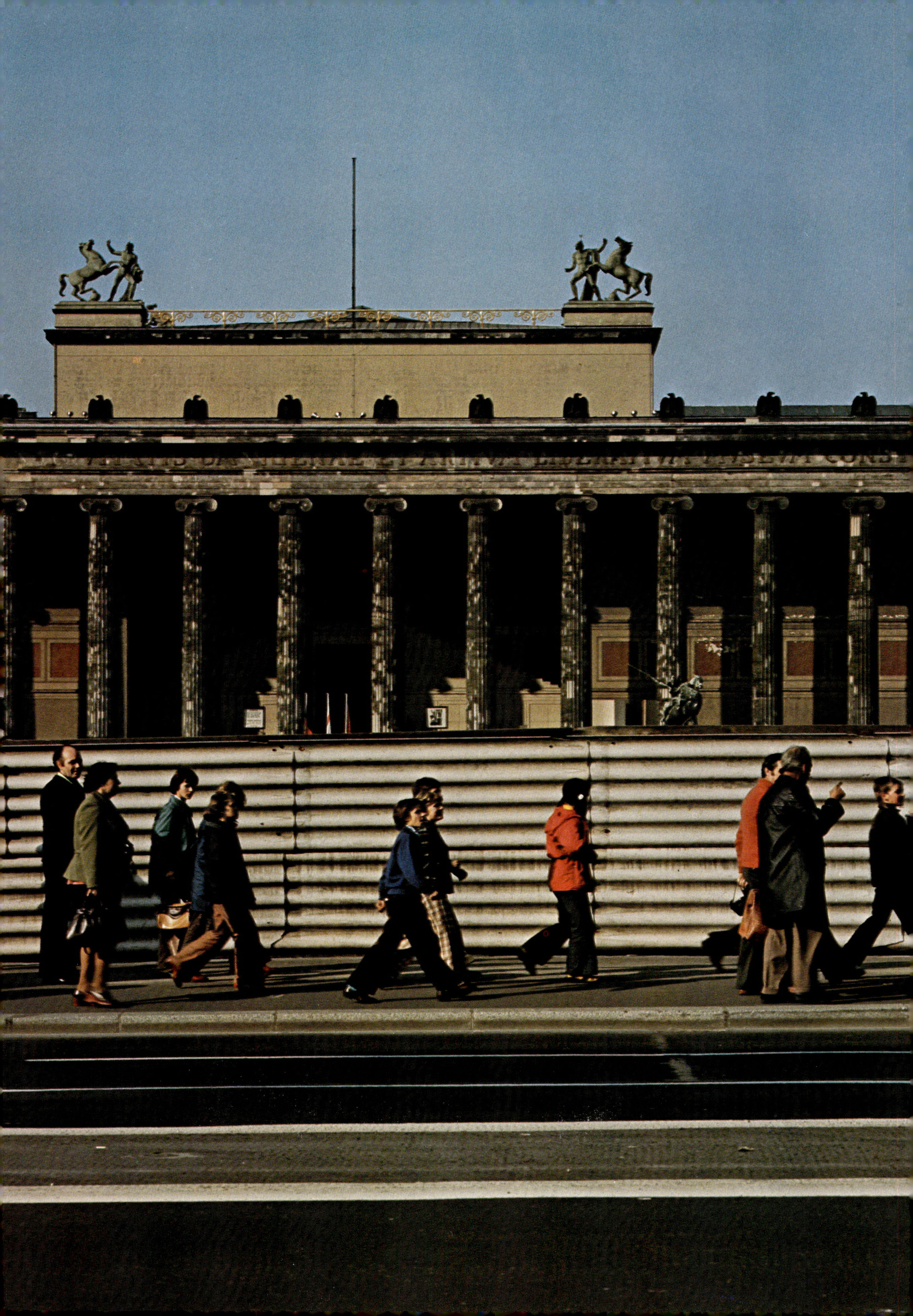

50 *Die Neue Wache Unter den Linden*
The New Guardhouse Unter den Linden
Le nouveau corps de garde Unter den Linden

51 *Das Alte Museum*
The Alte Museum
L'ancien musée

---

wie Gestalten und Ereignisse sich demgemäß auf eine geheimnisvolle Weise bespiegeln und sozusagen reimen, wie auch innerhalb Berlins für jedes hüben die Entsprechung drüben gefunden werden kann, als seien Gesetze eines Koordinatensystems wirksam oder so etwas wie kommunizierende Röhren, so war es dem Volk von Ost-Berlin vier Jahre später vorbehalten, gegen das dort geltende System aufzubegehren. Diese Berliner sollten die erste Revolution im Ostblock überhaupt beginnen, zugleich die einzige Revolution ohne Waffen, die die Geschichte kennt; welcher Tat erst die anderen Städte der DDR sowie Unterstützungsangebote aus Polen, Jahre später die Unruhen in Polen und der Ungarn-Aufstand folgten. Danach benannt ist die ›Straße des 17. Juni‹ quer durch den Tiergarten in West-Berlin. An jenem sonnigen Junitag des Jahres 1953 war geschehen, was die Sowjetsoldaten geradezu baß erstaunen ließ.
DDR-Minister Nuschke mußte vor der aufgebrachten Menge in West-Berlin Zuflucht suchen und fand sie auch. Vom Hüttenwerk Henningsdorf draußen marschierten 12 000 Arbeiter stadtwärts. Der Ausnahmezustand wurde verhängt. Um 18 Uhr mußte die DDR-Regierung ihren Normen-Erhöhungs-Beschluß, der den Aufstand ausgelöst hatte, zurücknehmen, waren die Brände gelöscht und herrschte Ruhe. Den Prestigeverlust konnte auch die anderntags verbreitete Version nicht mehr gutmachen, wonach der Aufstand von »*westlichen Provokateuren und Agenten*« inszeniert worden sei.
Die seltsam angerührten Russen haben nicht geschossen, obwohl sogar einige ihrer Panzer – sie waren mit mindestens zwei Panzerdivisionen in die erregte Stadt geworfen worden – gewaltsam fahrunfähig gemacht worden waren. Die Volkspolizei hielt sich mit scharfen Schüssen zurück. Dennoch aber war die Zahl der Toten, von der DDR-Regierung am 25. Juni offenbar zu niedrig bekannt gegeben, nicht gerade gering, und der offiziellen Angabe von 4 Volkspolizisten und 21 Zivilpersonen als tot und 191 Volkspolizisten und 187 Zivilisten als verwundet ist schon insofern kein Glauben zu schenken, als die Zahl der wegen Gehorsamsverweigerung hingerichteten Vopos und Rotarmisten ganz verschwiegen worden ist.

Beide Leistungen aber, Blockadeverhalten und Juni-Aufstand zusammen, beweisen, daß nicht irgendeine Stadt schon durch Etablierung des Regierungssitzes zur Hauptstadt zu erhöhen wäre, sondern daß ihre Bevölkerung durch beispielhaftes Verhalten ihren Führungsanspruch im Umland zu behaupten wissen müßte. Systeme, Regime, Regierungen kommen und gehen – »*Die Hitler kommen und gehen*«, Stalin hat es gesagt –, Groß-Berlin aber hat sich deutlicher denn je als die eigentliche Hauptstadt des verbliebenen deutschen Siedlungsgebietes ausgewiesen. Ohne mehr Regierungssitz zu sein! Das ist tragisch und auch komisch.
Eine Regierung aber, die es wohl oder übel für richtig befindet, ihre Rolle ohne ein so gründlich vorbereitetes und kritisches Parkett wie das Berlinische zu spielen, befindet sich in der ertötenden Situation einer Schauspielertruppe, die andauernd vor leerem oder reaktionsunfähigem Hause zu agieren hätte. Das Bonner Publikum kann ein reagibles Parkett dieser ganz unentbehrlichen Art selbstverständlich noch nicht stellen, will es vielleicht auch gar nicht. Das muß in Jahrhunderten gelernt werden. Berlin hat an die sechs Jahrhunderte gebraucht, sich auf die Führungsrolle einzuüben.
Was war da im ›Informationsdienst der Stadt Bonn‹ unter dem 4. März 1976 zu lesen? »*Die Bundeshauptstadt ist noch lebenslustiger, jugendlicher, toleranter, freizeitbetonter und zwangloser – über drei Viertel wollen die liebenswürdige und gemütliche Hauptstadt.*« Oder im gleichen ›Dienst‹ am 15. April 1976: »*Wer glaubt, in der Bundeshauptstadt werde nur ernst Politik gemacht und in Ministerien und Behörden unablässig gearbeitet, wird durch eine Statistik des städtischen Marktamtes eines besseren belehrt. Daraus ergibt sich, daß Bonn nicht nur, wie allgemein bekannt, eine Hochburg des rheinischen Karnevals ist, sondern an 204 Tagen im Jahr in verschiedenen Stadtbezirken und Ortsteilen Kirmes feiert.*« Das ist komisch, gewiß, kann aber bald zum tragischen Ende führen.

Berlin wurde sehr früh im Märkischen Städtebund führend. Es war von 1411 bis 1918 offizieller Sitz der

52 *Berlin Alexanderplatz heute*
Berlin Alexanderplatz today
La place Alexandre actuellement

53 *Glienicker Brücke, ›Brücke der Einheit‹*
Glienicke Bridge "Bridge of Unity"
Le pont de Glienicke, «Pont de l'unité»

Hohenzollern, die ihres Herrscheramtes allerdings je später desto andauernder vom nahen Potsdam aus walteten. Mit deren Aufstieg von Kurhut zur Kaiserkrone aber wuchs Berlin heran und war, wie auch immer, bis 1945 Sitz der Reichsregierung, ja bis 1948 unter dem Alliierten Kontrollrat immer noch die Reichsmitte. Doch am 20. März 1948 verließ der sowjetische Vertreter die Kontrollratssitzung – womit im übrigen schon die Vorbereitungen der Blockade begannen – und machte dieses ersatzweise Regierungsorgan aktionsunfähig. An einem weiteren Unglückstag um diese Zeit haben sich dann die drei westlichen Hochkommissare auf dem Petersberg im Siebengebirge zu ihrem weiteren Regiment niedergelassen. Daß dabei Einflüsterungen Adenauers mitgespielt haben werden, hat viel Wahrscheinlichkeit für sich. Jedenfalls muß es dem alten Rhöndorfer in den Kram gepaßt haben, wenn auch Main-Frankfurt die größeren Chancen, Hauptstadt zu werden, zu haben schien und fraglos die fundierteren historischen Voraussetzungen mitbrachte. Da nun aber Adenauers Wohnsitz einen Katzensprung vom Petersberg und eben einen solchen von Bonn entfernt lag, machte Bonn das Rennen und mag hinfort insbesondere mit seinem ›Pützchens Markt‹, den der zitierte Informationsdienst als der Hauptstadt berühmteste Kirmes anpreist, die Regierenden bei Laune halten. Der Berliner aber, so ließe sich prognostizieren, wird dem Verständnis des bundesdeutschen Normalverbrauchers immer mehr entwachsen.

Schon den Bürgern von Antiochia, schon denen von Konstantinopolis sind Witz und scharfes Mundwerk attestiert worden. Derlei ist offenbar ein Indiz für sich entwickelnde Metropolität. Wann mag das in Berlin angefangen haben? Ende Mai 1778, als Goethe zum ersten und letzten Mal seinen Schuh aufs Berliner Pflaster setzte, muß dies schon in vollem Gange gewesen sein, wenn man das nicht bloß an erwähnten 145 000 Mäulern, sondern an deren Beredtheit messen will. Goethe schrieb: »*Und dem alten Fritz bin ich recht nah worden, da hab ich sein Wesen gesehen, sein Gold, Silber, Marmor, Affen, Papageien und zerrissene Vorhänge und hab über den großen Menschen seine Lumpenhunde raisonnieren hören.*« Das mißfiel dem Dichter, doch hat er über seiner Brief- und Teltower-Rübchen-Freundschaft mit Zelter, dem berlinischen Musikus, tiefere Einblicke ins Berliner Wesen gewinnen können und ein ambivalent schwankendes Interesse an Berlin beibehalten. Noch 1823 ist dieses wach, als er wissen will, wie Zelter, der in Weimar zu Besuch war, dem Eckermann gefallen habe, und dessen Antwort hinzufügt: »*Er kann bei der ersten Bekanntschaft etwas sehr derbe, ja mitunter sogar etwas roh erscheinen. Allein das ist nur äußerlich. Ich kenne kaum jemanden, der zugleich so zart wäre wie Zelter. Und dabei muß man nicht vergessen, daß er über ein halbes Jahrhundert in Berlin zugebracht hat. Es lebt aber, wie ich an allem merke, dort ein so verwegener Menschenschlag, daß man mit der Delikatesse nicht weit reicht, sondern daß man Haare auf den Zähnen haben und mitunter etwas grob sein muß, um sich über Wasser zu halten.*«

So diese oft, aber nie ganz zitierte Stelle. Der Versuch, den innerlich zarten Goethefreund von der Spree gleichsam auszuklammern, ist bezeichnend. Zelter hatte zur Zeit des Zitates nicht »*über ein halbes Jahrhundert in Berlin zugebracht*« wie ein Zugezogener, sondern als dort Geborener vom Jahrgang 1759 schon 64 Jahre, welch langes Dasein in Berlin der inneren Zartbesaitung aber keinen Abbruch getan zu haben scheint. Ein Urteil über Schadow, den Berliner Bildhauer, Jahrgang 1764, hätte gewiß ganz ähnlich ausfallen müssen, hätte Goethe seine Abneigung gegen diesen Sohn Berlins überwinden können; er hatte ihm grämlich verübelt, daß er, in den Dingen der bildenden Kunst ganz gewiß kompetenter als der große Weimaraner, diesen zu kritisieren gewagt, nachdem Goethe etwas Zutreffendes mißbilligend verlautbart hatte: »*In Berlin scheint ... der Naturalismus mit Wirklichkeits- und Natürlichkeitsforderung zu Hause zu sein, und der prosaische Zeitgeist sich am meisten zu offenbaren ...*« Da beginnt es schon, selbst der Größte empfindet an Berlin vorbei. Und seitdem hat sich jenes ›Verwegene‹ und Schnelle derart entwickelt, daß heutige Berliner Kabarettisten aufgrund

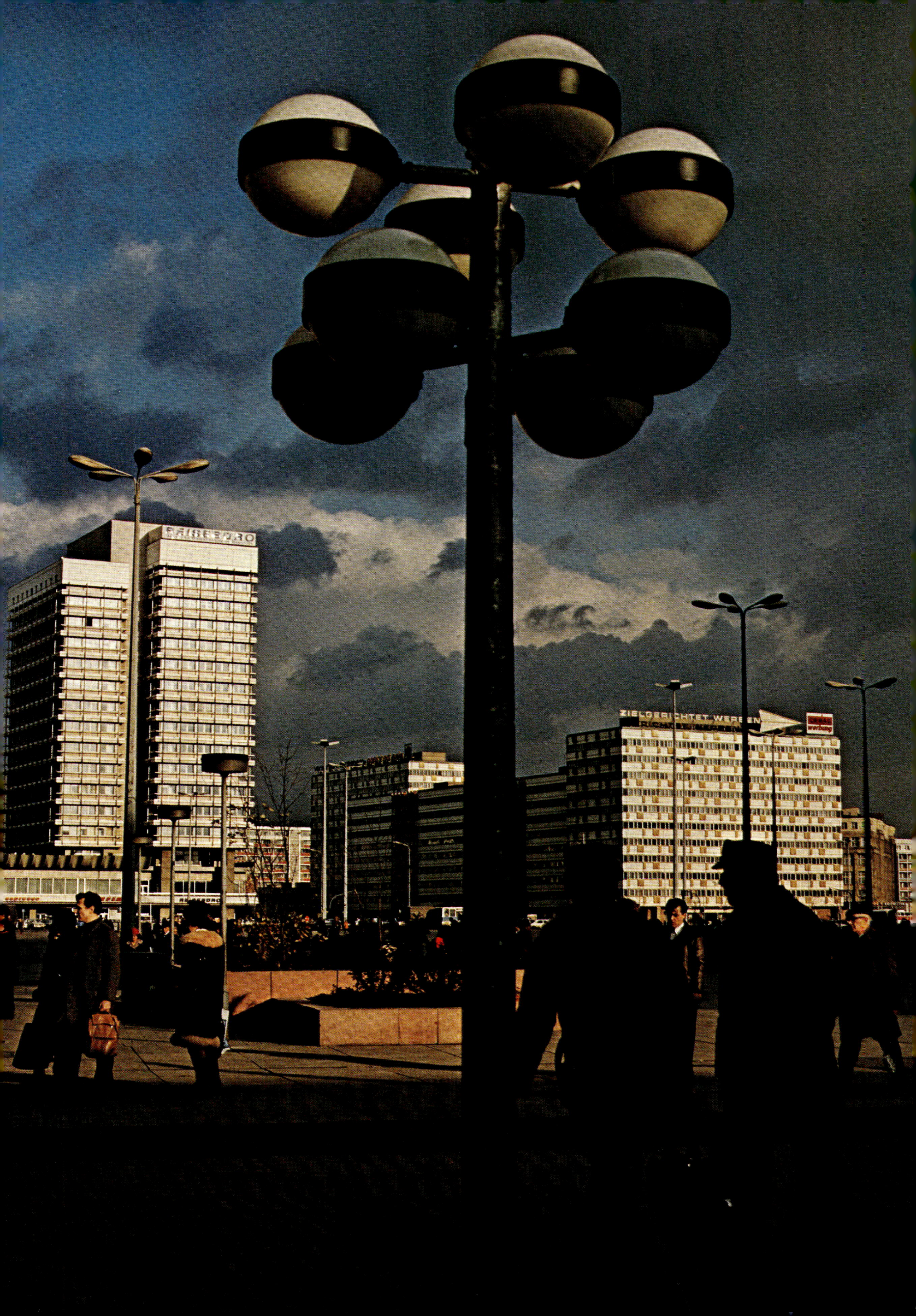
ZIELGERICHTET WERBEN
werbung

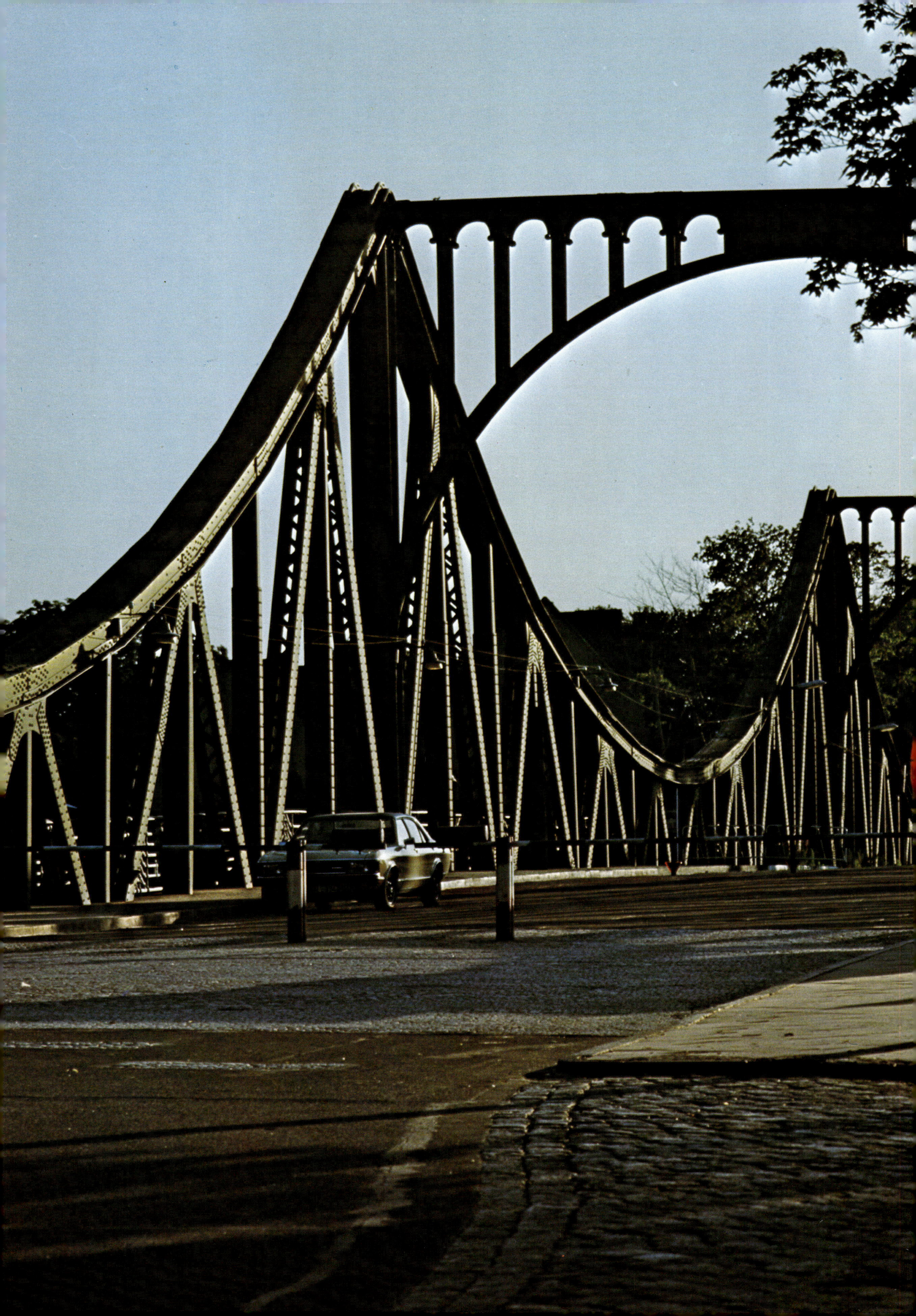

YOU ARE LEAVING
THE AMERICAN SECTOR
ВЫ ВЫЕЗЖАЕТЕ ИЗ
АМЕРИКАНСКОГО СЕКТОРА
VOUS
DU SECTEUR
SIE VERLASSEN DEN

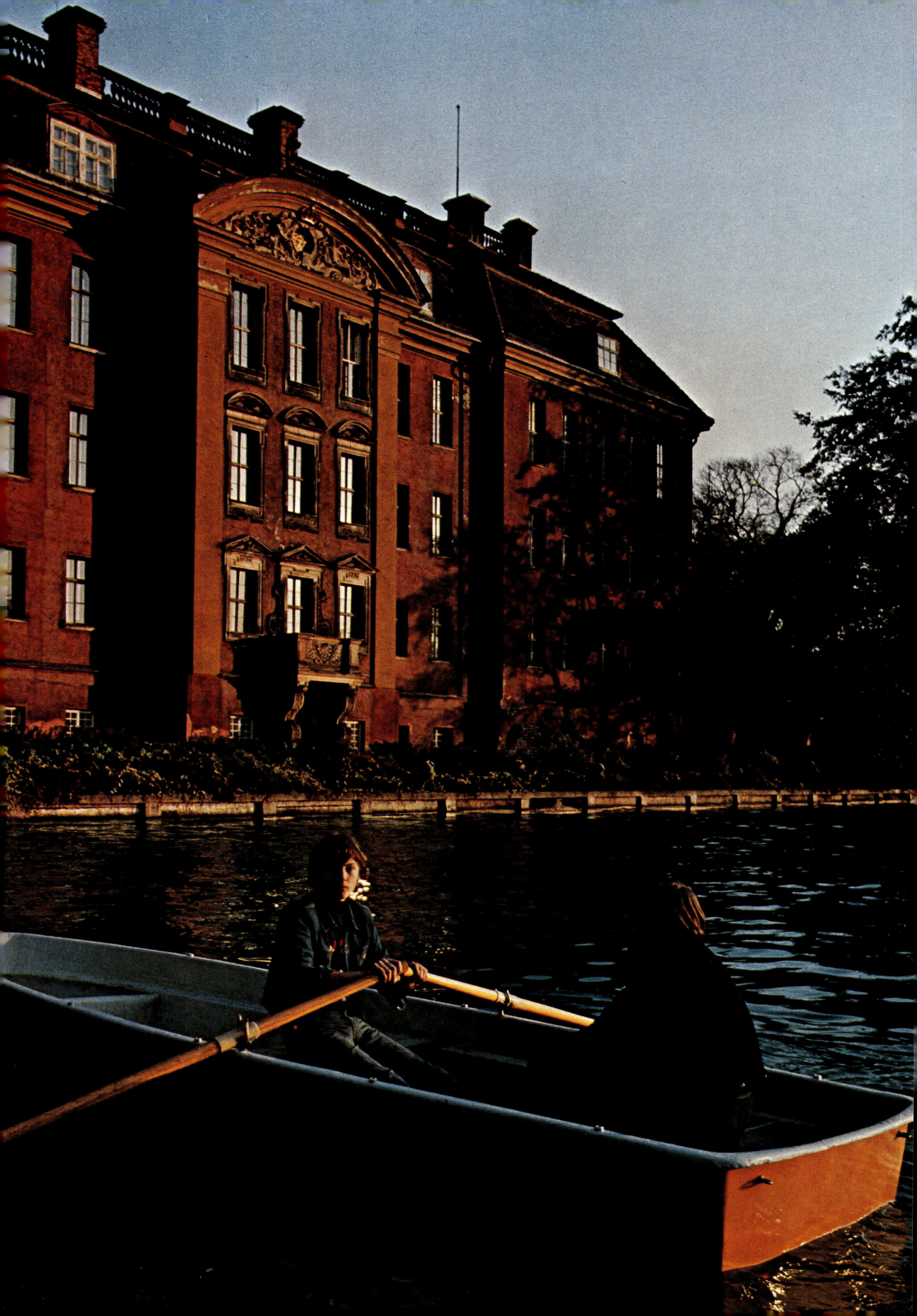

54 *Schloß Köpenick*
Köpenick Palace
Le château de Köpenick

praktischer Erfahrungen, wenn sie sich auf Tournee durch die bundesdeutschen Gaue befinden, ihre Pointen mit halbem Tempo, halb so schnell wie in Berlin verschießen müssen, um verstanden zu werden. Indessen kann hier auftreten wer will, der Manger oder der ›Herr Karl‹, er kann sicher sein, daß er prompt ›ankommt‹.

Die Lust der Berliner, Denkmale mit Spottnamen zu versehen oder ihnen, soweit menschengestaltig, Texte in den Mund zu legen, dürfte einen amüsanten Index bieten, die Entstehungszeit der Metropolität zu datieren. Das war noch mitten im 18. Jahrhundert, als der statuarische Schmuck am Großen Stern im Tiergarten, acht mythologische Figuren, nicht eben voll Hochachtung ›die Puppen‹ getauft wurde, und da der Weg vom Brandenburger Tor bis dorthinaus als lang galt, so hießen undefinierbare Entfernungen ›bis in de Puppen‹, woraus sich bis zum heutigen Tag etwas wie eine Zeitbestimmung ergab: »Wie lange is'n Schwiejermutta noch jeblieb'n?« – »Na, Mann, bis in de Puppen!«

Einem bronzenen General Friedrichs des Großen, weiß nicht mehr welchem, noch wo sein Standbild geblieben ist, legte man in Hinblick auf den runden Sockel, auf den Schadow ihn gestellt hatte, »Uff meen'n Ofen kommt mich keener ruff!« in den erzenen Mund. Übrigens war Schadow selbst, wie später Max Liebermann für seinen lakonischen Witz bekannt. Gegen den ›Vormärz‹ hin wurden die Glossen der Berliner anzüglicher. Die beiden Rossebändiger vor dem – jetzt nicht mehr vorhandenen – weiland königlichen Schloß, die 1842 aufgestellt wurden, brauchten auf die Ausdeutung ihrer Beschäftigung nicht lange zu warten: ›Der gehemmte Fortschritt‹ und ›Der beförderte Rückschritt‹.

Und den Bauten ging es nicht anders, angefangen ebenfalls in der Zeit Friedrichs des Großen, dessen ›*Lumpenhunde*‹ die oben erwähnte Hedwigskirche ihrer Kuppel wegen ›Umgestülpte Tasse‹ oder die erste Staatsbibliothek ihres rokokogemäßen Fassadenschwunges halber ›Kommode‹ tauften. Sie heißt immer noch so. Ost-Berlin hat das schöne, arg zerstörte Bauwerk wieder aufgebaut. Man tut ›drüben‹, nachdem allerdings jenes kö-

nigliche, später kaiserliche Schloß nicht so sehr den Bomben als vielmehr den Ulbrichtschen Spitzhacken zum Opfer hat fallen müssen, das Möglichste im Wiederaufbau kunsthistorischer Werte. Kein Mensch käme heute auf den wüsten Gedanken mehr, Schlösser einzureißen, wie es leider auch dem Potsdamer Stadtschloß widerfahren ist. Das freilich überaus schwerbeschädigte Berliner Schlößchen Monbijou hat damals auch dran glauben müssen und ist weg.

Aber die Sache hatte doch ihr Gutes, das ist oben mit ›sich reimen‹ gemeint worden: die damaligen West-Berliner Stadtväter waren um keinen Deut besser als die drübigen. Doch weil diese nun das größte Barockschloß Norddeutschlands abgebrochen hatten, was nicht nur wörtlich viel Staub aufgewirbelt hat, taten jene sich etwas darauf zugute, daß sie das Charlottenburger Schloß, das gleichfalls als Ruine dastand, wiederaufzubauen beschlossen, was denn auch geschehen ist. Anders hätten sie es wohl gerne den Bulldozern überantwortet, ihren rückwärtsblickenden Zorn an Schuldlos-Schönem zu kühlen.

Mit den spöttischen Benamsungen ist es immer so weiter gegangen, bis zur West-Berliner Kongreßhalle von 1957, einem amerikanischen Geschenk im Namen der demokratischen Freiheit, das seines Spannbetonschwunges wegen ›Schwangere Auster‹ heißt. Die südliche Austernschale ist eingestürzt. Dem baumeisterlichen Überschwang war der Beton nicht gewachsen. Daß man den jüngst an der Stelle des restlos abgetragenen Kaiserschlosses eröffneten ›Palast der Republik‹ ›Palazzo Prozzi‹ tituliert hat, ist nicht sehr neu. Es gibt auf diesem Gebiet eben auch Klischees wie zum Beispiel ›Beamtensilo‹ für moderne Behördensitze, und die Selbstverpflichtung der Berliner, à tout prix Spitznamen zu erteilen, führt auch zu saftlosem, naseweisem Zeug. Doch Erfindungen wie ›Rostlaube‹ für ein herrenlos verrottendes Auto, ›Miefquirl‹ für Ventilator, ›Glotze‹ für Fernsehschirm oder wie ›Knautschke‹ für einen Nilpferdbullen im Zoo und ›Boulette‹ eins seiner vielen Nilpferdkälber können sich wohl hören lassen.

55 *Schloß Glienicke*
   Glienicke Palace
   Le château de Glienicke

56 *Schloß Sanssouci*
   Sanssouci Palace
   Le château Sans-Souci

Berlin, Mischung und Mentalität

»Der Witz und Sarkasmus der Berliner entspringt aus einer großen unvergeßlichen Quelle preußischen Ruhmes: aus dem Kopf Friedrichs des Großen.«
(Adolf Glasbrenner, 1810 – 1876)

»Denn die Berliner sind eine besondere Rasse,
lieben volle Wagen und leere Kasse,
sind dabei fidel und mehr gescheit
als alle andern Leut'.«
(Lied auf eine Fahrt nach Pankow, 1830)

Was sich hier alles gemischt hat, weil nichts verdrängt noch ausgerottet wurde! Von Älterem abgesehen, das schon angedeutet worden ist, in der Mitte Semnonen, von Osten her Burgunder, von Süden Hermunduren, im Westen Langobarden und Heruler, gemischt mit sorbischen und polabischen Slawen; seßhaft Konservative, die, mit Ausnahme der Heruler, dem Sog der Völkerwanderung widerstanden hatten, mit vorsichtigen aggressionslosen Neuankömmlingen: diese erste Mischung, die unter toleranter Bewahrung germanischer wie slawischer Kulte zustande kam, wehrte sich jahrhundertelang gegen Christianisierungsversuche vom Reich wie von Polen her. Wenn jene also deutschem Imperialismus entsprangen, wie die Weltmeinung es will, so hatten die polnischen Anstrengungen kein anderes Motiv. Namentlich der Wilzenbund (in der Edda = Wilkinamänner) verteidigte Freiheit und Heidentum waffenfroh und unbekehrbar lange. Erst der Wendenkreuzzug von 1147, an dem sich mit päpstlichem Segen Deutsche, Polen und Dänen beteiligten, leitete das Ende der Wilzenherrlichkeit ein. Dennoch bilden Toleranz untereinander, Unbeugsamkeit nach außen hier die sich forterbende geistige Basis; wobei im Auge zu behalten ist, daß Ostpreußen, der andere noch länger verteidigte Heidendistrikt, und Brandenburg die beiden Keimblätter Preußens geworden sind. Widerspiel und Ärgernis Roms sozusagen, ehe einer dessen noch gewahr werden konnte, schon im Keim. Die nationalistisch-rassistische Diskriminierung der Slawen aber kennt erst das späte Mittelalter; sie kommt in Sachsen stärker, in Berlin eigentlich gar nicht vor.

Mit den nur rückkehrenden Nordschwaben kamen Flamen, Rheinländer, Niedersachsen und später Franken ins nurmehr dünn besiedelte, ausgeblutete Land, junge Menschen allesamt, die sich von den Daheimgebliebenen durch rüstigeren Unternehmungsgeist unterschieden: sie hätten sich sonst nicht auf den riskanten Treck nach Ostland gemacht. Sie drängten aus der Enge des übervölkerten, bis ins kleinste reglementierten Reichs in Weite und Freiheit. Freilich waren sie auch steuerbegünstigt für die ersten Jahre. In der Grundmentalität stellten alle die Einwanderer eine bestimmte seelentypische Auslese dar, wie Auswanderer und Conquistadoren überhaupt auf die eine oder andere Weise. Kolonialgeist, das Kühle, Sachliche, Fleißige, Hilfsbereite, Anspruchslose, Freiheit als Selbstbeschränkung Erfassende, Bewegliche, Abenteuerfrohe waren hier angebracht, wenn einer bestehen wollte. Kibbuz-Tugenden. Pionier-Tugenden. Sie übrigens sind es, die zwischen kolonialgeistigen Amerikanern und den Berlinern zumal zu einem wahlverwandtschaftlichen Einverständnis geführt haben, das erst durch das stadtfremde und ungemäße APO-Treiben der letzten Jahre getrübt worden ist. Gemeint ist nicht das außer Selbstkontrolle geratene US-Unwesen in Vietnam.

Ich bin ein Berliner!«, wie Kennedy es hier einmal gerufen hat – kein Franzose, de Gaulle etwa, der Berlin nie besucht hat, aber auch kein Kölner hätte je so rufen können. Daß mit Steuben ein Generalstabsschüler Friedrichs des Großen die US-Armee einst aufgebaut hat, weiß drüben jedes Kind. Aber hier weiß man kaum mehr, daß man jenseits des Großen Wassers ernstlich erwogen hat, Friedrichs Bruder, den Prinzen Heinrich von Preußen, zum König der Vereinigten oder noch zu vereinigenden Staaten von Nordamerika zu machen. Diesen Prinzen zum König zu erküren, wurde damals auch in Polen erwogen. So wird man von jenen Jahren an von Weltgeltung Preußens sprechen dürfen, und da eben hatte die

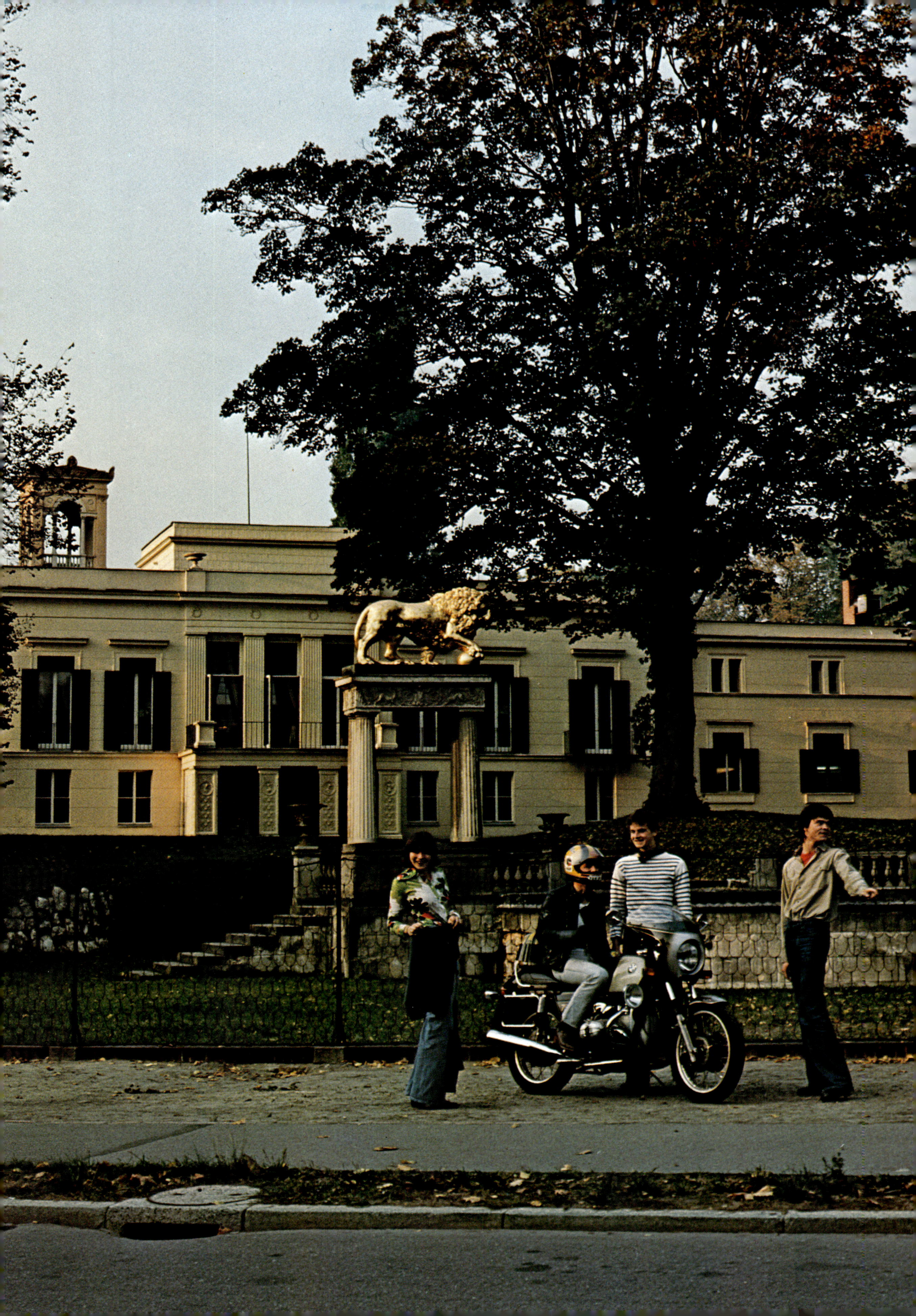

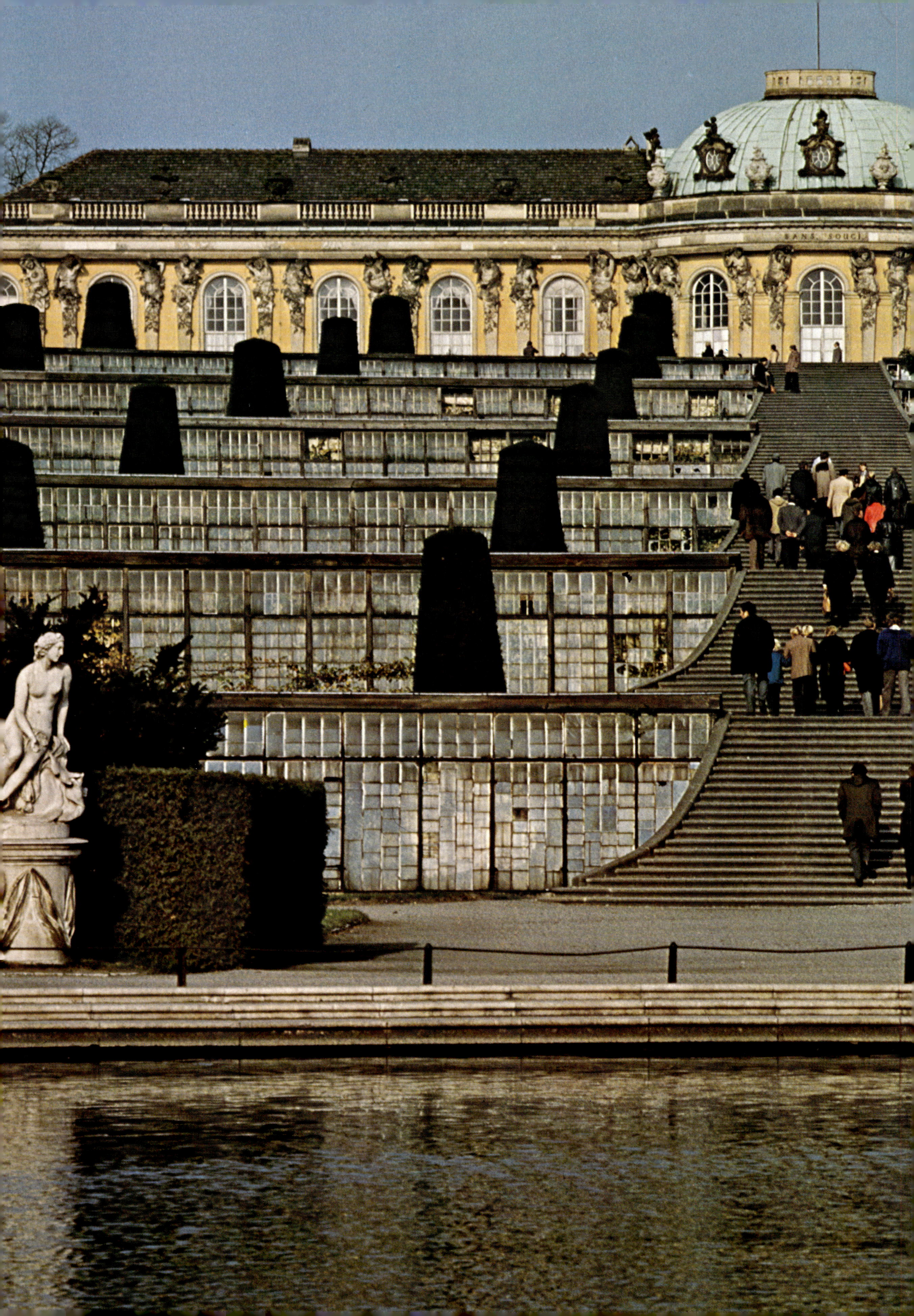
SANS, SOUCI.

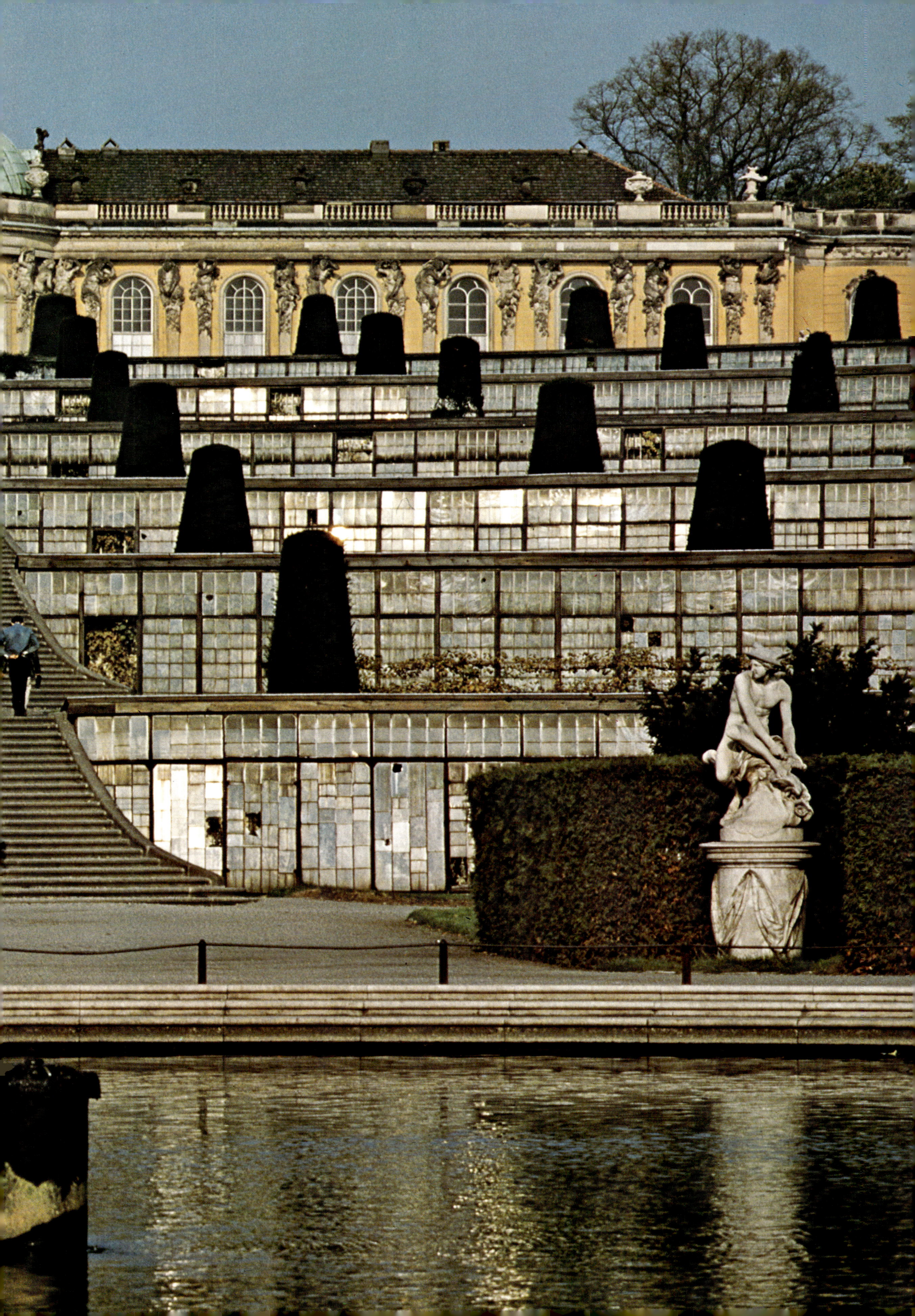

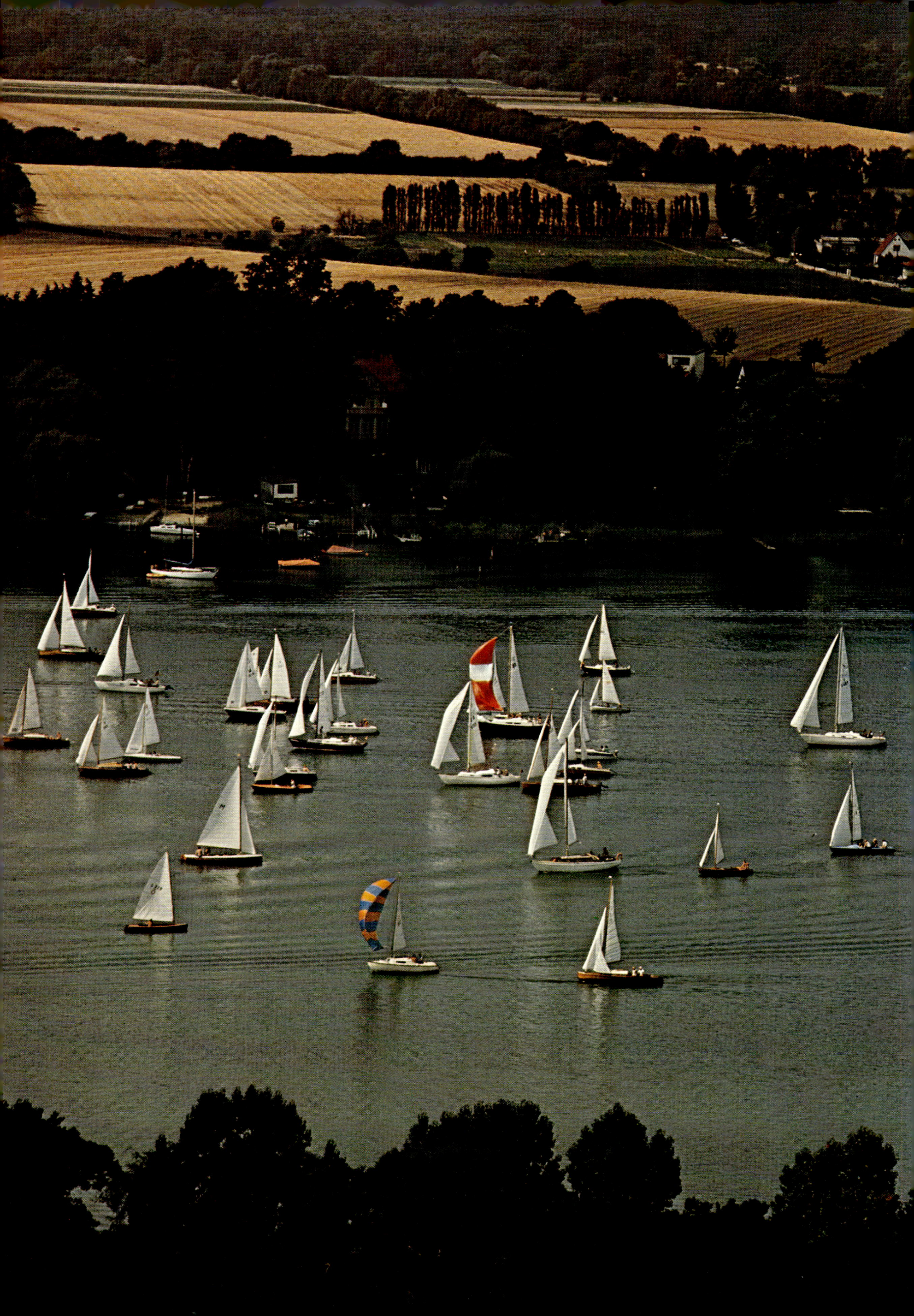

57 *Segelboote auf der Havel*
Sailing-boats on the Havel
Barques à voile sur la Havel

Stunde der anhebenden Metropolität Berlins bereits geschlagen. –
Unter den ersten Einwanderern, von dem üblichen Anteil krimineller Elemente abgesehen, haben sich nicht wenige befunden, die sich hier der Inquisition, die dazumal die alte Christenheit zu drangsalieren begann, besser zu entziehen hofften. Tatsächlich sind dann die Waldenser, die ›Kunden‹, nicht mit dem sonst angewendeten Nachdruck verfolgt worden. Somit ist im ersten Anlauf auch häretische Intransigenz auf endemische Unbeugsamkeit gestoßen. Überhaupt ging es mit der Christianisierung keineswegs so zügig und reibungslos voran wie mit der machtpolitischen Durchdringung, die noch glatter verlaufen wäre, wären sich die Conquistadoren Wettin und Askanien, aber auch der Magdeburger Erzbischof nicht sehr bald schon ins Gehege gekommen. Die ersten Äbte, die von Zinna und von Lehnin, wurden von den Heiden erschlagen. Und wenn man mit den Augen Roms die größte aller Häresien in Luthers Abfall sieht, hätte die wahre Christianität hierzulande höchstens gute 300 Jahre gedauert. Hier ist die Reformation 1539 vollzogen worden. Man hat sich Zeit gelassen. Fanatismus ist hier nicht zuhaus, die Mark hat am Bauernkrieg nicht teilgenommen. An Pfaffen- und Bilderstürmen ebensowenig. Die letzten Mönche und Nonnen beließ man in ihren Klöstern bis an ihrer Tage Ende, so im Jungfrauenkloster zu Sankt Marien in Spandau – an das noch die Namen Jungfernheide und der Nonnendamm erinnern –, so die Franziskaner im Grauen Kloster, deren letzter erst 1573 die Augen schloß. Dann wurde im leeren Haus das Gymnasium gleichen Namens eingesetzt, in dem unter anderem Bismarck zur Schule gegangen ist. Die Dominikaner des Schwarzen Klosters zu Cölln zogen sich aus eigenem Entschluß nach Brandenburg zurück.
Im bewegten 14. Jahrhundert allerdings ist hier ein Propst auf offenem Markt erschlagen worden, das Sühnekreuz steht noch bei St. Marien, und die aufgebrachte Stadt wurde als antipäpstlich für zwanzig Jahre mit dem Kirchenbann bestraft. Fontane zitiert jemanden, der gesagt hat, daß die Mark »*keinen Ketzer verbrannt, aber auch keinen Heiligen geboren*« habe, das trifft die mentale Reserve in diesen Dingen genau. Auch Voltaires Dichterspott in den Geburtsjahren der Berliner Metropolität zielt auf das nämliche: »*... sur les bords de la Sprée/ Dans cette infidèle contrée/ Où de Rome on brave les loix ...*« Es ging um den Bau jener Hedwigskirche. Als diesen zu vollenden der nach dem Siebenjährigen Krieg zwar schon 10000 Seelen starken, aber unbemittelten Katholikengemeinde aufgegeben war, hatten die Berliner Juden übrigens schneller Geld beisammen, und beinahe wäre das halbfertige Gotteshaus statt einer Kathedrale eine Synagoge geworden. Darin steckt Aufklärung und steckt Berlinisches. –
Im Lauf des auch pestgefolterten 14. Jahrhunderts verebbte die Einwanderung, die sich ab 1157, nach dem Fall der Brandenburg in deutsche Hand, auf 60 bis 70000 Siedler belaufen haben soll. Die Zahl der vordeutsch Angesessenen schätzt man auf 20000. Und im Beginn des 15. Jahrhunderts scheint die deutsche Expansion, die so tief in den Osten gedrungen war, im wesentlichen aufgehört zu haben. Die Schlacht von Tannenberg (1410) wird als Wendedatum anzusehen sein. Damit begann noch kein Rückzug, aber die Voraussetzungen für eine rückpendelnde, eher wieder westwärtige Ausrichtung nach den Niederlanden etwa oder später nach Frankreich waren gegeben. Das ist auch an Berlins städtebaulicher und geistiger Entwicklung abzulesen.
Aber gruppenweiser Zuzug traf immer wieder ein, und es waren immer wieder Kongeniale: Salzburger, die aber auch noch bis nach Ostpreußen zogen, Vogtländer, Pfälzer, Böhmische Brüder, Piemonteser, Niederländer und wer nicht alles, Protestanten, religiös Verfolgte, Unbeugsame. Nicht um sich hier durchfüttern zu lassen, sondern um als Dank alle möglichen hier nicht ansässigen oder nicht entwickelten Gewerbe zum Nutzen des Gastlandes zu betreiben. Den kräftigsten und kopfreichsten Beitrag – auch bis nach Ostpreußen hinein – leisteten die in ihrer Intransigenz beispielhaften Hugenotten und nach ihnen die Réfugiés, die den Staub Frankreichs von den Schuhen schüttelten, um hier wie in zweiter Heimat Wurzeln zu schlagen.

58 *Badewiese am Halensee*
Bathing-beach at Lake Halen
Plage au bord du Halensee

59 *Roggenfelder bei Lübars*
Ryefields near Lübars
Champ de seigle près de Lübars

Geusengeist plus Hugenottengeist: erst durch diese beiden und insbesondere durch die Hugenotten ist Preußen geworden. Preußen ist hugenottisiertes Märkertum, von Ostpreußen her durch ordensritterliche Tradition bestärkt, was man wird unterstellen dürfen, ohne den Dingen Gewalt anzutun. Das eher bedächtige, unansprechbare Wesen des Märkers und der widerborstigen Berliner erhielt von den Hugenotten, was ihm bis dahin gefehlt hatte oder wozu es gerade erst ansetzte: Schliff, Schärfe, Schneid, Verfeinerung und Esprit. Und militärischen Geist! Die Hugenotten kamen aus dem Land der damals besten Armee Europas und waren selber kampfgestählt wie keiner der Immigranten sonst.

Der die Hugenotten ins Land geladen hatte, der Große Kurfürst, hat auch die Juden gerufen, die sein Ahn, der strengkatholische Joachim I., einst unter gräßlichen Umständen des Landes verwiesen hatte. Was zunächst kam, waren sehr kultivierte s'fardische Juden aus Wien, spanische Juden ursprünglich. Ihre Bedeutung für Berlin kommt auf die Dauer derjenigen der Hugenotten gleich und ist nicht hoch genug zu veranschlagen; woraus im Sinne des Gesagten aber erhellt, daß Metropolität eben eine weltstädtische Tugend – und ein Schicksal – ist, welche mit der Loslösung von nationaler Einheitlichkeit der Bevölkerung Hand in Hand gehen muß, mit Überwindung des Nationalen zugunsten einer weltbürgerlichen Offenheit. Diese Erschließung hat Toleranz zur unabdingbaren Voraussetzung, hier war sie schon in den Grundlagen vorhanden. Die stete Bereitschaft zur Toleranz war das beste an Berlin oder ist es noch, man wird sehen. Wer Toleranz nicht mit- oder aufbringt, kann Berliner nicht sein oder werden. Die Inszenierung der sogenannten ›Reichskristallnacht‹ lag in Händen von auswärts herbeibefohlener SS-Einheiten. Aber die hier 1400 ›getauchten‹ Juden, selbst in tödlicher Gefahr, das Leben retteten, das waren die Berliner; nicht gerechnet die ungezählten Fälle, wo die Rettung mißlang. Berlins jüdische Gemeinde vor Hitler war mit rund 180000 Häuptern die größte in Deutschland und repräsentierte etwa 30% aller deutschen Juden. –

Die russische Gemeinde Berlins belief sich nach 1918 auf viele Tausend zaristischer Emigranten mit eigener Kirche. Die griechisch-orthodoxe Gemeinde umfaßt heute 10000 Seelen. Es gibt kaum eine Nation, die in Berlin nicht wenigstens einige ortsansässige Vertreter hätte, Eskimos und Australneger etwa ausgenommen. Sogar ein buddhistischer Tempel ist vorhanden, der einzige bisher in Europa, irre ich nicht. Diesem farbenfrohen Befund entspricht die Unzahl von Restaurants mit ausländischen Küchen, die die angestammten Bulettenkeller und Weißbierstuben geradezu schon verdrängt haben.

Gastarbeiter sind samt ihrem Familienanhang meist schwer zu erfassen, aber an 100000 Türken werden wir wohl haben. Hatten auch schon vorher eine Moschee. Im Bezirk 6 Kreuzberg findet sich in den Schulen oft schon eine türkische Mehrheit, und die Türken vermehren sich schnell. Es gibt Spanier, Jugoslawen, Italiener, Griechen, Perser, gibt Araber – diese freilich nicht selten in obskuren Beziehungen zur Drogenszene und, wie zu vermuten, auch als revolutionäre Einsatzreserve ungreifbarer Interessenten. Da läßt sich vom Osten mancherlei in Bewegung setzen. Nicht umsonst haben die ›Palästinenser‹ eine Residenz in Ost-Berlin. Und wer Rauschgift einführen will, landet auf dem Schönefelder Flughafen und fährt von dort durch nichts gehindert in die Freie Stadt West-Berlin. Die ›Berliner Tinke‹ aber ist eine traurige Errungenschaft der ›apoiden‹ Subkultur oder der ›Umherschweifenden Haschrebellen‹, eine Mixtur für ›Fixer‹ auf LSD-Basis, soweit ich weiß.

Es haben sich auch schon konkurrierende persische Zuhältergangs des nachts Pistolengefechte geliefert, von denen mindestens einige zu den berüchtigten ›Jubelpersern‹ gehörten, die den Berlinbesuch des Perserschahs mit Krawall begleiteten, während die genasführte Studentenschaft von Persern hinwieder gegen Reza Pahlewi aufgehetzt worden war. Doch dunkle, ja finstere Kehrseiten gehören zur Metropolität, stärker als in Stadtsiedlungen geringeren Ranges.

Selbstverständlich findet sich, was die Gastarbeiterschaft angeht, Vergleichbares auch in jeder anderen Stadt. Was aber Berlin merklich unterscheidet, war der deutsche Zu-

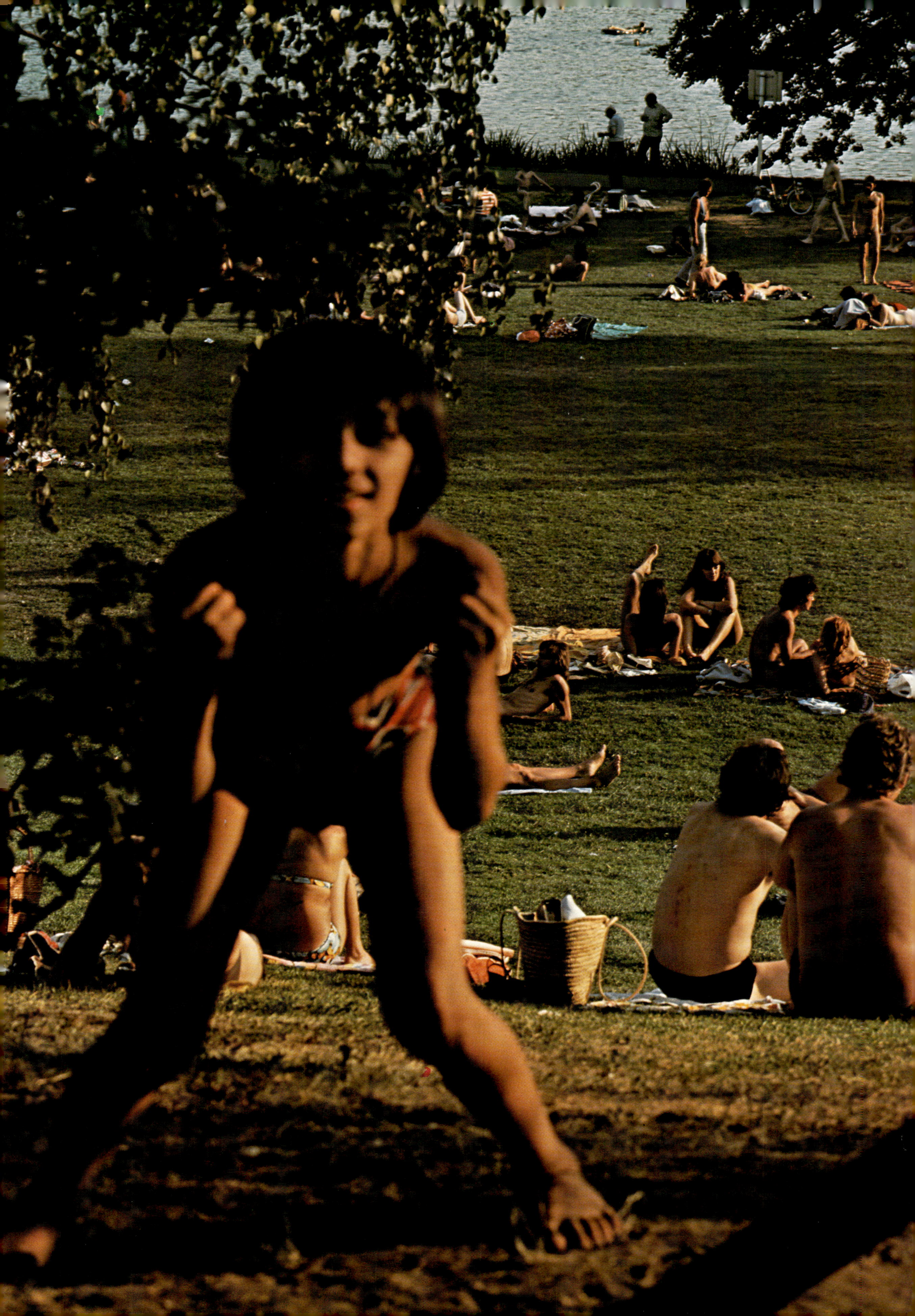

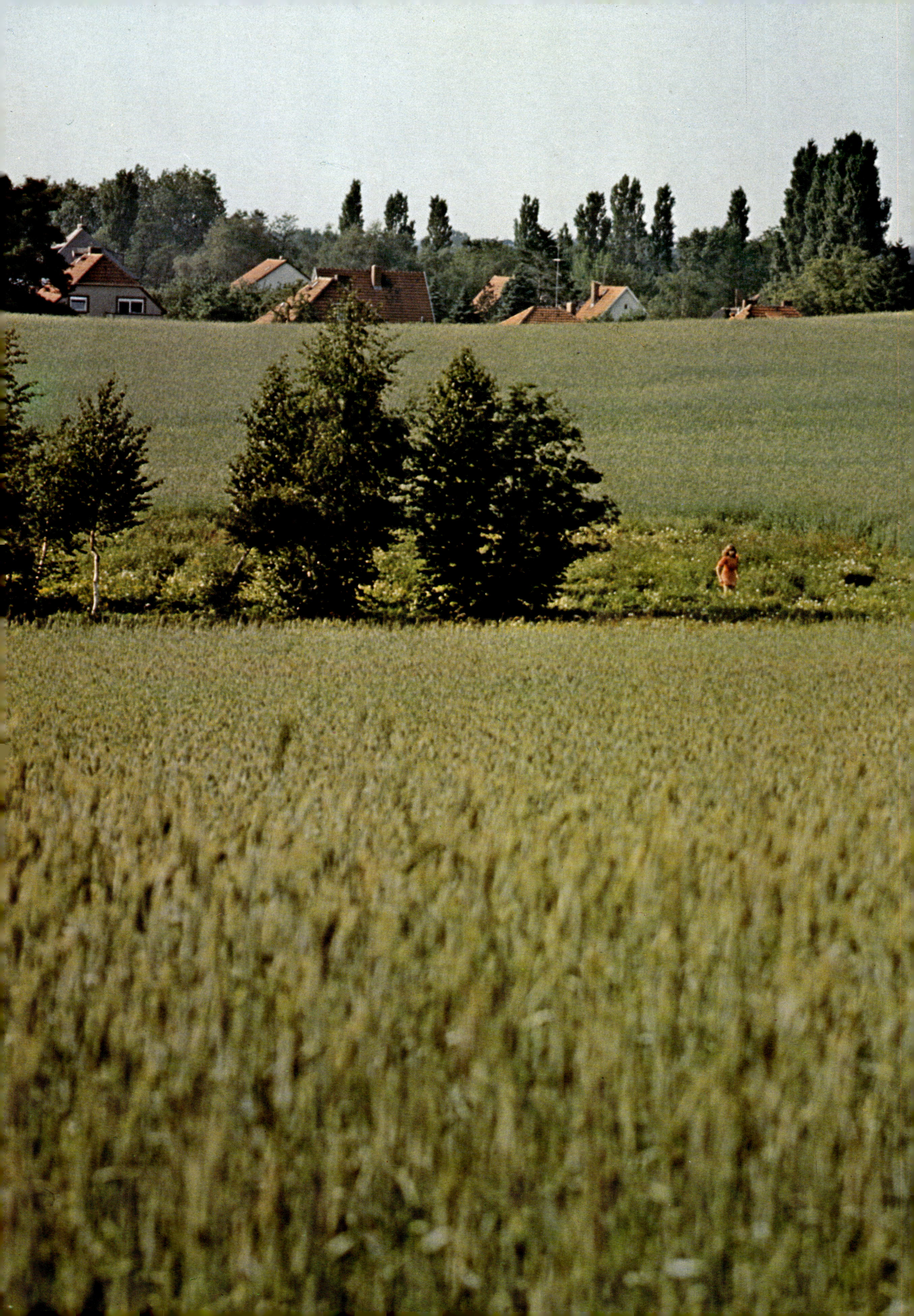

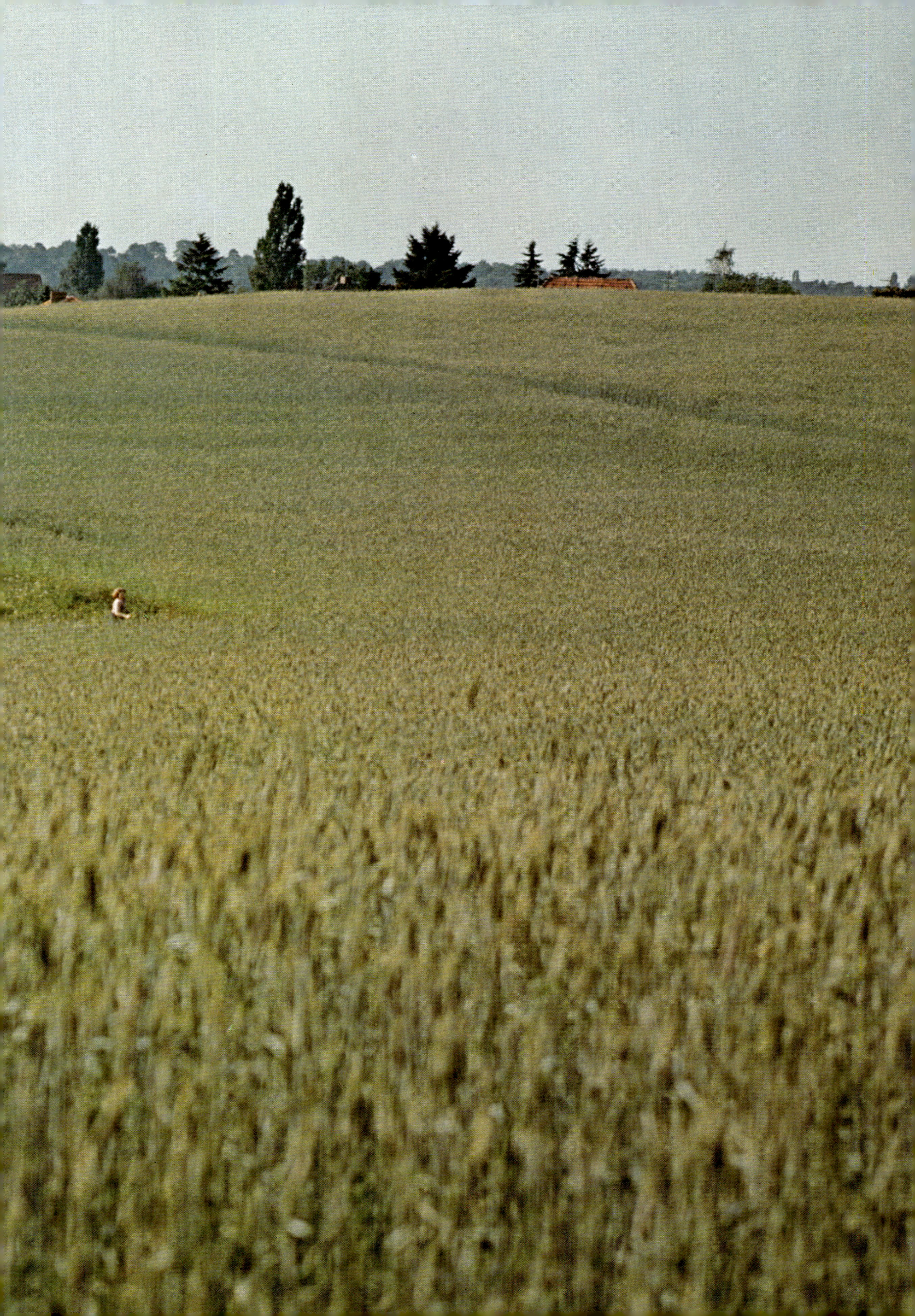

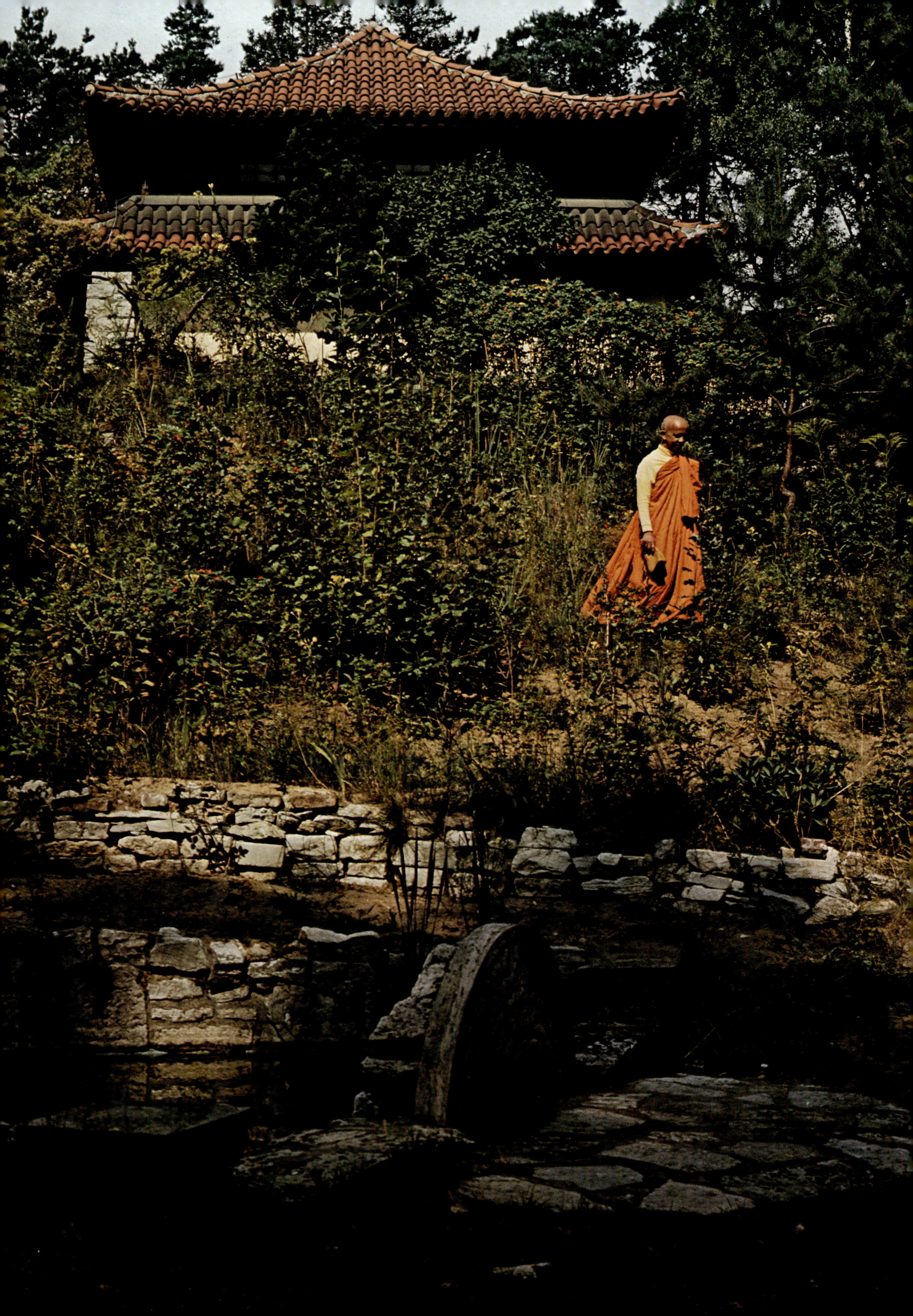

60 *Das Buddhistische Haus in Frohnau*
The Buddhist House in Frohnau
Maison bouddhiste à Frohnau

zug aus allen Gauen, der im Lauf der Zeiten, besonders aber nach 1871 hier eine gesamtdeutsche Mischung zusammengebracht hat wie nirgends sonst oder wie da und dort jetzt erst durch den Rückstrom aus den verlorenen Preußenlanden und aus den Sudeten. Und die Preußen, das wurde oben schon angedeutet, stellten alles andere als ein einheitliches Volk dar, sondern eigentlich jenes Gesamtdeutschland, von dem eine zeitlang desto häufiger die Rede war, je unmöglicher es die Nachkriegspolitiker durch ihre Blockpolitik machten. Und nun wird's wohl auf Menschengedenken damit vorbei sein. Gesamtdeutschland, allerdings mit Überwiegen der niederdeutschen und damit der evangelischen Elemente.
Berlin amalgamiert, assimiliert, vereinnahmt sich alles, und nur fürs erste wird zwischen ›jeborenen‹ und ›jelernten‹ Mitbürgern unterschieden. Doch hört dieses Kriterium im allgemeinen in der zweiten Generation schon auf. Bei den Hugenotten freilich hat es länger gedauert, was auch daran lag, daß sie Reformierte, die Berliner aber Lutheraner waren; es lag auch am Kulturgefälle und dem Stolz der Franzosen, ihrem Gefühl, hier in die Barbarei schlechthin geraten zu sein. Und bei den Türken könnte es wohl auch etwas länger dauern. Falsch aber ist die oft wiederholte Behauptung – aber was wird nicht alles wiederholt und wiedergekäut –, jeder zweite Berliner stamme aus Schlesien. Zugang von dort kann überhaupt erst nach Friedrichs Schlesischen Kriegen Bedeutung gewonnen haben, und was geistige Beiträge anbelangt, so sind und waren die sächsischen von jeher und gerade im Beginn des Berliner Aufstiegs jedenfalls weitaus gewichtiger. Kurzum aber: was Berlin zur Reichshauptstadt vor allen Städten qualifizierte, war dieses Zweierlei, das Kosmopolitische über dem Gesamtdeutschen. Man hat es in den Wind geschlagen. Berlin hat wieder einmal eine Talsohle zu durchschreiten.

Seit 1700 etwa machte sich ein Berliner Sog bemerkbar. Folgendes ist symptomatisch: Die Buchhändlerfamilie Nicolai stammte aus Sachsen. Der ›Handlungsgehilfe‹ Christoph Gottlieb Nicolai heiratete zu Wittenberg die Tochter seines dortigen Brotherrn, des Bürgermeisters, Ratsherrn und Buchhändlers Godfred Zimmermann. Brautschatz war Zimmermanns Berliner Filiale. Deren Gründung hatte eine Rendite versprochen, die die Stammhandlung schon nicht mehr abwarf. Wittenberg hatte derzeit etwa 6000 Einwohner, und die hohen Zeiten dort lagen des längeren zurück. Berlin aber hatte schon mehr als 50000, und der kluge Mann baut vor. Christoph Gottliebs vierter Sohn, Berliner bereits des Jahrgangs 1733, Friedrich Nicolai, entsagte 1757 nach der Erbteilung mit seinen Brüdern dem Buchhandel und begann selbst zu schreiben und zu verlegen. Die Berliner Aufklärung nahm ihren Anfang, die bürgerlich-deutsche unter der friderizianischen und voltaireschen. Das Gründungsjahr jener Berliner Filiale eines Wittenberger Unternehmens dürfte ins erste Jahrzehnt des Jahrhunderts gefallen sein, was anzeigt, daß Berlin schon lange vor Friedrich dem Großen die Geister anzuziehen begonnen hatte. Und nicht erst mit den Siegen Friedrichs. Denn die kollektivpsychologischen und als deren Folge die geistigen Veränderungen gehen in der Regel den politischen voraus, nicht umgekehrt. Wie es denn auch nicht zutrifft, daß Berlins Einwohnerzahl erst mit der Reichshauptstadt-Periode so angestiegen sei. Sie stieg seit der Zeit des Großen Kurfürsten, von kriegsbedingten Schwankungen abgesehen, beständig, stieg auch unter dem Soldatenkönig, der die geistigen Dinge gewiß nicht gefördert hat, wenn auch, laut Fontane, einer der Quellbrunnen des Berliner Witzes in seinem Tabakskollegium zu sehen ist. Sie stieg bereits aus eigener, eigengesetzlicher Kraft.
Vor dem 30jährigen Krieg hatte die Stadt 12000 Einwohner, so schätzt man. Da das Haus Brandenburg in traditioneller Kaisertreue versucht hat, Neutralität zu wahren, war die Mark letzten Endes den Verheerungen durch alle Kriegsparteien ausgeliefert. Berlin kam darüber dermaßen ins Elend, daß die Bürger den Landesherren baten, auswandern zu dürfen. Nach Magdeburg. Rückzug in die Südwestrichtung, aus der man gekommen. Die Erlaubnis ward nicht erteilt, und so mußte Berlin zusehen, wie es den Tiefstand überdauerte. Anders gäbe es diese Stadt vielleicht nicht mehr, und man wäre heute

61 *Kiefern und Dünensand bei Heiligensee*
   Pines and Sand-dunes near Heiligensee
   Pins et dunes près du Heiligensee

62 *Acker vor dem Märkischen Viertel*
   Field in front of the Märkischen Viertel
   Champ devant le Märkisches Viertel (quartier de la Marche)

aller möglichen Sorgen ledig. (Hatte nicht ein deutscher Funkintendant geradezu gefordert, man solle Berlin doch einfach den Sowjets überlassen? Minder radikal nimmt sich dagegen der Vorschlag aus, West-Berlin in die Lüneburger Heide zu verpflanzen, nahezu menschenfreundlich, doch nicht minder aberwitzig!)
Mit 6000 Berlinern begann die Zeit des Großen Kurfürsten. Unter dem ersten Preußenkönig waren es dann an die 30000 und mehr. Damals schüttelte ein Zeremonienmeister das Wort *Berolinum* so lange, bis er *Lumen orbi* erhalten hatte: »Der Welt ein Licht!« Barocke Spielerei? Ja, aber bloß leeres Spiel darf derlei nicht sein und muß seinen Sinn aus dem geistigen Aufwind, aus dem schöngeistigen Schönwetterhoch bezogen haben, das sich in Berlin zu bilden anhub; die Hugenotten stellten hier schon seit beinahe 20 Jahren um 30% der Einwohnerschaft. Als in den 40er Jahren des 19. Jahrhunderts das Schlagwort ›Berlin wird Weltstadt‹ aufkam, zählte man schon 400000 Einwohner. Um die Jahrhundertmitte wird Wien überflügelt. 1865 waren es 645000, 1871 826000. Dann geht es rasch in die Millionen.

Metropolität, wiewohl ein imponderables Phänomen, wird dennoch eben auch an Zahlen ablesbar. Die verschiedensten Kapazitäten, Frequenzen und das Sozialprodukt veranschaulichen die Lebensintensität. Das West-Berliner Sozialprodukt liegt heute noch etwas höher als das der Bundesrepublik. Oder: Berlin zählt zum Beispiel an die 150 U-Bahnhöfe und ungefähr ebensoviele S-Bahnhöfe. Zwar kann da keine deutsche Stadt mithalten, doch steht es hinter den modernsten Weltstädten draußen in vieler mensurabler Hinsicht weit zurück. Aber eines hat Berlin vorzuweisen, was es weder in Deutschland noch sonst in der Welt gibt: Entsprechend ihrer Zusammenfügung aus der oben genannten Zahl von Stadt- und Dorfgemeinden hat die Stadt heute noch 55 ehemalige Dorfkirchen, von denen 34 aus dem Mittelalter, 15 sogar noch aus der ersten Besiedlungsepoche stammen, aus dem 13. Jahrhundert. Die huzeligen trutzigen Feldsteinkirchen – Romanik oder Übergangsstil – sind nicht nur zugleich märkisch, sondern repräsentieren auch die schlichte unpathetische Art, wie man sich hier zu Christi Lehre bekannte.
Fontane, dem in Sachen des Berliner Witzes nicht einfach widersprochen werden kann, streitet zwar den direkten Einfluß hugenottischer Mentalität auf die berlinische ab. Aber da er selbst dem Blut nach zu überwiegenden Teilen Hugenott gewesen ist, so widerlegt der vorzüglichste Repräsentant berlinisch-märkischen Geistes mit ausgeprägtem Sinn für Diktion und Witz der Berliner seine eigene Behauptung. Berühmt für ihren typischen Witz und heute noch da und dort zitiert, wenn von *der* Berlinerin die Rede ist, war eine reinblütige Hugenottin des Jahrgangs 1748: Marie Anne Dutitre, Tochter des Benjamin George und der Sara Robert. Zum eben verwitweten König Friedrich Wilhelm III., den sie auf der Straße trifft, sagt sie doch tatsächlich dies: »*Majestäteken, et is schlimm for Ihnen! Wer nimmt schon'n Witwer mit sieben Kinnerkens?*«

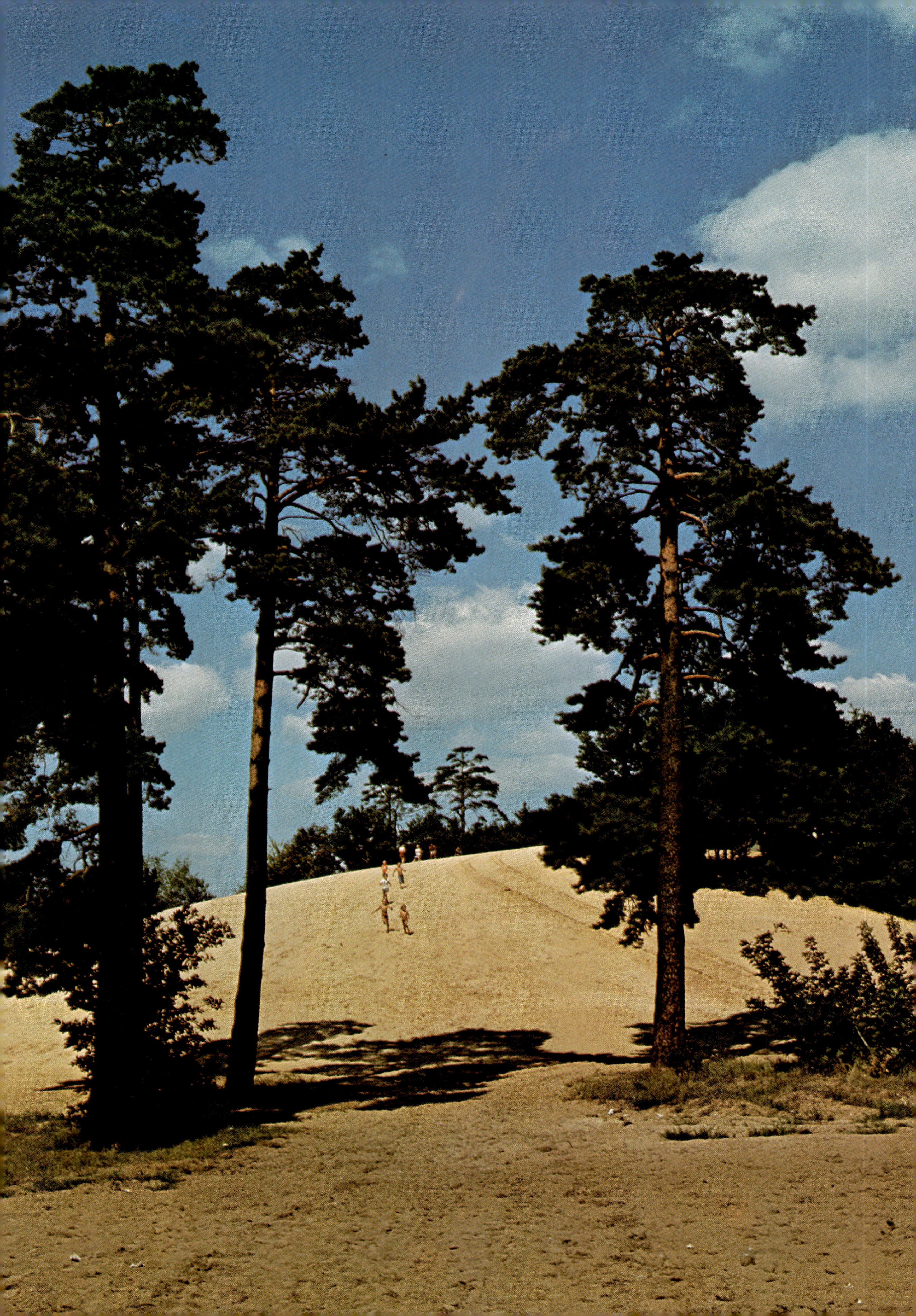

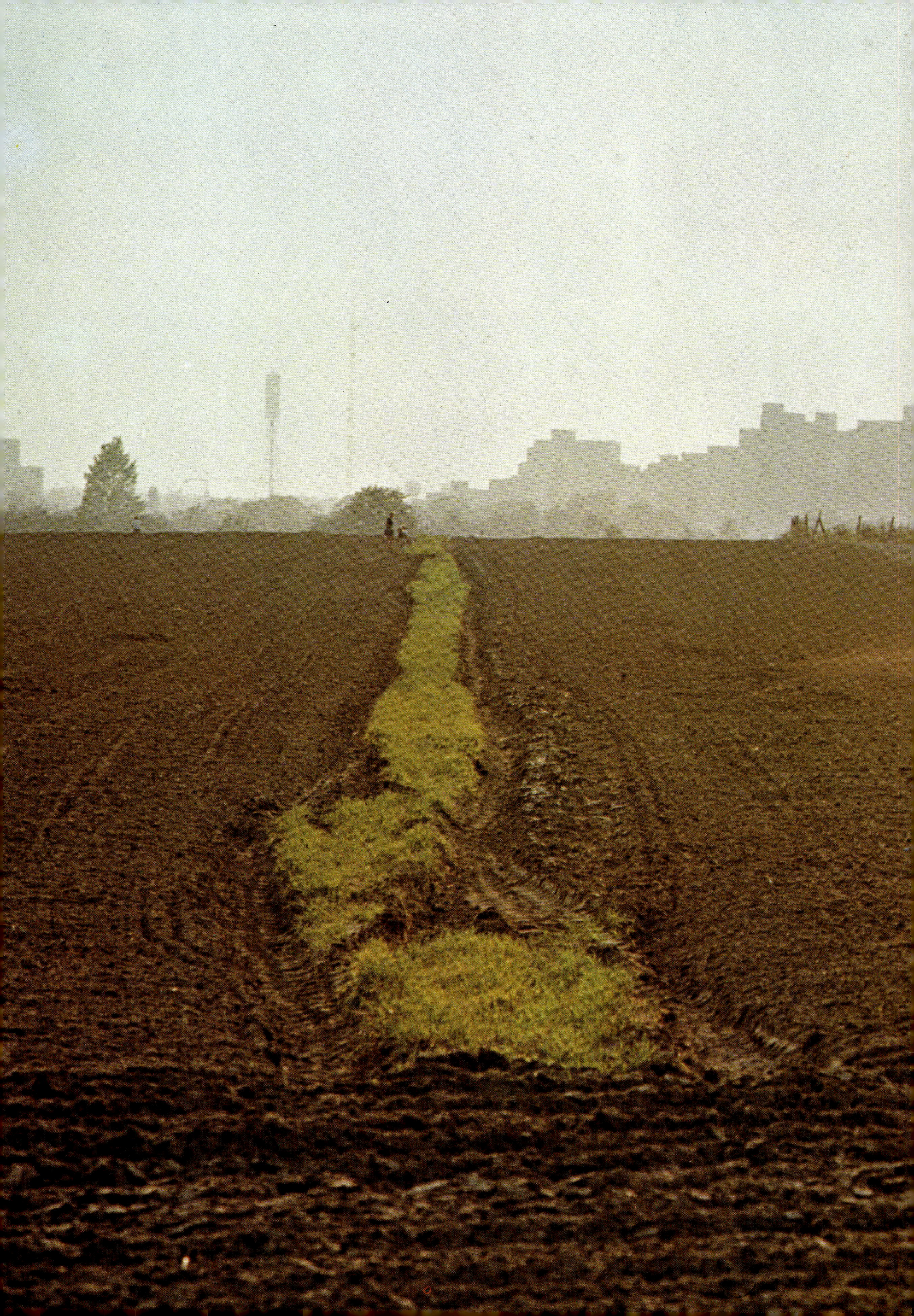

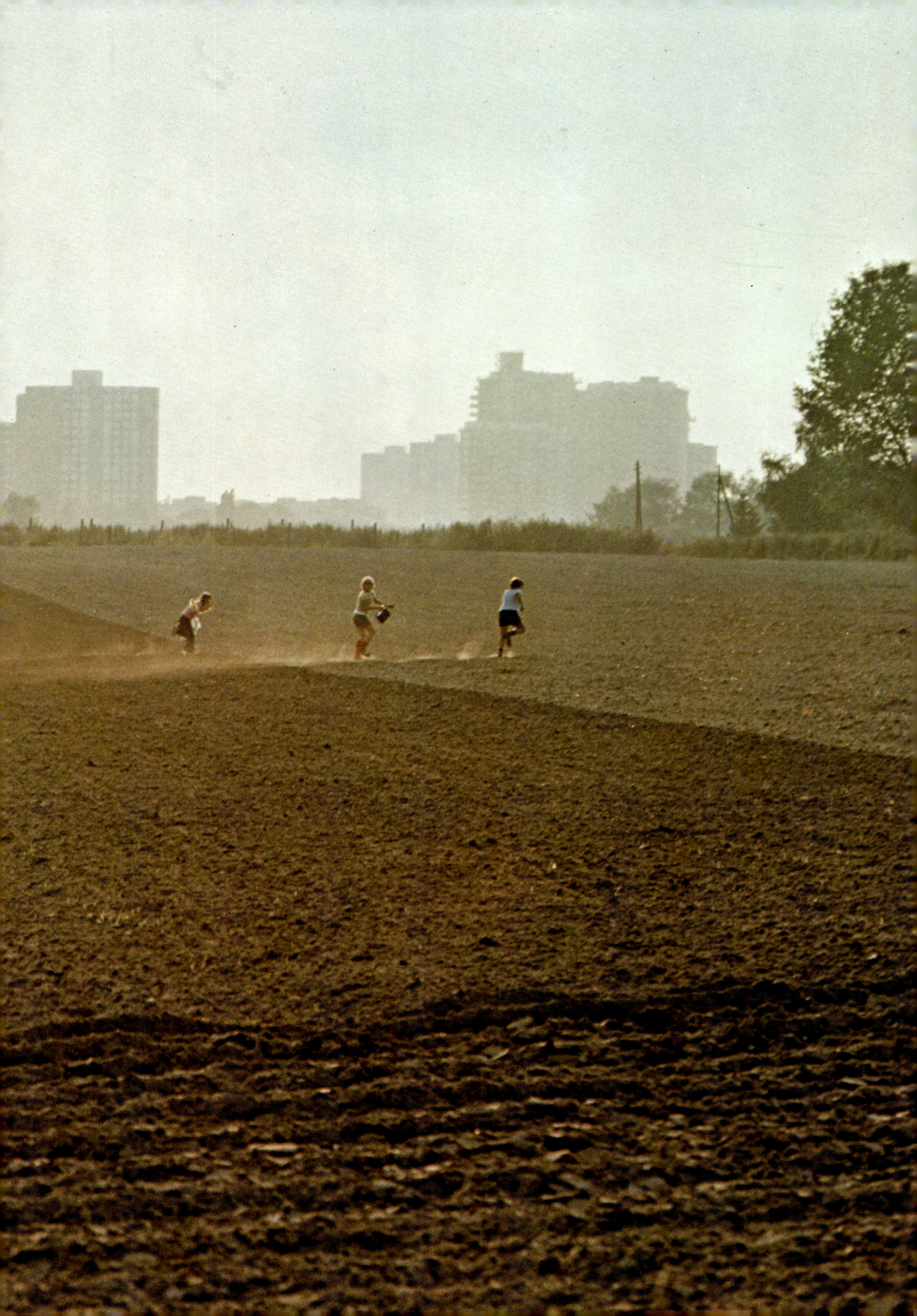

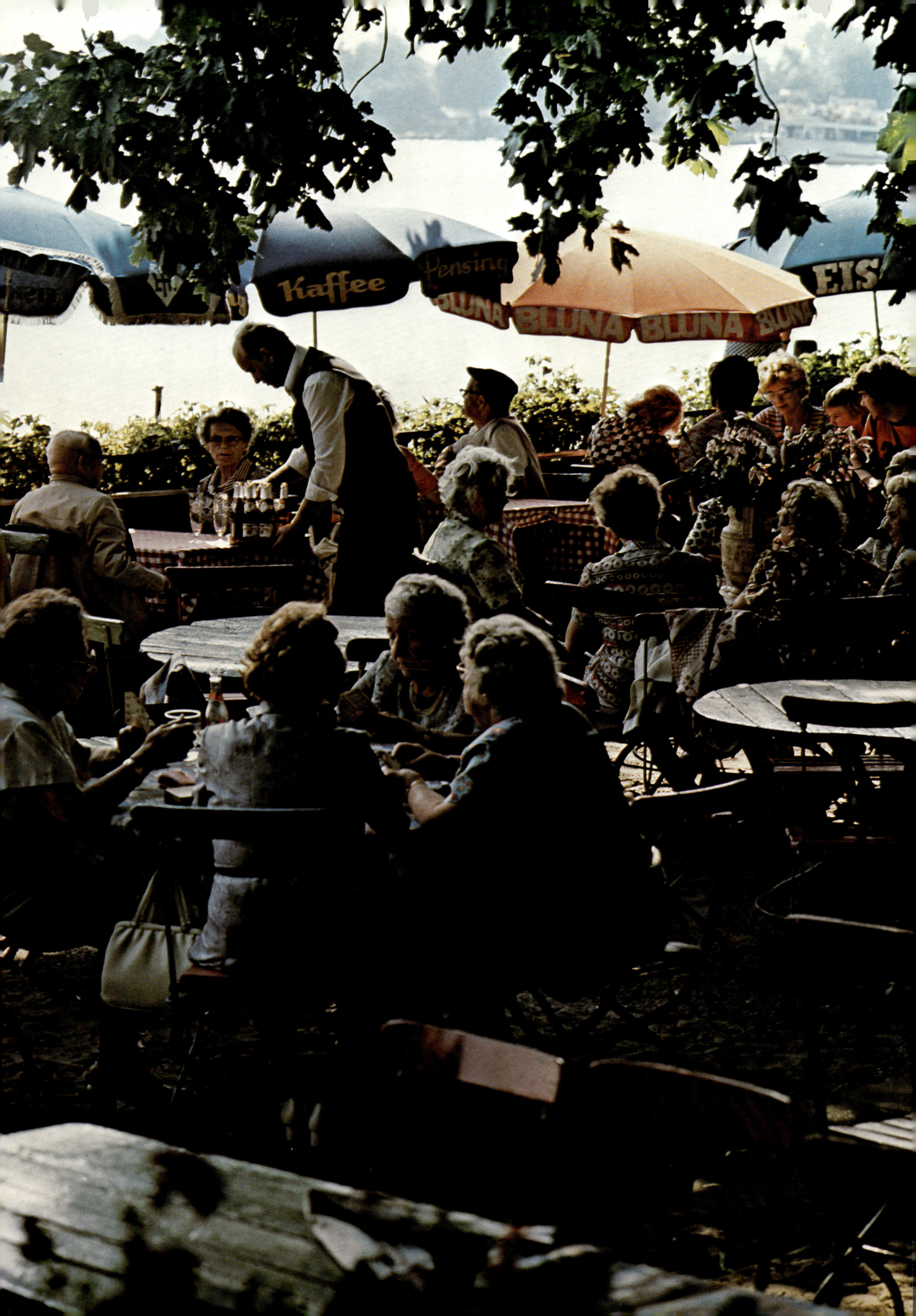
Kaffee
Pensing
BLUNA
BLUNA
BLUNA
EIS

63 *Ufergaststätte in Tegelort*
Lakeside Restaurant in Tegelort
Auberge riveraine à Tegelort

Berlin strukturell soziologisch

>»Naer Oostland willn wy ryden,
>Naer Oostland willn wy mêe,
>Al ower die Heiden,
>Frisch ower die Heiden,
>Daer is en betere Stêe ...«
>
>(Brabantisches Auswandererlied um 1200)
>
>»Da sehe ich ja aus wie ein Hunne. Aber da fällt mir ein, ein paar Vorfahren von mir kamen tatsächlich aus dem Harz.«
>
>(Adenauer vor einem seiner Porträts scherzend, laut Dieter Wildt)

Der Expansionsdrang der Deutschen – an bewaffneter Gewaltanwendung freilich nicht entfernt mit der Völkerwanderung zu vergleichen – hatte den askanischen Unternehmungen die jener Bewegung entgegensetzte, sagen wir, rückflutende Richtung diktiert, vom Nordschwabengau am Harz zunächst nach Brandenburg an der Havel, und hatte die nordschwäbischen Wettiner von der Mark Meißen her spreeab operieren lassen. Beider Ziel – so die neuere Historie – war der Raum Stettin, mit unsern Worten: die untere Oder, der Schwabenfluß von einst, und das Schwäbische Meer, die Ostsee. Ob sie sich dessen bewußt waren oder nicht, spielt für den hier einmal eingeschlagenen Gedankengang keine Rolle. Diesbezügliche Pläne jedoch, denen das christliche Pommernland hätte zum Opfer fallen und die in Verwicklungen mit nordischen Interessenten hätten führen müssen, erwiesen sich als zu weit ausgeholt. (Im übrigen ist es mit Pommern später wiederholt zu Auseinandersetzungen gekommen, und die Kriege mit den Schweden hörten erst auf, als diese ihren Ansprüchen auf die deutsche Ostseeküste endgültig entsagten, und das geschah erst 1814!)
Askaniens und Wettins Operationen mußten bei Köpenick kollidieren. Zudem rührten beide Konkurrenten dabei auch an polnisches Interessengebiet. Der endlichen Eroberung der Brandenburg war ja noch ein letzter schwerer Waffengang mit Jaxa oder Jaczo von Köpenick vorausgegangen, der polnischer Vasall war und wohl zu den Conquistadoren jenes Wendenkreuzzuges gehört hat.
Siegreich gingen die Askanier aus alledem hervor und erweiterten die Mark schließlich über die Oder hinaus, wobei auch Tempelritter und Mönchsorden ihre kolonisatorischen und missionierenden Rollen spielten. Die Stadt Brandenburg, das westliche Zugangstor in diese Lande, war es, die allem Landerwerb den Namen gab – bis die DDR die achthundertjährige Mark Brandenburg auflöste – und die als Residenz der Askanier anderen, immer weiter östlich gelegenen Stadtsiedlungen, vorhandenen oder gegründeten, das deutsche Stadtrecht in Magdeburger Fassung mitteilte. Umso bemerkenswerter aber, wenn schon hundert Jahre später die so geringe Doppelstadt an der Spree die Führung, wir sagten es bereits, im Märkischen Städtebund übernehmen konnte und diesen alsbald auch in der Hanse vertrat.
Im Grunde freilich lag solche Gewichtsverlagerung an der damaligen Zerstrittenheit der Altstadt und der Neustadt Brandenburg, die in innerakanischen Erbstreitigkeiten konträre Parteien hatten ergreifen müssen. Aber der Schwerpunkt der Mark hatte sich *wie von selbst* ostwärts verlagert. Doch nicht so, daß dabei die Führung nun an das ältere burgbewehrte Spandau gekommen wäre oder an Köpenick (das allerdings dem Wettiner Konzept nach zur Lausitz hätte geschlagen werden sollen). Es ist nur ersichtlich wann, aber nicht ersichtlich wodurch und wie es Berlin-Cölln zu solchem Vorrang hat bringen können, den es dann auf die Dauer behaupten sollte. Aber gerade dieses ›wie von selbst‹ ist es, das wir meinen!
Ein Burgward-System war immer weiter nach Osten hinausgeschoben worden. Interessenten an dem bisherigen Niemandsland, das nun ein Reichsland werden sollte, gab es genug. Die Burg Oderberg zum Beispiel wurde zwecks Abwehr gegen Dänen und Pommern errichtet. Pruzzen, Reußen, Polen und Litauer fielen nicht nur einmal ins Land. In der Jahrhundertmitte erfolgte die Gründung Frankfurts an der Oder (bei einem älteren

64 *Auf dem Tegeler See*
On Lake Tegel
Sur le Tegeler See

65 *Das Humboldt-Schlößchen in Tegel*
The Humboldt-Schlößchen in Tegel
Le châtelet des Humboldt à Tegel

Marktflecken), womit eine Filia Berlins in die Welt gesetzt worden war. Ihrer warteten schwere Schicksale, aber an Vitalität, Reichtum als Messestadt und geistiger Regsamkeit war sie der Mutterstadt an der Spree lange Zeit weit voraus, vor allem seit sie 1506 Universitätsstadt wurde. Die Frankfurter Marienkirche war größer als die Berliner und zugleich die größte Kirche in der Mark. So kräftig also trug es die Bewegung über den nachmaligen Schwerpunkt zunächst noch hinaus. Doch als man diese Universität 1811 nach Breslau verlegte und dafür in Berlin die Friedrich-Wilhelms-Universität – die heutige Humboldt-Universität – ins Leben rief, war die Rückläufigkeit der deutschen Woge vollends eingeleitet oder unbemerkt schon im Gange. Breslau ist verloren und Frankfurt Grenzstadt.

Waldemar, der letzte Askanier, starb 1319, und die obskure dramatisch-politische Geschichte vom Falschen Waldemar bezeichnet nur den Wirrwarr, den das Erlöschen dieses mächtigen Geschlechts hinterließ. Abermals schien nämlich die Mark auf dem Wege, ein herrenloses Niemandsland zu werden. Ritter und Städte profitierten von solchem Übelstand, und als neuer und stärkster Interessent trat Kaiser Karl IV. auf den Plan, Halb-Přzemyslide und Sohn des Königs Johann von Böhmen, und trachtete, im Besitz schon von Böhmen, Schlesien, Oberpfalz und Oberlausitz, nun auch die Mark seiner Hausmacht anzugliedern. Dem reichen Frankfurt zum Verdruß gründete er Fürstenberg an der Oder als Handelsempore – beim heutigen Eisenhüttenstadt – und gegen die Schwerelinie Brandenburg-Spandau-Berlin befestigte er eine neue Residenz in Tangermünde an der Elbe. Eine tschechische Zange, die er ansetzte. Zur Einkreisung gehörte wohl auch die Wahl seiner vierten Ehefrau, einer pommerschen Prinzessin, die ihr Söhnchen, den nachmaligen Kaiser Sigismund, hier im Oppidum Teltow geboren hat. Im übrigen aber konnten weder Kaiser noch König zugleich auch Kurfürst sein, und da die Kurwürde einmal an Brandenburg hing, ward Karls großböhmischer Entwurf so zunichte wie 300 Jahre zuvor des Boleslaw Chrobry großpolnischer und bestand nur in Vorbehalten noch fort. In Rechtstiteln, die eine unterschwellige Geltung sogar auch in der Tschechoslowakei noch behielten und ihren Ausdruck unter anderem in wiederholten Forderungen nach einem selbständigen Sorbenstaat in den Lausitzen gefunden haben, mit Anschluß an die ČSR womöglich. Diesbezügliche Hoffnungen haben auch in der sorbischen Poesie manchen Ausdruck gefunden.

Nach seinen unaufklärbaren Anfängen ist Berlin, nordöstlich und rechts der Spree gelegen, größer und maßgeblicher als das südwestlich und links der Spree entstandene Cölln gewesen. Beide Städte hatten die verworrenen Zeitläufte genutzt, um sich zu vereinigen, und galten nachgerade als Hauptort der Mark. Wer weiß weswegen, es war so. Als 1415 der erste Hohenzoller Markgrafschaft und Kurwürde übernahm, ließ er sich wie mit Selbstverständlichkeit von den märkischen Städten in Berlin huldigen und nicht in Brandenburg, hat sich dann aber hier nur wenig aufgehalten. Er kümmerte sich, außer um Reichsangelegenheiten, um seine fränkischen Erblande, verließ, durch einen Regenten vertreten, die Mark endgültig schon 1426 und starb auf der Kadolzburg vierzehn Jahre später.

Des zweiten zollernschen Markgrafen, Friedrichs II., erste Regierungshandlung erfolgte von Berlin aus. Geboren zu Tangermünde, war er Märker. Dennoch war sein Verhältnis zu Berlin von vornherein gespannt. Schließlich löste er, die Obstruktion der Berliner zu brechen, den gemeinsamen Rat der Doppelstadt auf, ließ das gemeinsame Rathaus abbrechen, strich alle Privilegien, befahl den Austritt aus der Hanse und ließ auf Cöllnischem Boden, den er kurzerhand enteignete, ein Zwingschloß errichten, den Kern des nun verschwundenen Kaiserschlosses. Denn allen Städten voraus schien es auf Berlin anzukommen. Über den Bauarbeiten kam es (1448) zu Unruhen, zum ›Berliner Unwillen‹ wie erwähnt, den er zu stillen wußte. Aus war es mit der Hoffnung, freie Reichsstadt zu werden. Die Gunst der Berliner gewann er so nicht, und die alte Ausbreitungsrichtung der Stadt drehte sich um 180 Grad. Das Schloß wurde 1451 fertig, ein Wasserschloß extra muros. Die

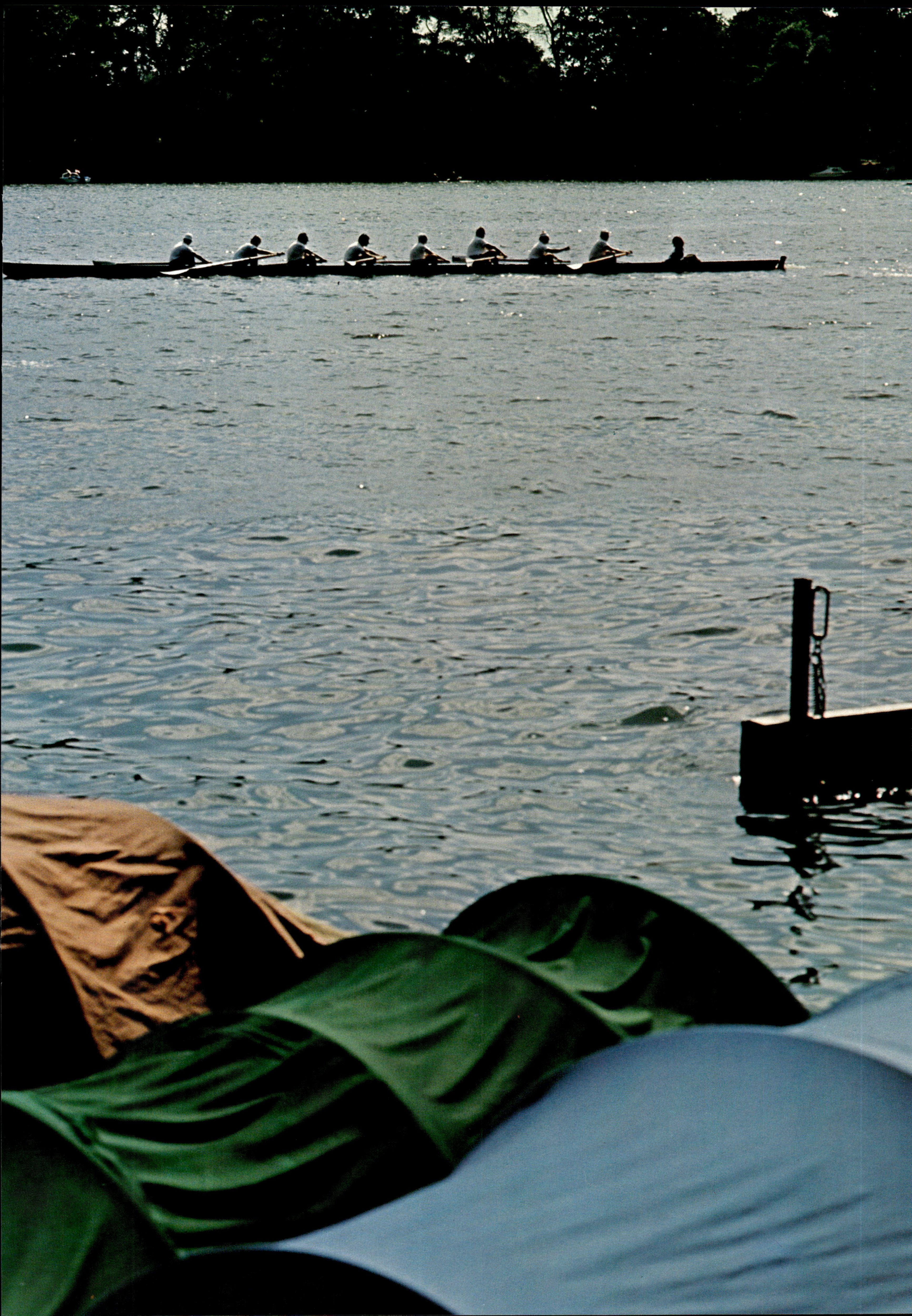

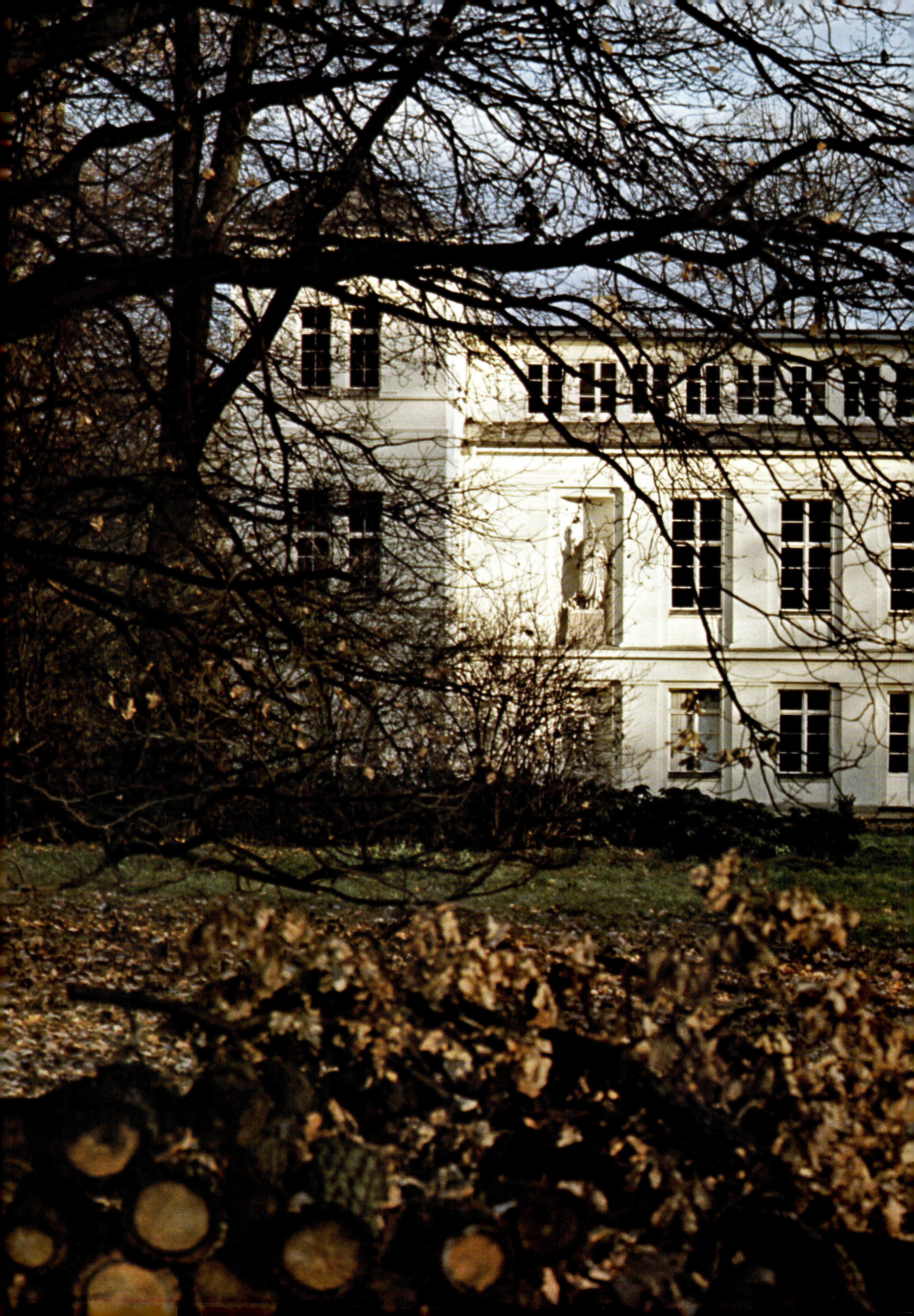

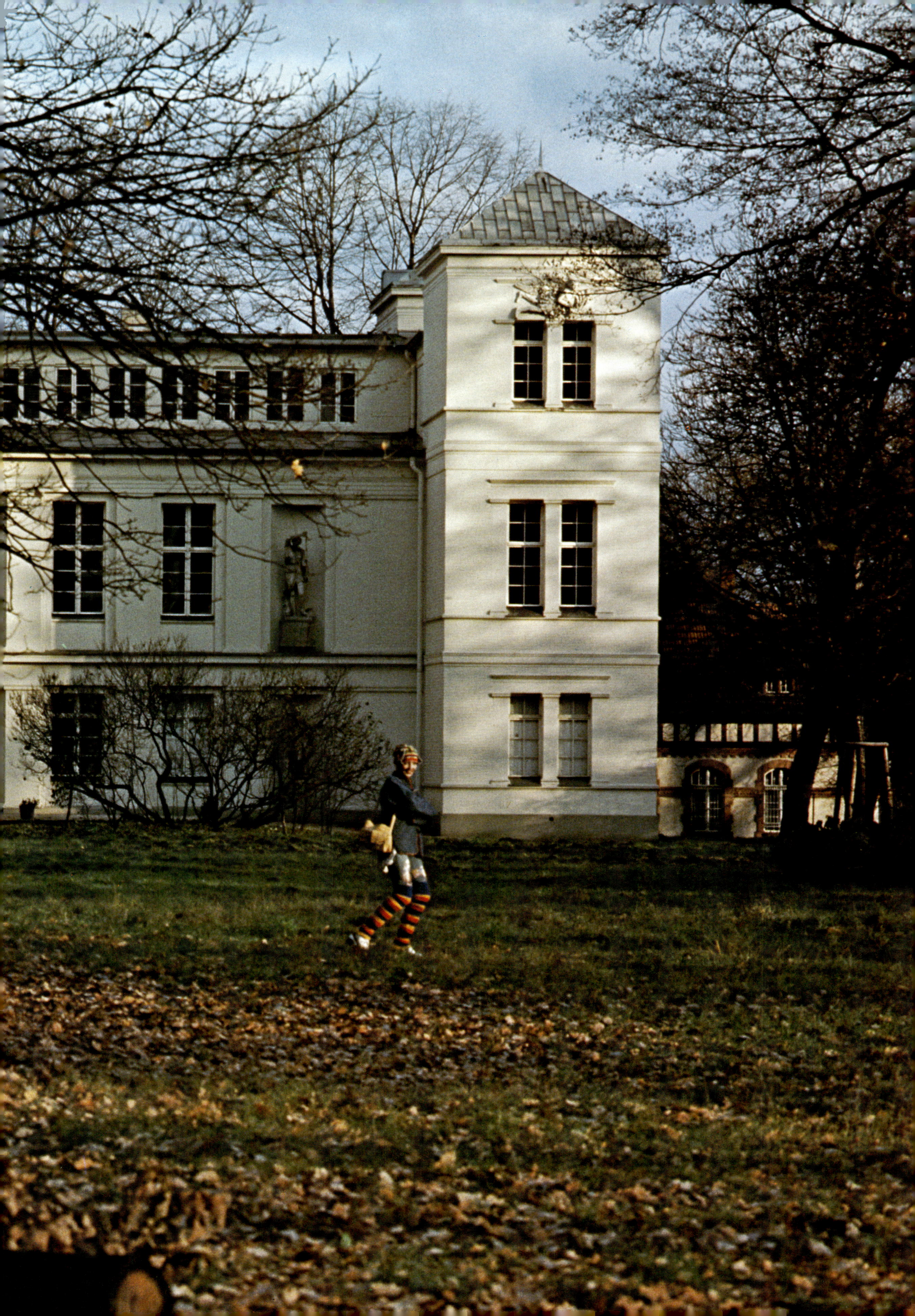

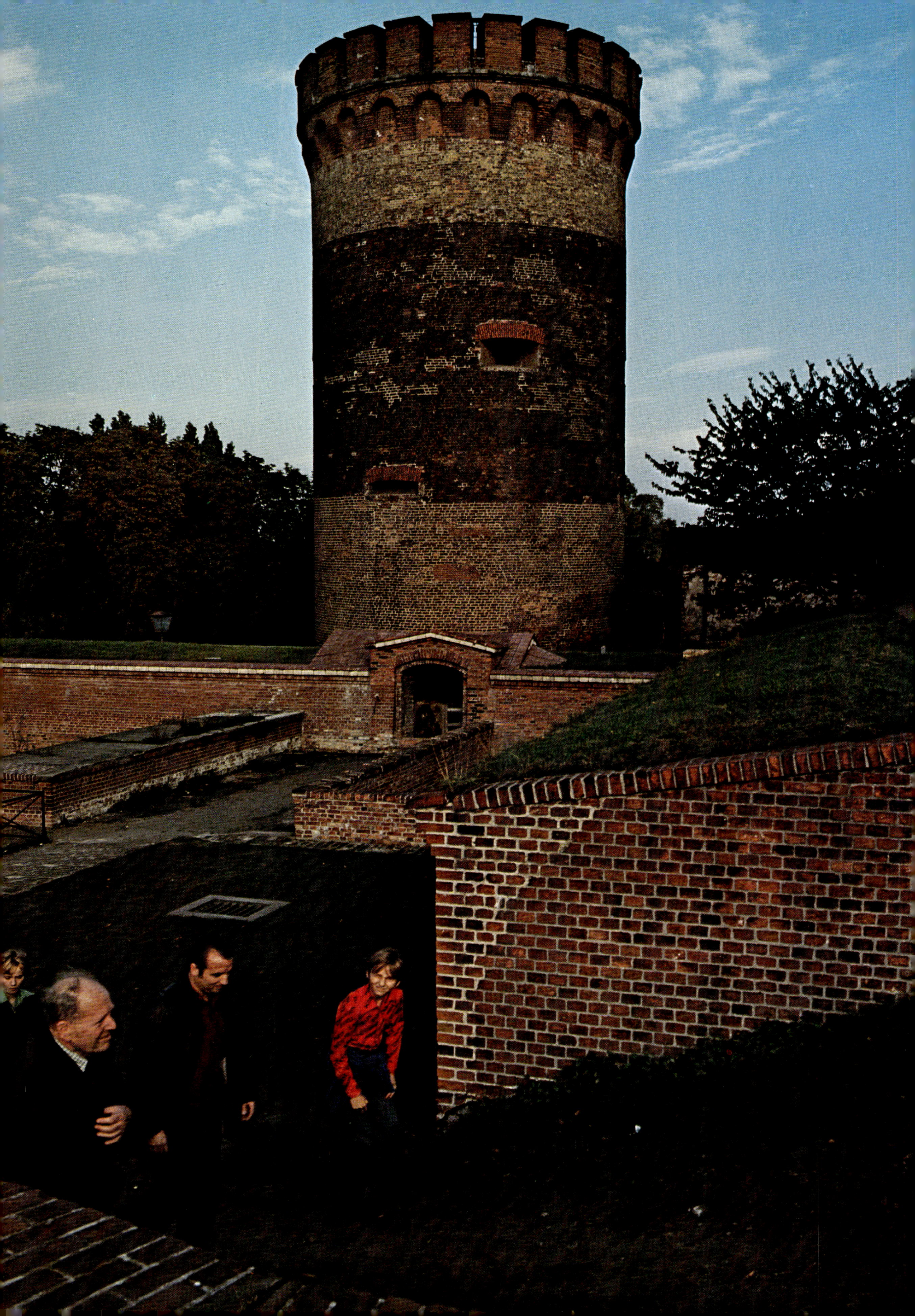

66 *Der Juliusturm*
The Julius Tower
La tour de Julius

bisherige Hofhaltung der Markgrafen in Berlin drinnen, das Hohe Haus in der Klosterstraße, wurde einem Höfling überlassen.

Da das Zwingschloß nun aber südwestlich Berlins lag, konnten weitere Hofgebäude und -anlagen nur nach Westen hinaus Platz finden oder wären für die Fürstlichkeit nur nach Durchquerung der unwilligen Stadt Berlin zu erreichen gewesen. Und so kam es, daß das höfische Areal vom Schloß aus sich nur nach Westen dehnte. Lustgarten, Jägerhof, Bärenzwinger, Ballhaus, Stechbahn und sonst Vergnügliches, sodann Reithaus, Gießhaus, Zeughaus, Opernhaus, Museen, das Palais des Prinzen Heinrich, von 1811 bis heute Universität, das Kronprinzenpalais, ab 1919 die Moderne Gemäldegalerie, die Hitler dann im Ausland verscherbeln ließ, die erste und die zweite Staatsbibliothek, das Staatliche Schauspielhaus und anderes mehr, alles wurde nach und nach auf Cöllnischem, Friedrichswerderschem oder auf fiskalischem Tiergartenland im Westen der Doppelstadt errichtet oder besser der zwei getrennten Städte, denen sich mit der Friedrichswerderschen (1660) und der Dorotheenstädtischen Gemeinde zwei weitere Stadtgemeinden zugesellten. Die Dorotheenstadt erstreckte sich seit 1674 rechts einer alten Straße durch den Tiergarten nach Spandau. Keine fünfzehn Jahre später entstand im Südwesten die Friedrichstadt als fünfte Residenz mit ihrer zwei Kilometer langen Nordsüdachse, der Friedrichstraße. Erst der Soldatenkönig machte der Umständlichkeit mit den fünf »*Residentzien an der Spree*« ein Ende und machte ein einziges Berlin daraus.

Über alledem war auch das eigentliche rechtsspreeische Berlin in die alte Ostrichtung hinaus fortgewachsen, nicht jedoch, wie leicht einzusehen, mit gleichstarkem Impuls und Aufwand, aber, wenn man es so ausdrücken darf, vom Hohenzollernschen fort, vom Höfisch-Vergnüglichen. Hätten wir da den feinen Riß, der eines Tages die Spaltung der Stadt ermöglichte? Oder ist das zu spitzfindig?

Das unterschiedliche Wachstum – höfisch westwärts, demokratisch-bürgerlich gen Osten – erweckt den Anschein, als sei es allein aus jenen lokalpolitischen und den topographischen Verhältnissen zu erklären. Das ist zu simpel. Wie nämlich jeder Ankömmling in der Fremde mit einer Art Zugvogelinstinkt nicht nur seiner Heimat als solcher, sondern ausgesprochen auch der geographischen Richtung zu ihr hin und von ihr her verhaftet bleibt, können als ein Exempel für viele die hugenottischen Einwanderer lehren. Diese Franzosen, die sich ihrem Sonnenkönig und seinen Zwangsbekehrungen und Dragonaden nicht hatten beugen wollen und kein Übermaß an höfischer Subordination importiert haben werden, verteilten sich größtenteils auf die westlichen, will sagen die Frankreich zugewandten Stadtteile: auf Cölln kamen ihrer 1536, auf den Friedrichswerder 590, auf die Dorotheenstadt 1574 meist Adelige und auf die Friedrichstadt 200; demgegenüber auf Berlin drüben nur 570.

So hatten es offenbar auch die Hohenzollern nebst ihrem fränkischen Gefolge gehalten. Auf Ansbach, Bayreuth und Kulmbach, von wo sie hergekommen, blieben ihre Gefühle noch lange gerichtet. Wohl haben sie dessen ungeachtet hier Wurzeln geschlagen, haben ab dem 19. Jahrhundert gar auch ›berlinert‹ und sind nie ohne Berlin ausgekommen; wie denn auch Berlin seinerseits ohne sie nicht zu denken ist. Vielmehr mag es seine höhere Berufung auch der antagonistischen Beziehung zu dieser begabungsreichen Herrscherfamilie verdanken. Die ältere zollernsche Gefühlsrichtung aber wies von Berlin fort. Folglich gediehen ihre späteren Residenzen, Potsdam und das ländliche Charlottenburg, dieses eine Meile im Westen, jenes vier Meilen im Südwesten entfernt, nach und nach zu großen eigenständigen Städten heran. Potsdam ist das heute noch. Als Hauptstadt des gleichnamigen Bezirks regiert es den westlichen Abschnitt der aufgeteilten Mark, das Hevellerland unter anderem, grenzt aber, nur durch die Havel getrennt, eine Strecke lang an West-Berlin, das mittlerweile die vier Meilen dort hinaus in voller Breite nachgewachsen ist. Charlottenburg gehört seit 1920 zu Berlin und bildet heute den West-Berliner Bezirk 7 mit 250000 Bürgern. Vor dem Krieg waren es mehr.

Potsdam, das wie verwunschen immer noch voller

67 *Spandau: Am Kolk*
    Spandau: Am Kolk
    Spandau, le Kolk

68 *Kleines Hotel in der Spandauer Ritterstraße*
    Small Hotel in the Ritterstraße in Spandau
    Petit hôtel dans la Ritterstraße à Spandau

Schlösser und Schlößchen und sonstiger anmutiger Relikte der Königszeit steckt, dürfte nach durchgreifender Umschichtung seiner Bevölkerung anno 1945 jetzt etwa 150000 Einwohner zählen. Von diesem Konglomerat schöner Schlösser aus sind die Hohenzollern die längste Zeit ihres so langen Wirkens den Regierungsgeschäften nachgegangen. Friedrich der Große pflegte sich sogar nur einmal im Jahr zur Karnevalszeit für drei Wochen in Berlin aufzuhalten, sonst nicht. Potsdam, mit vordeutscher und deutscher Burg im Kern, wurde auf diese Weise, was Spandau nur in beschränktem Maße gewesen ist, zur Gegenspielerin Berlins, während Charlottenburg als gesonderter Residenz, außer zur Zeit der Königin Sophie Charlotte, der ›philosophischen Königin‹, keine so ausgeprägte Rolle zugefallen ist.

Potsdam war es denn, dessen Wesentlichstes mit dem Ende der Monarchie (1918) zugrunde ging, nicht Berlin. Dieses vielmehr ließ wie von einem antidemokratischen Druck befreit gerade in den republikanischen Jahren nach 1918, makabrerweise vor seinem tiefsten Sturz, seine bisher höchsten, der deutschen Provinz schon reichlich unverständlichen Möglichkeiten wie ein buntes, hinreißendes Feuerwerk aufglühen.

Übrigens hatte zum gespannten Verhältnis zwischen Berlin und Herrscherhaus ab 1614 auch die Tatsache beigetragen, daß das Haus Hohenzollern zum reformierten Bekenntnis übergetreten war, während die Berliner sich wie seit 1539 weiter zu Luther bekannten. Da dem entsprechend die Hofprediger Reformierte waren und die übrige Geistlichkeit unversöhnlich doktrinär dem Luthertum anhing, gab es abscheulichen Ärger zwischen den Theologen und Tumulte in den Straßen. –

Infolge jener Westausrichtung vernachlässigten die Hohenzollern früher oder später ihre und ältere Jagd- und Lustschlösser des ›kolonisatorischen‹ Zuges in der Umgebung Berlins: Grimnitz, Oranienburg, Blankenfelde, Rosenthal, Friedrichsfelde, Schönhausen, Köpenick und Königs Wusterhausen, die meist zweckentfremdet, teils auch privatisiert wurden wie in Tegel das Humboldtschlößchen, das ehedem ein kurfürstliches Jagdschloß gewesen ist, oder wie das Jagdhaus in Rudow im West-Berliner Südosten, dessen Baukern kaum mehr kenntlich in Bürgerhäusern steckt. Von Grimnitz, wo man des Minnesangs gepflegt hatte, steht kein Stein mehr, von Rosenthal ebensowenig. Dagegen steht westwärts spreeab im Tiergarten das Schloß Bellevue, Residenz des Bundespräsidenten, und stehen Potsdam gegenüber die Schloßbauten von Klein-Glienicke und, wie diese auf West-Berliner Hoheitsgebiet, die verschiedenen einst königlichen Gebäude auf der Pfaueninsel. Im übrigen Westen Berlins ist nur ein Witwensitz nicht mehr erhalten, das Gelbe Schloß in der Spandauer Zitadelle. Aber Caputh ist noch vorhanden, draußen jenseits Potsdam, als Landwirtschaftsschule nunmehr.

Selbstverständlich hat auch Persönliches diese Entfaltung nach Westen hinaus befördert. Die beachtlichen Schlösser in Köpenick, das dritte oder vierte an dortiger Stelle, und in Königs Wusterhausen stehen ja noch, dieses im Kern eine sehr alte Grenzburg. Aber da es der Ort war, wo der heranwachsende Prinz Friedrich allsommerlich unter der patriarchalischen Strenge seines Vaters hatte leiden müssen, und im Schloß Köpenick das Kriegsgericht über den Fluchtversuch des Kronprinzen Friedrich zu befinden gehabt, wird des späteren Königs Abneigung verständlich.

Persönliches schon bei Friedrichs Großvater, als dieser noch ein Kronprinz war. Als solcher hatte er im Schloß Köpenick während seiner ersten Ehe seine Residenz; die Kronprinzessin starb 1683, und seine zweite Frau, mit welcher künstlerisches, vor allem musikalisches Talent ins Hohenzollernblut kam, eben jene Sophie Charlotte, mochte das Wasserschloß nicht, sondern verlegte ihren Wirkungsschwerpunkt – sie stammte aus Braunschweig-Hannover – nach Westen, nach Charlottenburg.

Persönliches auch vorher schon. Kurfürst Joachim II., an dem man rügte, daß er zuviel »*im Holtze*« läge, baute sich im Osten ein Jagdschloß ›Zur Grünen Heide‹, davon sich nur noch der Name im dortigen Ortsteil Grünheide erhalten hat, und erbaute sich in der Teltow'schen Heide als Jagd- und Liebesnest das Schloß ›Zum Grünen Walde‹, das nicht nur dem Waldrevier, in dem, und dem See, an dem es liegt, sondern auch einer bislang wenig-

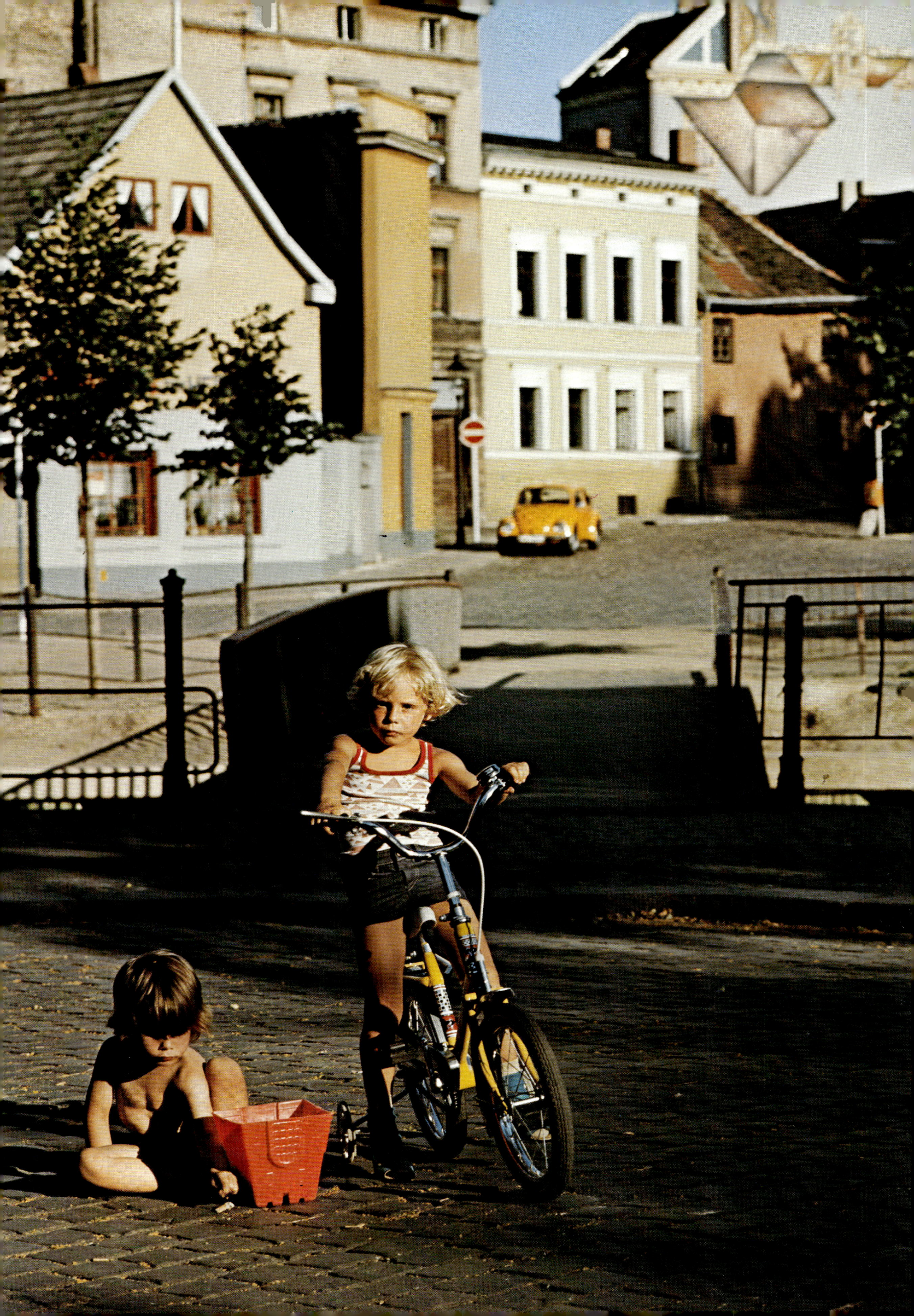

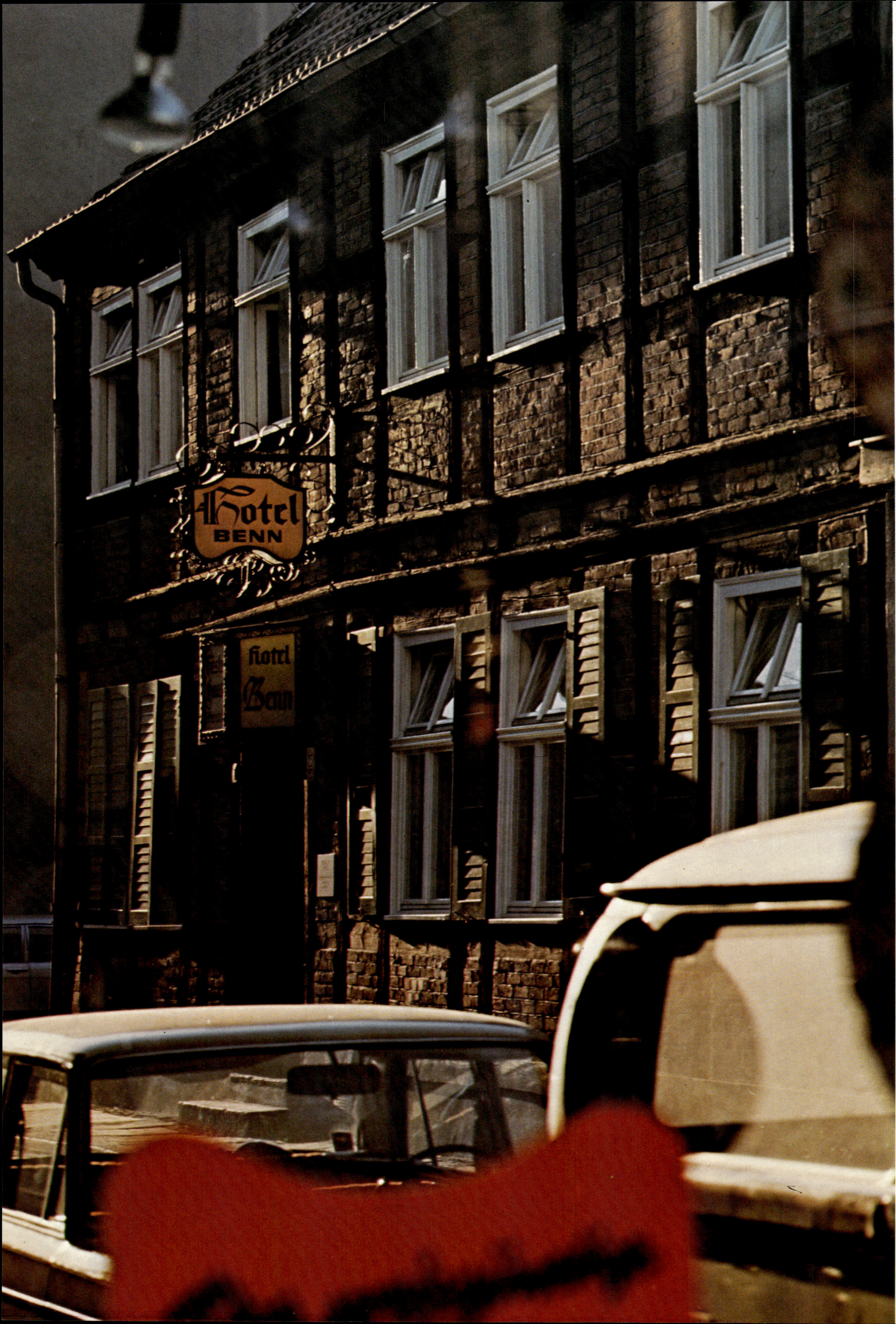
Hotel
BENN
Hotel
Benn

Ritterstraße

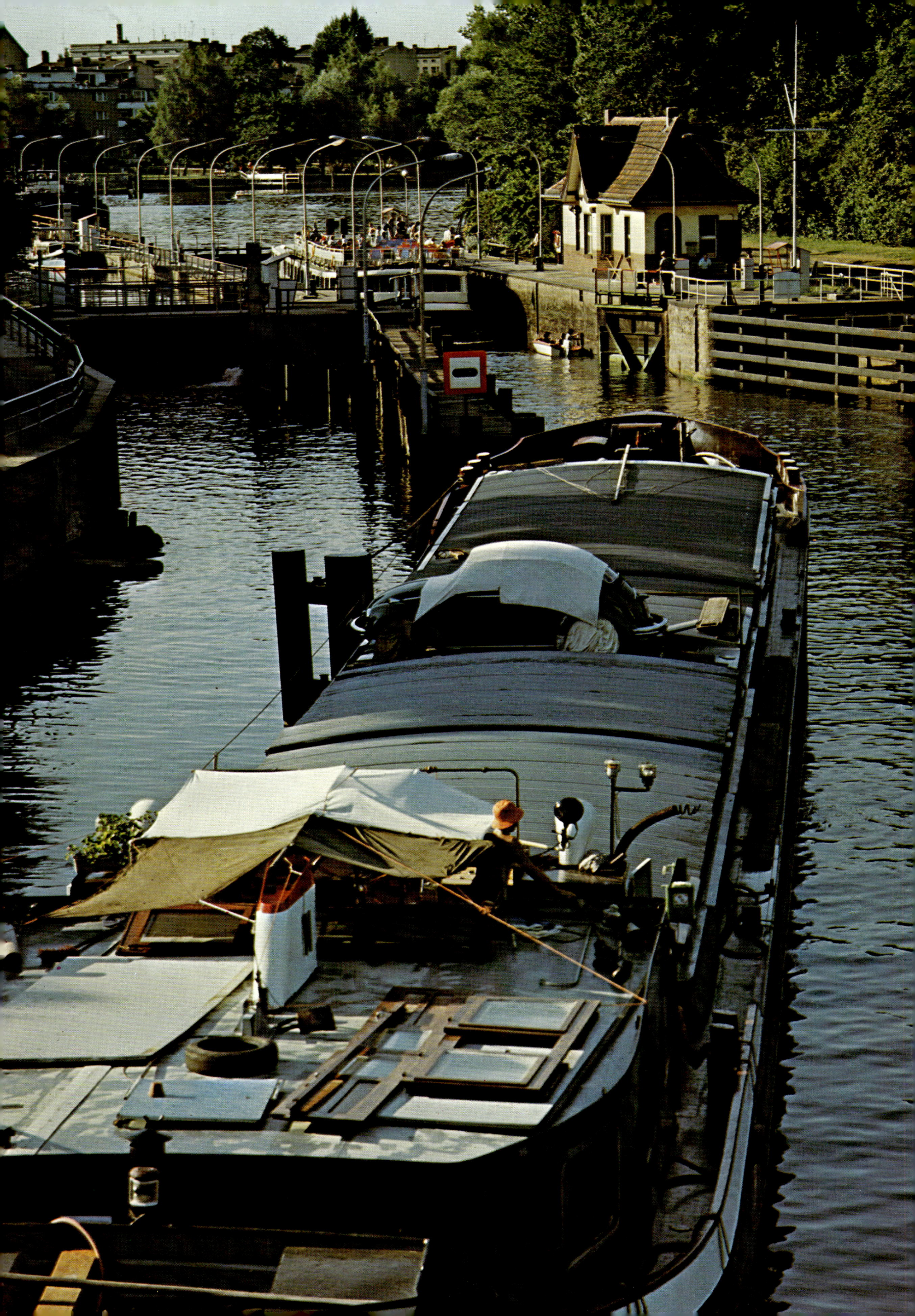

69 *Standbild Joachims II. vor der Spandauer Nikolaikirche*

   The Statue of Joachim II in front of the Nicolai Church in Spandau

   Statue de Joachim II devant la Nikolaikirche de Spandau

70 *Havelschleuse in Spandau*

   Havel Lock in Spandau

   Ecluse de la Havel à Spandau

---

stens stattlichen Villenkolonie und einem S-Bahnhof den Namen erteilt hat. Es war Joachims Lieblingsaufenthalt. Sagengespinste umweben den schlichten Renaissancebau von 1545. Etwas jünger, nebenbei, ist die Spandauer Zitadelle, diese höchst originelle Wasserfestung. Doch begreift die ziegelrote Festung in ihrer Weitläufigkeit auch die askanische Burg ein, deren Juliusturm nicht nur Berlins ältestes oberirdisches Gebäude ist, sondern durch die Aufbewahrung des Reichskriegsschatzes weiland Sprichwörtlichkeit erworben hat. (Die Zitadelle, die oft als Staatsgefängnis gedient hat, ist aber nicht identisch mit dem Spandauer Gefängnis, in dem der unselige ›Führer-Stellvertreter‹ Heß sein ›Lebenslänglich‹ absitzt.)

Zum Jagdschloß Grunewald, wie es heute als Gemäldegalerie und innerstädtisches Ausflugsziel allgemein heißt, führt gen Süden vom Tiergarten her ein Damm durch sumpfiges Unland, den Joachim hat anlegen lassen und der offiziell den Namen trägt, den ihm der Volksmund schon von eh und je gegeben hat, der Kurfürstendamm. Erst in der Bismarck-Aera ist der nach wie vor durch nasse Wiesen führende Damm verbreitert und städtisch bebaut worden. Bismarck schwebte ein Gegenstück zu den Champs Elysées vor, die er während der Ereignisse von 1871 kennengelernt hatte.

Selbst von einem guten Plan ist Berlins Struktur nicht leicht abzulesen, was der Stadt den Ruf eingetragen hat, keine zu haben. Siehe oben: »gestaltlose Massensiedlung«! Die Struktur ist kompliziert, entsprechend dem stark gewundenen Lauf der Spree, entsprechend den Seen und Buchten der Havel, entsprechend der oben genannten Zahl so vieler hier eingemeindeter Siedlungen, die, auch als sie noch Dörfer waren, durch ein Netz von Landstraßen und Feldwegen miteinander verbunden waren. Diese geben sich dem, der das weiß, oft noch durch ihren Verlauf zu erkennen. Manchmal sind sie auch durch ihren Namen greifbar, so die Wilmersdorfer Straße, die von Alt-Lietzow nach Wilmersdorf eben führte, eine birkenbestandene sandige Landstraße noch vor achtzig Jahren, heute eine drangvoll belebte Geschäftsstraße mit einer U-Bahnlinie darunter.

Charlottenburg erwuchs aus zwei Kernen, dem Schloßbezirk und jenem Dorf Lietzow. Von dem Suburbium zwischen Schloß und Dorf zeugt heute noch die Hof-Apotheke in der Otto-Suhr-Allee. Wie sich denn um die Schlösser Suburbien gelegt haben, wenn sie nur lange genug bestanden.

Als strukturgebende Elemente wirkten sich auch die Einrichtungen der Berliner Garnison aus. Zum Truppenübungsplatz ganz im Westen außerhalb Berlins, nach Döberitz, führte eine 25 km lange Zeile: Schloß – Unter den Linden – Straße des 17. Juni (durch den Tiergarten) – Bismarckstraße – Kaiserdamm – Heerstraße; sie ist von der Staatsoper in Ost-Berlin bis zum Brandenburger Tor und vom Charlottenburger Tor am Westausgang des Tiergartens bis zur Havel und drüber hinaus durchgehend bebaut, und zwar im West-Berliner Bereich überwiegend mit Wohnhäusern.

Das fing einst mit dem Exerzierplatz vor dem Stadtschloß an und setzte sich westwärts mit dem Exerzierplatz vor dem Brandenburger Tor fort. Dort erhebt sich das einigermaßen zweckentkleidete Reichstagsgebäude, auch dieses, als man es brauchte, westlich außerhalb Berlins auf fiskalischem Boden. Bezeichnend für das Verhältnis des Soldatenkönigs zu den Bürgern Berlins ist, daß diese vom Wehrdienst freigestellt waren; das waren sie wohl noch bis 1813. Bezeichnend auch, daß sich in der ›kolonisatorischen‹ Richtung von Berlin fort kein Exerzierplatz mehr befunden hat. Militärfiskalisches Gelände findet sich nur im Nordwesten (Schießplatz Tegel, der heutige Flughafen), im Westen und im Süden Berlins (Tempelhofer Feld, das 200 Jahre als Paradeplatz gedient hat).

Nur in Spandau und in Alt-Berlin haben sich je ein mittelalterliches Stadtmauerstück erhalten. Beider strukturierende Auswirkung ist mühelos an jedem Plan der Innenstadt oder einem Plan des Bezirks 8 Spandau abzulesen und vom mittelalterlichen Mauerrund anderer Städte nicht unterschieden. An Befestigungen, die der Große Kurfürst (1658) aufwerfen ließ, Erdwerken, die nie in militärische Funktionen haben treten müssen, erinnern noch die von einstigen Bastionen vorgezeichneten

71 *Im Südhafen in Spandau*
The South Dock in Spandau
Dans le port sud à Spandau

72 *Autobahndreieck am Funkturm*
Motorway-triangle at the Radio Tower
Triangle de l'autoroute près du pylône de radio

Grundrisse des Hausvogteiplatzes, des Hackeschen- und des Spittelmarktes sowie die Zeile Oberwall-, Niederwall- und Wallstraße und der Verlauf des S-Bahnkörpers zwischen den Bahnhöfen Marx-Engels-Platz und Jannowitzbrücke; die auffallenden Kurven des Gleiskörpers sind ebenfalls solchen Bastionen zu verdanken. Insgesamt waren es dreizehn.
Von den Stadttoren des 18. Jahrhunderts ist das Brandenburger Tor erhalten, von allen übrigen nur noch die Namen: Platz vor dem Neuen Tor, Oranienburger-, Rosenthaler-, Schönhauser-. Prenzlauer-, Königstor und so fort in Ost-Berlin, in der Weststadt Schlesisches-, Kottbuser-, Hallesches Tor. Und vor dortigen Toren lagen auch die nach ihnen benannten ersten Bahnhöfe, die nicht mehr existieren: Görlitzer-, Anhalter- und Potsdamer Bahnhof. Nur ein längst nicht mehr betriebener Bahnhof aus der Frühzeit der Eisenbahn (1846) hat sich erhalten, der ehedem Hamburger Bahnhof, wenig bekannt, aber eigentlich eine Sehenswürdigkeit, vermutlich der älteste Kopfbahnhof Deutschlands.
Der erste, der Berlin wirklich voranbrachte, war der Große Kurfürst. Waren jene Fortifikationen auch mehr dekorativer Art – begonnen wurden sie nach dem Sieg über die Schweden bei Fehrbellin –, so verhielt es sich mit den Wasserstraßen anders. Mit dem Bau des Friedrich-Wilhelm-Kanals, der unter Ausnützung des Urstromtals die Oder wieder mit der Spree verband, hatte er eine wirtschaftliche Hauptschlagader angelegt, die Berlin im Handel mit Polen, Schlesien und Hamburg zu schönem Gelde kommen ließ. Erweitert und streckenweise verändert wird dieser Kanal, den anzulegen schon Kaiser Karl IV. erwogen hatte, heute noch befahren und gehört zum länderweiten System des Mittellandkanals, der Rhein und Oder verbindet.
Berlins Gewässerreichtum: die schiffbaren Wasserstraßen innerhalb der Stadt haben eine Gesamtlänge von 146 km. 40 km Kaianlagen sind über ganz Berlin verteilt, so daß dieser große deutsche Binnenhafen, an zweiter Stelle nach Duisburg, nicht recht anschaulich wird. Von den beinahe 1000 Brücken schwingt sich die Hälfte über Wasserläufe. Berlin ist die brückenreichste Stadt Europas! Laut Bergengruen soll sie im Zeichen der Fische und des Wassermanns stehen. Kein Wunder jedenfalls, wenn, angesichts so reicher, übrigens nur geringen Schwankungen unterworfener Durchflutung, das Wesen des Berliners spreebestimmt ist: alles ist stets in ruhigem Fluß. Und daß sein Herz den Gewässern gehört. Nicht die heute in Mode gekommene ›Prinz-Heinrich-Mütze‹, sondern die alte binnenländische Schiffermütze wurde noch vor einigen Jahrzehnten von der reiferen Berliner Männerwelt getragen, von Arbeitern, Schrebergärtnern, Rentnern, auch wenn sie nicht das geringste mit Schifferei oder Fischerei zu tun hatten. Hier trafen sich Spreewäldisches oder Spriauwanisches mit Wassergeusischem. Beiderseits der Havel wäre Hevellisches vorauszusetzen.
Für Kanal- und Schleusenbau hatte der Große Kurfürst nämlich niederländische Fachleute ins Land kommen lassen. Von diesen stammt die Idee, die im alten Kaiserreich niemandem sonst gekommen ist, die von brandenburgischen Kolonien in Übersee. Deren mehrere sind auch wirklich gegründet worden, konnten später aber nicht mehr gehalten werden. Die Herrschaft über die Weltmeere war anderen Nationen zu überlassen, die ihren Ruhm darin suchten, fanden und wieder verloren. Immerhin hat die brandenburgische, später preußische Flotte, Hochseeflotte, deren Schiffe gemäß damaligen Bruttoregistertonnen noch bis Berlin spreeauf fahren konnten, zeitweilig bis zu siebzig Einheiten gezählt. Mit 290 Kanonen. Das Flaggschiff mit 14 Kanonen hieß ›Berlin‹. Die überseeischen Kolonien, ein Dorn im Auge der Stammniederländer, verkaufte der Soldatenkönig 1717; er war kein Freund von Risiken und Exotismen. Aber der Treckschuyten-Verkehr, den die hiesigen Niederländer zwischen Berlin und Charlottenburg eingerichtet hatten, wurde noch lange betrieben. Für Höflinge im wesentlichen. Die bürgerlichen Wasservergnügen begannen erst ein Jahrhundert später und suchten – selbstverständlich – die östlichen Gewässer auf, den Spree-Oberlauf bei Treptow, die Müggelspree und die Dahme.
Die Entwicklung der Vergnügungsviertel kann als symptomatisch gelten. Wie die Wohnviertel pflegen sich sol-

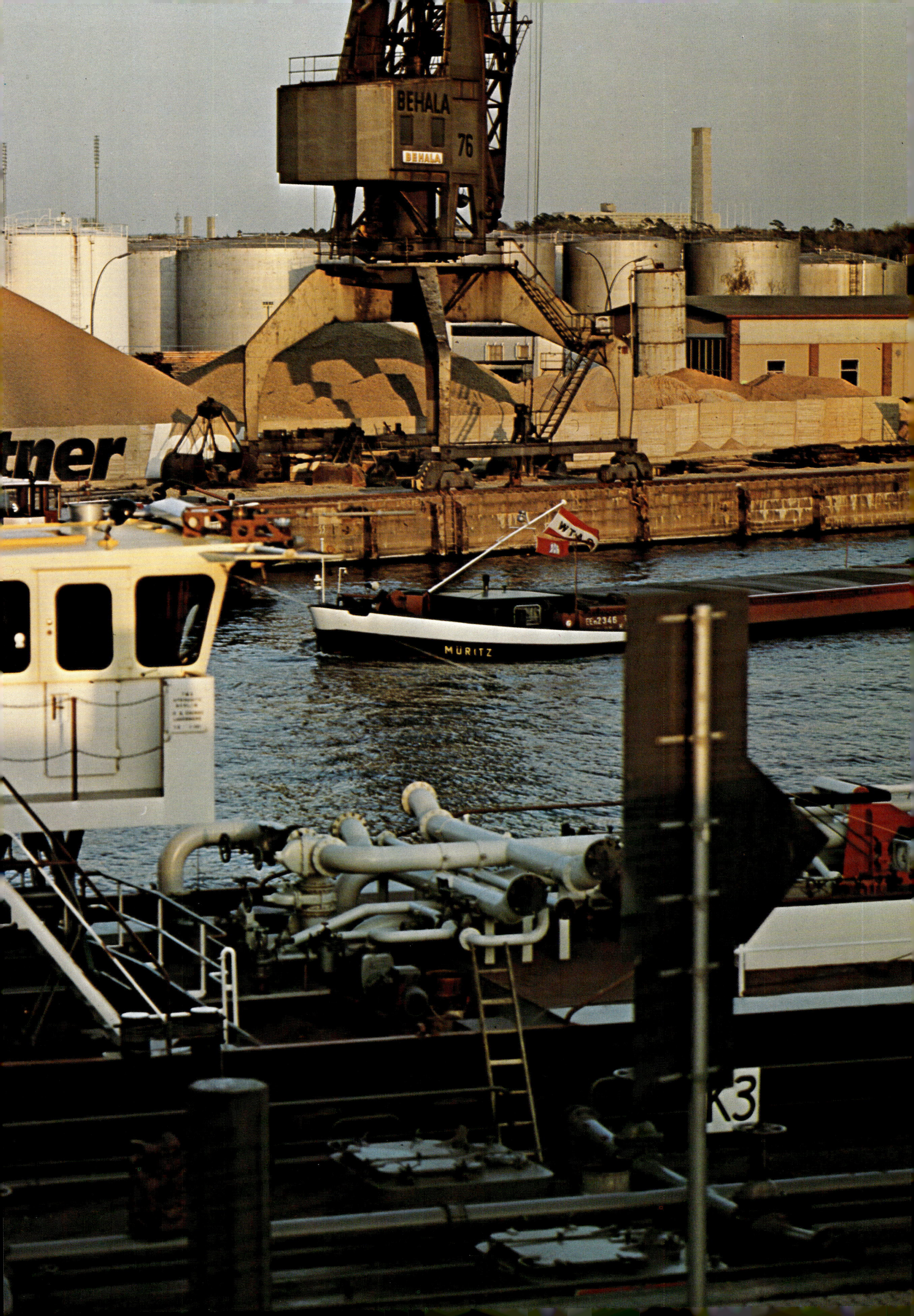
BEHALA
76
BEHALA
MÜRITZ
K3

PARKHAUS FÜR DAS KONGRESSZENTRUM

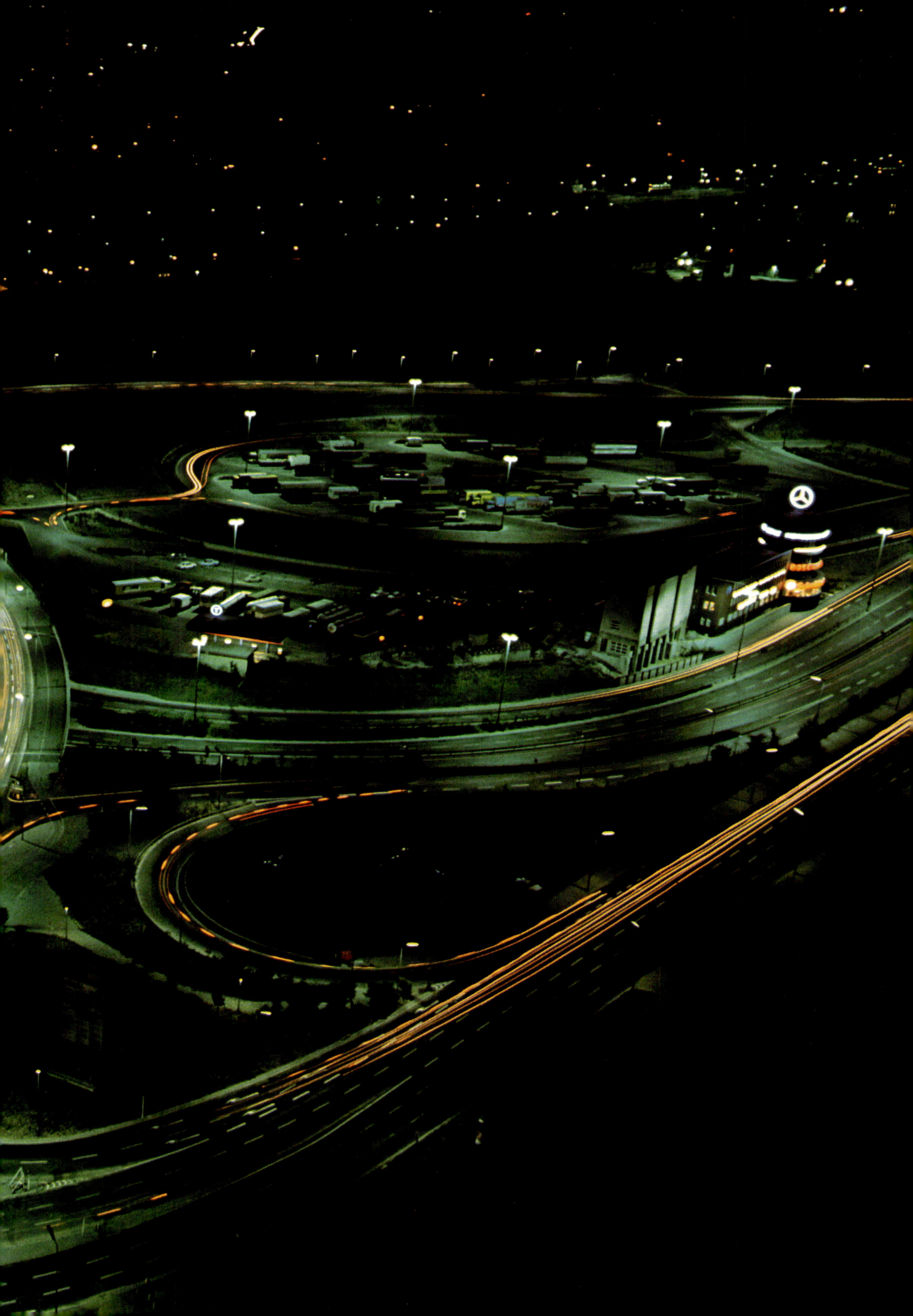

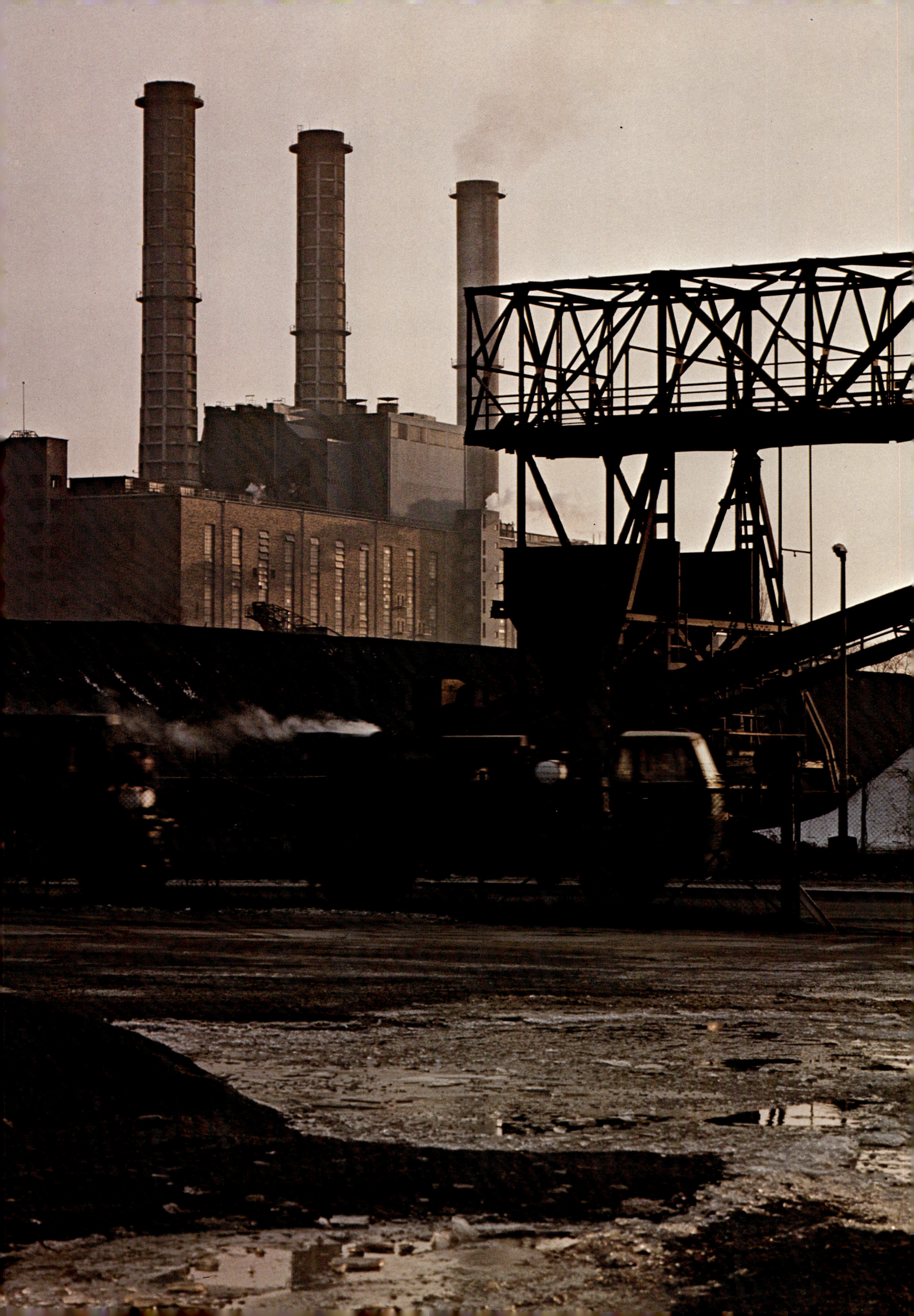

73 *Das Kraftwerk Ernst Reuter*
The Ernst Reuter Power Station
La centrale électrique Ernst Reuter

che Stadtteile vom Mondänen ins Demimondäne zu wandeln und verkommen schließlich oder trocknen aus. Um 1700 war das Amüsierviertel der Lebewelt Unter den Linden. Es wurde gejeut und Bank gehalten. Straßennamen gab der Volksmund und nicht der Polizeipräsident. Die heutige Rosmarienstraße hieß eigentlich Rote-Marien-Gasse, nach einer Lebedame, die dort residierte. Bis in unser Jahrhundert hinein, aber deutlich schon ins Talmihafte und auf Provinzonkel-Geschmack sinkend, war es die Friedrichstraße von den ›Linden‹ bis zur ›Leipziger‹. Derweilen aber erwuchs in der Aera Wilhelms II. in Berlin-W, *Berlin-WW*, am Kurfürstendamm ein neues Viertel dieser Art, während die soliden wie die unsoliden populären Amüsements spreeaufwärts nach Südosten, die Frankfurter Allee hinaus nach Osten, ferner zulande nach Südosten in Neukölln und in der Hasenheide, aber auch rund um den Alexanderplatz ihre Heimstätten fanden, ›Resi‹ alias ›Residenz-Casino‹, ›Waltherchens Ball‹. Man lese dazu auch Döblins Roman ›Berlin-Alexanderplatz‹ von 1929, ›den klassischen deutschen Großstadtroman‹ aus der Feder eines jüdischen Schriftstellers, der zunächst ein Kassenarzt gewesen war: Negativansicht der Metropole vier Jahre bevor Hitler kam.

Als Wahrzeichen Berlins galten – die wenigsten wissen es noch – drei Lindenbäume bei Heiliggeist. Als man diese gegen Ende des 17. Jahrhunderts abholzte, müssen sie übereinstimmenden Beschreibungen nach rund 1000 Jahre alt gewesen sein, demnach noch aus germanischer Zeit, ein lokales Heiligtum; womit nicht behauptet werden soll, diese Baumpatriarchen hätten irgendwie noch jenen Semnonenhain repräsentiert, aber ganz auszuschließen ist ein Zusammenhang auch wieder nicht. Und wer will von vornherein abstreiten, daß der östlich davor gelegene Stadtteil Boxhagen nicht eine Eindeutschung von (slaw.) ›boh‹ und ›haj‹ (= Gotteshain) sein könne? Jedenfalls fanden unter diesen bejahrten Linden, die vielfacher Abstützung bedurften, regelmäßig Freilicht-Gottesdienste statt. Auch hat der schattige Aufenthalt den Berlinern zu außerkirchlichen Zwecken gedient; in die Stützgerüste waren Sitzbänke eingebaut. Zur Zeit der Abholzung aber benutzte man eine noch namenlose Baumallee am Südrand erwähnter Dorotheenstadt im Westen draußen sowohl als vergnügliche Promenade als auch, da die junge Gemeinde noch kein Gotteshaus besaß, zum Gottesdienst im Freien. Da jene Einrichtung bei Heiliggeist drinnen – wie überall in Deutschland gebräuchlich – ›Unter den Linden‹ genannt worden sein wird, verpflanzte der Volksmund den standortlos gewordenen Namen dort hinaus, wenn auch die neue Allee keineswegs etwa durchweg mit Linden bestanden war. Übrigens gab es in Berlin als lokale Besonderheit auch noch andere Gottesdienstplätze unter Linden, daher zum Beispiel im Bezirk Kreuzberg noch die Lindenstraße.

Mag nun für Vorstehendes nur die Wahrscheinlichkeit sprechen, denn Dokumente über eine offiziell-namentliche Dislozierung *der* Linden liegen nicht vor, Tatsache ist und bleibt, daß die Promenade Unter den Linden, weiland eine Prachtstraße erster Ordnung, zuzeiten unbestritten die prominenteste Straße des Reiches geworden und gewesen ist. Am Westende dieser Via triumphalis steht bewegten Schicksals das Brandenburger Tor – »*L'avenue de Charlottenburg à Berlin est très belle*« (Straße des 17. Juni), »*l'entrée par cette porte est magnifique!*« Napoleon hat es ausgerufen und die Schadow'sche Quadriga abzumontieren befohlen. Das umfangreiche Kunstwerk kam nach Paris, nichts hat aber den Sinn für die deutsche Einigung so sehr geweckt wie die Rückführung der Quadriga auf dem Landweg bis auf ihren vorherigen Platz: das Brandenburger Tor wurde zum neuen, dem zweiten Wahrzeichen Berlins und sogar Deutschlands!

Die militärische Achse vom Tor nach Döberitz hinaus haben wir schon beschrieben. Das gehobenere Vergnügungswesen spaltete sich im Zug nach dem Westen vor dem Tor rechterhand nach den sogenannten Zelten an der Spree und zu ›Krolls Etablissement‹, der späteren Kroll-Oper, einem der weiland vier Berliner Opernhäuser, linkerhand längs der Tiergartenstraße zu etlichen noblen Gartencafés; ›Puhlmanns Cafégarten‹ – Vater und Sohn Fontane erholten sich dort im Grünen von der 48er Re-

74 *Brandmauer an der Adalbertstraße*
Partition-wall in the Adalbertstraße
Mur mitoyen dans l'Adalbertstraße

75 *Das Berlin-Museum in der Lindenstraße*
The Berlin Museum in the Lindenstraße
Le musée de Berlin dans la Lindenstraße

volution, mit der Berlins Bürger gegen König und Militär aufbegehrten. Vor dem Tor war alles ruhig.
Ferner gab es außer Villen unter anderem den ›Moritzhof‹ und den ›Hofjäger‹ bis hin zum einst fashionablen Zoologischen Garten, zum ›Zoo‹. Dort aber, an der Corneliusbrücke am Westende des ›Alten Westens‹, beim heutigen Hilton-Hotel, begann just der alte Kurfürstendamm, dem wie einem Erben nachgerade die Rolle ›der Linden‹ zufiel, die bekannteste Straße Deutschlands zu werden. *Zufiel*? Was nicht *zufällig* bedeutet – wir haben es ganz gewiß mit einem Phänomen kollektivpsychologischer Art zu tun.
Vor dem ersten Weltkrieg wohnten in den unvergleichlich geräumigen und luxuriösen Miethauswohnungen am Kurfürstendamm die meisten der vielen Millionäre Berlins. Die ›Königin-Bar‹, ›die Queen‹, war die Königin vor zahllosen anderen eleganten Bars. Doch fehlte auch die geistige Seite nicht. Den Geist, und zwar einen nahezu prophetischen, gewiß auch exaltierten, repräsentierte das ›Café des Westens‹, spottweise ›Café Größenwahn‹ geheißen, und wenig später, bis ins Dritte Reich hinein und damit allerdings um seine jüdischen Stammgäste schon fast ganz gebracht, das ›Romanische Café‹, bis es Bombenschutt wurde.
Dahin sind Kaiserpracht und Mammonsprunk. Die beschriebene Straßenzeile kann sich nicht weiter mehr verlängern. Dazu fehlen außer den politisch-topographischen auch die soziologischen Voraussetzungen. In den letzten Jahren ist der Kurfürstendamm bevorzugte Stechbahn für oft genug ausartende Demonstrationen geworden, ob es auch dort weder Kaiser mehr noch Kapitalisten zu verjagen gibt. Auch keine Juden, gegen die die Naziborden aufmarschierten. Insofern mit mehr Sinn, als dort nicht wenige reiche Juden auch wirklich ihre Wohnungen hatten. Die Synagoge in der Fasanenstraße war die prominenteste Synagoge Berlins. Wilhelm II. war bei ihrer Einweihung anwesend. 1938, in der sogenannten ›Reichskristallnacht‹, ging sie in Flammen auf. Die Feuerwehr hielt Brandwache, aber löschte nicht.

Berlin, geistige Metropolis

»Auch ist Berlin als tote Hohenzollern-Metropole nicht der Anziehungspunkt für andere deutschsprachige Gebiete.«

(Leserzuschrift an den ›Spiegel‹ vom 24. Mai 1976 zur Frage der Nationalstiftung)

West-Berlin, ein »Relikt der schmählichen und verbrecherischen Geschichte des deutschen Imperialismus ...«, so der Chef der Ost-Berliner SED-Bezirksleitung, Naumann, in der theoretischen SED-Zeitschrift ›Einheit‹ im August 1976.

Goethe war Berlin nicht geneigt, »*mit einem Anflug diskreter Bewunderung*«, wie beobachtet worden ist. Metropolen scheinen in ausgeprägten Persönlichkeiten einen Widerwillen hervorrufen zu können. Schiller verhielt sich schwankend mit wachsender Zuneigung. Thomas Mann hat mit Berlin nicht viel im Sinn gehabt und wie sein Bruder Heinrich München bevorzugt. Rilke bezog draußen in Schmargendorf ein dazumal ländlich stilles Quartier. In Friedrichshagen am Müggelsee wirkte zeitweise eine ganze Dichter- und Literatenkolonie: Wilhelm Bölsche aus Köln am Rhein (›Das Liebesleben in der Natur‹), Bruno Wille, Sozialist und Romancier, die Brüder Kampfmeyer, Soziologen und Vorkämpfer einer naturlauteren sozialistischen Zukunft, Max Kretzer, O. E. Hartleben, die Kritiker-Brüder Hardt, gelegentlich auch der Lyriker Peter Hille, ab und an kam von Erkner herüber Gerhart Hauptmann sowie als Freund auch Morgenstern.
Schnell zerfiel der Kreis Reformgesinnter, die offenbar mit dem Phänomen Berlin nicht fertig wurden und besorgt sein mußten, in der Stadt drinnen Originalität und oppositionelle Gestimmtheit einzubüßen. Gerhart Hauptmann umkreiste Berlin gewissermaßen. Nach dem Aufenthalt in Erkner, im Osten, versuchte er es mit Charlottenburg im Westen, ehe er sich dem Schlesischen und Hiddensee zuwandte. Als er in seiner erfolgreichsten Zeit einmal bei der Brunnenkur im ›Zoo‹ über den Rasen ging, will eine Anekdote wissen, habe der Wärter ihm

DASS DU DICH WEHREN MUSST,
WENN DU NICHT UNTERGEHEN WILLST
DAS WIRST DU DOCH EINSEHEN.
            BRECHT

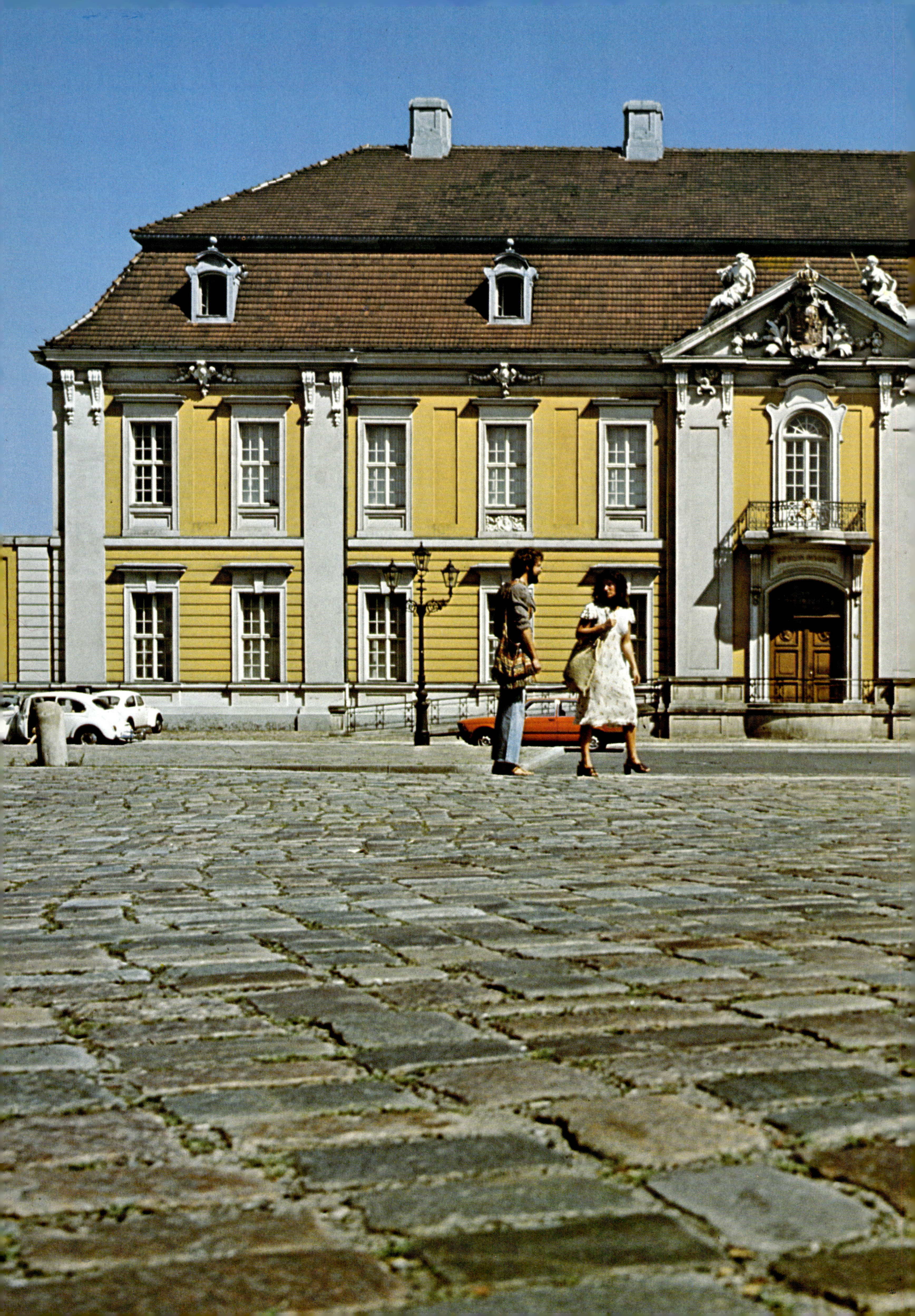

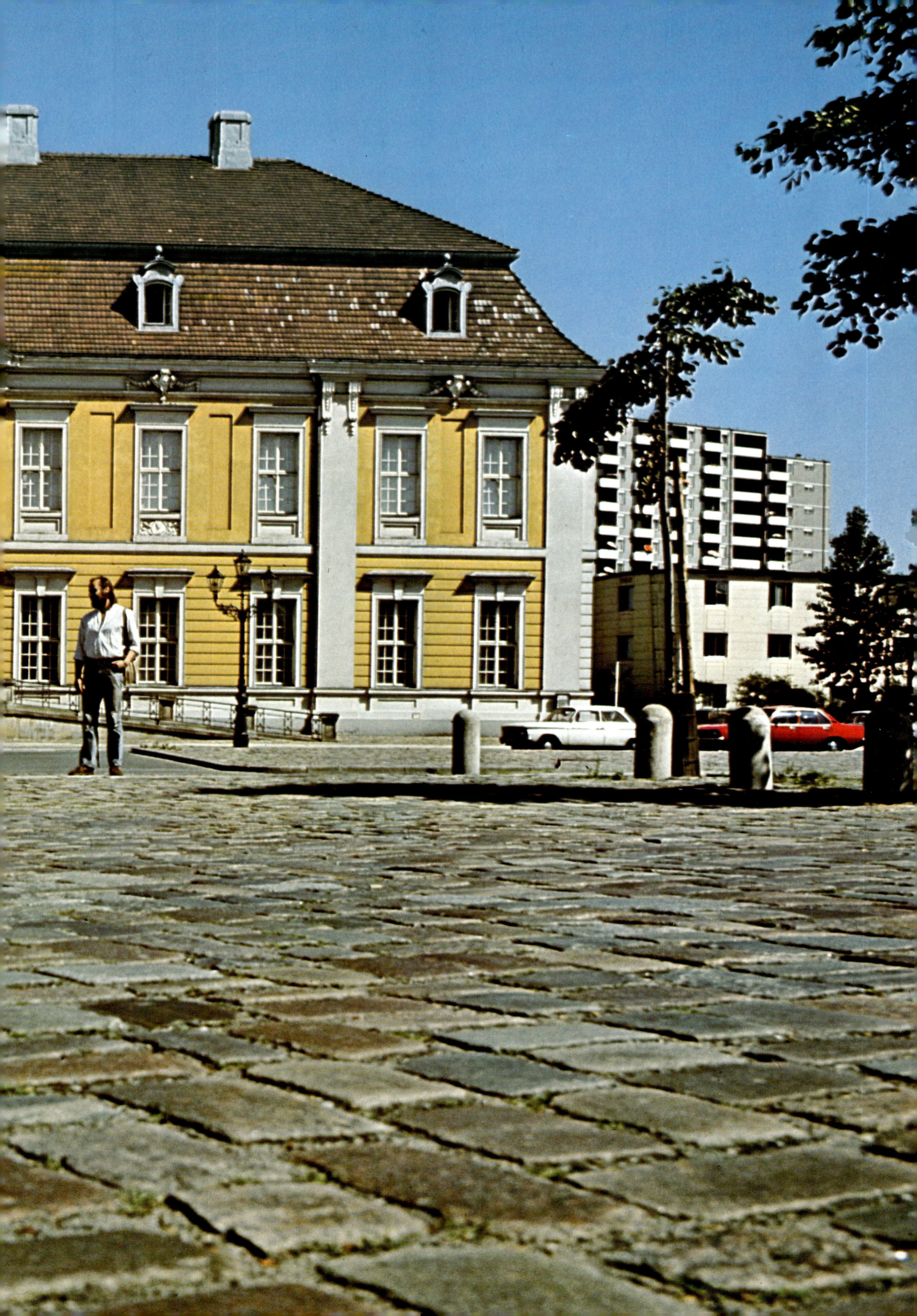

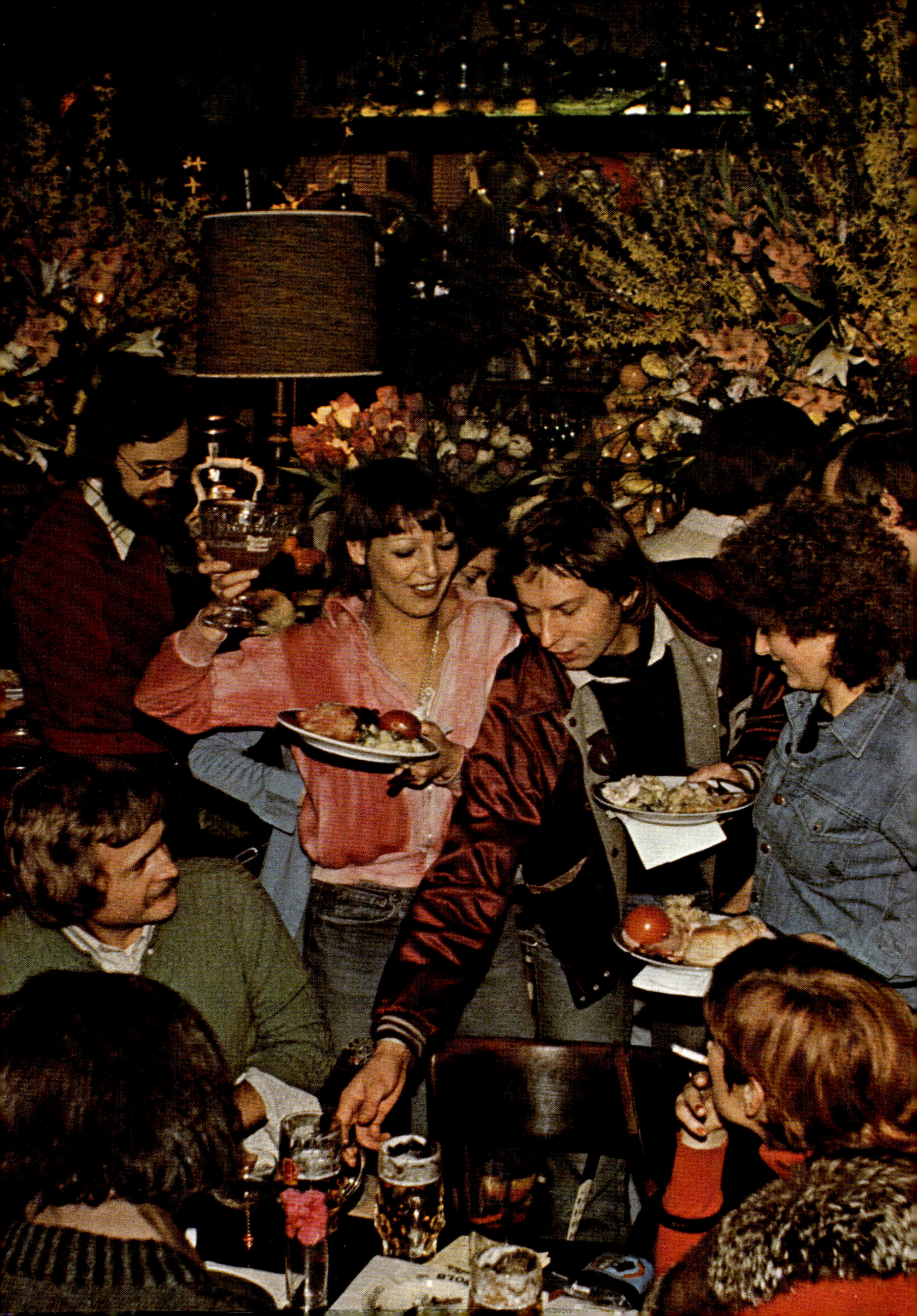

76 *Weißbierstube im Berlin-Museum*
    Weißbierstube in the Berlin Museum
    Brasserie de bière blanche au musée de Berlin

zugerufen: »Sie Herr, det Betreten des Rasens is verboten!« – Darauf der Dichter: »Ja wissen Sie denn nicht, wer ich bin?« – »Ick weeß, Sie sind Joethe, aber trotzdem müss'n Se off'm Weech bleib'n!«
An solcher berlinischen Despektierlichkeit mag es liegen, vor der Eitelkeiten und Selbstinszenierung nicht bestehen. Mag Auflehnung der stolzen Exponenten gegen Kollektivierung, mögen Naturapostelei, Kulturüberdruß, Tempelsäuberungsvorstellungen, romantische Nostalgien und dergleichen mehr hinzukommen: das Phänomen wäre eine Studie wert. Aber die schlichtere Garnitur kam und blieb. Gottfried Keller aus Zürich hat hier fünf Jahre zugebracht (bis 1855), Am Bauhof Nr. 2 stand das Haus, in dem er den ›Grünen Heinrich‹ vollendete. Und in der Sperlingsgasse schrieb (1857) Wilhelm Raabe aus Eschershausen deren berühmte ›Chronik‹. Falsch die Annahme, Berlin sei damals eben noch ein poesievolles Städtchen gewesen. Mit fast 600 000 Einwohnern hielt es nach damaligem Stande vielmehr mit Wien gemeinsam oder vor Wien den dritten Platz unter den Städten Europas (nach London und Paris, aber vor Petersburg, Moskau und Rom). Dieses selbstbewußte Berlin bedurfte keiner ›Denkanstöße‹ von außen, sondern denkt immer noch: »Eh' du Würstchen sagst, ha' ick se schon jefressen.« Begreiflich, wenn ein solcher Menschenschlag allgemein als frech galt oder gilt. Aber Jean Paul aus Wunsiedel hatte es schon anno 1800 erkannt: *»Berlin ist mehr ein Weltteil, als eine Stadt, wo sich aus der größeren Menge leichter eine gesellige Einsamkeit erwählen ließe. Da fänden Sie ihren ruhigsten Hafen in Deutschland.«*

Berlin hat sich immer wieder gehäutet und erschien alle hundert Jahre bis heute in einem neuen Baugewand. Ein erstes Berlin brannte im 14., ein zweites im 15. Jahrhundert nieder. Ein drittes muß im 16. Jahrhundert recht schmuck gewesen sein. Auswärtige Chronisten wissen davon. Dieses Berlin, dessen Antlitz der Sachse Caspar Theyß (zahlreiche Schloßbauten z. B. Grunewald) und der italienische Protestant Graf Lynar (Spandauer Zitadelle) geprägt haben, mußte in der elenden ersten Hälfte des 17. Jahrhunderts verfallen. Ein viertes Berlin gewann in der zweiten Hälfte, in der niederländischen Stilperiode, augenfälligen Ausdruck. Ihre Schöpfer waren van Langerveld (Schloß Köpenick in jetziger Gestalt), Nering (Zeughaus), Memhard und viele andere Niederländer, auch als Wasserbauingenieure, Schiffsbauer und Marinemaler.

Das fünfte Berlin gehört der eigentlich preußischen Stilperiode von 1750 bis 1850 an: v. Knobelsdorff (Oper Unter den Linden, Kavaliersflügel Charlottenburg, Sanssouci), Langhans (Brandenburger Tor), Gilly, Schinkel, Schinkelschule, Stüler, Strack, Persius, einheimische Kräfte, wenn auch nicht durchweg. Nie konnten, des allzeit starken Zuzugs von außen wegen, die hier geborenen Talente an Zahl die Zugezogenen überwiegen, versteht sich; auch liegt das im Wesen der Metropolität. Aber die Zahl der hier geborenen Talente nahm im Lauf der Jahrhunderte relativ zu. Gilly Vater und Sohn entstammten der französischen Kolonie in Schwedt. Schinkel ist Märker aus Neu-Ruppin. Der Schinkel-Stil ist, wo er am reinsten er selbst ist, von einer wohltuend weltoffenen Heiterkeit (Schloß Klein-Glienicke).

Das sechste Berlin ist das der Gründerzeit, der das Schinkel-Berlin, soweit es aus Privathäusern bestand, zum Opfer fiel. Vom Gründer-Berlin steht nur mehr wenig, und die Nostalgiker, deren immer mehr werden, trauern der besonderen Urbanität dieser früher als wilhelminische Scheußlichkeiten verschrieenen Bauwerke nach, worüber sich diskutieren ließe. Surrealistische Formen in der Endzeit des Gründerstils (Kurfürstendamm), am Kaiserdamm eine Art preußischer Jugendstil, beides ist noch nicht beschrieben worden. Der Stileinbruch nach 1933 macht sich zum Glück wenig geltend. Marchs Entwurf für das Olympia-Stadion lag schon 1932 vor. Sehr typisch aber: ein erstes Stadion an derselben Stelle, von Marchs Vater, mußte der Sohn seinem Entwurf zuliebe abreißen.

Das siebente Berlin begann, bis heute fortwirkend, schon bald nach 1900, also noch in der Aera Wilhelms II., der aufgeschlossen genug war, Bruno Paul nach Berlin zu berufen. Es begann mit Messel (Waren-

77 *Unsterblicher Leierkastenmann*
    The Immortal Hurdy-gurdy Man
    Eternel joueur d'orgue de Barbarie

78 *Mehringplatz, vormals Belle-Alliance Platz*
    Mehringplatz, formerly Belle-Alliance Platz
    Mehringplatz, jadis place Belle-Alliance

79 *Türkischer Lebensmittelladen in Kreuzberg*
    Turkish Grocery-store in Kreuzberg
    Magasin d'alimentation turc à Kreuzberg

---

haus Wertheim) – Messel war Schüler des Schinkelschülers Strack (Siegessäule) –, Hoffmann (Pergamon-Museum), Peter Behrens (AEG-Bauten), Gropius, Häring, Hertlein und Scharoun (Siemensstadt) sowie eben Bruno Paul (Kathreiner-Haus). Und Hans Poelzig! Mit Scharouns Staatsbibliothek an der Potsdamer Straße und der Philharmonie gleich daneben könnte schon das achte Berlin begonnen haben.

Typisch: Berlin besaß eine gotische Klosterkirche der Dominikaner. Sie wurde nach der Reformation zur Domstiftskirche erhoben. Schlüter plante ihren Umbau. Friedrich der Große ließ sie abreißen und durch Boumann sen. (aus Amsterdam) am Lustgarten einen neuen Dom erbauen, den dann Schinkel völlig umbaute und der wiederum 1894 dem Dom der Gebrüder Raschdorf zu weichen hatte; dieser, kaum mehr Ruine, wird bald in Gänze hergestellt sein, so will man's in der DDR. Nie aber bot sich hier das Bild einer alten Stadt oder das städtische Bild einer guten alten Zeit. Immer war alles im Wandel begriffen, und nicht etwa erst der Bombenkrieg, der hier 87 Millionen m³ Schutt verursachte, hat jedes ältere Berlin ausgelöscht. Städte aber, die schon beizeiten in den musealen Stand der Geschichtslosigkeit verfielen – Beispiel: Rothenburg ob der Tauber –, zeigen durch ihr überraschend erhaltenes Bild älterer Epochen, nicht wie alt sie sind, sondern wann bei ihnen die Zeit stehen blieb, wie rührend sie auch aussehen.

Stendhal (1806) wunderte sich: »*Wie konnte bloß jemand auf die Idee kommen, mitten in all dem Sand eine Stadt zu gründen! Dabei soll dieses Berlin 159000 Einwohner haben!*« So muß sich wundern, wer wie üblich den Anlaß einer Stadtgründung im Materiellen sucht. Hier suchte er vergeblich. Auch die Berliner Bildhauerei beruht nicht auf anliegendem Carraramarmor oder sonst geeignetem Material, und dennoch gibt es sie. Im Jahre 1700 wurde Schlüters Reiterbild des Großen Kurfürsten in Bronze gegossen. Den Guß im Gießhaus auf dem Friedrichswerder hinter dem Zeughaus besorgte Johann Jacobi aus Homburg vor der Höhe. Andreas Schlüter, der in Berlin sein Glück machte und verlor, kam aus Hamburg oder Danzig. Mit dem Reiterbild, das auf der Langen Brücke am Schloß aufgestellt, im Bombenkrieg ausgelagert wurde, mit einem Lastschiff im Tegeler See versank, nach 1945 wieder ans Licht gehievt wurde und nunmehr vor dem Charlottenburger Schloß steht, begann die hiesige Bildnerei mit grandioser Ouverture, der ein erster Akt mit dem älteren Glume, einem Schüler und Gehilfen Schlüters, seinen Söhnen und mit Tassaert aus Antwerpen folgte, der 1775 hierher berufen wurde. Die Lehrer-Schüler-Kette heißt also: Schlüter – die Glumes und Tassaert – Schadow – Rauch – Tuaillon – Kolbe – Marcks und in weiterer, aber direkter Verkettung: Tieck, des Dichters Bruder, Gaul, Klimsch, Scheibe, die Kollwitz, die Sintenis, Ph. Hardt und viele andere bis ins dritte berlinische Bildhauer-Jahrhundert zu Hartung, Gonda, Heiliger als Wahlberlinern und Uhlmann, Schreiter, E. F. Reuter und Waldemar Grzimek als Söhnen Berlins.

Bei den Malern und Graphikern sind die Lehrer-Schüler-Beziehungen nicht so dicht, aber an Namen mangelt es keineswegs; die Stilfolgen entsprechen den Stadtbildern, in denen sich Berlin präsentierte. Vom Mittelalter blieb nur das Totentanzfresko in der Marienkirche (und der Taufstein von 1398 in der Spandauer Nikolaikirche, nicht viel mehr). Im Übergang zur Neuzeit ein italienischer Hofmaler bei Joachim I., später Einwirkungen der Cranach-Schule (Templerkirche in Tempelhof).

Hofmaler am Anfang des 17. Jahrhunderts ist Martin Schultz, sein Schüler Siwers folgt ihm im Amt, nichts besonderes weiter. Dann aber fängt es sacht an: Ein vielseitiger Künstler und Techniker war Philipp des Chièze, ein Piemonteser, der unter anderem die gutgefederte umsturzsichere Kutsche konstruierte, die dann in ganz Europa die ›Berline‹ genannt wurde. 1646 war Michael Conrad Hirte Hofmaler. Von 1661 bis 1670 war es Franz Hamilton, der mehr Beachtung verdiente. Die Honthorsts bestimmten, was Malerei betrifft, mit vielen anderen Zuzüglern aus den Niederlanden das, was wir oben das ›vierte Berlin‹ genannt haben.

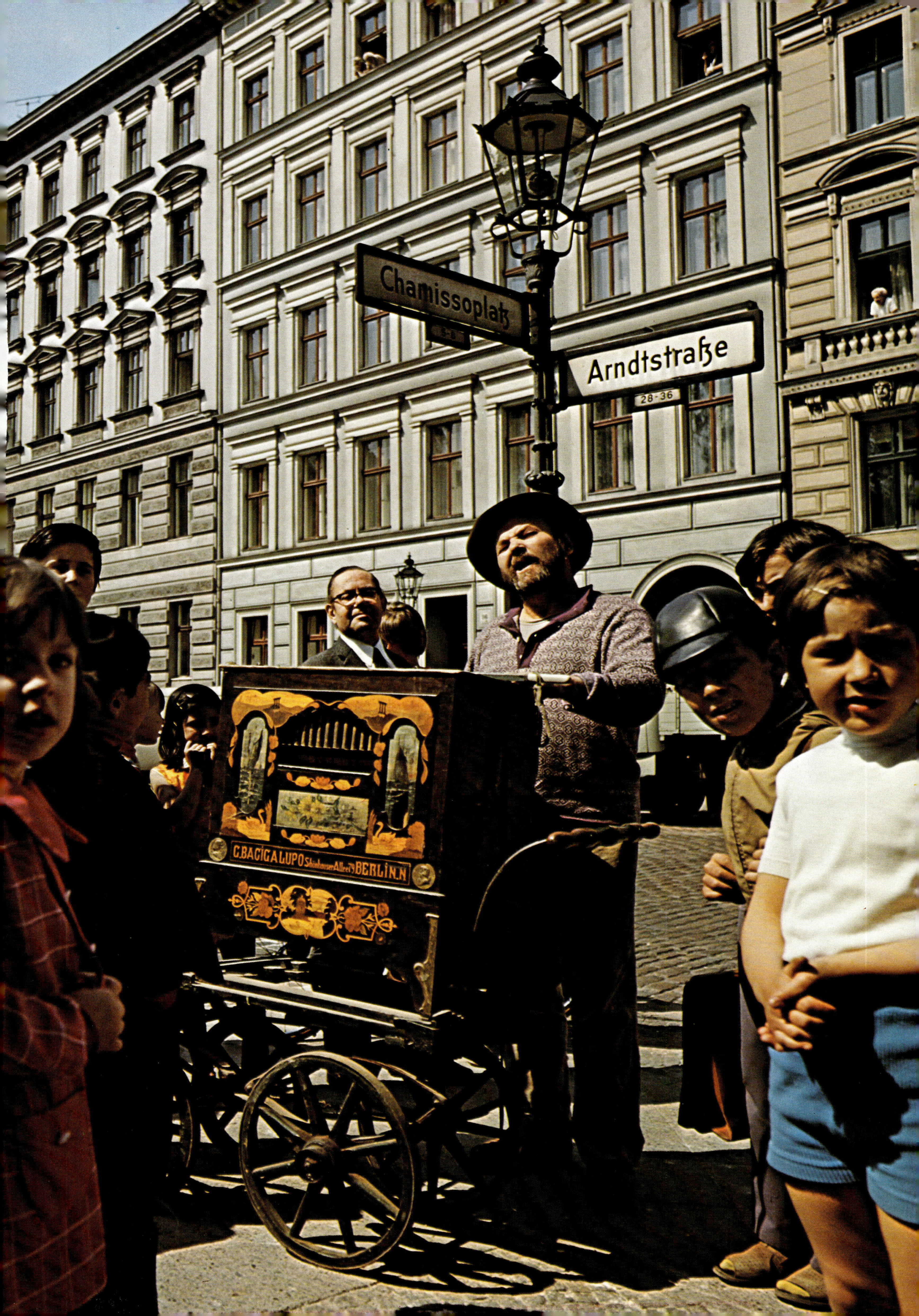
Chamissoplatz
Arndtstraße
28-36
C.BACIGALUPO
BERLIN.N

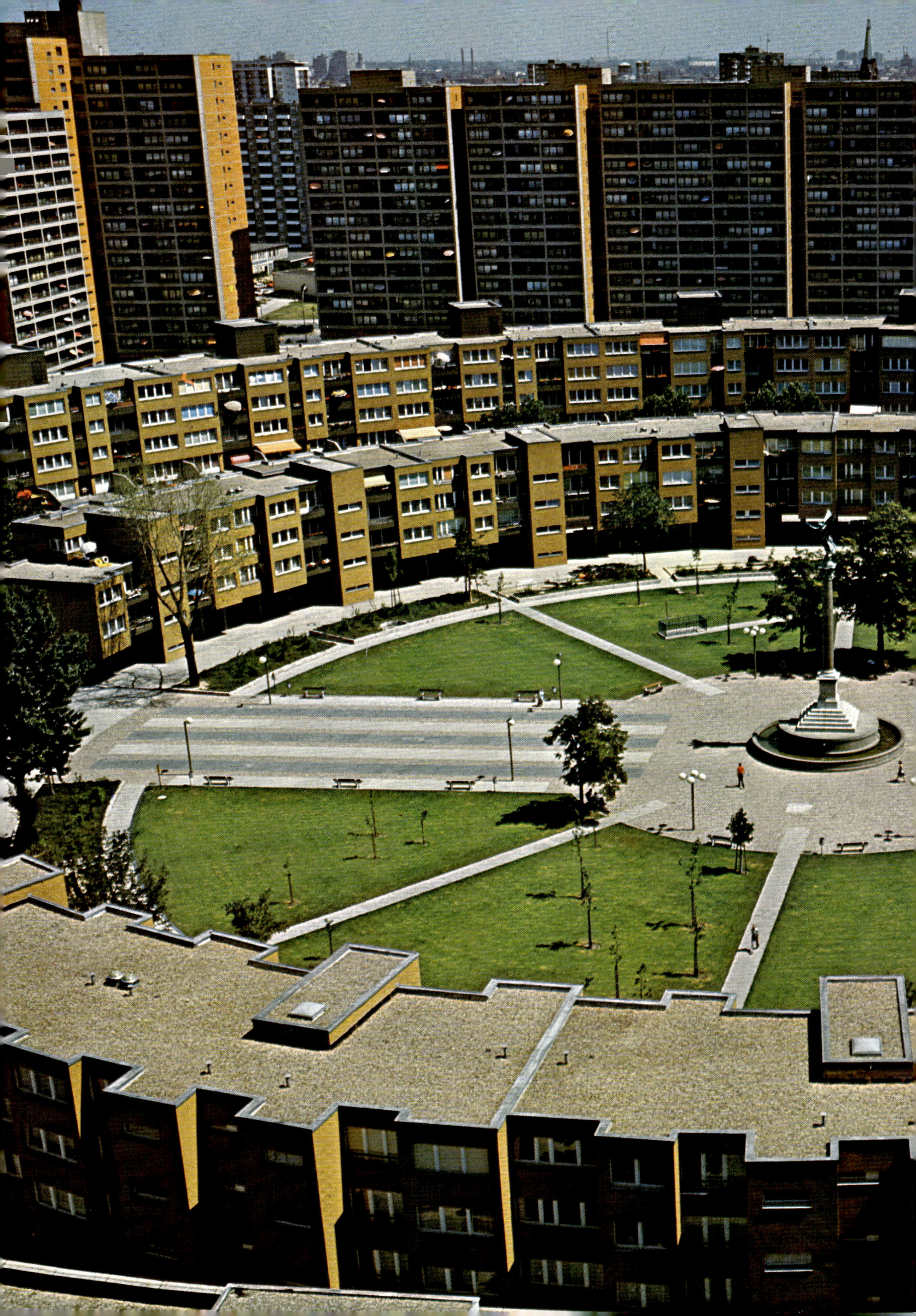

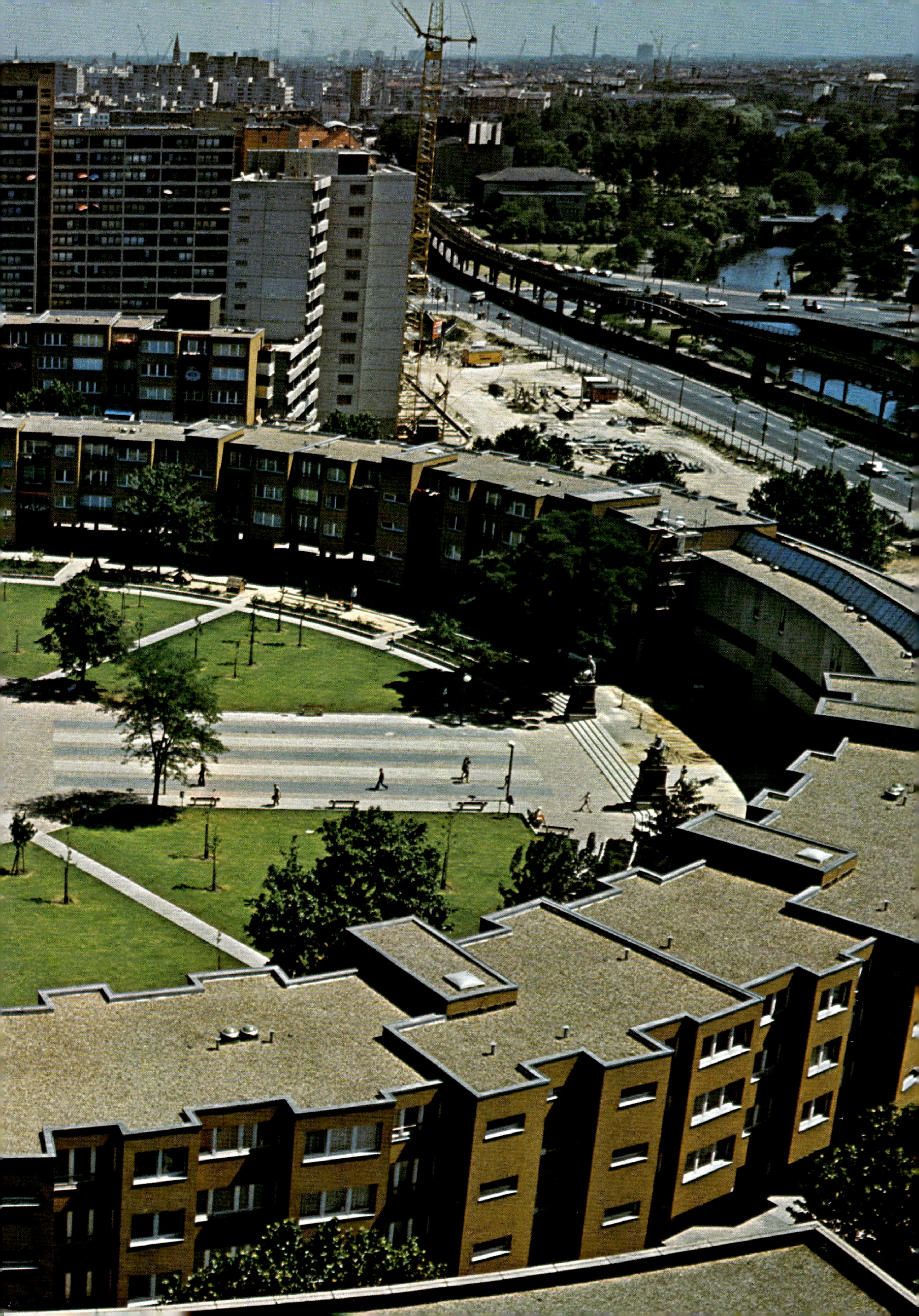

TÜRKMEN
GIDA MADDELERİ · SPEZIALITÄTEN
BULGARPLODEXPORT
PLUTINO GIUSTO
Coca-Cola

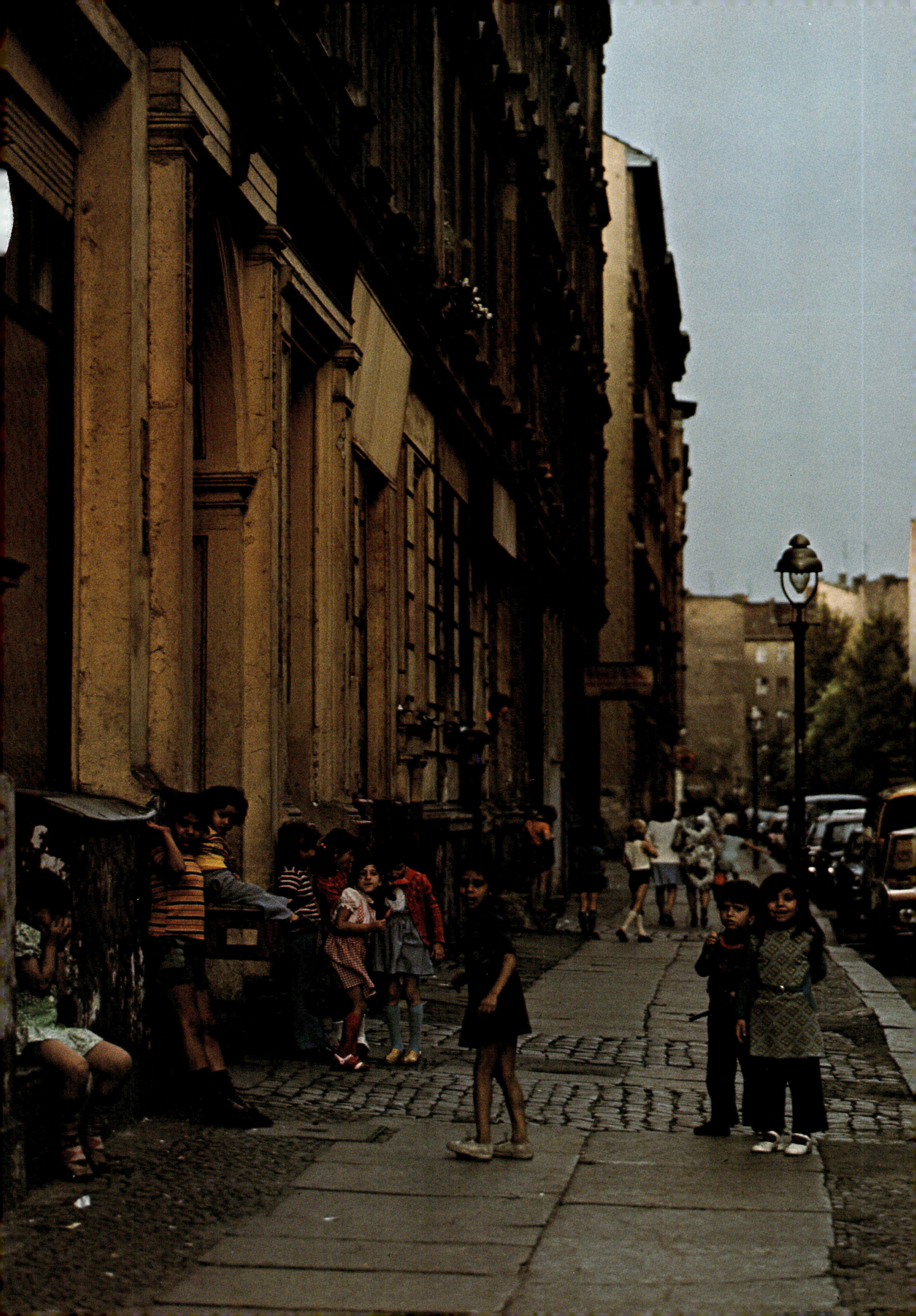

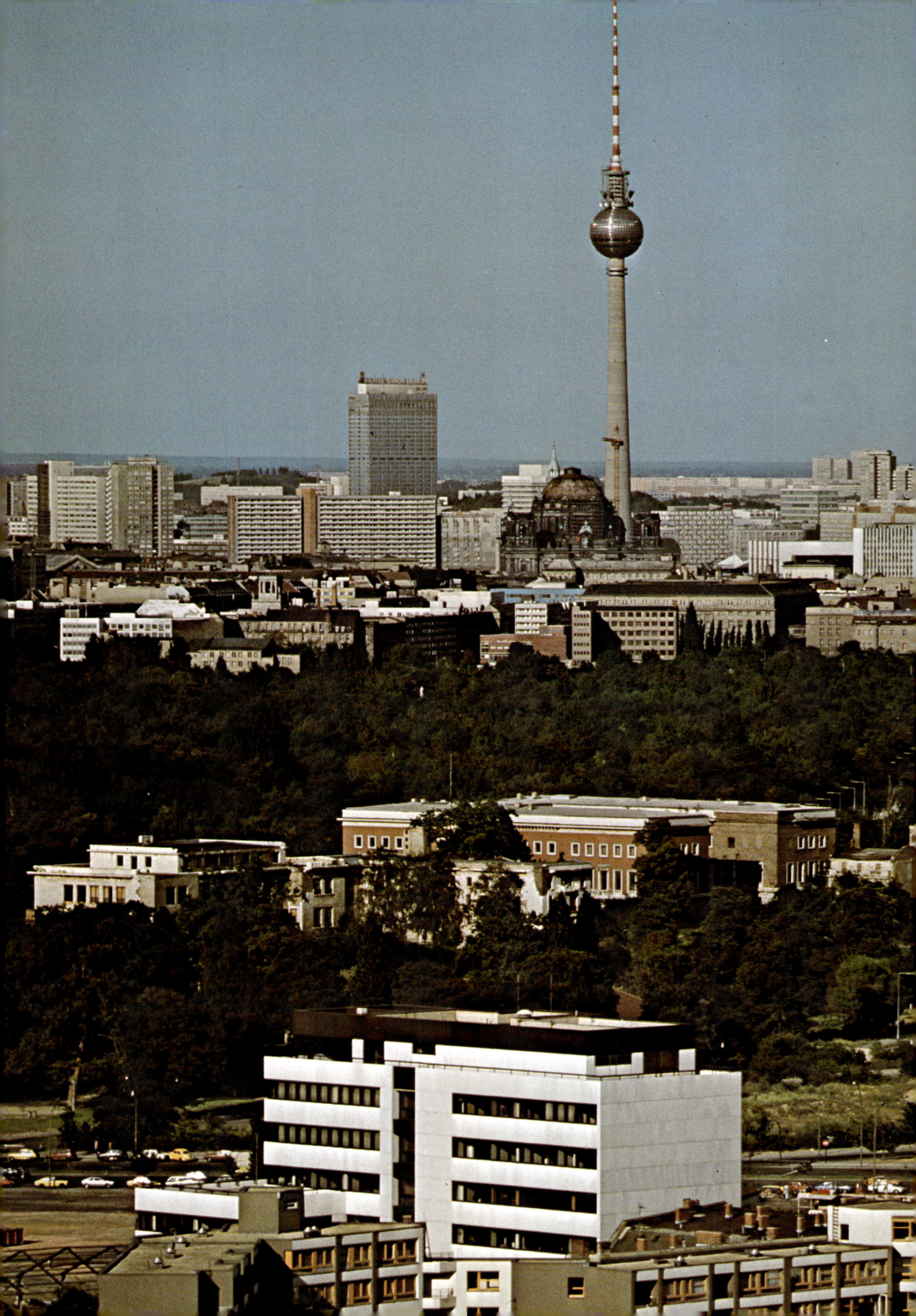

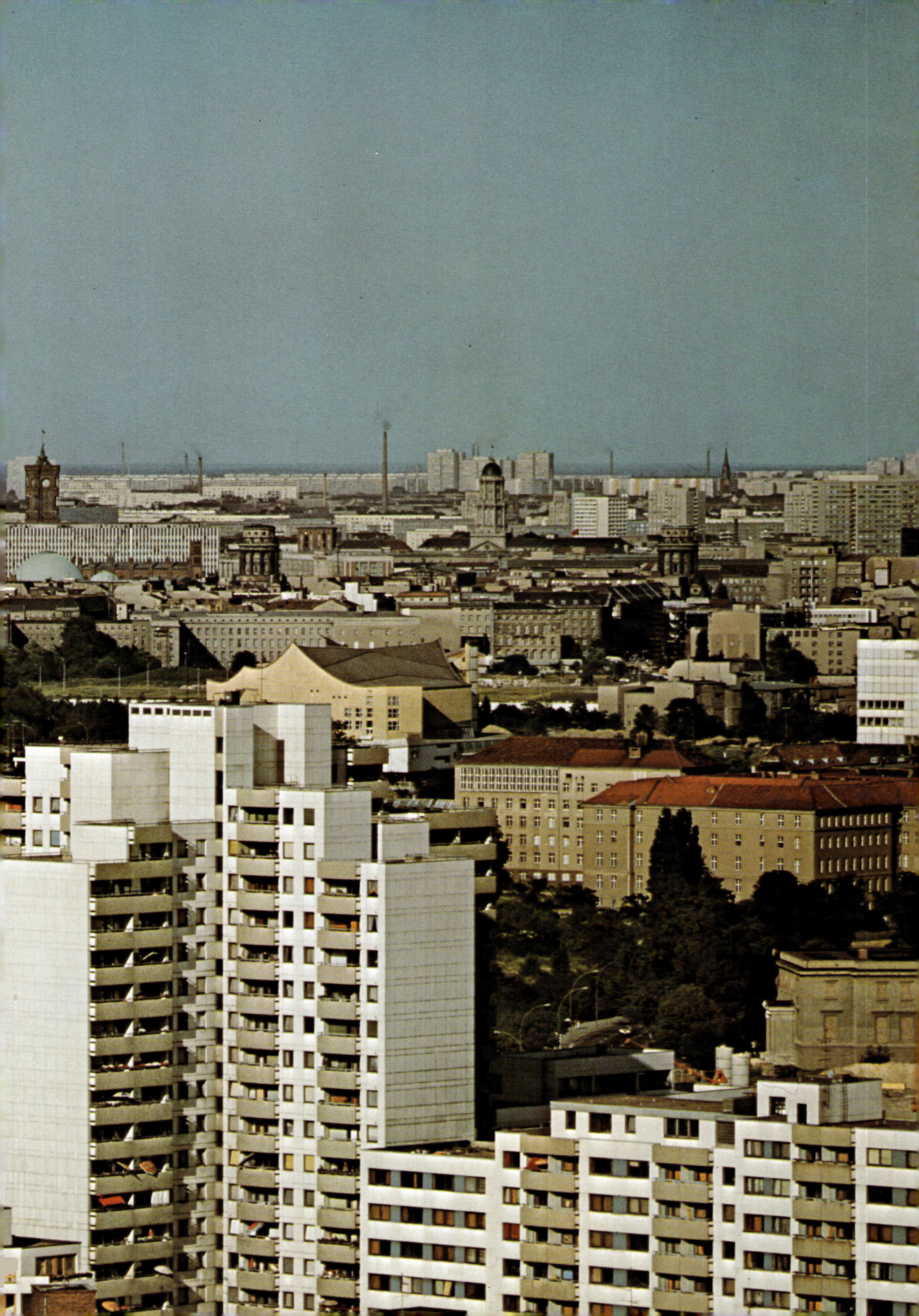

101

80 *Kreuzberger Türkenkinder*
    Turkish Children in Kreuzberg
    Enfants turcs à Kreuzberg

81 *Panoramablick auf die alte Innenstadt*
    Panoramic View of the old City Centre
    Vue panoramique de la vieille cité

82 *Zwischen Linden- und Friedrichstraße*
    Between Linden- and Friedrichstraße
    Entre la Lindenstraße et la Friedrichstraße

Dem Matthias Terwesten aus Den Haag folgte Antoine Pesne aus Paris, schon keine Lokalgröße mehr. Er hatte hier 46 Schüler. Einer aber bezeichnet den Beginn der Metropolität, und zwar Georg Liszewski, ein Pole, guter Porträtist, Schüler Eosanders (Schloßkuppeln zu Berlin und Charlottenburg). Drei der Liszewski-Töchter waren begabte Malerinnen; die älteste, Anna Rosina, heiratete zweimal in die französische Kolonie, erst einen Matthieu, dann einen de Gasc. David Matthieu war preußischer Hofmaler und hatte mit Anna Rosina drei Töchter und einen Sohn, alles gebürtige Berliner, die mittels Malerei den jungen Ruhm ihrer Vaterstadt an den deutschen Höfen verbreiteten.

Georg Liszewskis Zweite, Anna Dorothea, wie alle Liszewski-Kinder auch schon in Berlin geboren, war Malerin und heiratete einen hiesigen Niederländer namens Therbusch. Eine dritte Tochter war ebenfalls Malerin, so wie der einzige Sohn Maler war, Christian Friedrich Reinhold, dessen Tochter, eine Enkelin Georgs also, als Malerin sogar Aufnahme in die Akademie gefunden hat. Berlinische Kunstgeschichte in der Mitte zwischen West und Ost.

Im 18. Jahrhundert findet man sonst Falbe, einen Berliner, glänzender Porträtist, Meisterschüler und Freund Pesnes; Bernhard Rode, Berliner wie seine malenden Brüder, Pesne-Schüler, Historienmaler. Der berlinischste aber war ein Nicht-Berliner: Daniel Chodowiecki aus Danzig, ein polnischer Kleinadliger mit französischer Mutter (geb. Ayrer), Schüler Rodes, der hier keiner Würdigung bedarf. Nur dies Bezeichnende: er heiratet eine Berliner Französin, Jeanne Barez, (wie sein Bruder, der ebenfalls eine Kolonie-Französin zur Frau nimmt); von seinen sehr reizvollen Töchtern heiratet Jeannette einen gewissen Papin, Suzette einen Monsieur Henry und Henriette einen Herrn Lecoq. Zur Deszendenz dieser west-östlichen Verbindung gehört die Berliner Gelehrtenfamilie Du Bois-Reymond.

19. Jahrhundert: Franz Krüger, Joh. Erdmann Hummel, Eduard Gärtner, Steffek, Blechen, Menzel, die Meyerheims. Jahrhundertwende: Liebermann, Lesser Ury, Slevogt, Corinth, v. Werner, Leistikow, Hagemeister.

20. Jahrhundert: die Kollwitz, Baluschek, Zille (der auch ein vorzüglicher Photograph war), die Maler der ›Brücke‹, Nolde, Chagalls erste Einzelausstellung hier zwischen Witebsk und Paris, der ›Sturm‹-Kreis, George Grosz, E. O. Plauen und viele andere bis hin zu den Kreuzberger Malern von heute oder bis zu Trökes: unmöglich, sie alle zu nennen.

Berlin – literarisch: vor die Zeit um 1700 braucht man nicht zurückzugehen. Dann aber ist mit den Gedichten des Freiherrn v. Canitz ein anmutiger Anfang gesetzt. Christian Reuter konnten wir oben schon zitieren, keine Leuchte, aber immerhin. Friedrich den Großen wird man unter die sehr produktiven Schriftsteller Spreeathens einzureihen haben, wenn er auch nur französisch schrieb. Voltaire, heißt es, sei der geistige König Preußens gewesen. Es beginnt aber weithin leuchtend mit dem bemerkenswerten bürgerlichen Dreigestirn der deutschen Aufklärung: ein Lausitzer, ein Jude aus Dessau und ein Berliner (in erster Generation) oder Gotthold E. Lessing, Moses Mendelssohn und Friedrich Nicolai. Berliner Mischung! Die ersten beiden sprechen für sich, des dritten Licht ist nachdrücklich auf den Scheffel zu stellen, wenn Goethe und Schiller, die Stürmer und Dränger, die Romantiker und Kant wie Fichte ihn auch anbelferten. Nicolais verwegene Streitbarkeit war daran nicht unschuldig. Mit seinen ›Freuden des jungen Werthers‹ hatte er Goethe angegriffen, und das hatte sich nicht empfohlen. *»Ein Genie ist ein schlechter Nachbar«,* liest man in Nicolais ›Freuden‹.

Nicolais Lebensleistungen: ›Bibliothek der schönen Wissenschaften‹ mit Lessing und Mendelssohn (1757-1760), ›Briefe die neueste Literatur betreffend‹ (1759-1765), ›Allgemeine deutsche Bibliothek‹ (1765-1806, 107 Bände). Das Riesenwerk *»erfüllte die Funktion einer geistigen Hauptstadt für die Deutschen. Dieses kritische Journal erreichte einen Rang wie keine deutsche literarische Zeitschrift vordem und nachher«.* Der Schöpfer der deutschen Literaturkritik verfaßte, im Kampf gegen religiöses Obskurantentum, auch den *»ersten deutschen Wirklichkeitsroman«,* den ersten Berliner Roman, einen Bestseller, ›Sebaldus Nothanker‹, ver-

83 *Trödelmarkt unterm Stadtbahnbogen*
   Jumble Market under the Arches of the S-Bahn
   Marché au puces sous l'arche du métro

84 *Vollmond über Berlin*
   Full-moon over Berlin
   Pleine lune sur Berlin

faßte die erste umfassend informative Stadtbeschreibung ›Berlin und Potsdam‹, umfassender als die nachmals so berühmten Baedeker, parodierte die Deutschtümelei der »*Volksliedenthusiasten*« im ›Feinen kleinen Almanach‹ (1777), schrieb zwölf Bände ›Beschreibung einer Reise durch Süddeutschland und die Schweiz 1781‹ und war der Autor der ersten modernen deutschen Biographie ›Ehrengedächtnis des Herrn Ewald v. Kleist‹. Dieser Herr v. Kleist, Heinrichs dichtender Onkel, hat übrigens Nicolais Talent schon entdeckt, als dieser noch Buchhandlungslehrling in Frankfurt an der Oder war.

Berlin war indessen keine Konstante. Wie im Hohenzollernhaus der Generationskonflikt wiederholt ausbricht, so auch im bürgerlichen Bereich, nicht dramatisch wie dort, sondern im geistigen Feld. Der Sohn des aufgeklärten Berliner Juristen und Bürgermeisters, Heinrich Wackenroder, leitet gemeinsam mit seinem Schul- und Studienfreund Ludwig Tieck, die deutsche Wende zur Romantik ein, nachdem Tieck mit Nicolai gebrochen hatte. Es waren ›Entscheidungsschlachten‹. Aber wo anfangen, wo aufhören? Julius v. Voß, Autor von Sitten- und Zeitromanen, auch Bühnenautor, der erste wohl, der Berliner Dialekt auf die Szene bringt. Kleist. Die geistvolle Rahel Levin, deren Bruder, der Dramatiker Ludwig Robert, Michael Beer, Giacomo Meyerbeers jüngerer Bruder, ein begabter Dramatiker, der früh starb. Chamisso, der, gewollt oder nicht, die Verwandlung eines Franzosen in einen Berliner vorgelebt hat. Und E. Th. A. Hoffmann!

Die ›Serapionsbrüder‹, das waren Hitzig, der Berliner Kriminalrat, ›Neuer Pitaval‹, Dr. Koreff, Arzt und Dichter, Sohn eines jüdischen Arztes aus Breslau, Hoffmann selbst, Kammergerichtsrat aus Königsberg in Ostpreußen, de la Motte Fouqué, Refugié und preußischer Rittmeister aus Brandenburg an der Havel, romantischer Dichter, und Contessa, Sohn eines zugewanderten italienischen Kaufmanns aus Hirschberg in Schlesien, romantischer Erzähler und Dramatiker. Wenn man bedenkt, daß sich hier zwei Juden, ein halbfranzösischer Baron und ein Halbitaliener um einen der größten deutschen Erzähler zusammengefunden hatten, wird man nicht bestreiten wollen, daß ein solcher Zirkel nicht nur auf die geistige Weite des damaligen Preußen deutet, sondern auch zeigt, welchen Stand die Metropolität Berlins bereits erreicht hatte.

War Nicolai der klassische Berliner auf der literarischen Szene des 18., so war es Fontane auf der des 19. Jahrhunderts. Fontane hatte aber einen Vorgänger, auf den er sich bezog, G. W. Hareng oder Häring alias Willibald Alexis aus Breslau. Ein französischer Strang zieht sich auf diese Weise durch die Berliner Literatur, denn es war Fouqué, der den jungen Juristen Alexis einst zum Schreiben ermuntert hatte. Wichtig zu wissen, daß es diese Sprößlinge der ›Kolonie‹ gewesen sind, die hier den besonderen Sinn für Heimatgeschichte und Heimat überhaupt erst geweckt haben.

»*Seit den Tagen Nicolais riß die Kette der Berlin-Romane kaum je ab, so daß wohl in keiner anderen deutschen Stadt so viele Romane spielen wie hier*«, konstatiert Gustav Sichelschmidt (1971). Und tatsächlich reicht diese Kette noch bis ins heutige Ost-Berlin zu den Romanciers de Bruyn; indes Kunert und Bieler im Westen leben. Doch sei ein Fontane-Nachfolger wie Georg Hermann rühmlichst erwähnt, der nicht nur Berlin voller Verständnis, sondern vor allem Potsdam wie kein anderer beschreiben konnte, Sohn eines jüdischen Kaufmanns und Berliner, Bruder des ersten Direktors des Instituts für Altertumskunde in Kairo (Amarna-Ausgrabungen), Bruder auch eines Chirurgen von internationalem Ruf. Ein vierter Bruder war Architekt, ein Schüler Messels. Der richtige Familienname lautete Borchardt. Über die Mutter waren sie mit Rahel Levin verwandt, und diesem Sippenverband gehörten der Berliner Chemiker Prof. C. Th. Liebermann, der Maler Max Liebermann sowie als beider Vettern die Gebrüder Walther und Erich Rathenau an. Das war Berlin.

Sichelschmidt fährt fort: »*Seitdem Berlin seit der Reichsgründung die belebende Funktion einer literarischen Börse für ganz Deutschland ausübte, kann man auf weite Strecken hin die in der Reichshauptstadt entstandene Literatur mit der deutschen schlechthin gleichsetzen.*« Wenn dies so war, so wäre es ein Wunder gewesen, hätten

Pariser Platz
Bestattungen
von Rm 110 an.
Gefährdeter Bezirk
Leinen- oder Maulkorbzwang
für Hunde
Katzen sind einzusperren

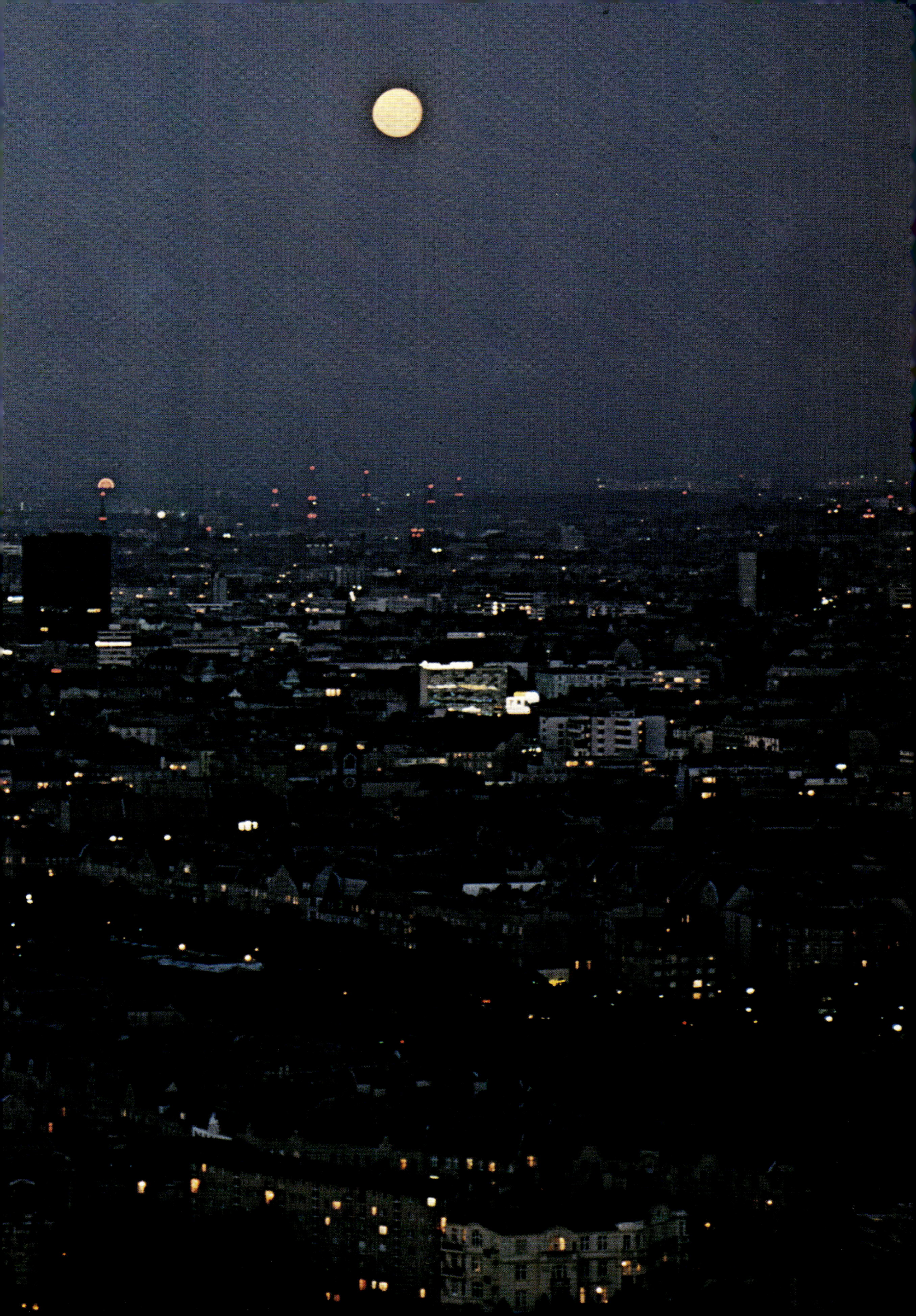

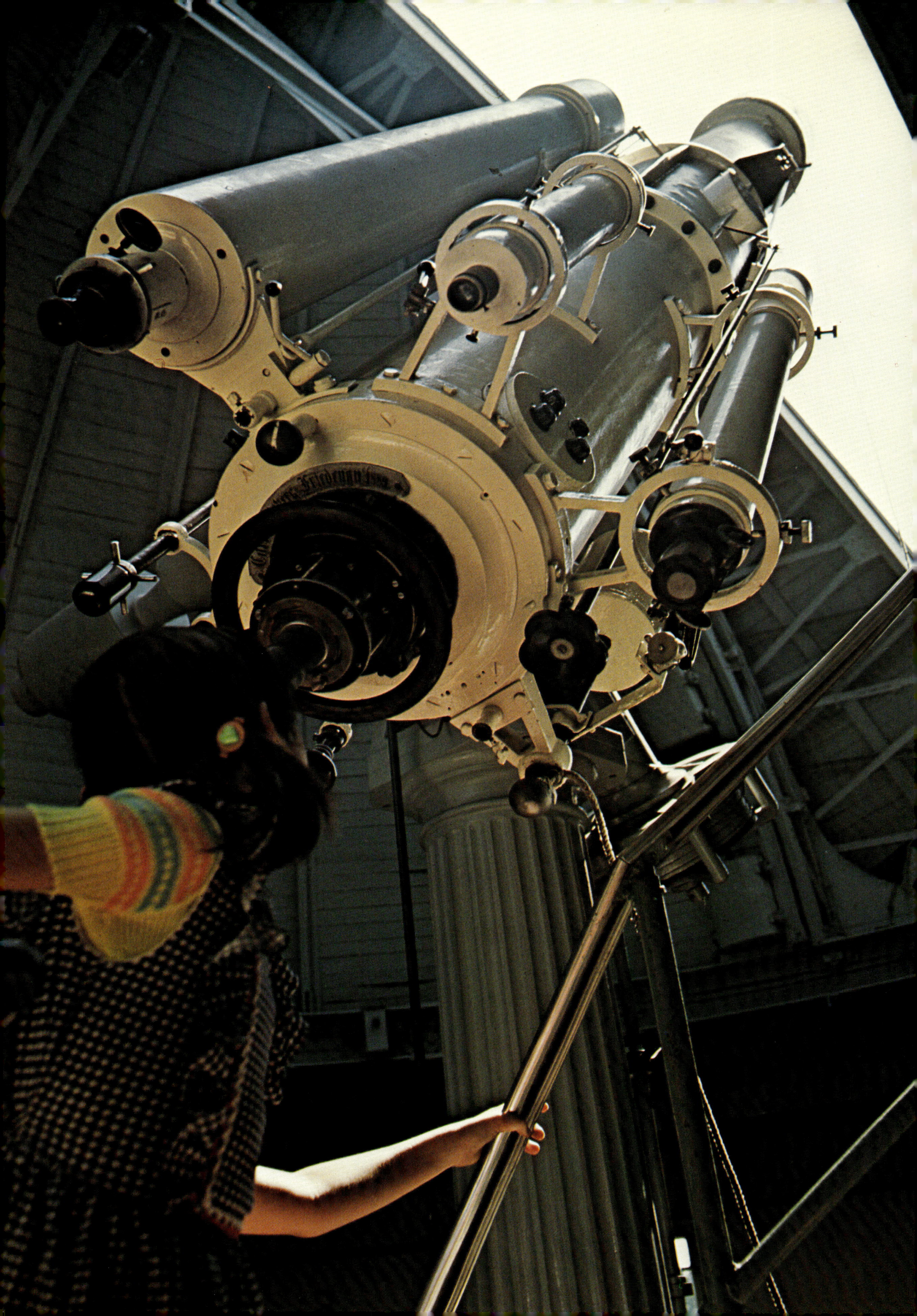

85 *In der Wilhelm-Foerster-Sternwarte*
The Wilhelm Foerster Observatory
A l'observatoire Wilhelm Foerster

sich nicht Anti-Berlin-Stimmen zu Wort gemeldet. »*Los von Berlin!*« hieß der Kampfruf eines hiesigen Journalisten und Schriftstellers aus dem Elsaß, Friedrich Lienhard (1865 – 1929). Er war Herausgeber des ›Türmers‹, und schon die Titel seiner polemischen Schriften zeigen, welchem Lager er zuzuzählen war: ›Oberflächenkultur‹ (1904), ›Vorherrschaft Berlins‹ (1910), ›Deutschlands europäische Sendung‹ (1914) und ›Der Meister der Menschheit‹ (1919). Das richtet sich nicht gegen das Berlin der Antipoden wie Rilke und George, gegen das der Stratz, Stucken, Steiner und wessen nicht alles, das zielte aufs ›Café des Westens‹, aufs ›Café Größenwahn‹, wo das geistige Feuer dermaßen heftig entbrannt war, daß es schon prophetische Flammen züngeln ließ: die Lasker-Schüler, Meidner, Däubler, Heym, Schickele, Benn, die schon den Weltkrieg und die Katastrophe von 1918 ahnten und kündeten.
Dieses Berlin! Durchgehende Linien der anderen Sparten des kulturellen Lebens müßten ›Parallelen‹ zum oben Gesagten ergeben: im Pressewesen die Kritikfreudigkeit Berlins und seiner Zeitungen, wie klein sie damals waren. Sie sind im kaiserlichen Wien schon während des 30jährigen Krieges aufgefallen. Unangenehm, versteht sich. Lessing und sein Vetter Mylius heben die hiesigen Blätter über Lokalniveau. Im Anfang dieses Jahrhunderts gipfelt das Zeitungswesen in den Verlagsleistungen der Ullsteins, Mosses und Scherls. Die Buchverleger, S. Fischer an der Spitze!
Theater: in Berlins größter Zeit, die doch nur so kurz war, gab es wohl an die vierzig Bühnen einschließlich der Kabaretts. Theater: Iffland, Brahm, Fehling, Jessner, Piscator, Max Reinhardt. Die Schauspieler: angefangen von Hoffmanns nächtlichem Gefährten Devrient bis zu Pallenberg, Krauss, Tiedtge, Heinrich George, Kortner, Deutsch, Gründgens, Max Hansen bis zur Durieux und zur Massary, zu den Thimigs, diesen *primis*, wenn man es so ausdrücken darf, *inter* so vielen *pares*. Gibt es solche Begabungen nicht mehr oder gibt es sie nicht, weil es das sensible, reagible Parkett nicht gibt, vor dem zu spielen Größe entfachen ließ? So gäbe es sie also im hauptstadtlosen Deutschland nicht mehr? *Sit venia quaestioni!* Der bibliothekarische und museale Reichtum hat trotz Kriegsverlusten noch Reichshauptstadt-Dimensionen. Derlei ist beständiger als menschliche Konstellationen.
Die Musik: an ihrem nach wie vor hohen Rang haben die Hohenzollern – wie übrigens auch an erwähnten Reichtümern – ganz entscheidenden Anteil. Sophie Charlotte, die erste Königin, musizierte selbst am Klavier mit dem Hoforchester zusammen; ihr Flügel existiert noch in ihrem Schloß Charlottenburg. Sie vererbte ihre Begabung auf die Enkel, den ›Flötenspieler von Sanssouci‹ und seine Schwester Amalie, die beide tüchtige Musiker waren, auch Komponisten, und auf den Urgroßenkel, der zusammen mit Mozart und mit Beethoven musiziert hat, auf Friedrich Wilhelm II., den Violoncellisten. Und auf dessen Vetter Prinz Louis Ferdinand. Noch heute bedeutet, in Berlin auf der Bühne oder auf dem Konzertpodium zu stehen und zu bestehen, das Entrée in die erste Rangklasse des Fachs, und die Berliner Philharmoniker gehören immer noch zu den besten Orchestern der Welt wie zu Bülows oder zu Furtwänglers Zeiten. Aber daß ein Joseph Joachim, spät des abends von der Musikhochschule kommend, deren erster Direktor er war, den Geigenkasten unter dem Arm, den Exerzierplatz vor dem Brandenburger Tor oft überquerte, um seinen Freund im Generalstabsgebäude schräg gegenüber, den Generalfeldmarschall Grafen Moltke, mit seinem Geigenspiel zu ergötzen, ist kein preußisches Märchen, sondern eine Tatsache. Übrigens war dieser einzigartige Geiger, wie der Verleger S. Fischer, ein ungarischer Jude, weshalb die schöne Geschichte von Preußenfeinden wie von Berufsantisemiten immer gern verschwiegen wird. Eine der Lehrer-Schüler-Ketten als Beispiel: Fasch jun. (Gründer der Singakademie) – Zelter (Gründer der ›Berliner Liedertafel‹, des allerersten Männerchors in Deutschland) – Mendelssohn-Bartholdy (Enkel des Aufklärungsphilosophen). Und Lortzing, diesen Sohn Berlins, nicht zu vergessen!
Berlin der Wissenschaften: Früheres wie Carion und Thurneysser beiseite, fing es mit Leibniz' Akademiegründung an und reicht über die französischen und

86 *Drachenfliegen am Teufelsberg*
Hang-gliding on the Teufelsberg
Vol libre au Teufelsberg

87 *Trabrennbahn Mariendorf*
Trotting-racecourse Mariendorf
Piste pour les courses au trot à Mariendorf

koloniefranzösischen Mitglieder zu Friedrichs Zeiten und über Euler den Mathematiker bis zu Planck und Einstein. Aber warum soll nicht jenes unbekannten Chemikers gedacht werden, dessen Labor man in einer Bastion der Spandauer Zitadelle entdeckt hat, und der dort schon im 17. Jahrhundert mit Arsen arbeitete, das man in Hamburg erst 1733 entdeckt haben wollte? Gedacht sei auch Kunckels, der nicht bloß das Rubinglas erfunden, sondern auch den Phosphor entdeckt hat. Auch hat Böttcher, der Erfinder des Porzellans, in Berlin mit ersten Versuchen angefangen, die er dann in Plaue an der Havel fortsetzte. Das Akademiemitglied Klaproth entdeckte hier Zirkon, Cer, Titan, Tellur und Uran als chemische Elemente.

Nach Gründung der Universität wird Berlin durch das Wirken Wolfs, Fichtes, Schleiermachers und der Humboldts, durch Hegel, Niebuhr, Savigny, Droysen, Ranke, Mommsen, Dilthey, Curtius, Wilamowitz, Meinecke, bis zu Spranger und Tillich, durch Helmholtz, Virchow, Koch, Sauerbruch, Van 't Hoff, Nernst, Haber, v. Laue, Debye, Heisenberg, Hahn, Meitner, Warburg und viele andere bedeutende Gelehrte das gewichtigste wissenschaftliche Zentrum der Erde! Die Kaiser-Wilhelm-Gesellschaft, heute die überall in der Bundesrepublik verbreitete Max-Planck-Gesellschaft, eine Gründung Wilhelms II., sah unter ihren Präsidenten Männer wie Harnack und Butenandt. Von den 35 Nobel-Preisen, die von 1901 bis 1936 an Deutsche vergeben wurden, fielen elf nach Berlin.

Berlin industriell: Die moderne Entwicklung geht auf Friedrichs des Großen Eisengießerei zurück. Um 1800 wurde eine Maschinenbauschule gegründet. Unter vielen umfassenderen Aufgaben übernahm der geheime Finanzrat Wilhelm Beuth die Leitung beider Institute. Aus seinen Händen ging eine ganze Generation industrieller Unternehmer hervor: Hummel, des Malers Bruder, Eggels, Freund, Wöhlert, Arnheim, Ade, Hamann, Gebrüder Müller, Siemens, Schwartzkopf, die Kuhnheims und die Kahlbaums, größtenteils seine persönlichen Schüler. Zu deren Schülern wieder gehörte Emil Rathenau, Berliner, Gründer der AEG. Bei Eggels lernte Borsig, bei Schwarzkopff die Brüder Lilienthal. Vor den Toren und längs der Spree wuchs das industrielle Berlin: Siemens, Stock, Knorr, Pintsch, Osram, Orenstein & Koppel, Mix & Genest und viele viele andere. Metallindustrie, Dampfmaschinen, Lokomotiven, Elektrotechnisches. Berlin erzeugte vor dem zweiten Weltkrieg 74 % aller Elektrogeräte, 63 % aller Telephone, 60 % aller Kabel in Deutschland. Ohne auch nur durch das geringste Vorhandensein einschlägiger Rohstoffe dazu prädestiniert zu sein und ohne daß das angestammte Gewerbe diesen Weg gewiesen hätte; fast alle Genannten waren Zugezogene. Dieses Berlin wurde zur größten Industriestadt auf dem Kontinent. Dem entsprechen die Daten: 1816 fuhr die erste Dampfeisenbahn auf dem Gelände jener Gießerei, Berlin hatte das erste Telephonsystem im Reich, die ersten deutschen Funkversuche und den ersten Rundfunk, sah 1884 die Erfindung der Nipkow-Scheibe. Die erste elektrische Straßenbahn der Welt 1896. Erstes Fernsehen 1928, System Nipkow. 1930 erste Raketenversuche auf dem jetzigen Flugplatz Tegel. 1937 erstes Farbfernsehen der Reichspost. 1939 erste Kernspaltung (Uran 235) durch Hahn und Straßmann.

Berlin die Filmstadt, in der Lubitsch, Fritz Lang, G. W. Pabst, Robert Siodmak und Billy Wilder begannen. Berlin also kinetisch: Zentrum der großen kollektiven Unruhe, aus der das technische Zeitalter resultiert. Rastloses Geschwindigkeitsbegehren bis ins Rauschhafte. Auf diesem Generalnenner stehen Fliegerei und Futurismus. Schon Arnold Böcklin hat viele ganz ernst gemeinte Flugversuche auf dem Tempelhofer Feld unternommen und hat Lilienthal in Lichterfelde aufgesucht, der gerade mit einem Benzinmotor experimentierte. Lilienthals Schüler Herring wurde der Lehrer der Gebrüder Wright, die sich Lilienthal-Modelle über den Ozean kommen ließen. Die Wrights kamen hierher, und die Wiege der deutschen Fliegerei wurde der Flugplatz Johannisthal. Das exakt genaue Pendant zum Café des Westens am Kurfürstendamm wurde dort im Osten das Café Sennftleben. Dort traf sich alles, was flog und mit jedem Flug das Leben riskierte. Aber ein Menschheitstraum war Wirklichkeit geworden. Junge moderne Leu-

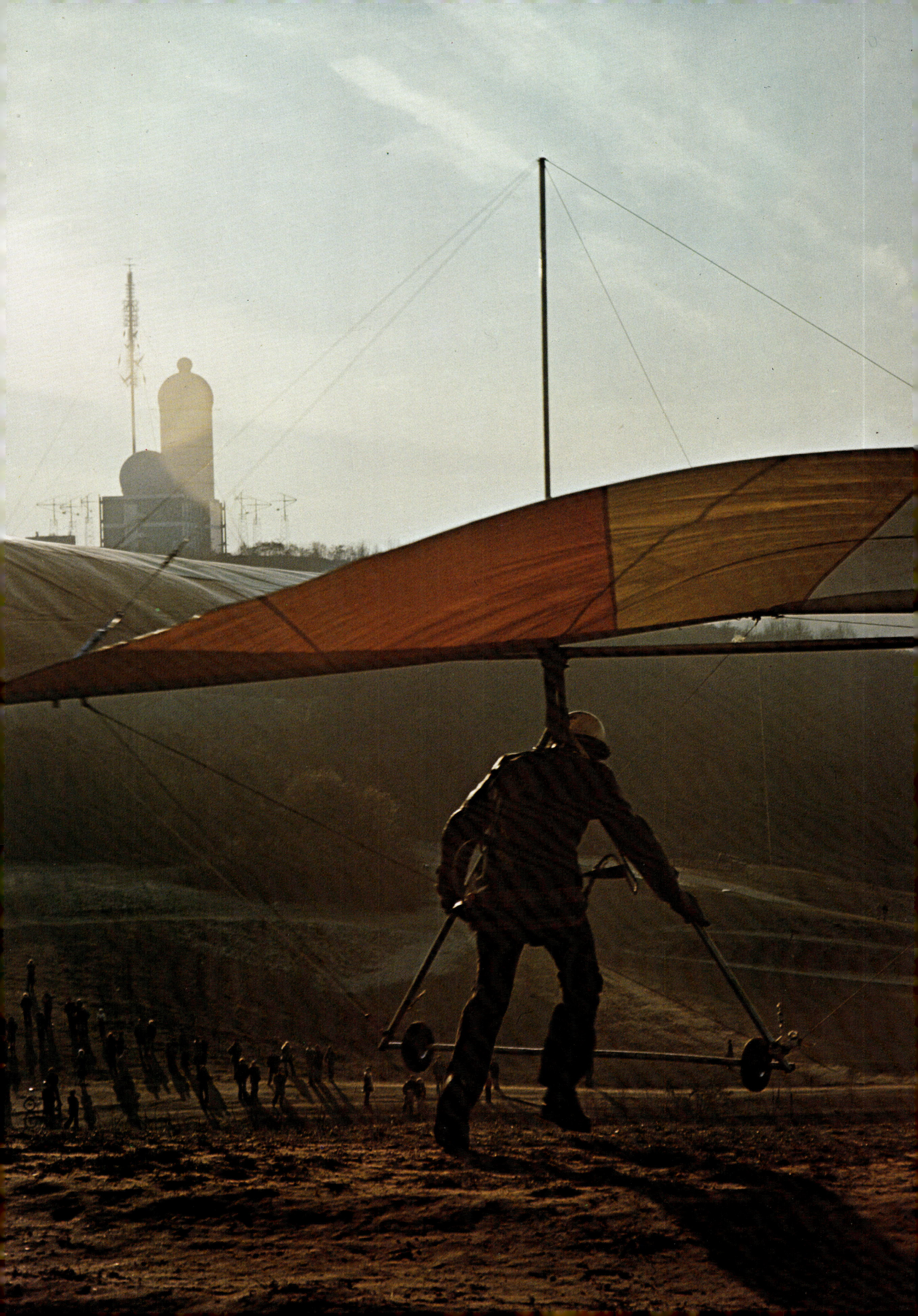

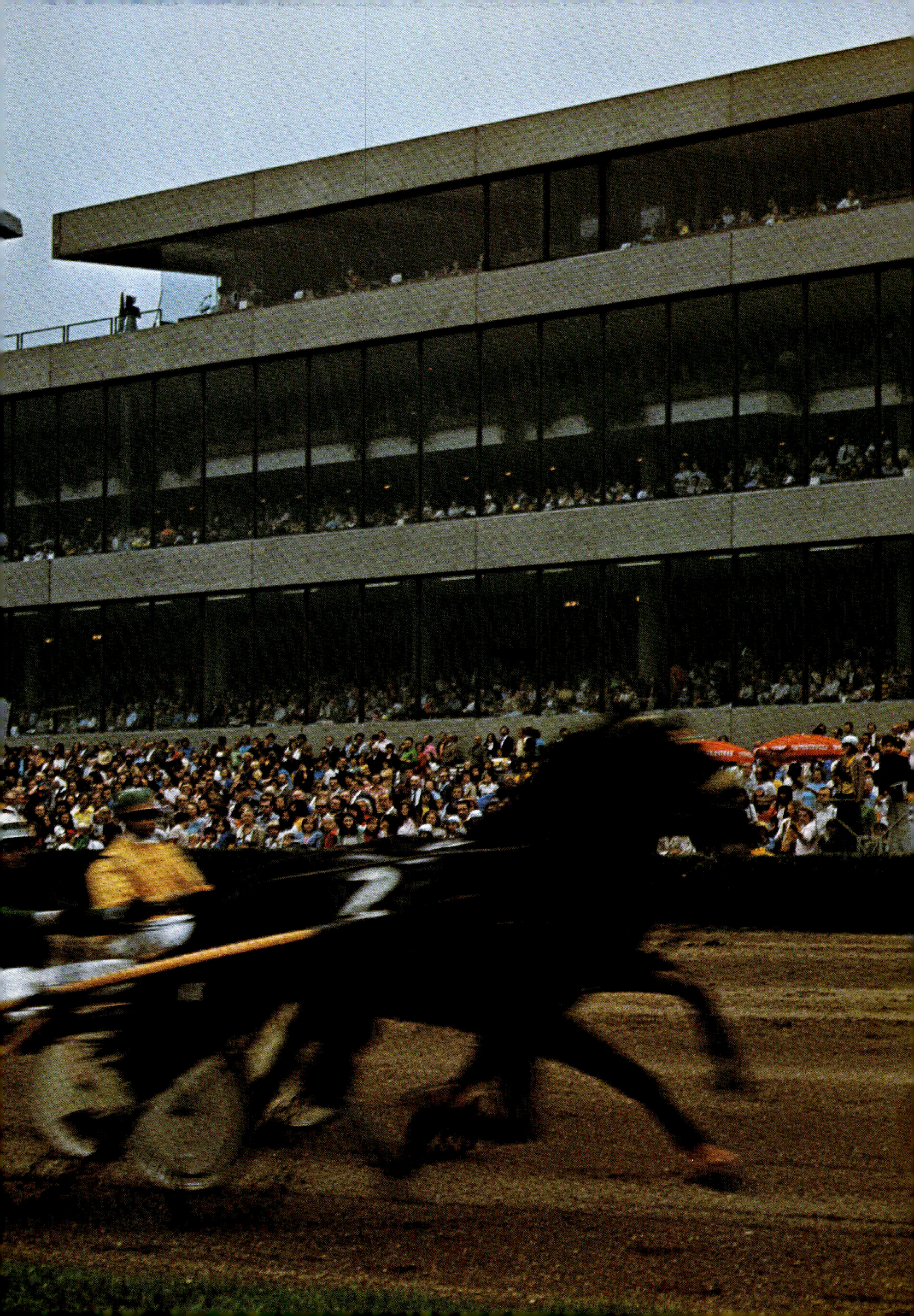

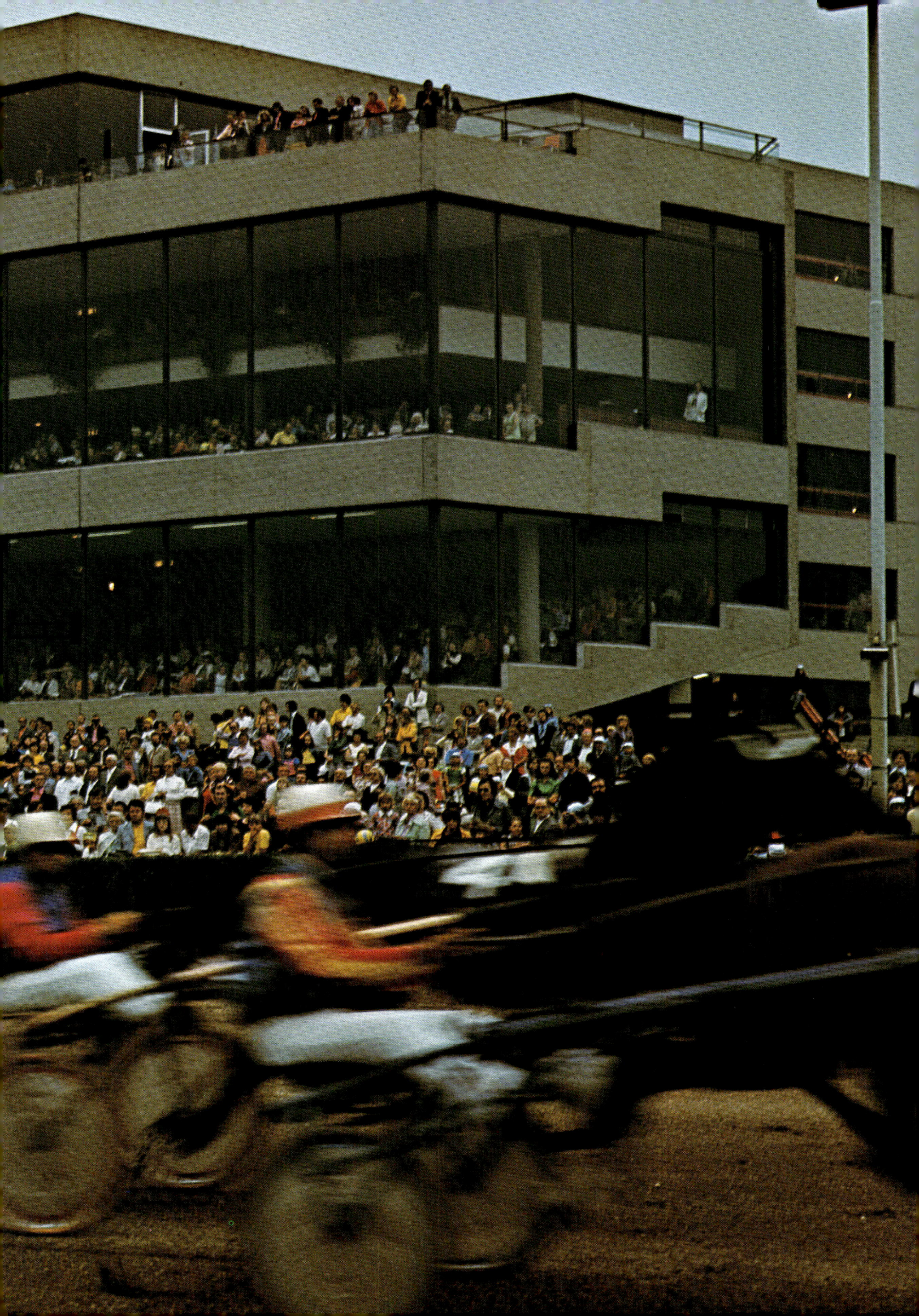
4

Gasthof Heidekrug
1846

88 *Alter Gasthof in Alt-Mariendorf*
An old Inn in Alt-Mariendorf
Vieille auberge dans le vieux Mariendorf

te, die weder zwischen Nationalitäten oder Rassen noch Geschlechtern Unterschiede machten, Franzosen, Russen, Amerikaner, die Fürstin Schakowskoy und Ljuba Galaschinskoff, Melli Beese, die erste deutsche Fliegerin, Bildhauerin von Haus aus, Antonie Straßmann, die später Schauspielerin wurde. Lost generation dennoch: Weltkrieg I stand vor der Tür, und das Ende war so nahe. Die Nähe zu den Künsten ist zum Greifen. Schon die Lilienthals hatten es mit Gesang und Theater. Vollmoeller, einer der ersten ›Aviatiker‹, dichtete und schrieb später Drehbücher, desgleichen Otto Linnekogel, der Zeichner und Drehbuchautor. Und gehört das Berlin des Ausdruckstanzes etwa nicht in diesen Zusammenhang? Mary Wigman, Schülerin Labans, und Tatjana Gsovsky.

Daß Berlin einmal 75% der deutschen Konfektion hergestellt hat, ist erst vier Jahrzehnte her. Berliner Schick war maßgebend für ganz Deutschland. Seit er es nicht mehr ist, fehlt der deutschen Mode einiges. Aber die Berlinerin? Heinrich Mann hat ihre Leichtfüßigkeit und ihren amazonenhaften Wuchs gefeiert. Die langen Beine, schrieb Kiaulehn, waren »das selbstverständliche Merkmal der jungen Frauen von Berlin«. Marlene Dietrich hat sie, Berlinerin, Filmactrice von Weltformat, als Chansonette Schülerin der Berlinerin Claire Waldoff. Hildegard Knef hat sie, Berlinerin, Schauspielerin und Chansonette mit eigenen Texten von internationaler Geltung. Für die nationale Geltung der Berlinerin hat wohl Rotraut Richter das meiste und beste getan, das ›Veilchen vom Potsdamer Platz‹. Drei Emissärinnen eines Typus', blond, deutsch mit slawischen Einschlägen. Und Susanne Erichsen hat diese langen Beine über in- und ausländische Stege geführt, Berlinerin, Starmannequin romanischen Typs, nur größer. Als kurz nach dem zweiten Weltkrieg eine Jury sie zur ersten Miß Europa gekürt hatte, erhob der französische Juror Einspruch: ausgerechnet eine Deutsche und so kurz nach dem Dritten Reich? Dem Einspruch wurde stattgegeben. Im zweiten Wahlgang siegte nun eine Österreicherin. Da wagte jener Kindskopf nicht ein zweites Mal – wie die Berliner Kindsköpfe – zu sagen: »Das gildet nich!«

Berlin – Feindlage

»Stant yp Iherosalem inde erheyff dich!«
(Paul Celan)

Alt, sehr alt sind die Interessen der slawischen Nachbarn *an dem* und ihr Drang *in den* ostelbischen Raum. Zu datieren vom 6. nachchristlichen Jahrhundert bis heute, das wurde schon gesagt. Lange aber vor der Mitte des 19. Jahrhunderts, als der Panslawismus gewissen raumgreifenden Ansprüchen sein verhüllendes Mäntelchen umtat – (ein ursprünglich von Prag ausgehender allslawischer Einheitsgedanke, der die Slawenvölker der Donaumonarchie gemeint hatte, zu dessen Generalanwalt sich dann aber das Zarenreich mit ganz anderem Hintersinn aufgeworfen hatte) – lange vorher schon sind bei Polen und Tschechen Thesen aufgestellt worden, die die Behauptung einer uranfänglichen Slawität all jener Landstriche erhärten sollten. Nur handelte es sich um erwiesene Falsifikate. Sie betrafen noch nicht den Namen Berlins, sondern den der ersten Residenz Brandenburg, der polnischen Autoren des 13. Jahrhunderts zufolge ›Sgorzelicz‹ gelautet haben sollte (unbedachte Rückübersetzung ins Polnische, darin ›Gorz‹ soviel wie ›Brand‹ oder ›Feuer‹ bedeutet). Die bischöflichen Exegeten dort in Posen und Gnesen gingen aber weiter und offerierten in ihrem Überschwang für Magdeburg, Schleswig, ja sogar für Lüneburg und Bremen Urworte slawisch, kraft derer die imperialistische Unbefugtheit der Deutschen gehörig angeprangert werden sollte.

Und 1677 ermangelte ein Prager Jesuit nicht, ein neues Kümmelblättchen aufzulegen: ›Branny Bor‹ hätte Brandenburgs Name einst bei den Slawen geheißen, was ›Waldwache‹ bedeute. Und noch am Anfang unseres Jahrhunderts eilten slawophile deutsche Autoren, aus ›Branny Bor‹ ein ›Brennabor‹ zu ersinnen. Tendenziöse Erfindungen. Geringfügig, aber Symptome sind meist nur klein. Und anfangs unscheinbare Gedanken können, die Geschichte lehrt es, die Menschheit mit epidemischer Gewalt überkommen wie die Pest.

89 Die Dorfkirche in Mariendorf
    The Village Church in Mariendorf
    Eglise de village à Mariendorf

90 Trabantenstadt Märkisches Viertel
    Satellite-estate Märkisches Viertel
    Märkisches Viertel, ville satéllite

Jene einseitig engagierten Namenausleger haben immer wieder erpichte Nachfolger bekommen, Zunkowich, Kollar, Šafařik, letztere beide im vorigen Jahrhundert ordentliche Professoren zu Wien. Einer names Perwolf verwandelte sogar den illustren Stamm der Sueben, (um die man ja in diesem Zusammenhang nicht herumkommt) in lautere Slawen. Und auf den Konferenzen von Teheran, Jalta und Potsdam konnte man sie dann sehen, die Politiker, die da aus dem Tombak solcher Wissenschaft die eherne Währung politischer Realitäten herausmünzten. –

1677, das Datum kam nicht von ungefähr. Zwei Jahre vorher waren die Würfel bei Fehrbellin gefallen. Fortan wurden die dort geschlagenen Schweden im Reich nicht mehr als die bewaffnete Repräsentanz des evangelischen Lagers angesehen, als welche sie seit Gustav Adolfs Tagen gegolten hatten, sondern der Sieger wurde es: Brandenburg. Dabei war dessen Kriegsziel schlicht und einfach bloß die Vertreibung der Schweden gewesen, die im Einvernehmen mit Frankreich und Hannover ins Land gefallen waren.

»*Glückliche Victorie von Fehrbellin*«, was sich nach ihr zum ersten Mal abzeichnete, war eine nationale Regung in Gestalt von Sympathie für den Großen Kurfürsten, der das Feld behauptet hatte, und war darüber hinaus, gerade eben erahnbar, die Bildung eines deutschen Schwerpunkts, der eines Tages nicht in Wien, der Kaiserstadt, und gar außerhalb des päpstlichen Machtbereichs liegen würde. Den klugen Jesuiten konnte derlei nicht entgehen, forderte doch ihre Satzung unabänderlich die Rückgewinnung aller Häresie zum katholischen Glauben. (Dies sind Feststellungen ohne Parteinahme; erst **wenn jeder Handelnde so handeln** *muß*, wie er handelt, können Zusammenstöße in den Rang des Tragischen aufrücken.)

Nun war es mit dem Nationalgefühl beim Kernvolk des, recht betrachtet, im Ansatz ja utopischen, seit Anbeginn abbröckelnden und schwindenden römischen Reichs deutscher Nation so eine Sache. Während alle im Zeitlauf sich vom Reich lösenden Völker, nicht gehindert noch getadelt, ein kräftiges Nationalgefühl entwickeln durften, ja dessen, um sich zumindest als potentielle Reichsfeinde verselbständigen zu können, auch bedurften, begegnete die Welt dem hiesigen Entstehen solcher Kollektivimpulse mit Mißtrauen. Deutscherseits lief ja auch jegliche Regung dieser Art dem Wesen der übernationalen Reichsidee gründlich zuwider. Nicht ohne Grund befürchtete man draußen, die sich aufraffenden Deutschen könnten auf irgendeine, sagen wir, großdeutsche Weise ihr Reich gleichsam wieder über die emanzipierte Umwelt stülpen wollen.

In jener Anstoß und Richtung gebenden Erwartung einer öffentlichen Meinung rings, wenn auch nicht überall im Reich, wuchs Brandenburg, das noch keinen einzigen Krieg auf eigene Rechnung und Faust gegen eine fremde Macht geführt hatte, sowohl in die sich andeutende Funktion eines nationalen Sammelraumes als auch nolens volens in die Rolle des Verteidigers und Vorstreiters der Evangelischen. Seinerzeit waren diese Fragen noch aktuell, der 30jährige Krieg lag noch keine dreißig Jahre zurück. Der Erlaß des ›Edikts von Potsdam‹ (1685), mittels dessen, Frankreich zum Trotze, der Sieger von Fehrbellin die Hugenotten ins Land rief, mußte sich als ein weiterer Schritt auf dem gedachten und nun auch eingeschlagenen Weg ausnehmen oder war ein solcher Schritt.

Doch wenn durch einen Prager Jesuiten einer slawischen Idee Laut gegeben worden war, so waren dort zwei ganz verschiedene Bestrebungen im Begriff, zu einer einzigen zu werden: der katholische Rückeroberungsvorsatz und der slawische Expansionswunsch. Auf der südöstlichen Angriffsfront gegen ein nachmaliges Preußen und dessen Hauptstadt Berlin, so ließe sich das Keimhaft-Winzige hyperbolisch formulieren, bereitete man sich für den Aufmarsch.

Einige Jahre nach 1677, aber noch vor 1685, wurde unter jesuitischem Einfluß aus Prag abermals ein Falsifikat losgelassen und sollte gleich einem Erisapfel auf die politische Bühne rollen, die ›Lehninischen Weissagungen‹ aus der erbosten Feder eines vordem Berlinischen Geistlichen, der in Prag katholisch geworden war. Die sehr geschickt abgefaßte, wiewohl, wie sich zeigen sollte, un-

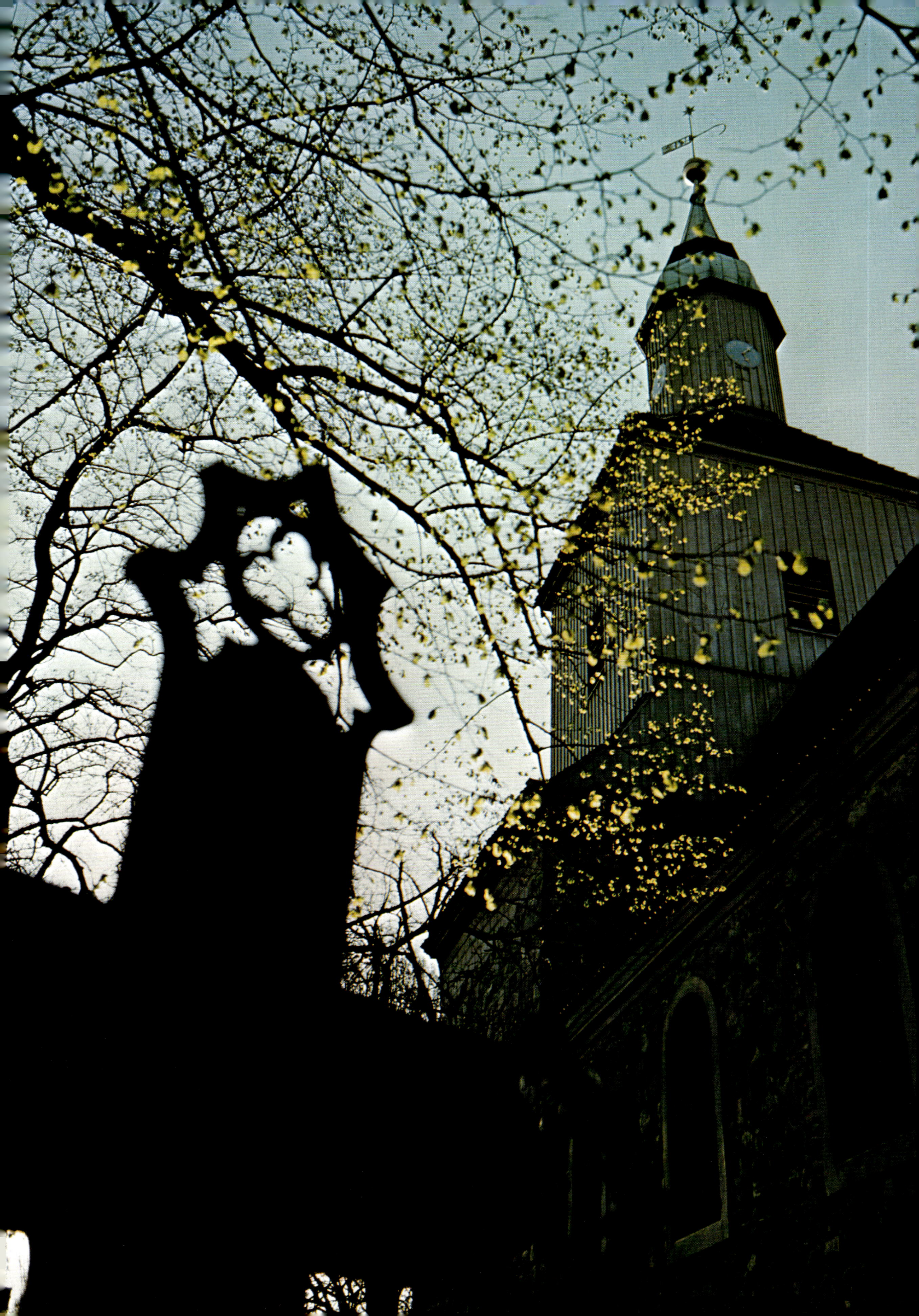

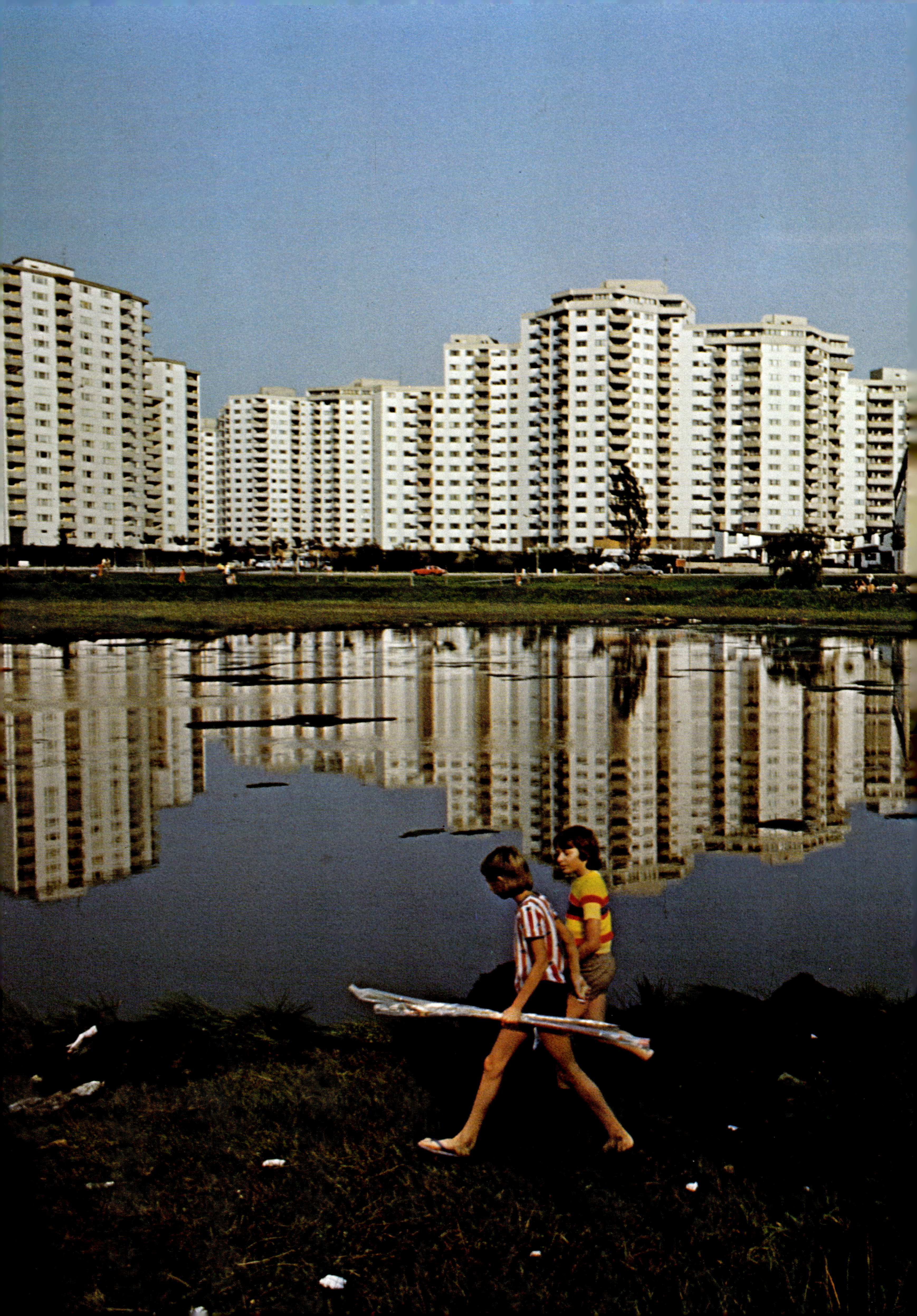

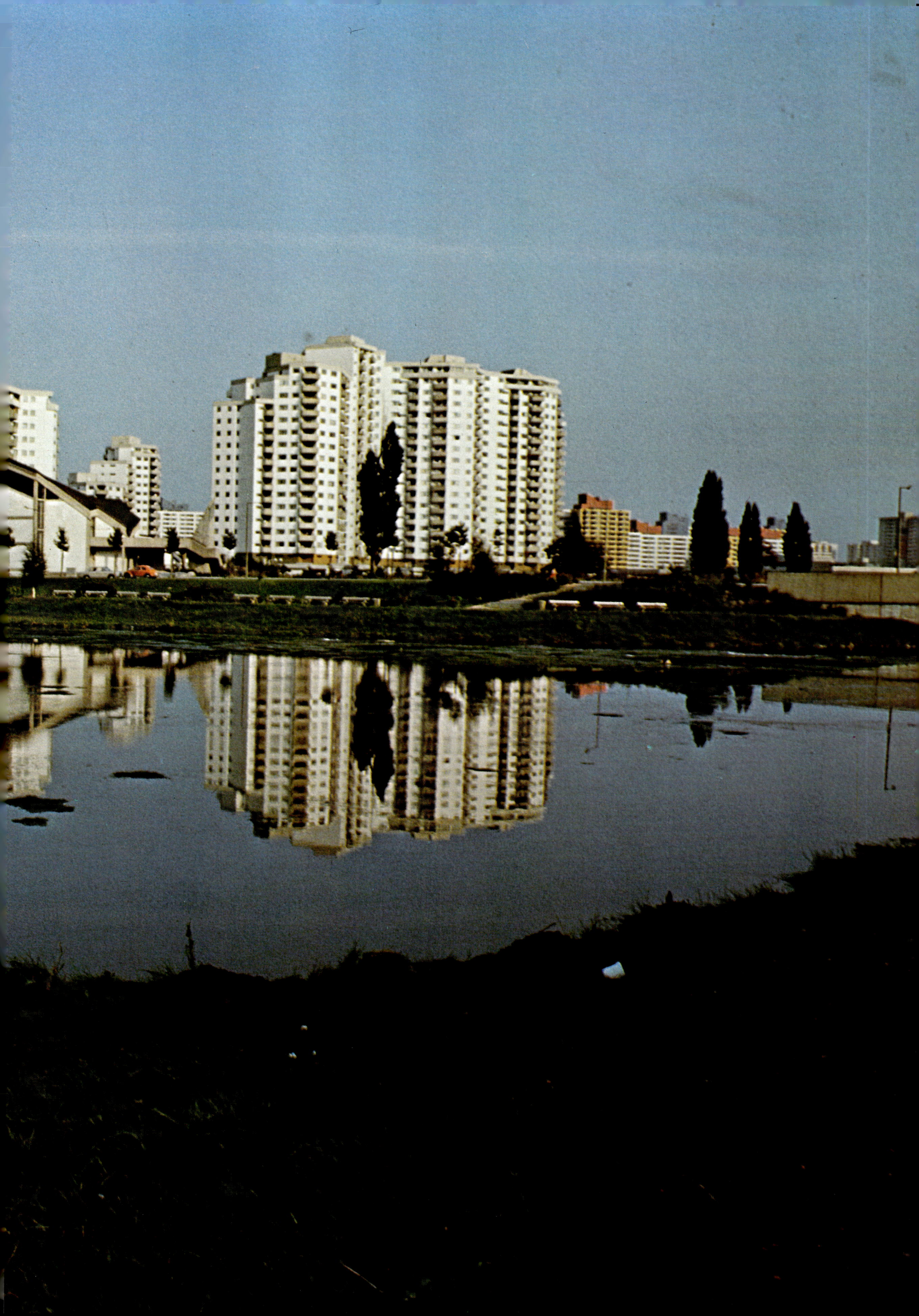

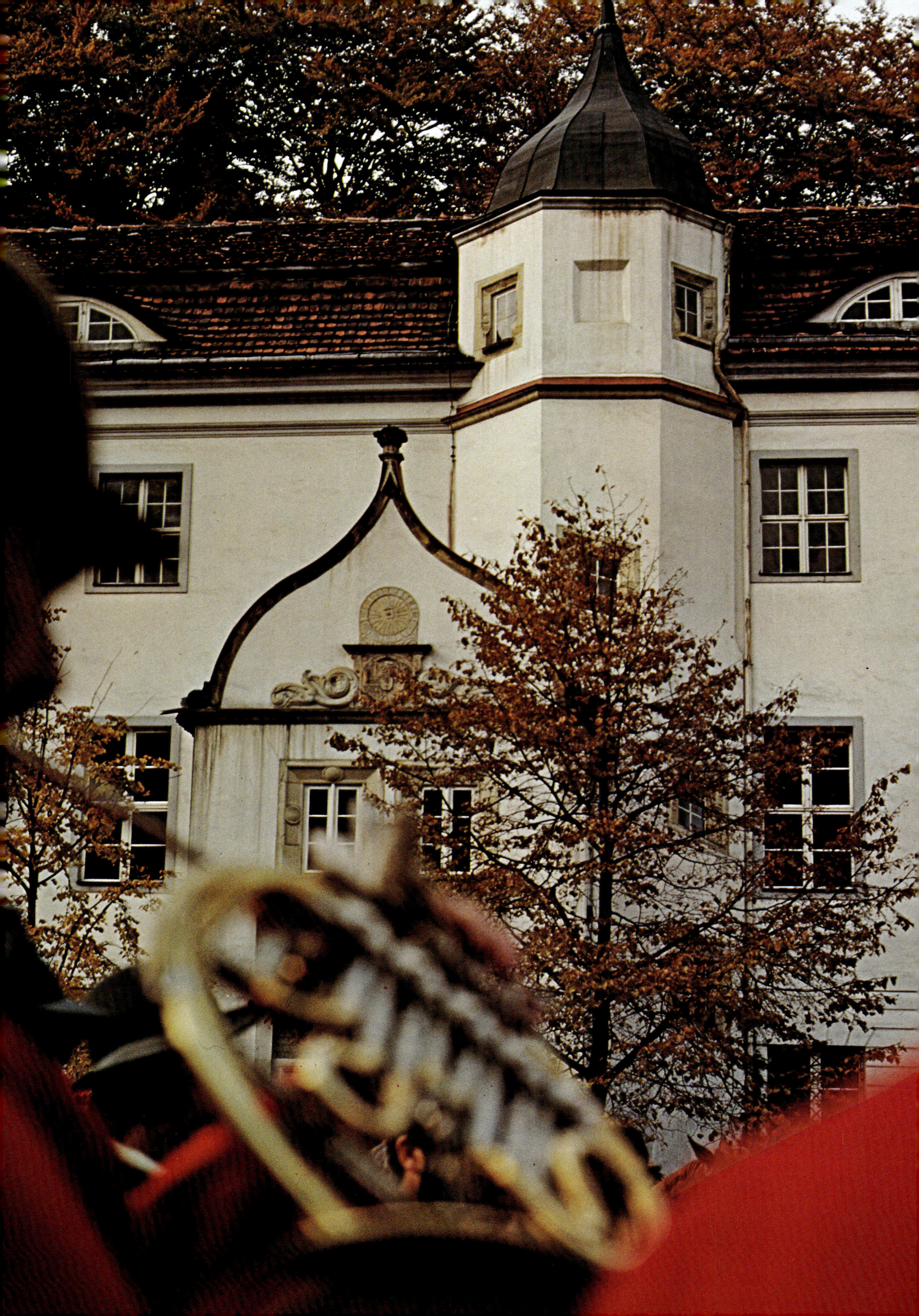

91 *Jagdschloß Grunewald*
The Hunting-lodge of Grunewald
Château de chasse de Grunewald

zutreffende Prophezeiung orakelte vom Untergang des ketzerischen Zollernhauses und der Wiederherstellung des alten Glaubens in der Mark und wurde auch später noch wiederholt in die Öffentlichkeit lanciert, wann immer Preußens Untergang gekommen zu sein schien. Ein anderer Schritt war alledem voraus gegangen: 1660 war der Große Kurfürst im Frieden von Oliva als Herzog von (Ost-)Preußen bestätigt worden. Die beiden Keimblätter – wir sagten ›heidnischen‹ Keimblätter – des nachmaligen Preußenstaates gerieten altem preußischem Plan zufolge in griffige Verbindung. Nicht die Waffen hatten gesprochen, ein Wahlversprechen Kaiser Leopolds war in Kraft getreten, und alte Erbrechte Brandenburgs hatten ohnehin geltend gemacht werden können. 1701 setzte sich des Großen Kurfürsten Sohn mit der Begründung, daß der Kurfürst von Sachsen die polnische Krone trage und der von Hannover demnächst die englische tragen werde, selbst die Königskrone auf. Das erkannten die Mächte mit Ausnahme Frankreichs an. Spanien zögerte. Der Papst legte Protest ein. Ihm mußte es um die Beeinträchtigung des katholischen Polens in jenem entlegenen Erdenwinkel gehen, in welchem sich nun ein Ketzer auf einen selbstgezimmerten Thron geschwungen hatte. Verschätzt hatte man sich dabei zu Rom keineswegs.

Als Friedrich der Große ins habsburgische Schlesien einrückte und damit den Österreichischen Erbfolgekrieg zusammen mit den katholisch regierten Frankreich, Bayern und Sachsen eröffnete, begrüßten die schlesischen Protestanten, die unter dem Druck katholischer Schikanen standen oder zu stehen meinten, in ihm den Befreier von religiöser Bedrängnis. Diesem so folgenreichen Unternehmen wird man den aggressiven Charakter kaum absprechen können, und die Befreier-Rolle dürfte für den aufgeklärten Monarchen allenfalls eine Nebenrolle gewesen sein. Doch nicht nur Schlesiens Katholiken, sondern, wiewohl kaum betroffen, auch das katholische Polen erblickte in Friedrichs Unternehmen eine Aktion gegen die heilige Kirche als solche. Daran änderte auch die Tatsache nichts, daß der König keine einschneidend antikatholischen Maßnahmen traf und paradoxerweise den mittlerweile gar auch vom Papst verbotenen und aufgelösten Jesuitenorden als Schulerzieher gewähren ließ.

Aber wenn die Welt sich einen Feind aufbauen will, so besteht sie darauf und argumentiert wie ihr der Sinn steht. So begann sie sich gegen Preußen und implicite Preußisch-Berlin einzuschwören. Dabei hätte sie doch das ›Thorner Blutgericht‹ von 1724 noch in frischem Gedächtnis haben dürfen, wo deutsch-protestantische Ausschreitungen gegen das dortige Jesuitenkollegium durch neun völlig ungesetzliche Todesurteile, unverhältnismäßig harte Behandlung Beteiligter und durch Maßnahmen zur Gleichstellung der katholischen Minderheit polnischerseits geahndet worden waren. Auch dort schien sich katholische Empfindlichkeit mit slawischem Überwertigkeitsgefühl in eine Front geordnet zu haben.

Im Siebenjährigen Krieg sah sich Preußen zeitweilig dem Reichsheer, den Polen, Franzosen, Schweden, Sachsen, Österreichern und den Russen gegenüber, welch letztere drei übrigens bis Berlin drangen, die Russen auch in die Stadt hinein. Unter anderem wurden die Schlösser Schönhausen und Charlottenburg geplündert, dieses namentlich von den Sachsen. Kriegsziel war, Pommern an Schweden, Ostpreußen an Rußland – die Russen hatten sich schon huldigen lassen –, Magdeburg und Halberstadt (= die nachmals sogenannte Provinz Sachsen) an Sachsen, Schlesien wieder an Österreich und Preußens rheinisch-westfälische Besitzungen an wen? – an Frankreich zu vergeben, welches kraft ›Teilungstractat‹ gesetzte Ziel mutatis mutandis erst 1945 erreicht wurde. Mit der wesentlichen Einschränkung, daß dabei Frankreich keinen Länderzuwachs verbuchen, Rußland hingegen seinen mächtigen Fuß bis an die Elbe vorsetzen konnte. Über Berlin hinweg.

Es war Churchill, der warnend darauf hinwies, daß das Ergebnis des letzten Krieges nicht darin bestehen dürfe, daß eine Vielzahl europäischer Kapitalen zum Ostblock geschlagen werde: Sofia, Bukarest, Budapest, Brünn, Prag, Warschau und Berlin auf die oben beschriebene sozusagen gordische Weise; indes die baltischen Hauptstädte Tallinn, Riga und Kaunas ohnehin schon von Ruß-

92 *Havelbucht bei Moorlake*
Havel Bight near Moorlake
La baie de la Havel de Moorlake

93 *Im Zentralflughafen Tegel*
In the Central Airport Tegel
L'aéroport central de Tegel

---

land geschluckt seien. Aber Churchill wurde abgewählt, und so beherrschte Stalin den Grünen Tisch im Schloß Cäcilienhof während der Potsdamer Konferenz.
Blind ans eigene Propagandaklischee fixiert hat man den berüchtigten ›Geist von Potsdam‹ endgültig vernichten wollen, unbeschadet des Faktums, daß dieser schon 1918 sich selbst ausgehaucht hatte. Der US-General Clay zum Beispiel schreibt, er wisse nicht, weshalb Potsdam als Konferenzort gewählt worden sei, fügt aber hinzu: »*Es erschien durchaus sinnvoll, daß die Konferenz in der Stadt der preußischen Könige stattfand, dort, wo der deutsche Angriffsgeist seinen Ursprung genommen hatte.*« Stalin hätte lieber in Berlin getagt, wo die Spuren des sowjetischen Landsieges nicht weniger eindrucksvoll waren als die des Luftkriegs der Engländer und Amerikaner. In Potsdam waren nur deren Kriegsbeiträge zu sehen. Daß aber Hitlers abartige und blutrünstige Gewalt- und Missetaten ohne Zögern aus dem Wirken der Preußenkönige und aus dem preußischen Wesen überhaupt abgeleitet wurden – und sie werden es ja noch –, sagt nicht mehr und nicht weniger, als daß selbst helle und eher wohlwollende Köpfe auf den wer weiß wo abgekochten Leim der Geschichtsklitterung kriechen. »*Mundus vult decipi*«, wußte der kluge Sebastian Franck; und gerecht will sie schon gar nicht sein.

Friedrichs phönixhafter Aufstieg aus den Bränden des Siebenjährigen Krieges bewirkte verstärkt, was schon seines Urgroßvaters Siege bewirkt hatten: die unverabredete, von niemandem gesteuerte Erhebung in den Rang eines Nationalhelden. Die Zeit, so darf es hier ausgedrückt werden, wollte es so, sie hatte schon den badischen ›Türkenlouis‹ und den Prinzen Eugen auf den Schild erheben wollen. Um Friedrich rankten sich mehr als bloß Anekdoten. Sagen, Märchen und patriotische Lieder wurden zu einem Kranz gewunden: Gleim, Ramler und Karschin – und allemal konnte sich Berlin gleich mit verherrlicht sehen.
Doch schon drei Jahre, nachdem der Alte Fritz die Augen geschlossen hatte, vollzog sich im Westen die große Zeitenwende. Und weitere drei Jahre später zwang Frankreichs Revolutionsheer die so ruhmreiche preußische Armee, das Feld von Valmy zu räumen (1792). Nach weiteren 14 Jahren schlug Napoleon die Preußen nebst Sachsen vernichtend bei Jena und Auerstädt, woraufhin er in klugem Kalkül die gefangenen Sachsen sofort freiließ. Das Ende der preußischen Legende schien gekommen. Die ›Lehninischen Weissagungen‹ machten in Neuauflage die Runde. Alle fortschrittlichen Geister im Reich stellten sich, namentlich in den Rheinlanden, wie fasziniert auf Frankreich, diese Wiege bürgerlicher Freiheiten, ein. Sie hätten nicht Deutsche sein müssen, hätten sie nicht gegen inländische Tyrannei aufgemuckt, vom ausländischen Tyrannen aber wunderwas erwartet. Ob er auch in Ägypten und Syrien schon gescheitert war, wurde Napoleon als Verwirklicher des Neuen begrüßt, der er war und der er auch nicht war, wenn er Kronen und Ränge an wen immer verteilte, als hätte die Große Revolution nie stattgefunden.
Inflation des Monarchismus. Und wie sie, die deutschen Fürsten, das alte Kaiserreich verrieten und sausen ließen, und wie sie sich rissen, vom Usurpator Erhöhungen und Länderlappen zu ergattern und für dessen so großartige wie hybride Abenteuer Truppen über Truppen zu stellen und zu opfern! Am Ende hätten sie allesamt ihrer Throne verlustig gehen müssen. Aber so schnell mahlen die Mühlen der Geschichte auch wieder nicht, noch ein Jahrhundert war den deutschen Fürstlichkeiten beschieden. Nur zwei deutsche Monarchen aber hatten den masochistischen Tanz nicht mitmachen wollen, der Kaiser von Österreich, der nicht mehr der deutsche Kaiser war und immerhin doch eine seiner Töchter dem Korsen anvermählt hatte, und der König von Preußen. Oder in Städten ausgedrückt, Wien und Berlin.
Blockpolitik von damals. Im Rheinbund hatte sich früher oder später alles zusammengefunden, was in den Bannkreis Napoleons geraten war. Was blieb Österreich und Preußen, die in ihrer Existenz bedroht waren, anderes, als sich mit Rußland zu alliieren? Nachdem Napoleon das ganze linkselbische Preußen samt sonstigem Drum und Dran im Königreich Westfalen zusammengeworfen hatte, lag die Spaltungslinie doch wahrhaftig an der Elbe.

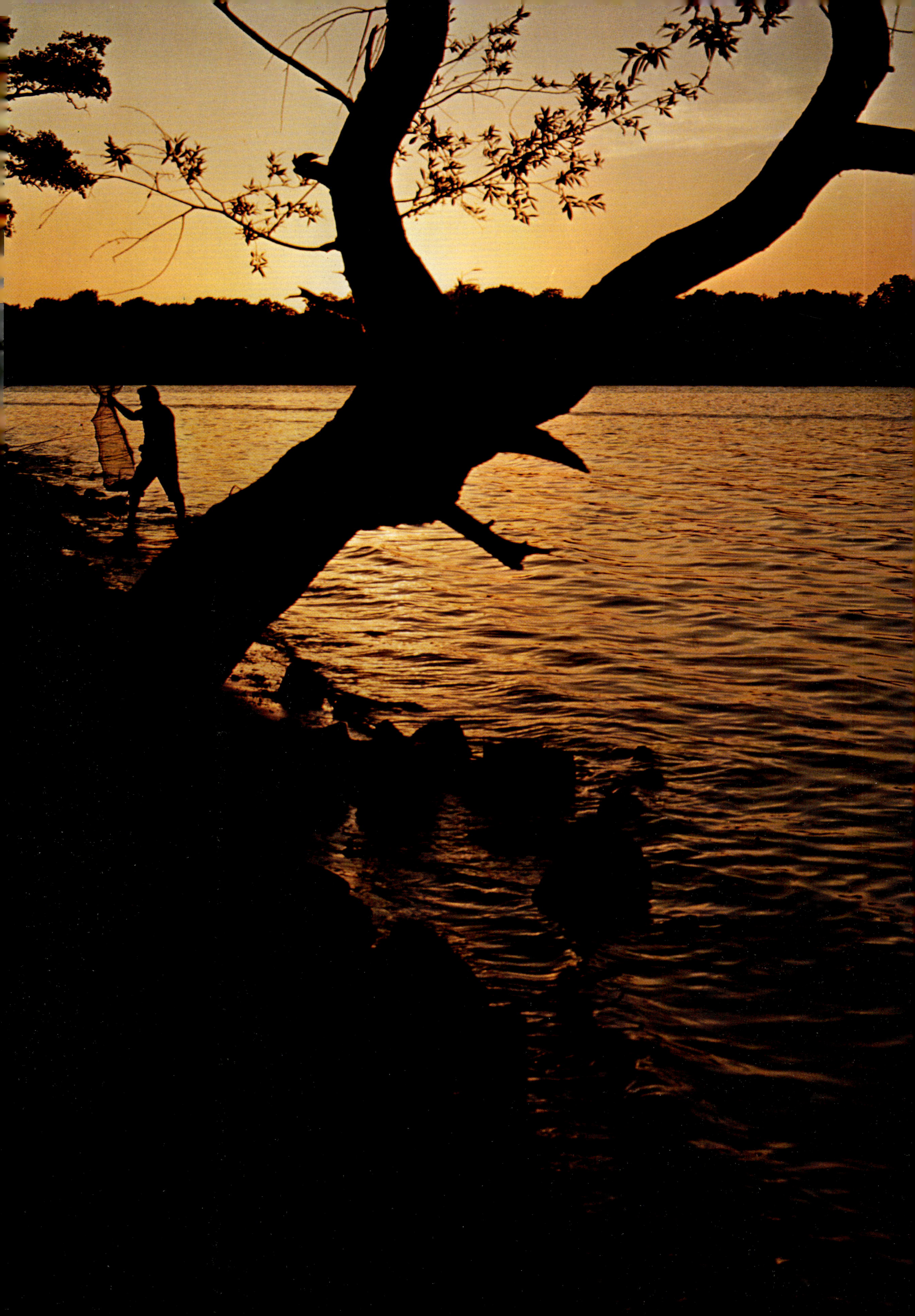

British airways
British airways
ways
Reisebüro
Travel agency
9-15
Auskunft
Information
1-9
Flugsteige
Gates

Restaurant
Café
Treffpunkt
Meeting Point
Bus
Taxi
P2
Besucherterrasse
Visitors terrace
Blumen
Süsswaren
Geschenke-Boutique
9-15
Auskunft
Information
top
FOTO
WEGERT
RADIO

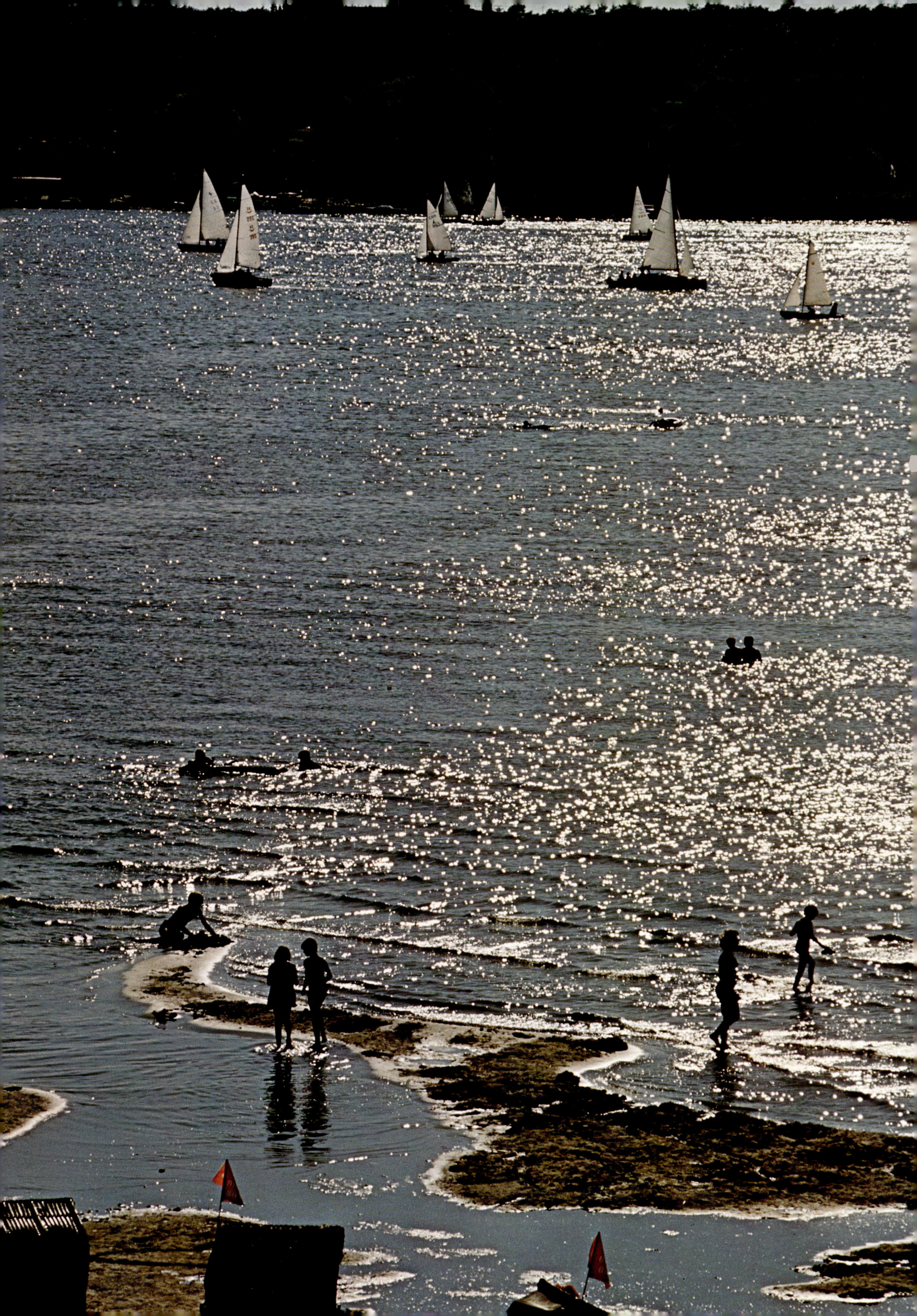

94 *Blick auf den Großen Wannsee*
View over the Große Wannsee
Vue sur le grand Wannsee

Lag die Spaltbarkeit Deutschlands, der Deutschen zutage, da die goldene Fassung des alten Reichs einmal gesprengt worden war.

Daß Napoleon das Zarenreich nicht schlagen konnte, hat er 1812 einsehen müssen. Aber wo der nunmehr erwachende deutsche Widerstand seinen Herd hatte, das witterte er sehr bald. (Ich sage deutscher Widerstand, nicht preußischer. Zu den Freiheitskämpfern gehörten Schill, Lützow, Körner und andere mehr als Sachsen auf preußischer Seite, und im Lützowschen Freicorps steckten Deutsche aus allen Ecken, steckten übrigens auch Tiroler, Spanier und Kosaken.) Napoleon hat von Berlin gesagt – und die Stadt mag darin einen Achtungserweis erblicken: »*C'est le foyer de la révolution!*«

Die Erhebung Preußens gegen die Fremdherrschaft war nicht so sehr eine Sache des zögernden Königs als vielmehr die eines mündig gewordenen Volkes und daher sehr wesentlich auch Sache der Berliner. Von den 10 000 Freiwilligen Preußens waren nicht weniger als 6 000 Berliner, darunter Fontanes Vater, Giacomo Meyerbeers älterer Bruder und viele andere, die da noch namhaft zu machen wären. Aus dem Brandenburgischen auch etliche Mädchen, so Eleonore Prochaska aus Potsdams Böhmischer Kolonie.

Die Marschälle und Generäle, die Napoleon entsandte mit dem Auftrag, jenes Berliner Herdfeuer zu ersticken, verpaukten die Gefechte bei Luckau und bei Hagelberg sowie die Schlachten bei Großbeeren und bei Dennewitz. Was gegen Preußen, Russen und die sehr zurückhaltenden Schweden bei diesen vier auf Berlin zielenden Treffen ins Feld geführt wurde, waren aber weniger Franzosen als vielmehr rheinbündisches Gemisch aus Illyrern, Italienern, Spaniern, Polen, Bayern, Sachsen und Württembergern, letztere beide in großer Zahl. Doch sollte man den Sieg der Alliierten von damals nicht der altbösen preußischen Kriegsfurie ankreiden. Hier ging es um Existenzfragen, um die Existenz Berlins zum Beispiel, dessen Verwegenheit in beachtliches Licht rückte.

Großbeeren liegt nur 18 km vor dem Halleschen Tor. Man hörte den Kanonendonner. Die Stadt wimmelte von Verwundetentransporten und Nachschubkolonnen. Dennoch wurde Theater gespielt. Intendant: Iffland. Hinter die Kulissen der abendlichen Vorstellung gelangte die Siegesnachricht. Ein Schauspieler improvisierte, obgleich nicht an der Reihe, einen Auftritt in seiner Rolle als Kammerdiener und extemporierte, die agierenden Kollegen unterbrechend: »*Ich wollte der Frau Hofrätin und den Herrschaften da unten*« (im Parkett) »*nur melden, daß wir heute keine französische Einquartierung mehr bekommen!*« und unversehens mit ein paar Griffen und Gesten sich in einen bekannten Franzosengeneral verwandelnd: »*Wir begeben uns rückwärts nach Trebbin.*« – »*Dabei machte er kehrt*«, schildert ein Augenzeuge, »*und es bricht im Publikum nun ein Freudenhallo aus, daß die alten Kulissen erzitterten.*« Da kann man nur mit Neumanns Insulaner-Lied sagen: »*Sehn se, das is Berlin!*«

Preußen ging stärker denn je aus dem ›Stand seiner tiefsten Erniedrigung‹ hervor. Frei vom Makel der Rheinbundschaft, war es nunmehr geradezu berufen, die sammelnde Mitte eines verjüngten Reichs zu werden mit Berlin demgemäß als angemessener Reichshauptstadt. Kleindeutsche Lösung? Preußisch-deutsche Lösung? Die österreichisch-großdeutsche Lösung – Habsburg wollte sie selber nicht! – wäre von der Voraussetzung ausgegangen, daß die k. u. k.-Deutschen nur 36 % der dortigen Bevölkerung betrugen. Nach dem Zusammenschluß freilich hätte sich das Verhältnis der Deutschen zu den anderen Nationalitäten auf 2 : 1 angehoben, doch wäre die Problematik der Vielvölkermonarchie damit nicht beseitigt gewesen. Hingegen hätte sich eine zwar nicht deutsche, aber überreichlich katholische Mehrheit ergeben. Die sogenannte großdeutsche Lösung wäre ultramontanen Kreisen lieber gewesen.

Miserabel beraten und völlig überflüssig – kein Muß stand dahinter – fühlte sich Friedrich Wilhelm III. angesichts der evangelischen Mehrheit in seinen Landen, die nun fast schon ihre maximale Ausdehnung erreicht hatten, zu missionarischen Attacken veranlaßt und begann die neuen Katholiken am Niederrhein und die in der Provinz Posen, insbesondere deren Oberhirten, übel zu

95 *Schloß auf der Pfaueninsel*
Castle on the Pfaueninsel (Peacock Island)
Château sur la Pfaueninsel

96 *Die Siegessäule*
The Victory Column
Colonne triomphale

drangsalieren. Die daraus entstehenden Unzuträglichkeiten hinderten zwar die Reichsgründung später nicht, die an keine Konfessionen gebundenen, bürgerlich-patriotischen Begehren Rechnung trug, führten aber zwangsläufig zum Aufkommen des politischen Katholizismus und schließlich zum Kulturkampf, von dem hier eingangs die Rede war.

»*Von allen offenen und geheimen Feinden Preußens mit schadenfrohen Hoffnungen begrüßt*«, entzündete sich der Krieg 1870/71. Doch ging das neue Kaiserreich aus dem Feldzug mit einer Machtfülle hervor, die für 43 Jahre vorhielt. 1878: ›Berliner Kongreß‹. Diesen Größenwuchs zurückzuschneiden, gelang den vereinten Kräften Rußlands, Frankreichs, Englands, Italiens, Japans, der USA und so weiter. Rußland, zuletzt in die eigene Revolution verstrickt, konnte sich 1918 keiner Länderbeute versehen, hat das aber 1945 desto gründlicher nachgeholt. Die Weimarer Republik, vertragsgebunden und verschuldet wie sie war, mußte der Welt nicht gefährlich erscheinen und war es wohl auch nicht. Die Zeiten, da ein protestantisches, kaiserlich aufprunkendes Berlin ein Anti-Rom hätte werden können, waren vorbei. In dem toleranten Klima jener Jahre – so schien es doch wenigstens – lernten Preußentum, Katholizismus und Sozialismus mit einander auszukommen. Die goldenen Twenties mochten beginnen.

Aber: Da meldeten sich die inneren Feinde zu Wort, nicht selten von den verflossenen äußeren dazu ermuntert, von Frankreich zum Beispiel: die ›Rheinische Republik‹, die in Aachen ausgerufen wurde, desgleichen der ›Autonome Pfalzstaat‹, ferner die ›Bayerische‹, ferner die ›Falkensteiner Räterepublik‹ des Max Hölz, der dann Sowjetbürger wurde; separatistische Bewegungen mit betonter ›Los-von-Berlin-Haltung‹ allesamt und mit heftigen Aversionen gegen die ernsthaft bemühte Reichsregierung. Damit überhaupt Schluß zu machen, inszenierte die politische Rechte den sogenannten Kapp-Putsch. Die Marine- ›Brigade Ehrhardt‹ marschierte von Döberitz in die ohnehin von Revolten geplagte Reichshauptstadt. Die Regierung wich nach Dresden, später nach Stuttgart aus, der Generalstreik der Berliner Arbeiter beendete den Entreact mit dem ›*Hakenkreuz am Stahlhelm*‹ und dem ›*Schwarzweißroten Band*‹. Hitler, der in Jüterbog hatte notlanden müssen, erreichte Berlin nicht mehr rechtzeitig. Aber in München bereitete sich Deutschlands größtes Unglück vor, und es kam von rechts.

Der männerbündlerische Exösterreicher und Exkatholik aus Braunau, dumm genug, daß man es überhaupt sagen muß, er war kein Preuße, selbst wenn er den Geist Friedrichs des Großen notgedrungen oft genug beschworen hat und wohl oder übel seinen Sitz in Berlin aufschlagen mußte. Und seine Mannschaft: Göring kam aus Rosenheim, Himmler aus München, Röhm aus München, Gürtner aus Regensburg, Feder aus Würzburg, Streicher von irgendwo aus Franken, Frick aus Alsenz in der Pfalz. Nur Goebbels war ein Gewächs preußischen Bodens aus Cisrhenanien, schwerlich ein typisches. Die oberdeutschen Wurzeln wurden auch nicht verleugnet, München rangierte als ›Hauptstadt der Bewegung‹, Nürnberg als ›Stadt der Reichsparteitage‹. Die Spitze der NSDAP saß in München, und da laut wiederholter Versicherungen Hitlers ›*Partei und Staat und Staat und Partei*‹ eins waren, ist jene Darstellung des Dritten Reichs, die als dessen Träger Preußen, seine Junker und Berlin als die eigentlich Schuldigen anprangern wollte, gegenstandslos. Ist absichtsvoll irreführend.

Die nüchterne Stadt an der Spree hatte in der Weimarer Zeit recht eigentlich erst zu sich selbst finden dürfen und ihre eigene Stimme erhoben. Nur wurde sie schon nicht mehr überall verstanden, und die Frist, die ihr zugemessen war, betrug nur die von Hitler so oft wie zum Vorwurf beschworenen »*Virrzänn Jahre*«. Zwei ihrer Söhne waren die Repräsentanten einer vernunftgeleiteten Politik, die gewiß noch niemand als aggressiv auszulegen versucht hat. Denen freilich, die nicht bereit waren aus dem Zusammenbruch von 1918 eine Lehre zu ziehen, ja diesen gar nicht erst wahrhaben wollten, war sie zu schlapp. Rathenau – das war Rapallo, Kontaktaufnahme mit dem Osten zur Linderung des westlichen Drucks, Stresemann andererseits – das war Abbruch des Ruhrkampfes und waren in Locarno Verträge zur Sicherheit

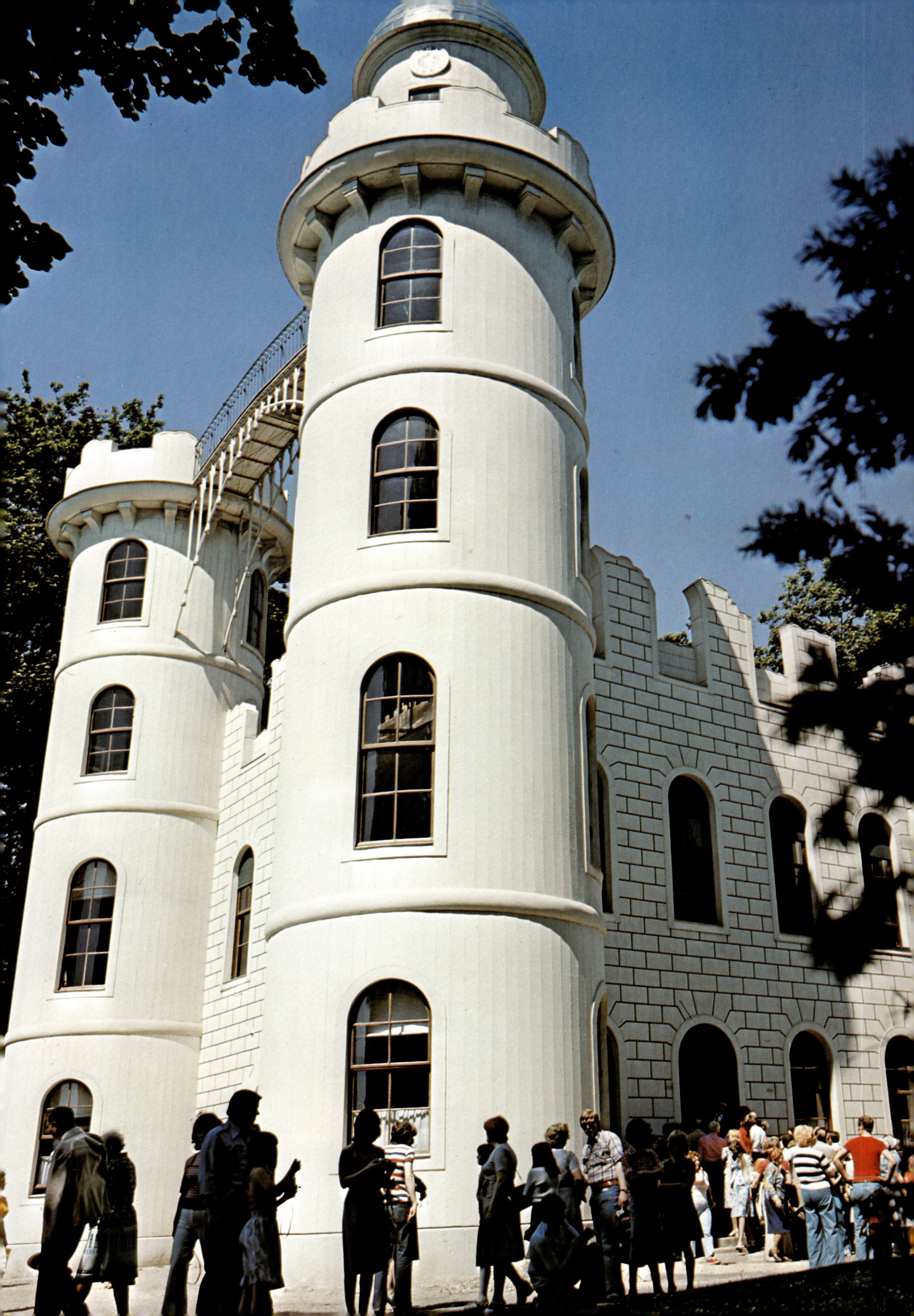

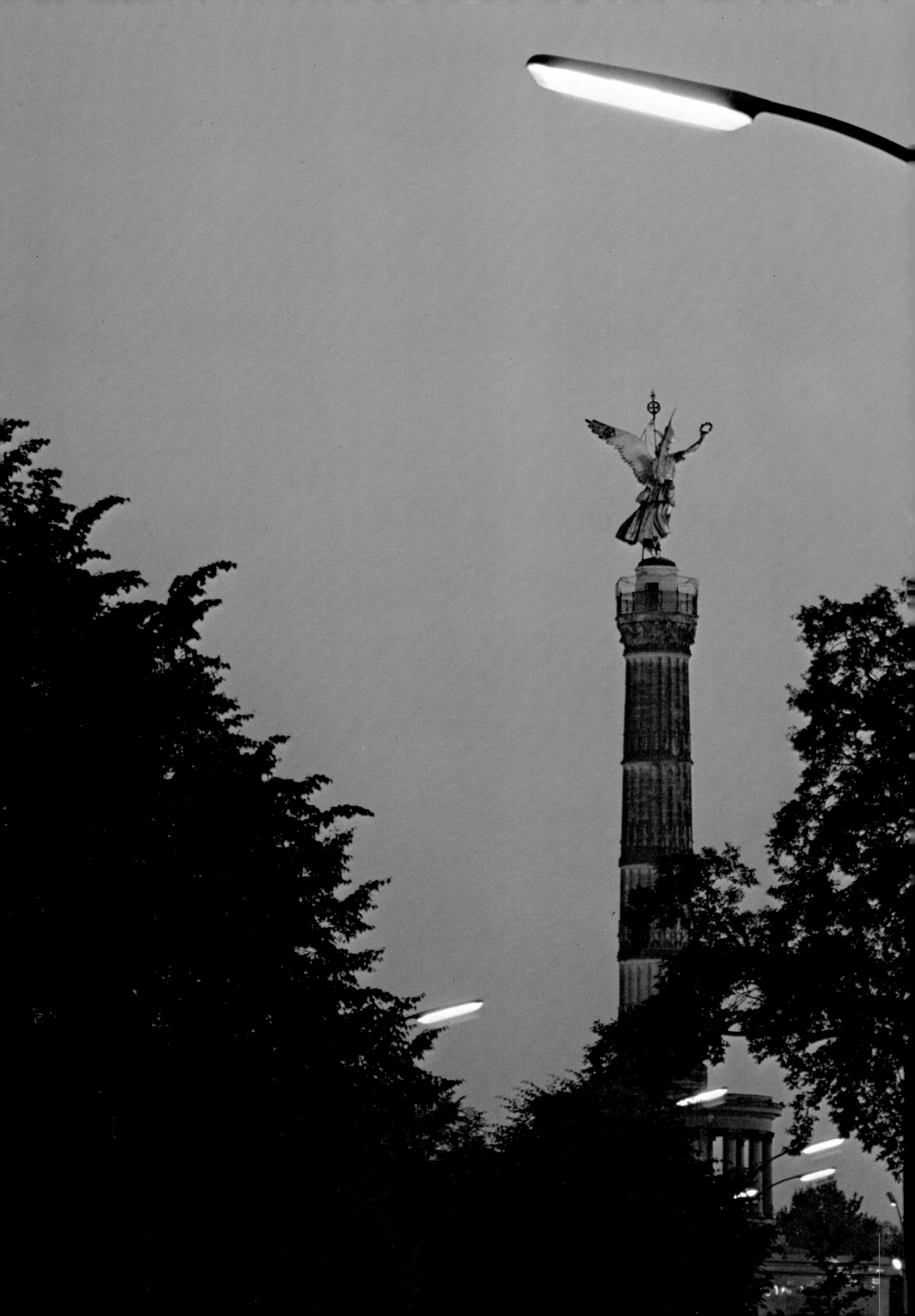

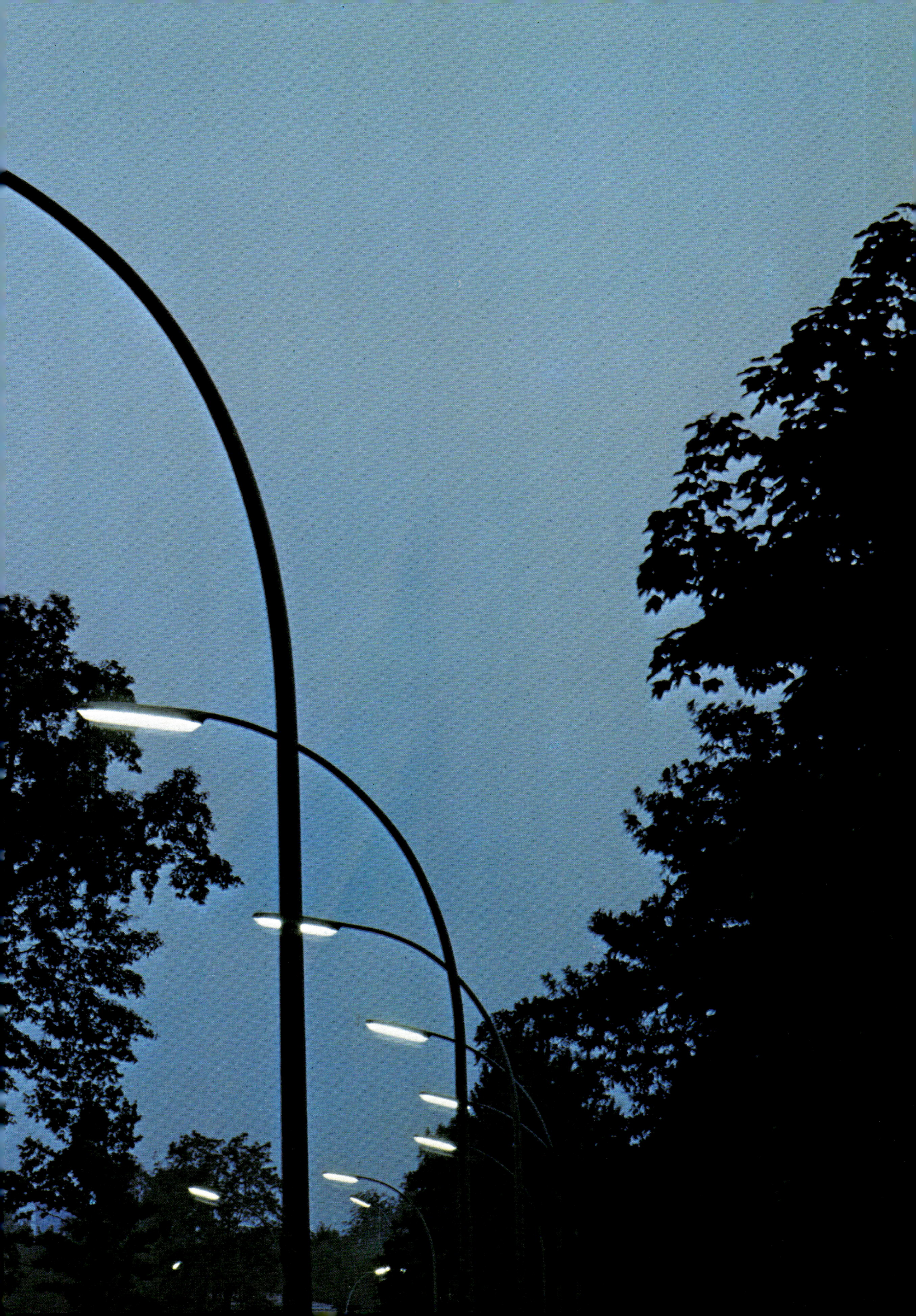

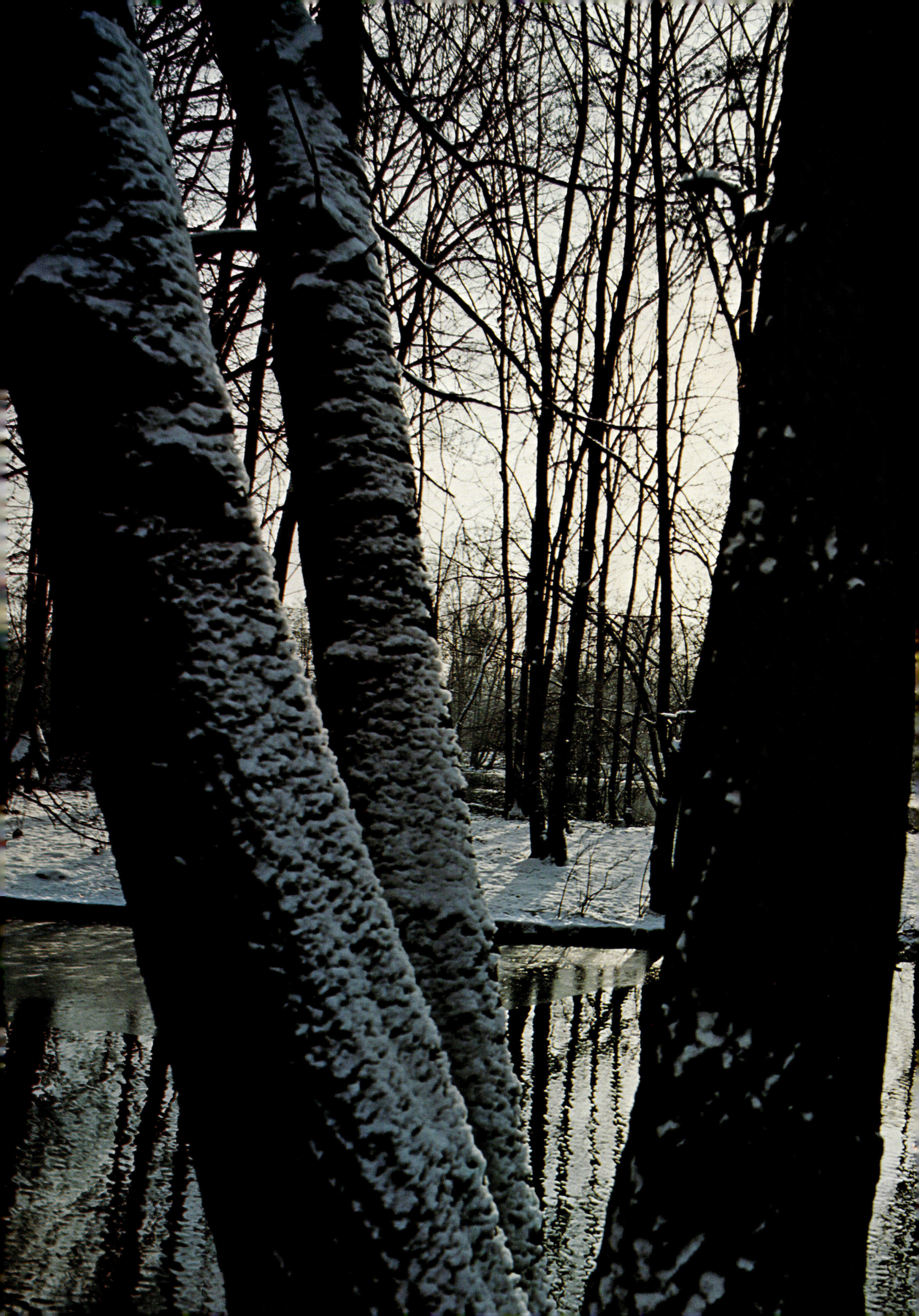

97 *Winter im Grunewald*
   Winter in Grunewald
   Hiver au Grunewald

Belgiens und Frankreichs. Daß diesem allein möglichen Brückenschlag nach beiden Seiten auf die Dauer kein Erfolg beschieden sein konnte, an Preußen lag das so wenig wie an Berlin. Von München aus ist der Rathenau-Mord inszeniert worden, und Stresemann starb vor der Zeit. Wie Ebert, der erste Reichspräsident.
Der Staatstrauerzug vom Reichstagsgebäude zum Potsdamer Bahnhof. Der ungeheuerliche Menschenandrang an jenem viel zu warmen Märztag. Ehrenkompanie der Reichswehr. Verhängte Trommeln. Auf der Lafette der Sarg mit dem schwarz-rot-goldenen Fahnentuch darüber. Die Reichsregierung. Stresemann! Reichstag. Länder und Städte. Der Doyen Pacelli. Diplomatisches Corps. Sämtlich zu Fuß. Generalität, Admiralität. Seeckt! Die Professorenschaft. In Wichs und Farben die schlagenden Verbindungen. Fahnen. Die Gewerkschaften. Fahnen. Die Parteien. Verbände und Vereine. Die ganze Weimarer Republik zum ersten Mal vereint. Zum letzten Mal vereint. Was man hinaustrug, war bereits die junge Demokratie. Eine tiefe Betroffenheit hatte die unabsehbare Menge ergriffen. Fühlte sie den Anfang vom Ende? Vorspiel zum ersten Akt eines Dramas ›Berlin – Sturz einer Metropole‹? 1924.

Noch neun Jahre bis zur Epiphanie des Bösen. Wahrhaftig, die siegreiche Entente hätte besser getan, die junge deutsche Republik zu fördern oder doch wenigstens weniger zu schwächen. Die Demagogen hätten das Ohr der Massen nicht so leicht gefunden. Den sieben Millionen Arbeitslosen konnten jene ›Twenties‹ so ›golden‹ nicht vorkommen. Am 30. Januar 1933 war es dann so weit.
So ernst wurde die Sache zunächst gar nicht genommen, und auch die Nazis hatten keine Ahnung, was ihr Führer und sie, schließlich in einem kollektiven Amoklauf, noch anrichten würden. Den ›Böhmischen Gefreiten‹ nannte man Hitler und seinen Auftritt ›Rache für Königgrätz‹. Beides gar nicht so falsch, tastender Versuch immerhin, das bisher unbekannte Phänomen namens Hitler als ein Syndrom aller möglicher Feindschaften überhaupt zu begreifen, vor allem als den aufgestauten Haß aller deutschen Provinzialität, Hinterwäldlerei, Gestrigkeit. Früh schon hatte Hitler sich von Wien, weil es ihm zu undeutsch erschien, abgewandt. Berlin konnte ihm kaum deutscher vorkommen und mußte ihm ganz unverständlich bleiben. Aber als Kulisse, als reichshauptstädtische Kulisse mußte es erst einmal genügen. Nach dem Endsieg, der ihm gottlob nicht beschieden war, hätte er die Stadt ohne Zweifel nach seinen megalomanischen Gesichtspunkten umgebaut. Schon feierte Goebbels den Bombenkrieg als einen Segen, weil er einem schöneren Wiederaufbau den Boden bereite.
Was Hitler vom Kurfürstendamm gehalten hat? Es müßte so gelautet haben, wie der Scherl-Journalist Hussong es schon 1932 formuliert hat: »*Im Namen Kurfürstendamm gefaßt waren die Willeleien des Weimar von 1919, die Perversitäten und Ohnmächte des Zeittheaters, der Tod der Musik in der Jazzband, Niggersongs und Negerplastik, Verbrechergloriole, Proletkult, wurzelloser Pazifismus, blutloser Intellektualismus, Dramatik für Abtreibungspropaganda, die entartete Kunst: Futurismus, Kubismus, Expressionismus, Dadaismus, Tyrannis der Zivilisationsliteraten und jede Fäulniserscheinung einer sich zersetzenden Gesellschaft!*« Und 1933 derselbe Journalist: »*Der Kurfürstendamm ist oder war nicht nur die knallige Fassadenprotzerei einer Straße in Berlin W. Der Kurfürstendamm zieht sich mitten durch ganz Deutschland. Seine Amüsementfabriken, seine Schaubühnen, seine Luxusbuden standen in allen deutschen Städten. Kurfürstendamm, das war ein Kulturbegriff schlechthin geworden. Der Kurfürstendamm, das war der Feind! . . . Der Kurfürstendamm ist heute besiegt und geschlagen. Der großen Niederlage darf man sich freuen, wenn man fünfzehn Jahre lang gegen seine geistige, seelische und kulturelle Schreckensherrschaft gekämpft hat.*
Schreckensherrschaft! Die maßgebende Straße der maßgebenden Stadt sollte nicht mehr Maß geben. Mittelmaß, Gleichmaß sollten herrschen, die sich so leicht beherrschen lassen. Nur mit Terror und massiver Gewalt wurden die, die nicht zu beherrschen sein würden aus dem Lande gejagt, mundtot oder tot gemacht. 2000 jüdische Journalisten, Literaten und Schriftsteller verließen Deutschland; davon dürften nahezu zwei Drittel in Ber-

lin ihr Zuhause gehabt haben. Wer zählt die Wissenschaftler, die von Berlin aus in die Emigration gingen? Der geistige Aderlaß, die eintretende Verödung und Verblödung, unvorstellbar für den, der das pulsierende, quirlende, leidenschaftliche Leben Berlins vorher nicht mehr gekannt hat. Dieser Schlag war nicht zu verwinden, war viel schwerer als Bombenkrieg und Blockade, die Berlin eher härter gemacht haben.

Aber bevor diese Ereignis wurden, stieg die Einwohnerzahl noch wie seit Jahrhunderten: 4300000 wurden erreicht. Auch der technische Aufstieg hielt noch an. Die Bauten des Tempelhofer Flughafens erhielten ihre jetzige Gestalt. Die Fertigstellung des Mittellandkanals machte Berlin zum Mittelpunkt eines Schiffahrtsystems zwischen Polen und Frankreich. Der Autobahnring, der nunmehr fertig geworden ist, kennzeichnete Berlin als künftige Mitte eines europäischen Autobahnnetzes. Mitte des deutschen Eisenbahnnetzes war es schon längst, und in Pilotenkreisen nannte man Berlin das ›Luftkreuz Europas‹. Zum ersten Mal öffentliches Fernsehen während der Olympischen Spiele von 1936. Für diese eigens das Reichssportfeld. Ach, was hätten die staunenden Auslandsgäste denn anders sehen können als die intakte Metropolität? Woran hätten sie in jenen strahlenden Augusttagen merken sollen, was da an Geist schon ausgetrieben worden war? Es hing ja nicht einmal der schäumend antisemitische ›Stürmer‹, des fränkischen Gauleiters Hetzorgan, in den dazu aufgestellten ›Stürmer-Kästen‹ aus. Offensichtlich schämten sich die Nazis ihres eigenen Unflats, den sie den Binnenländern sonst aufzutischen wagten.

Ach, die wohlfeile Feststellung der bundesdeutschen Intelligenzija, nachdem die Braune Episode vorbei war, Berlin sei nun doch recht provinziell geworden. Als sei, dies zu erreichen, das Kriegsziel gewesen. Als wenn daraufhin die deutsche Provinz auch nur ein Tittelchen an Provinzialität abgenommen hätte. Berlin hat einen Vorteil gehabt: unter der einen Million Menschen, die nach dem Krieg abzubuchen waren, haben sich so gut wie alle Nazis und ›Goldfasane‹ befunden. Ein unabschätzbarer Gewinn. Bundesdeutschland hat keine Hauptstadt, das ist es nämlich, und »Kiek mal aus Fensta, un' hast keen'n Kopp!« heißt es in Berlin.

»*Dich stellt das wieder her, was andere Reiche zerstört hat.*
Regel der Wiedergeburt: wachsen zu können im Leid.«
Namatianus, der spätrömische Dichter, kein gebürtiger Römer, sondern aus Gallien, wandte sich also an die *Dea Roma*, deren Stadt am Tiber (410 n. Chr.) von Alarich zum dritten Mal erobert worden war, mit anrührenden Versen, als wär es ein Gebet, es war aber ein Lobgesang. Wird es einen deutschen Dichter geben, der den prophetischen Mut hat, Berlin die ›*ordo renascendi*‹ zuzuerkennen? Über Sentimentalitäten, über den ›Koffer in Berlin‹ und das ›Heimweh nach dem Kurfürstendamm‹ haben wir es bisher noch nicht hinausgebracht, und diese Zeit ist auch schon wieder vorbei.

Bildlegenden
Explanation of Plates
Explication des illustrations

Bildlegenden

1 Die Fortuna auf der Charlottenburger Schloßkuppel

Zu den Kriegsruinen Berlins gehörte auch der Mitteltrakt des Schlosses Charlottenburg. Die Kuppel von 1709 zeigte nur noch ausgeglühte Eisenrippen. 1950 entschloß man sich zum historisch genauen Wiederaufbau. Nur die alte Fortuna war nicht mehr nachzubilden. Dafür schuf Richard Scheibe eine neue. Sie steht auf einer goldenen Kugel, hängt ihr knappes Mäntelchen nach dem Wind und dreht sich wetterwendisch. Denn sie ist eine Wetterfahne.

2 Schloß Charlottenburg, Parkansicht

Am Bau des Schlosses Charlottenburg wirkten ab 1695: Baukern – in unserer Bildmitte – J.A. Nering und Andreas Schlüter; Kuppel und Erweiterungen des Mitteltrakts, 1706, Eosander von Göthe. Außerhalb unseres Bildes östlicher Flügel: ab 1740 G. W. v. Knobelsdorff; westlicher Flügel: Orangerie, 1709, Eosander; Schloßtheater, 1788, C. G. Langhans. Gesamtlänge 505 m. Die Innenräume zeigen zumeist schönstes Rokoko und bieten museale Kostbarkeiten.

3 Das Belvedere oder Teehaus im Charlottenburger Schloßpark

Das Belvedere im Charlottenburger Park von 1788 ist das Werk des C.G. Langhans. Da dieser bald danach am Brandenburger Tor zu kubischer und flächiger Gestaltung fand, bezeichnet das Belvedere einen Übergangsstil vom Rokoko her. Der eigenwillige Bau war einst von Spreewasser umflossen und soll der Ort von Geisterbeschwörungen gewesen sein, mittels derer man den Bauherrn, Friedrich Wilhelm II., zu beeinflussen gesucht habe.

4 Kurfürstendamm, Ecke Uhlandstraße, um 21 Uhr 19

3,6 km mißt der Kurfürstendamm von Halensee bis zur Kriegsruine der Kaiser-Wilhelm-Gedächtnis-Kirche, die seit 1895 die Geschicke des ›Ku-Damms‹ teilt. 1545 ein schlichter Damm zum Jagdschloß Grunewald, auf Bismarcks Anregung eine breite Avenue, bis zum ersten Weltkrieg Wohnstraße der meisten Millionäre Berlins, setzt der Kurfürstendamm heute unter demokratisch-populären Zeichen die Tradition der Straße Unter den Linden fort.

5 Junges Café am alten Kurfürstendamm

Wieviele Gaststätten aller Kategorien mag es am Kurfürstendamm geben? Hotels, Restaurants, Cocktailstuben, Bars, Tanzdielen, Konditoreien, Pizzerien, Steh-Cafés, Schnell-Imbisse, Fashionables und weniger Fashionables, Dänisches, Argentinisches, Chinesisches, Balkanisches, Französisches – die ›Nationalitäten‹ der Neben- und Querstraßen nicht gerechnet. Und wo die vielen Gäste nur immer das Geld herhaben?. Und die Zeit?

6 Straßenhandel auf dem Kurfürstendamm

Straßenhändler diverser Rassen und Nationen säumen mit ›fliegenden‹ Auslagen die Bürgersteige des Kurfürstendamms und machen fast vergessen, daß die Prachtstraße von ehedem immer noch Geschäftsstraße erster Ordnung ist und das Angebot ihrer Ladengeschäfte höchsten Ansprüchen gerecht wird; indes sich zum bunten Händlervölkchen Straßenmusikanten und bei entsprechendem Wetter auch Pflastermaler gesellen, recht geschickte zuweilen.

7 Das Europa-Center im Zentrum West-Berlins

1965 ist es eröffnet worden, das Europa-Center, ein Bau von Hentrich und Petschnigg; es besteht nicht nur aus dem Büro-Hochhaus, das unser Bild zeigt, sondern aus vielen Gebäudeteilen in dem Dreieck zwischen Nürnberger-, Tauentzien- und Budapester Straße und beherbergt, nebst Hotel, Kino, Kabarett, Eisbahn, Spielcasino, Kunstgalerien, Bars, Restaurants, und vielen Ladengeschäften von sehr teuer bis wohlfeil, einen ganzen Ku-Damm in sich.

8 Lichthof im Innern des Europa-Centers

Im Innern hat das Europa-Center seit seiner Eröffnung noch viele Veränderungen, Erweiterungen und Ausschmückungen erfahren. Vom anfänglichen Sichtbeton ist man weitgehend abgekommen. In diesem Lichthof bietet das ›Archimedische Spiralobjekt‹ von H. Sinken (1976) einen amüsanten Blickfang. Allerdings hat der Berliner Volksmund das Objekt mit dem anspruchsvollen Namen gleich nach der Inbetriebnahme ›Antibaby-Spirale‹ getauft.

9 Blick vom Europa-Center nach Westen

Instruktiv drängt das Teleobjektiv das westliche Panorama vom Dach des Europa-Centers zur dichten Häusermasse zusammen. Tatsächlich aber ist der sonnenhelle Abschnitt der Kantstraße, rechts im Bild, 2 km lang. Der S-Bahnkörper, unten und links im Bild, wird 1981 seine 100 Jahre zählen. Im Hintergrund ganz links der Funkturm von 1926 und in der Mitte das Hochhaus des Senders Freies Berlin, Architekt R. Tepez, 1969.

10 Hochhäuser am Nordrand des Hansaviertels

Auf Anregung eines Schweizer Journalisten entstand von 1955 bis 1957 zur Internationalen Bauausstellung (INTERBAU) auf dem Ruinengelände des alten Hansaviertels eine Musterstadt im Grünen, die vom Einfamilienhaus bis zum Hochhaus alle Wohnbautypen vereinigt. Namhafte Architekten aus vielen Ländern haben sie entworfen. Unsere Kamera blickt über die Spree nach Südwesten, wo einige Hochhäuser den Nordrand des Viertels markieren.

11 Straßenfront des Schlosses Bellevue

August Ferdinand, der jüngste Bruder Friedrichs des Großen, ließ sich 1785 von Bouman d.J. am linken Spreeufer ein Schloß errichten, das Schloß Bellevue im zeitgemäßen Übergangsstil vom Barock zum Klassizismus. Den ovalen Festsaal gestaltete 1791 C.G. Langhans. Nur dieser Saal des weitgehend ausgebrannten Gebäudes konnte 1959 stilgerecht restauriert werden. Das Schloß ist heute der Berliner Amtssitz des Bundespräsidenten.

12 Im Englischen Garten

Zum Schloß Bellevue gehört, ehedem Teil des Tiergartens, der Bellevue-Park. Von diesem wieder ist der Englische Garten ein Teil. Er wurde ab 1952 mit Hilfe des britischen Königshauses angelegt und ist, mit Koniferen- und Rhododendronhainen, Tulpenbeeten und schilfgesäumten Gewässern, seitdem zum botanischen Paradestück gediehen. Im reedgedeckten Teehaus finden Konzerte statt, ein Café sorgt für das leibliche Wohl.

13 Kahnfahrt auf dem Neuen See im Tiergarten

Der Tiergarten ist die geographische Mitte Berlins und war seit dem 18. Jahrhundert das Ziel aller hiesigen Spaziergänger. Knobelsdorff und Lenné hatten den Wildwuchs in eine grüne Pracht verwandelt. Diese fiel den letzten Gefechten von 1945 und dem Holzbedarf der blockierten Berliner zum Opfer. Doch konnte in drei Jahrzehnten seitdem die Wunde mit Hilfe der bundesdeutschen Städte und vielem Fleiß wieder geschlossen werden.

14 Skulpturenhof der Neuen Nationalgalerie

Gelungenes Bauensemble von Alt und Neu: im Hintergrund die Matthäikirche von 1844, gesehen vom Skulpturenhof der Neuen Nationalgalerie. Die Kirche, ein Werk F.A. Stülers, war eins der wenigen Gebäude des noblen Tiergartenviertels, dessen Wiederaufbau (1958) noch möglich war. Das Bassin im Hof wird von einem Objekt des Amerikaners David Black beherrscht. Der vielbesuchte Hof ist alljährlich der passende Ort für ›Jazz in the Garden‹.

15 Die Neue Nationalgalerie

Die Neue Nationalgalerie von 1968 ist ein Werk Mies van der Rohes. Die im Bild sichtbare Halle dient Ausstellungen, im weitläufigen Souterrain befinden sich die Sammlungen von Kunstwerken des 19. und 20. Jahrhunderts, bestimmt, die Tradition des ›Kronprinzenpalais‹ wieder aufzunehmen, dessen einmaligen Kunstbesitz die Nazis böswillig verschleudert haben. Die wuchtige Plastik im Vordergrund ist ein Werk Henry Moores.

16 ›Performance‹ in der Akademie der Künste

Die Akademie der Künste, Berlin, ist vor allem eine Institution mit der Aufgabe, über den Weltstand der Avantgarde zu informieren. Hier die ›Performance‹ von R. Kushners ›Sara's Marathon‹ innerhalb der Ausstellung ›SOHO – Downtown Manhattan‹ 1976. Das Haus derartiger und vieler anderer Veranstaltungen, auch solcher für Kinder, ist der Spende des Exilberliners H. H. Reichhold (USA) zu verdanken. Architekt: W. Düttmann, 1955.

17 Portal des ehemaligen Anhalter Bahnhofs

Von den großen Kopfbahnhöfen, die Berlin früher als Zentrum des deutschen Eisenbahnnetzes kennzeichneten – Lehrter, Stettiner, Görlitzer, Anhalter und Potsdamer –, steht keiner mehr. Dieser Portalrest, gewissermaßen das Denkmal des Anhalter Bahnhofs, von dem die Züge nach Dresden, Leipzig und München abgingen, gehörte zu einem großartigen Bau von 1880; Architekt: F. Schwechten, Hallendachkonstruktion: Heinrich Seidel, der Poet.

18 Das ehemalige Reichstagsgebäude

Die Nazis haben das Haus im Februar 1933 eingeäschert. Die letzten Gefechte zwölf Jahre danach fanden unter den Fensterhöhlen der Brandruine statt, die Hitler nicht wieder hatte instandsetzen lassen. Erst 1970 konnte der Wallot-Bau von 1894 (ohne die Kuppel) soweit restauriert werden, daß er als Tagungsstätte dienen und eine historische Dauerausstellung bieten kann: ›Fragen an die deutsche Geschichte – von 1800 bis zur Gegenwart‹.

19 Die neue Philharmonie

Die neue Philharmonie, in welchem Meisterwerk von 1963 der reife Hans Scharoun unkonventionelle Bauideen verwirklichen konnte, gehört zu einem langfristig geplanten Kulturzentrum zwischen der ›Mauer‹ und dem Landwehrkanal, dessen Umrisse heute schon deutlich werden. Das Haus hält 2 200 Sitzplätze bereit und ist die Wirkungsstätte des Berliner Philharmonischen Orchesters, dient zuweilen aber auch anderen Konzerten.

20 Das Olympia-Stadion bei nächtlicher Veranstaltung

Platz für 100 000 Zuschauer bietet es, das Olympia-Stadion, ist 230 m breit und 300 m lang, wurde 1932 für die XI. Olympischen Spiele von Werner March konzipiert und, trotz Hitlers Dazwischenpfuschens, 1936 termingerecht fertig. Dazu gehören Schwimm-, Hockey- und Tennisstadien, ein Reiterplatz und das Maifeld, der Ort sehenswerter Tattoos der britischen Truppen. Höchste Besucherzahlen erzielen internationale Fußballspiele.

21 Abendlicher Blick vom S-Bahnhof Hohenzollerndamm zum Funkturm

20 Uhr 52. Der einfahrende Zug fährt nach ›Köllnische Heide‹. Dort allerdings sind die Gleise unterbrochen und führen schon lange nicht mehr nach Ost-Berlin. Der Gleiskörper im Bild gehört zur Ringbahn von 1871, die mit ihren 70 km das damalige Berlin von weither umfaßte und heute durchweg in voll bebauten Stadtteilen verläuft. Im Hintergrund Funkturm und Hochhaus des SFB wie auf unserm Bild 9. Rechts ein Gasheizwerk.

22 Folklore-Tänzerin aus Senegal

Darbietungen farbiger Künstler und Artisten sind an der Tages- oder besser Nachtordnung. Hier eine Folklore-Tänzerin vom Senegal-National-Ensemble. Derlei ist in Berlin keine Nachkriegserrungenschaft. In den 20er Jahren ist Josefine Baker im Nelsontheater aufgetreten, Sam Woodings Orchester gastierte 1929. Die Gastspiele farbiger Musiker nach 1945 sind nicht zu zählen. Duke Ellington hatte hier eine Gemeinde.

23 Night life bei den Transvestiten

Transvestitenlokale? Hat's hier schon immer gegeben. Schon Tucholsky amüsierte es: »Die Tunten nahm im großen Abendkleide«. Das ist so geblieben. Wer Spaß am dem flimmernden Mummenschanz hat, wird nicht immer gleich wissen, mit welchem Geschlecht er's zu tun hat, und bemerken, daß die Vermummten so ernst gar nicht genommen sein wollen. Und: Spaß muß sein . . .

24 Mannequin und Dressman auf dem Steg

Nur in einer wesentlich heiteren Stadt können 75% der Damenoberbekleidung des Deutschen Reichs hergestellt worden sein. Daran hat sich mehr in den statistischen Zahlen als im Prinzip etwas geändert. Ein Wettbewerb der deutschen Städte um die beste Haute Couture und die gefälligste Konfektion von heute könnte West-Berlin immer noch als prima inter pares erweisen. Zivilisationsmuffel sind hier unzuständig.

25 Jazzkonzert in der Philharmonie

Der Innenraum der Philharmonie entspricht der Eigenwilligkeit der äußeren Baugestalt (unser Bild 19). Von allen Seiten umlagern verschachtelte Ränge das Podium der Ausübenden, das nicht mehr einseitiges Schauobjekt, sondern pulsende Mitte einer Gemeinde von Hörern und Musikern ist. Je nach dem Grad erwarteter Fortschrittlichkeit des Programms ist das Publikum jung und jünger. Aber es gibt für Jazzmusik auch Fans bei Jahren.

26 Szenenbild aus der Schaubühne am Halleschen Ufer

Nach wie vor ist Berlin Theaterstadt. Seit anfang der 70er Jahre Peter Stein die Schaubühne am Halleschen Ufer übernommen hat, konnte sich dieses Haus und sein hochbegabtes Ensemble internationalen Ruf erwerben. Unser Bild zeigt eine Szene aus ›Empedokles – Hölderlin lesen‹, einer hauseigen originellen Paraphrase über Hölderlin-Fragmente, in der Inszenierung von Klaus Michael Grüber; als ›Empedokles‹ Bruno Ganz.

27 Szenenbild aus dem Schiller-Theater

Offizielles Theater am Platze ist das Schiller-Theater. Hier eine Szene aus ›Warten auf Godot‹ in der Beckett'schen Inszenierung. Die Darsteller: Stefan Wigger, davor Horst Bollmann, rechts Klaus Herm. Der Bau von 1906, Theater der noch selbständigen Stadt Charlottenburg, war Kriegsruine, konnte aber schon 1951 wieder eröffnet werden und mußte es, um West-Berlin eine repräsentative Bühne zu geben, die es nicht mehr besaß.

28 Ein Gartenhof in der Freien Universität

Nach einem Exodus freiheitlicher Studenten aus der alten Universität in die westliche Stadt wurde 1948 die Freie Universität Berlin gegründet. Die Vorlesungen fanden anfangs in Dahlemer Villen statt. Eine Fülle zweckentsprechender Neubauten und Einrichtungen wurde aus der Henry-Ford-Stiftung finanziert. Die sehr moderne Verfassung hat dieser Alma mater Studentenunruhen freilich nicht ersparen können, die von Amerika ausgingen.

29 Der Neubau der Staatsbibliothek

Scharoun hat sein gewaltigstes Werk, die Staatsbibliothek, noch entstehen sehen, denn mit dem Bau dieser Bücherburg wurde 1967 begonnen. Die Bibliothek umfaßt an drei Millionen Bände und wird weitere Millionen aufnehmen können. Bau- und Hausherr ist die ›Stiftung Preußischer Kulturbesitz‹, die von allen Bundesländern getragen wird. Der Gebäudekomplex ist ein Teil jenes werdenden Kulturzentrums zwischen ›Mauer‹ und Landwehrkanal.

30 Eternit-Plastik auf dem Gelände der Technischen Universität

Das Areal der Technischen Universität beiderseits der Straße des 17. Juni ist fast so groß wie der Kern Alt-Berlins. Ausgehend vom alten Hauptgebäude der Technischen Hochschule (Hitzig und Lucae ab 1878), das zerstört, aber in neuer Form wieder aufgebaut wurde, fügte sich im Lauf der Zeiten Bau an Bau. Die Plastik, die unser Bild zeigt, ist von R. Graesel und steht vor dem Franz-Fischer-Bau des Instituts für Technische Chemie.

31 Institut für Bildungsforschung der Max-Planck-Gesellschaft in Dahlem

›Kaiser-Wilhelm-Gesellschaft zur Förderung der Wissenschaften‹ hieß, was heute ›Max-Planck-Gesellschaft zur Förderung der Wissenschaften‹ heißt und, soweit in Berlin, in anderthalb Dutzend Instituten besteht; jene eine kaiserliche Gründung von 1911, diese eine Wiedergründung von 1948 mit den Hauptsitzen in Göttingen und München. Das Institut für Bildungsforschung in Dahlem (unser Bild) entwarfen H. Fehling und D. Gogel, 1973.

32 In der Südsee-Abteilung des Völkerkunde-Museums in Dahlem

Das alte Völkerkunde-Museum lag am Rande der Innenstadt, ist 1886 eröffnet, wurde ausgebombt und konnte nicht wieder nutzbar gemacht werden. Es war so reich, daß ein Gutteil seiner Schätze magaziniert werden mußte. Auch in den neuen Dahlemer Räumen kann nicht alles gezeigt werden, doch beeindruckt, was zu sehen ist: hier die Halle mit den Südseebooten. Besonders angelegen läßt man sich die didaktische Arbeit sein.

33 Rampe zum Haupteingang des Klinikums in Steglitz

Der Bau des Klinikums Steglitz wurde 1959 begonnen. Das nahezu fertige Haus konnte 1969 den ersten Patienten aufnehmen. Das mächtige Gemeinschaftswerk zweier Architekten aus USA und eines deutschen wurde mit 60 Millionen DM von Amerika mitfinanziert. Mit Gesamtkosten von 302,5 Millionen sind 40 Stationen mit insgesamt 1417 Betten, 19 Institutsgebäude und 11 Hörsäle erstellt worden. Das Klinikum ist Teil der Freien Universität Berlin.

34 Das Große Tropenhaus im Botanischen Garten

Von Berlin sprechen heißt trotz allem oft genug in Superlativen sprechen. Mit 42 ha Fläche ist Berlins Botanischer Garten der größte in Deutschland und einer der bedeutendsten, das Große Tropenhaus das höchste der Welt. Der Garten, Nachfolger eines solchen von 1679, entstand um die letzte Jahrhundertwende, dient dem Publikum zu lehrreichen Spaziergängen, der Wissenschaft zu forschender Arbeit in Anzucht und Spezialkulturen.

35 Ein 800 Jahre altes Dorf als Museum

Kuriosität mit wissenschaftlichem Ernst, dieser seltenen Mischung kann man im Museumsdorf Düppel begegnen. Dort ist es aufgrund von Ausgrabungen möglich geworden, an Ort und Stelle eine Siedlung aus dem 12. Jahrhundert exakt zu rekonstruieren. In und vor den anheimelnden riedgedeckten Häusern kann Hausrat betrachtet und können Handwerke wie Weben und Brennen von Gefäßen vorgeführt werden. Slawen und Deutsche waren die Gründer.

36 Zwei See-Elefanten und ihr Publikum

Daß Berlin zwei beachtliche Zoologische Gärten unterhält, ist Folge der Spaltung. Der östliche ›Zoo‹ heißt Tierpark Friedrichsfelde, der westliche wurde 1844 auf altem Fasaneriegelände eröffnet, ist mithin 111 Jahre älter als der Antagonist im Osten, war der erste in Deutschland, der neunte in der Welt und hegt inklusive Aquarium etwa 14 000 Tiere von 2 400 Arten. Im Bild die See-Elefanten Elfie und Bolle und ihr Publikum.

37 Blick vom Europa-Center nach Südosten

In der Bildmitte unten die Tauentzienstraße, Geschäftsstraße erster Ordnung, früher auch ›Tauentzien-Bummel‹ genannt. In der Mitte, von Rudolf Nelson besungen, der Wittenbergplatz. Darauf links, über drei U-Bahnlinien, das Stationsgebäude. Hier war 1902 die erste ›Untergrund‹-Station; der Bahnabschnitt von 1896 war und ist Hochbahn. Die Beschilderung der Bahnsteige, dortigen Schildern nachgebildet, ist ein Geschenk der Londoner U-Bahn.

38 Die Deutsche Oper Berlin in der Bismarckstraße

Die Straßenzeile, unterbrochen freilich durch die ›Mauer‹, ist mit ca. 20 km vom Stadtkern bis zur Grenzkontrollstelle Staaken zwar nicht die längste, aber die bedeutendste der Stadt: erster Abschnitt Unter den Linden, zweiter Straße des 17. Juni, dritter (unser Bild) die Bismarckstraße. Links der Neubau der Deutschen Oper Berlin von F. Bornemann, 1961, davor eine Stahlplastik von H. Uhlmann. Die Leistungen des Hauses haben Weltrang.

39 Der Lietzensee in Charlottenburg

Als innerstädtisches Gewässer ist der Lietzensee mit fast 7 ha nicht zu verachten und für Ruderboote schiffbar. Aus dem Sommersitz des Kriegsministers v. Witzleben wurde nach 1919 ein öffentlicher Park und somit der Drang der Bauspekulation an die Ufer zumeist abgewehrt. Als ein erster Nachkriegsbau wurde das ›Hochhaus am Lietzensee‹ (unser Bild) zeitweilig fast zum Statussymbol. Architekt war J. B. H. v. Lülsdorff.

40 Hausfassade in der Charlottenburger Christstraße

Aus vielen, teils sehr alten Siedlungen ist Berlin zusammengewachsen. Als Gründung von 1705 ist Charlottenburg die jüngste Stadt in der Stadt. Aus der ersten Epoche hat sich kein Bürgerhaus erhalten, wohl aber manches Anmutige aus dem 19. Jahrhundert. Hier eine Hausfassade in der Christstraße, wie es an der dortigen Schloßstraße und ihrer Umgebung noch mehrere gibt. Ihre gute Erhaltung verdanken sie der öffentlichen Denkmalspflege.

41 Der Ernst-Reuter-Platz

Vorbildliches im Stadtbild? Da dürfte der Ernst-Reuter-Platz an erster Stelle zu nennen sein. Die Kamera blickt von der Straße des 17. Juni nach Westen in die Bismarckstraße hinein. Rechterhand ein Blick in die Otto-Suhr-Allee. H. Schoszbergers ›Telefunkenhaus‹ beherrscht das wirkungsvolle Zusammenspiel vorzüglicher Architekturen. Die durchweg neue Bebauung wurde Anfang der 70er Jahre abgeschlossen.

42 Karussells im technischen Zeitalter

Rummelplatzleute zählten zwar früher zum fahrenden Volk, aber in West-Berlin haben sie nicht weit zu fahren und haben doch ihr Auskommen. Denn die Berliner sind die geborenen Rummelplatzgänger, ob Oktoberfest oder Amerikanisches Volksfest, ob Weihnachtsmarkt oder die vielen Rummel in den Bezirken locken. Unser Foto wurde auf dem deutsch-französischen Volksfest ›geschossen‹, wo man in stilleren Revieren auch französisch essen kann.

43 Die Kongreßhalle im Tiergarten

Die Kongreßhalle ist ein Bau von H. A. Stubbins aus den Mitteln der Benjamin-Franklin-Stiftung. Die Halle, die 1958 dem Senat der Stadt Berlin übergeben wurde, war der Beitrag der USA zur Bauausstellung von 1957 (INTERBAU). Der Einsturz des äußeren Bogens (1980, Materialfehler) hat das Innere nicht betroffen. Ihr größtes Auditorium bietet 1264 Plätze, jeder über Kopfhörer mit einer fünfsprachigen Dolmetscheranlage verbunden.

44 U-Bahnstation Fehrbelliner Platz

Die U-Bahn, die täglich an 700 000 Menschen befördert, ist in ständiger Verlängerung ihrer Strecken und Vermehrung ihrer Stationen begriffen. Unter der alten Station Fehrbelliner Platz, 1907 noch eine Endstation, läuft heute eine neue Strecke von Neukölln her, die Strecke 7 über Charlottenburg Nord bis Rathaus Spandau. Bei solcher Gelegenheit haben auch die oberirdischen Eingangsbauten eine neue, pop-art-gemäße Gestalt erhalten.

45 Das Schöneberger Rathaus

Als 1948 nach der Spaltung Berlins der West-Berliner Senat einen Amtssitz suchen mußte, bot sich das Rathaus des Bezirks Schöneberg als geeignetes Domizil. Im Rathausturm hängt die 1950 von General Clay übergebene Freiheitsglocke. Von der Rathausempore rief J. F. Kennedy das berühmteste ›Ich bin ein Berliner‹; auf dem Rathausplatz, der Kennedys Namen trägt, fand aus Anlaß seiner Ermordung ein improvisierter Fackelmarsch Tausender statt.

46 Die Mauer oder der Sozialistische Schutzwall

Als Grenze zwischen West-Berlin und dem ›Demokratischen Sektor‹ oder Ost-Berlin läuft seit dem 13. August 1961 mitten durch Berlin, 45 km lang, ›die Mauer‹. Typisch die Situation: drüben ein Volkspolizist mit der Instandhaltung des ›Sozialistischen Schutzwalls‹ befaßt, ein zweiter, den ersten bewachend, hüben ein Aussichtsgerüst, von dem aus sich über das unsägliche Gebilde der Politik blicken läßt, ein Kind, das sich um die Unsäglichkeit nicht kümmert, und ein Fotograf.

47 Das Brandenburger Tor von Osten

Das Brandenburger Tor wurde 1791 von C. G. Langhans erbaut und schloß das königliche Berlin gegen den Tiergarten ab. Seit Napoleon die Schadow'sche Quadriga entführte und seit deren Rückkehr wurde das Tor zum deutschen Symbol. Den kriegszerstörten Siegeswagen erneuerte West-Berlin, den Torbau die östliche Stadt. Seit 1961 sperrt ›die Mauer‹ jeglichen Durchgang. In der Ferne das Telefunken-Hochhaus am Ernst-Reuter-Platz.

48 Die Marienkirche in neuer Umgebung

In der Bildmitte die Marienkirche aus dem Anfang des 15. Jahrhunderts und älter, der Turmhelm von Langhans, 1790. Am linken Bildrand ein zackiger Zacken von der Parterre-Umbauung des Fernsehturms (Höhe mit Antenne 365 m), rechts das Polnische Informations- und Kulturzentrum. Die Werbeschrift am Dachsims wirbt für Erzeugnisse aus Bitterfeld. Hinten der Dom (Brüder Raschdorf, 1905) im Stande – eines schlichteren – Wiederaufbaus.

49 Das Museum für Deutsche Geschichte im Zeughaus Unter den Linden

Das Zeughaus Unter den Linden ist heute der bedeutendste Barockbau Ost-Berlins. Er wurde 1695 von A. Nering begonnen und von M. Grünberg, Andreas Schlüter und J. de Bodt bis 1706 fertiggestellt. Von Schlüter stammt auch der plastische Schmuck, so die Trophäen auf der Dachbalustrade und die Masken der Sterbenden Krieger. Das Museum für Deutsche Geschichte zeigt historische Dokumente im Sinn des dialektischen Materialismus.

50 Die Neue Wache Unter den Linden

Die Neue Wache (von 1818) neben der Humboldt-Universität gilt als schönstes Werk Karl Friedrich Schinkels. Die Viktorien am Architrav sind von Schadow. Seit 1931 Ehrenmal für die Gefallenen von 1914/18, ist der formstrenge Bau heute ›Mahnmal für die Opfer des Faschismus und Militarismus‹, was nicht hindert, daß Posten unter Gewehr das gewohnte Bild bewahren. Jeden Mittwoch um 14 Uhr 30 Großer Wachaufzug der Nationalen Volksarmee.

51 Das Alte Museum

Keiner hat das Berliner Stadtbild bis in die zweite Hälfte des 19. Jahrhunderts hinein so geprägt wie Karl Friedrich Schinkel und seine Schüler. Hier (hinter einem Bauzaun-Provisorium) das Alte Museum von Schinkel. Es wurde 1830 als ›Königliches Museum‹ eröffnet, wurde Antiken-Museum und enthält heute, nach gründlichem Wiederaufbau, vor allem die Handzeichnungen der Nationalgalerie und das Kupferstichkabinett.

52 Berlin Alexanderplatz heute

Der Bombenkrieg ist der Vater vieler hoch- und tiefbaulicher Veränderungen, besonders auch im Bereich des Alexanderplatzes, der außer dem S-Bahnhof nichts mehr zeigt, was aus früherer Zeit stammt. Statt dessen ist eine weitläufige Stadtlandschaft mit aula-artigen Fußgängerzonen zwischen hohen Neubauten geschaffen worden, die in feierabendlicher Belebung ein geradezu festliches Bild bieten kann. Links eine Weltzeituhr.

53 Glienicker Brücke, ›Brücke der Einheit‹

26,5 km sind es von Berlin-Mitte bis Potsdam. Die Havel wird bei 23,8 km seit alters auf der Glienicker Brücke überquert. Als moderne Eisenkonstruktion ersetzt sie seit 1909 einen steinernen Brückenbau. Diesseits der Glienicker Volkspark, jenseits, zu Potsdam gehörig, die Berliner Vorstadt. Trauriger Scherz, daß die pathosfrohe DDR die Brücke ›Brücke der Einheit‹ getauft hat: sie ist auch jetzt noch nur für alliierte Fahrzeuge passierbar.

54 Schloß Köpenick

Schloß Köpenick im gleichnamigen Bezirk ist auf seiner Insel zwischen Spree und Dahme das vierte Schloß an dieser Stelle. Über älteren Slawenburgwällen muß hier Fürst Jacza de Copnic seinen Sitz gehabt haben. Folgten ein gotisches Schloß, ein Jagdschloß Joachims II. und das jetzige von 1682, Baumeister: Rutger van Langeveld. In den prachtvollen Innenräumen das Kunstgewerbe-Museum mit den Schätzen des vormaligen Hohenzollern-Museums.

55 Schloß Glienicke

Als Sommerresidenz für den Prinzen Carl von Preußen erbaute Schinkel 1826 das Schloß Glienicke. Schon vorher hatte Peter Lenné mit der Gestaltung des heutigen Volksparks begonnen, der das Schloß umgibt (98 ha). Das Schloß, dessen Südfront unser Bild zeigt, bildet mit anderen Gebäuden einen wohlproportionierten Komplex, der unter anderem einen Gartenhof mit Brunnen einschließt. Auch in den Tiefen des Parks noch manches aparte Bauwerk.

56 Schloß Sanssouci

Wenigstens mit einem Bild darf Potsdam in einem Berlin-Band vertreten sein. Potsdam war die eigentliche Residenz der Hohenzollern. Mit ihrem Sturz büßte die Stadt Aufgabe und Inhalt ein. Diese zu ersetzen, ist gewiß nicht einfach. Man muß aber der DDR bescheinigen, daß sie alles tut, um sich, in ihrer eigenen Diktion, als »Wahrer des Kulturerbes« zu bewähren, und Schlösser und Gärten vorbildlich betreut, Sanssouci allem voran.

57 Segelboote auf der Havel

Die kleine Flotte, die havelabwärts durchs Bild segelt, läßt nicht erwarten, daß allein in West-Berlin 40 000 Sportboote registriert sind. Ost-Berlin wird kaum weniger Wasserfahrzeuge haben. 6% der 882,4 km² der Berliner Grundfläche sind Gewässer. Der West-Berliner Havelabschnitt ist rund 25 km lang. Diese Gegebenheiten und die Wasserfreudigkeit der Berliner machen die Stadt zu einem der größten Wassersportgebiete Europas.

58 Badewiese am Halensee

Gebadet wird, wenn die Temperatur es auch nur eben zuläßt, in Berlin überall da, wo's erlaubt, und da, wo's nicht so recht erlaubt ist, badegemäß oder auch nur mit der eigenen Haut bekleidet, wie's gefällt. Doch gefallen Nudisten nicht überall. Der Halensee (6,08 ha) hier im Bildhintergrund, gehört zur Kette der Grunewaldseen, doch ist über die Hälfte seiner Uferlänge bebaut. Am Nordende schöne hügelige Parkanlagen.

59 Roggenfelder bei Lübars

Lübars im nordöstlichen Grenzwinkel West-Berlins ist von der Verstädterung noch nicht ganz erfaßt. Das Rechteckangerdorf auf den Talrandhügeln längs des Tegeler Fließes, eine Siedlung aus dem Anfang des 13. Jahrhunderts, ist noch deutlich zu erkennen. Bemerkenswerte Leute, die zwölf Lübarser Bauern, die da lieber ihr Land bestellen, anstatt durch dessen Verkauf ›Millionenbauern‹ zu werden wie vor hundert Jahren ihre Schöneberger Kollegen.

60 Das Buddhistische Haus in Frohnau

Schon vor 50 Jahren baute sich die buddhistische Gemeinde Berlins ihr Buddhistisches Haus in Frohnau (unser Bild). Gleich alt ist die Moschee, rund zehn Jahre jünger die russisch-orthodoxe Auferstehungskirche in Wilmersdorf. 5 Synagogen, 200 evangelische, 80 katholische und 50 Freikirchen und Religionsgemeinschaften zählt Berlin. Es gilt Friedrichs d. G. Maxime: »Den hier mus ein jeder nach seiner Fasson Selich werden«.

61 Kiefern und Dünensand bei Heiligensee

Charakterpflanze der Mark Brandenburg: pinus silvestris, die Kiefer. Aber reine Dünensandböden sind doch nicht so häufig, wie man sie der ›Streusandbüchse des Reichs‹ nachsagt. Dieses Dünengelände bei Heiligensee dient zeitweilig als Übungsplatz der französischen Truppen, aber auch als Tummelplatz von Kindern und erwachsenen Zivilisten. Nicht selten beides zu gleicher Zeit, denn die Franzosen sind da nicht so streng.

62 Acker vor dem Märkischen Viertel

Daß West-Berlin noch 2000 ha Ackerland unter dem Pflug oder unter dem Spaten hat, wird nicht das erste sein, was man von einer Weltstadt erwartet. Über 100 Bauernhöfe, an 200 Gärtnereien, Melkereien, Mästereien und Geflügelhaltungen können die Stadt zwar nicht autark machen, aber doch manches zu ihrer Versorgung beisteuern. In puncto Topfpflanzen dürfte die Autarkie bald erreicht sein. Hier ein Acker beim Märkischen Viertel.

63 Ufergaststätte in Tegelort

So manche Gaststätte säumt das Ufer des Tegeler Sees, ohne den ›Föhrensaum‹, den Gottfried Keller pries, zu beeinträchtigen. Hier, in Tegelort, haben sich allerdings mehrere Strandcafés zusammengefunden. Die Zeiten, wo am Eingang das bekannte »Hier können Familien Kaffee kochen« um Besucher warb, sind wohl im wesentlichen vorbei. Doch wenn, dann noch nicht lange. Und Tanzdielen für die jüngeren Jahrgänge gibt es auch.

64 Auf dem Tegeler See

Während in Ost-Berlin mit 746 ha Wasserfläche der Müggelsee zugleich an der Spitze aller Berliner Seen liegt, ist West-Berlins größtes Gewässer mit 408 ha der Tegeler See. Gottfried Keller hat den See, O. J. Bierbaum die Insel Scharfenberg besungen. Leider sind deren rare Schönheit, ein großer botanischer Garten, ebensowenig zu besichtigen wie die Schulfarm dortselbst, ein sogenanntes musisches Gymnasium.

65 Das Humboldt-Schlößchen in Tegel

Einst eins der Jagdschlösser Joachims II., gelangte Schloß Tegel in den Besitz derer von Humboldt. Die berühmten Brüder ließen es 1822 durch Schinkel umbauen und in den heutigen Stand setzen. Obwohl als Privatbesitz von Nachkommen der Humboldts bewohnt, ist es doch auch publikumsoffenes Museum für die reichen Sammlungen Wilhelms v. Humboldt. Allein der Park ist ein schönes Ausflugsziel, darin die Familiengrabstätte von Schinkel angelegt.

66 Der Juliusturm

Viel besucht und sprichwörtlich geworden, der Juliusturm der Spandauer Zitadelle, Berlins ältestes Gebäude, Bergfried einer Burg des 12. Jahrhunderts. Die Zitadelle wurde 1560 bis 1594 gebaut und sollte, rings von Havelwasser umflossen, als einzige Festung dieser Art und Größe in Nordeuropa, berühmter sein, als sie ist. Von 1871 bis 1918 barg der Juliusturm den Reichskriegsschatz: 120 Millionen Mark in Goldstücken.

67 Spandau: Am Kolk

Spandaus Stadtkernstruktur ist so kompliziert wie die der meisten flußgelegenen Städte der Mark. Auf engstem Raum setzt sich die Altstadt aus Behns, Kolk, Stresow und anderem mehr zusammen, woraus eine recht zerklüftete Bebauung entstehen mußte. 1638 wurde die Stadt Festung und blieb es bis 1903. Davon noch kleine Außenwerke und beim Grenzübergang Staaken das Fort Hahneberg. Hier ein Blick in den Kolk.

68 Kleines Hotel in der Spandauer Ritterstraße

Spandaus Stadtkern ist nicht gut, aber besser erhalten als der berlinische. Die Ritterstraße ist eine von 25 Gassen, die sich früher um Breite Straße und Klosterstraße (heute Karl-Schurz-Straße) fügten. Das ›Hotel Benn‹ in diesem Sträßchen war ein privates Wohnhaus und stammt etwa von 1800. Ähnliche Häuser gibt es noch mehr, doch schwindet ihre Zahl. Wer solchen Besitz erhalten will, muß oft genug auch in die eigene Tasche greifen.

69 Standbild Joachims II. vor der Spandauer Nikolaikirche

Die Stadt Spandau, älter als Berlin, war bis zur Eingemeindung von 1920 selbständig, was dort heute noch spürbar ist. Unser Foto zeigt das Standbild Joachims II. (von E. Encke, 1889) vor der Nikolaikirche (aus dem 14. Jahrhundert), in der dieser Kurfürst 1539 die Reformation in der Mark Brandenburg eingeführt haben soll. Nach neuerer Ansicht sind die entsprechenden Kultänderungen allerdings in der Berliner Nikolaikirche vorgenommen worden.

70 Havelschleuse in Spandau

Zu den vielen absurden Gegebenheiten dieser Stadt gehört, daß Eisenbahnnetz und Wasserstraßen der Verwaltung der DDR unterstehen, die kein angelegentliches Interesse an der Verbesserung der hiesigen Verhältnisse hat. Daher bedarf die Spandauer Schleuse, die obere und untere Havel scheidet (unser Bild), schon lange der Erweiterung. Die DDR indes leitet ihren Schiffsverkehr auf neuen Kanälen um West-Berlin herum.

71 Im Südhafen in Spandau

Von den Berliner Häfen und Ladeeinrichtungen waren 1945 60% zerstört, der Rest wurde demontiert. Inzwischen sind mit entsprechender Ausrüstung gute 40 km Kaianlagen neuerstellt, davon 7,6 km im Westhafen, 1,3 km im Osthafen (in Ost-Berlin), 25 km in den Werkhäfen des Teltow-Kanal-Bereichs, der stattliche Rest in Spandau an und unterhalb der Spreemündung in die Havel. Hier der dortige Südhafen.

72 Autobahndreieck am Funkturm

Links unten im Bild das Parkhaus des Kongreßzentrums, von unten linksschwenkend das Verkehrsadergeflecht der Stadtautobahn, nach rechts die Rennstrecke der AVUS, Zubringer zum Grenzkontrollpunkt Drewitz und zu den Autobahnen nach Hannover, Leipzig, Nürnberg usw. In den Schwärzen zum oberen Bildrand hin stecken die südwestlichen Villenvororte West-Berlins und ganz oben rechts ein Stück Grunewald.

73 Das Kraftwerk Ernst Reuter

Berlin insgesamt ist die größte Industriestadt auf dem Festland, West-Berlin immer noch die größte der beiden Deutschlands. Dem entspricht der Strombedarf. Das Kraftwerk Ernst Reuter, eins von sieben Werken, stammt von 1931, wurde 1945 demontiert und während der Blockade 1948/49 wieder aufgebaut. Kessel und Maschinenteile wurden über die Luftbrücke eingeflogen. West-Berlin ist hinsichtlich der Stromversorgung ganz auf sich gestellt.

74 Brandmauer an der Adalbertstraße

Brandmauern, Werner Heldt hat sie oft gemalt, diese Symbole einer baulückenhaften Stadt der Mietkasernen in ständigem Wachsen. Die Lücken hatten sich geschlossen, der Krieg schlug neue Breschen. Hier ist ein Haus verschwunden. Die entblößte Brandmauer des Nachbarhauses, das überstand, lockt Parolenschreiber, sich zu äußern. Der Türke vorn, aber auch der Bankkassierer im Neubau links nebenan könnte Brechts Sentenz auf sich beziehen.

75 Das Berlin-Museum in der Lindenstraße

Ost-Berlin hat sein Märkisches Museum. Das hiesige Berlin-Museum ist eine Neuschöpfung in jeder Beziehung, doch, obwohl erst 1969 eröffnet, zunehmend sehenswert. Besonders schön ist auch das Haus, in dem es steckt, das ehemalige Kammergericht (von Ph. Gerlach, 1735). In diesem Gebäude haben als Kammergerichtsrat E. Th. A. Hoffmann und der Referendar Willibald Alexis über den Akten gesessen und . . . gedichtet.

76 *Weißbierstube im Berlin-Museum*

Cafés und Snack-Bars in Museen sind Usus geworden. Den Rekord an Originalität aber hält die Weißbierstube im Berlin-Museum. »Riesiges Buffet, dekoriert wie ein Altar germanischer Häuptlinge«, schrieb Wolfgang Menge. Doch dieser Altar ist Herd und Hort der alten derben Berliner Spezialitäten geworden: Bulette, Solei, Rollmops bis Gärtnerbockwurst alias Saure Gurke. »Auf 30 Sitzplätzen sitzen meistens 120 Leute«, laut Menge.

77 *Unsterblicher Leierkastenmann*

Leierkastenmänner, und wäre Berlin auch noch so fortschrittlich, gehören dazu. Ihre Zuhörerschaft wächst nach. Die Herstellerfirma des betagten Instruments hat zwar den letzten Krieg nicht überlebt, Drehorgelverleiher gibt es immer noch. Ort dieses Platzkonzerts: mitten in Kreuzberg. Die sozusagen altpreußischen Fassaden bezeugen guten Stil vor dem Schwulst der Gründerjahre. Viel Altes hat der Bezirk sonst nicht mehr.

78 *Mehringplatz, vormals Belle-Alliance-Platz*

Drei ›geometrische‹ Plätze baute sich das Berlin des 18. Jahrhunderts: das ›Quarrée‹ vor dem Brandenburger Tor, ab 1818 Pariser Platz, das Achteck, der Leipziger Platz mit dem berühmten Kaufhaus Wertheim, vor dem Potsdamer und das ›Rondeel‹ vor dem Halleschen Tor, einst Belle-Alliance-, jetzt Mehring-Platz. Unter Wahrung der alten Rundform schöne Neubebauung samt den hohen Wohnblocks von Werner Düttmann. Rechts hinten die Hochbahn von 1896.

79 *Türkischer Lebensmittelladen in Kreuzberg*

Die Türken, größtes Kontingent der Berliner Gastarbeiter, haben gleich ihre Lebensmittelhändler mitgebracht, um auf ihre gewohnte Kost nicht verzichten zu müssen. Das hat sein Gutes: da die Türken mancherlei Gemüse und Obst handeln, was der unbewegliche deutsche Lebensmittelhändler zu führen unterließ, nun aber führen muß, um die Konkurrenz auszuhalten, bereichert sich der Speiseplan aller hiesigen Haushalte.

80 *Kreuzberger Türkenkinder*

An 100 000 Türken würde West-Berlin wohl zählen, wenn sich derlei exakt zählen ließe. Kein Zweifel, daß sie das gewohnte Stadtbild verändern. Hier Kleintürken in einer Straße des Bezirks Kreuzberg, wo sie oft schon die Schulklassenmehrheit bilden. Die einen Engagierten sehen Berlins Untergang herangedeihen, die andern Berlins Genesung. Der Vergleich mit dem Hugenottenzuzug von 1685 ist aber auf jeden Fall ganz unangebracht.

81 *Panoramablick auf die alte Innenstadt*

Jenseits unseres Mittelgrundes liegt die Hauptstadt der DDR oder Ost-Berlin. Im Bauen war man auch dort nicht müßig, der Baustil hat sich dem westlichen angeglichen. 7 cm vom linken Bildrand die Sowjetbotschaft Unter den Linden, 10,5 cm Hotel Stadt Berlin, 14,5 cm Turmspitze der Marienkirche hinter der Domkuppel, Fernsehturm, Mitte: überm Palast der Republik das Rote Rathaus von 1870, 7 cm von rechts Deutscher Dom (Ruine) am Gendarmenmarkt, jetzt Platz der Akademie, 17,5 cm das französische Pendant von 1701.

82 *Zwischen Linden- und Friedrichstraße*

Der große Bau-Boom der Nachkriegszeit ist zu Ende. Nur wenige Grundstücke harren noch der sinnvollen Nutzung. Nicht daß es an Bauherren mangelte, oft aber kommen sie nicht zum Zug, weil die emigrierten Eigentümer längst verstorben, ihre Erben über alle Kontinente verstreut und die Eigentumsverhältnisse nicht leicht zu klären sind. Bei einem Baugelände wie diesem in der südlichen Friedrichstadt hemmt auch die Nähe der ›Mauer‹ die Baulust der Unternehmer.

83 *Trödelmarkt unterm Stadtbahnbogen*

Seit es keine Lumpenhändler mehr gibt, sind die Trödelmärkte in Schwung gekommen. Rechts unter dem Bücherkarren gedrechselte Geländerpfosten, die Nostalgiker als Tischbeine verwenden. Auch der ›Rechts‹-Sentimentale könnte seinen Bedarf an Militaria und Patriotischem decken. Die Preise sind gesalzen. Der Pferdekopf überm Stadtbahnbogen erinnert an die Ställe, die hier waren, als Tiergarten und ›Ku-Damm‹ noch Reitwege hatten.

84 *Vollmond über Berlin*

Panoramablicke geben Begriffe von den Ausmaßen der Stadtbezirke – hier südliches Charlottenburg und östliches Wilmersdorf – und verlocken, Einzelheiten zu suchen: am unteren Bildrand das Südende des Lietzensees, schräg durch den Mittelgrund der Bahnkörper um den Bhf. Charlottenburg, der dunkle Block in der Mitte das Kurfürstendamm-Karree, hinten links Europa-Center und Ruinenturm der ›Gedächtniskirche‹ und über allem der Mond.

85 *In der Wilhelm-Foerster-Sternwarte*

Hat Ost-Berlin seine Archenhold-Sternwarte in Treptow seit 1896, so hat West-Berlin seit 1947 bzw. 1962 die Wilhelm-Foerster-Sternwarte auf dem Schöneberger ›Insulaner‹, einem Trümmerberg. Planetarien gehören hier wie dort dazu. Berlins erste Sternwarte aber befand sich in der Dorotheenstadt und datierte von 1711. Sie war Teil der kgl. preußischen Akademie der Wissenschaften, die Leibniz ins Leben gerufen hatte.

86 *Drachenfliegen am Teufelsberg*

Lilienthal hatte seine ersten ›Fliegeberge‹ in Berlin. Doch was er am Gollenberg bei Stölln schließlich mit dem Leben bezahlte, ist heute im Begriff, Volkssport zu werden: das Drachenfliegen. Hier startet ein Flieger am Hang des Teufelsberges, eines 115 m hohen Trümmerberges aus mehr als 21 Mill. cbm Bombenschutt. Das sind etwa ein Fünftel allen Berliner Schutts, der ein Sechstel der deutschen Trümmermassen ausmachte.

87 *Trabrennbahn Mariendorf*

Das Tribünenhaus ist neuesten Datums, aber die Trabrennbahn Mariendorf gibt es schon seit 1913 mit unverminderter Popularität. Auch die erprobten Rennplätze Ost-Berlins in Karlshorst und in Hoppegarten werden noch betrieben. Mariendorf, Marienfelde, Rixdorf, heute Neukölln, und Tempelhof, alle im Süden Berlins, sind Gründungen der Tempelherren, kamen nach 1318 an die Johanniter-Ritter und 1435 in den Besitz Berlins.

88 *Alter Gasthof in Alt-Mariendorf*

Viele Dorfkerne der 1921 ins wachsende Berlin eingemeindeten Dörfer sind noch deutlich zu erkennen. Häufig trägt die einstige Dorfstraße den Ortsnamen mit dem Zusatz ›Alt‹: Alt-Buckow, Alt-Britz, Alt-Tempelhof und so auch Alt-Mariendorf. Ein unversehrter Dorfkern vereinigt heute noch Kirche und Dorfkrug und, wie in Dahlem oder in Britz, auch den ehemaligen Rittersitz als wesentliche Elemente. Hier der Mariendorfer Dorfkrug.

89 *Die Dorfkirche in Mariendorf*

Von den 59 Dörfern, die in Berlin aufgegangen sind, haben über 50 Dorfkirchen überdauert, viele davon aus dem 13. und 14. Jahrhundert, ein eigenartiger Besitz, wie ihn keine Weltstadt sonst kennt. Die Mariendorfer Kirche (unser Bild) ist ein spätromanischer Feldsteinbau mit hölzerner Glockenstube und Türmchen von 1737. Das eiszeitliche Baumaterial konnte hier allenthalben beim Pflügen beschafft werden.

90 *Trabantenstadt Märkisches Viertel*

Von 1963 bis 1974 ist im Norden West-Berlins an einer Trabantenstadt gebaut worden, dem Märkischen Viertel. 25 in- und ausländische Architekten haben daran gearbeitet. Für die städtebauliche Planung zeichnen Düttmann, Müller und Heinrichs. Das Viertel bietet in 17 000 Wohnungen Raum für etwa 50 000 Bewohner. Die ›Lebensqualität‹ des Ganzen blieb nicht unbestritten, doch pflegt man sich mit der Zeit zu arrangieren.

91 *Jagdschloß Grunewald*

Joachim II. hatte Berlin gut mit Jagdschlössern ausgestattet. Davon blieben das Tegeler Schloß und (unser Bild) das Jagdschloß Grunewald. Der mehrfach veränderte Bau (Caspar Theyß, 1542) hat noch viel von seiner ersten Schönheit, und wenn auch die letzte Hofjagd hier 1907 stattgefunden hat, so tragen jetzt bürgerliche Reiter den roten Rock. Im Schloß eine Gemäldegalerie, im Hof Konzerte.

92 *Havelbucht bei Moorlake*

An Spazierwegen am Wasser, durch Wälder und Parks ist Berlin in beiden Teilen der Stadt überaus reich. Der flächengrößte Bezirk, Köpenick, kann sogar mit 180 km Wanderwegen aufwarten. Aber West-Berlin steht dem wenig nach. Idyllisch ist die Havelbucht bei Moorlake, besonders reizvoll – und nicht zu überlaufen – sind die Wege von dort in den Volkspark Glienicke, nach Nikolskoe und bis zur Pfaueninsel.

93 *Im Zentralflughafen Tegel*

Die ältesten Flugplätze Berlins, Johannisthal und Staaken, werden nicht mehr beflogen. In Betrieb für den zivilen Flugverkehr sind im Osten Schönefeld, im Westen Tempelhof und Tegel. Dieses jüngste Flugfeld war Schießplatz, diente einer Luftschifferabteilung, wurde 1930 Raketenflugplatz und war ab 1960 Flughafen der Air France. 1974 wurde die Anlage Tegel-Süd eröffnet zur Beförderung von 5 000 000 Fluggästen per anno. Vorläufig.

94 *Blick auf den Großen Wannsee*

129,5 ha mißt die Wasserfläche des Großen Wannsees, einer Ausbuchtung der Havel, und ist zum, sogar besungenen, Inbegriff allen Berliner Badewesens geworden. Das Strandbad (von dessen Terrasse unser Bild) seit 1924 mit fester Architektur, 400 Strandkörben, dem Vierfachen an Liegestühlen und sonstigem Komfort, sieht zuzeiten an 40 000 Besucher in seinen Anlagen. Der gleichnamige Ort hat viele Villen, Klubhäuser und Sanatorien.

95 *Schloß auf der Pfaueninsel*

Romantisch-manieristische Gebäude haben die Launen Friedrich Wilhelms II. auf der Pfaueninsel hinterlassen. Hier das Schloß von 1797 in Ruinenform, dessen Türme seit 1807 eine eiserne Brücke verbindet; die erste war aus Holz. Kavaliershaus und andere Bauten sind von Schinkel, die Meierei aber, ruinenförmig wie das Schloß, wie dieses von Brendel, einem Tischlermeister. Die botanisch interessante Insel ist ein vielbesuchtes Naturschutzgebiet.

Explanation of Plates

96 Die Siegessäule

Die Siegessäule (von J. H. Strack, 1873) erinnert an die preußischen Siege von 1864 und 1866 sowie an den deutschen von 1870/71. Die Viktoria ist von F. Drake. Die Säule stand früher vor dem Reichstag und wurde, als man im Dritten Reich die heutige Straße des 17. Juni verbreiterte, an ihren jetzigen Ort, den Großen Stern im Tiergarten, versetzt, Hitlers einziger Eingriff ins Berliner Stadtbild, den man nicht zu tadeln braucht.

97 Winter im Grunewald

Treptower Park, Tiergarten und Schloßpark Charlottenburg sind Auwaldrückstände der Spree, an denen das spreewäldisch schlagende Herz des Berliners hängt. Eiszeitlichen Ursprungs sind auch die beliebten Grunewaldseen, deren Umgebung als Verlandungsstufen Erlenflachmoore und andere Moore bietet. Die charakteristischen Grunewaldkiefern bevorzugen die trockeneren Böden.

1 Fortuna on the Cupola of Charlottenburg Palace

The middle part of Charlottenburg Palace was among the wartime ruins of Berlin. The cupola, erected in 1709, was a mere skeleton of twisted iron. In 1950 it was decided to build a historically exact replica. Only the old statue of Fortuna could not be replaced. In its stead Richard Scheibe created a new statue. Fortuna stands on a golden ball, turning capriciously, her short cloak flying in the wind. In actual fact, she is a weather-vane.

2 Charlottenburg Palace, View from the Park

Contributors to the building of Charlottenburg from 1695: main building – in the middle of the picture – J. A. Nering and Andreas Schlüter; cupola and extension of the middle part, 1706, Eosander von Göthe. Not in the picture, east wing: from 1740 onwards, G. W. v. Knobelsdorff, west wing: orangery, 1709, Eosander; theatre, 1788, C. G. Langhans. Total length 505 m. The interior is mainly exquisite rococo and contains many historical treasures.

3 The Belvedere or Teahouse in the grounds of Charlottenburg Palace

The Belvedere in Charlottenburg Park is the work of C. G. Langhans in 1788. Soon afterwards he turned to a more cubic and planed structure (Brandenburg Gate), and Belvedere is a transition between Rococo and this later style. This quaint building was originally surrounded by water from the Spree, and it is said that here spirits were conjured up in an attempt to influence the man for whom it was built, Friedrich Wilhelm II.

4 Kurfürstendamm, corner of Uhlandstraße at 9.19 p.m.

The Kurfürstendamm is 3.6 km long from Halensee to the ruins of the bombed-out Kaiser Wilhelm Memorial Church, which since 1895 has shared the fate of the 'Ku-damm'. In 1545 a narrow causeway to the Hunting-Lodge of Grunewald, then on Bismarck's initiative a broad avenue, and until the First World War the residential area of most of Berlin's millionaires, today the Kurfürstendamm upholds the democratic-popular tradition of the Straße Unter den Linden.

5 Young Café on the old Kurfürstendamm

How many gastronomic establishments of all types are there on the Kurfürstendamm? Hotels, restaurants, cocktail-bars, dance-halls, cafés, pizzerias, self-service, snack-bars, the fashionable and the less fashionable, Danish, Argentinian, Chinese, Balkan, French, not including the 'nationalities' of the parallel- and cross-streets. And where do all the patrons find the money? And the time?

6 Street-trade on the Kurfürstendamm

Street vendors of all types and nationalities line the pavements of the Kurfürstendamm with their 'flying' wares, and make one almost forget that this once pompous street is a shopping-street of the highest order, and that the merchandise offered in the shops satisfies even the highest demands; in addition the motley tribe of traders is joined by street musicians and – weather permitting – pavement artists, sometimes highly talented.

7 The Europa Centre in the heart of West Berlin

1965 saw the opening of the Europa Centre, designed by Hentrich and Petschnigg; it consists not only of the tall office-block shown in the picture but also of many other sections in the triangle between Nürnberger-, Tauentzien- and Budapester-Straße, and contains amongst other things a hotel, a cinema, a cabaret, an ice-rink, a gambling-casino, art galleries, bars, restaurants and many shops, from the most expensive to the bargain, in fact a complete 'Ku-Damm' in itself.

8 Courtyard within the Europa Centre

Since its opening the interior of the Europa Centre has undergone many alterations, additions and embellishments. The tendency has been to get away from the original concrete facing. The 'Archimedische Spirale' by H. Sinken (1976) provides an amusing eyecatcher in this courtyard. Soon after its installation the local people gave it the pretentious name of 'Antibaby-spiral'.

9 *View from the Europa Centre towards the West*

In an instructive manner the telephoto lens compresses the western panorama from the roof of the Europa Centre into a compact mass of houses. In actual fact, the section of Kantstraße in sunshine to the right of the picture is 2 km long. The city railroad, at the bottom and left of the picture, will celebrate its 100th birthday in 1981. In the background far left is the Radio Tower built in 1926. The tall building in the middle is the Sender Freies Berlin (Free Berlin Radio) built in 1969 by the architect R. Tepez.

10 *High-rise Blocks on the northern edge of the Hansaviertel*

At the instigation of a Swiss journalist, an ideal town in green surroundings was developed between 1955 and 1957 for the International Building Exhibition (INTERBAU) on the ruined site of the Hansaviertel, which united all types of living accomodation from detached houses to appartment blocks. It was designed by well-known architects from many countries. The camera looks over the Spree to the south-west, where several high-rise blocks mark the northern limit of the district.

11 *The Façade of Bellevue Palace*

August Ferdinand, the youngest brother of Frederick the Great, had a palace built for himself on the left bank of the Spree by Bouman the younger in 1785, Bellevue Palace, in the then up-to-date transitional style between Baroque and Neo-classical. C. G. Langhans created the oval banqueting-hall in 1791. From the almost totally burned-out building only this hall could be restored in the original style in 1959. Today the palace is the residence of the President of the Federal Republic.

12 *In the English Garden*

The Bellevue Park, previously part of the Tiergarten, belongs to Bellevue Palace. The English Garden is a section of this park. It was laid out in 1952 with the aid of the British Royal Family, and has since developed into a botanical show-piece with its conifers and rhododendron groves, tulip-beds and rush-fringed lakes. Concerts take place in the thatched Teahouse, and a café provides for the needs of the inner man.

13 *Boating on the New Lake in the Tiergarten*

The Tiergarten is the geographical centre of Berlin, and since C 18 has been the destination of all local people wishing to take a walk. Knobelsdorff and Lenné had transformed the rough vegetation into a verdant splendour. This was sacrificed to the last battles of 1945 and the wood-shortage of the Berlin Blockade. However with the help of the German Federal States and much perseverance the wounds have been healed over the last three decades.

14 *Sculpture Court of the New National Gallery*

A successful combination of old and new building: in the background the Matthäikirche of 1844, seen from the Sculpture Court of the New National Gallery. The church, a work of F. A. Stüler, was one of the few buildings of the elegant Tiergarten district which could be restored (1958). The pool in the paved court is dominated by an object by the american David Black. The much-frequented court is a suitable place for the yearly 'Jazz in the Garden'.

15 *The New National Gallery*

The New National Gallery from 1968 is the work of Mies van der Rohe. The hall in the picture is used for exhibitions; collections of works of art from the C19 and C20 are to be found in the spacious basement, designed to resume the tradition of the 'Kronprinzenpalais' whose former art-treasures were wilfully squandered by the Nazis. The massive figure in the foreground is the work of Henry Moore.

16 *Performance in the Academy of Arts*

The Academy of Arts, Berlin, is above all an institution providing information about international developments in the Avantgarde. Here you see a performance of R. Kushner's 'Sara's Marathon' from the exhibition 'SOHO – Downtown Manhattan' 1976. The home of suchlike and many other events, including those for children, owes its existence to the generosity of H. H. Reichhold (USA), a Berliner in exile. Architect: W. Düttmann, 1955.

17 *Entrance of the old Anhalter Station*

Of the large railway termini which used to mark Berlin as the centre of the German railway system – Lehrter, Stettiner, Görlitzer, Anhalter and Potsdamer – none remain. This remnant of the entrance, in some measure a monument to the Anhalter Station from which trains departed for Dresden, Leipzig and Munich, belonged to a splendid building of 1880; architect: F. Schwechten, roof construction: Heinrich Seidel, the poet.

18 *The former Reichstag building*

The building was burned to ashes by the Nazis in February 1933. The last battles twelve years later took place under the gaping windows of the burned-out ruin which had not been repaired under Hitler. Only in 1970 could the Wallot building of 1894 (without the cupola) be restored sufficiently to be used for conferences. It also offers a permanent historical exhibition: 'Issues of German history – from 1800 to the present day'.

19 *The New Philharmonic Hall*

The New Philharmonic Hall, in which masterpiece the experienced Hans Scharoun was able to realise unconventional architectural ideas, is part of the long-term plan for a Culture Centre between the 'Wall' and the Landwehr Canal, the outlines of which are already becoming clear. The building seats 2200 and is the home of the Berlin Philharmonic Orchestra, but is also used for other concerts.

20 *A Floodlit Event in the Olympic Stadium*

With room for 100,000 onlookers, the Olympic Stadium, 230 m wide and 300 m long, was conceived by Werner March for the XIth Olympic Games, 1936, and in spite of Hitler's meddling was ready on time. In addition there are swimming, hockey and tennis stadiums, an area for equestrian events and the Maifeld, site of spectacular tattoos of British troops. International football matches attract record crowds.

21 *View at evening from the S-Bahnhof Hohenzollerndamm to the Radio Tower*

20.52 hours. The approaching train is travelling to Köllnische Heide. There however the tracks are interrupted and have long since ceased to lead into East Berlin. The rails in the picture belong to the Circle Line of 1871 which surrounded the Berlin of that time with its 70 km, and today runs without exception through totally built-up areas of the city. (Stadt- or S-Bahn is the city railroad network, as opposed to Underground.) In the background the Radio Tower and the tall building of the SFB as in picture 9. To the right a gas heating-plant.

22 *Folk-dancer from Senegal*

Entertainment by coloured musicians and dancers is the order of the day, or rather the night. Here a folk-dancer from the Senegal National Ensemble. This type of thing is no post-war acquisition in Berlin. Josefine Baker appeared in the Nelson Theatre in the 20s, Sam Wooding's Orchestra performed in 1929. The visits of coloured musicians since 1945 cannot be numbered. Duke Ellington had his followers here.

23 *Night-life with the Transvestites*

Transvestite club? They have always been here. It already amused Tucholsky: "The queans approach in their ball-gowns". That has remained. People who enjoy the glittering masquerade will not always know straightway with which sex they are dealing, and will find out that the masqueraders do not want to be taken all that seriously. And: fun is fun . . .

24 *Mannequin and Male Model on the Platform*

Only in an essentially gay city would it be possible to produce 75% of German Ladies' Fashions. Here only the proportion has changed, not the principle. A competition amongst German cities for the best Haute Couture and the most attractive fashion-wear would still prove West Berlin second to none. There is no place for unenterprising die-hards here.

25 *Jazz Concert in the Philharmonic Hall*

The interior of the Philharmonic Hall reflects the unconventionality of the exterior (see picture 19). From all sides interlocking galleries surround the platform at varying angles, and the performers are no longer objects to be looked at, but the pulsating centre of a community of listeners and musicians. According to the degree of modernity in the programme, so the audience is young and younger. But jazz also has its fans who are advanced in years.

26 *Scene from the Schaubühne am Halleschen Ufer*

Now as ever Berlin is a city of theatre. Since the beginning of the 70s when Peter Stein took over the Schaubühne am Halleschen Ufer, this theatre with its highly talented ensemble has been able to gain an international reputation. The picture shows a scene from 'Empedokles – Hölderlin lesen', an original paraphrase of Hölderlin fragments adapted by the actors themselves under the direction of Klaus Michael Grüber; Bruno Ganz as 'Empedokles'.

27 *Scene from the Schiller Theatre*

The official theatre of Berlin is the Schiller Theatre. Here is a scene from 'Waiting for Godot' in Beckett's production. The actors: Stefan Wigger, in front Horst Bollmann, right Klaus Herm. The building of 1906, theatre of the then independent town of Charlottenburg, was destroyed during the war, but could already be opened in 1951. This was necessary in order to give West Berlin a representative stage which it no longer possessed.

28 A Grass Court in the Free University

After the exodus of liberal students from the old university of East Berlin, the Free University of Berlin was founded in 1948. At first the lectures were held in large houses in Dahlem. An abundance of suitable new buildings and equipment was financed by the Henry Ford Foundation. The ultra-modern constitution of this Alma Mater did not however prevent the student riots, which emanated from America.

29 The New State Library

Scharoun was able to see the completion of his most impressive work, the City Library, since the building of this 'book-tower' began in 1967. The library contains three million volumes and can accomodate further millions. It was built for the 'Stiftung Preußischer Kulturbesitz' which is supported by all the Federal States. The complex of buildings is part of the growing Culture Centre between the 'Wall' and the Landwehr Canal.

30 Asbestos cement Sculpture in the grounds of the Technical University

The area of the Technical University on both sides of the Straße des 17. Juni is almost as big as the centre of old Berlin. Starting from the old main building of the Technical College (Hitzig and Lucae from 1878), which was destroyed but rebuilt in a new design, in the course of time building after building has been added. The modern sculpture shown in the picture is by R. Graesel, and stands in front of the Franz Fischer Building of the Institute for Technical Chemistry.

31 Institute for Educational Research of the Max Planck Society in Dahlem

'Kaiser Wilhelm Society for Scientific Research' was the name of what is now known as the 'Max Planck Society for Scientific Research' and, in Berlin, consists of a dozen or more institutes; the former was founded during the Empire in 1911, and re-founded in 1948 with headquarters in Göttingen and Munich. The Institute for Educational Research in Dahlem (in the picture) was designed by H. Fehling and D. Gogel in 1973.

32 In the Pacific section of the Ethnological Museum in Dahlem

The old Ethnological Museum, opened in 1886, was located near the city centre but after being bombed was no longer fit for use. The collection was so vast that a large portion of its treasures had to be kept in store. Even in the new rooms in Dahlem not everything can be shown, but what one sees is impressive: here the hall with South Sea boats. Special emphasis is laid on didactic work.

33 Ramp to the Main Entrance of the Clinic in Steglitz

The Clinic in Steglitz was begun in 1959. In 1969 the almost completed building was able to register its first patient. This impressive co-operative work of two American and one German architect was partly financed by the USA, which donated 60 million DM. 40 wards with a total of 1417 beds, 19 institute buildings and 11 lecture theatres were built at a total cost of 302.5 million DM. The Clinic is part of the Free University Berlin.

34 The large Tropical House in the Botanical Garden

When one speaks of Berlin it nevertheless means often enough to speak in superlatives. With its 42 ha. (104 acres), Berlin's Botanical Garden is the largest and one of the most important in Germany, and its tropical house the highest in the world. The Garden, successor to that of 1679, was laid out at the turn of the last century, and serves the public for instructive walks and science for research work in plant-breeding and special cultures.

35 An 800-year-old Village as Museum

A curiosity with scientific significance; one finds this rare mixture in the museum village of Düppel. There, as a result of excavations, it has been possible to reconstruct in detail a settlement from the C12 on its original site. Both inside and outside the cosy thatched houses one can see household effects and watch demonstrations of weaving and pottery-making. The settlement was founded by Slavs and Germans.

36 Two Sea-elephants and their Audience

The fact that Berlin contains two notable Zoological Gardens is a result of its division. The one in the Eastern sector is called the Friedrichsfelde Zoo; the Western Zoo was opened in 1844 in the grounds of the old Fasanerie, and is 111 years older than its antagonist in the East. It was the first to be opened in Germany, and the ninth in the world. Including the aquarium, it houses around 14,000 animals from 2,400 species. In the picture the sea-elephants Elfie and Bolle and their audience.

37 View from the Europa Centre towards the South-east

In the lower middle of the picture Tauentzienstraße, a high-class shopping area, previously also called the 'Tauentzien-Bummel' (Bummel = stroll). In the middle the Wittenbergplatz, celebrated in song by Rudolf Nelson. Above it to the left the station buildings over three Underground lines. Here in 1902 the first tube-station was erected; the tracks of 1896 were and still are high-level. The station-signs on the platforms are a gift of the London Underground and reproduce their design.

38 The Deutsche Oper Berlin in the Bismarckstraße

This street, although interrupted by the 'Wall' is, with its 20 km from city-centre to the border-post Staaken, if not the longest yet the most important in the city: first part, Unter den Linden, second, Straße des 17. Juni, third (in the picture) the Bismarckstraße. On the left the new Deutsche Oper Berlin built by F. Bornemann in 1961, in front of it a steel sculpture by H. Uhlmann. The performances in the opera-house are world famous.

39 Lake Lietzen in Charlottenburg

As a lake within the city, Lietzensee with its almost 7 ha (16 acres) is not to be overlooked and is navigable for rowing-boats. In 1919 a public park was created out of the summer residence of the War Minister v. Witzleben, and thus the threat of building speculation on the river-bank was considerably warded off. One of the first post-war buildings, the 'Hochhaus am Lietzensee' (in the picture) was at times almost a status symbol. Architect: J. B. H. v. Lülsdorff.

40 Façade of a House in the Christstraße, Charlottenburg

Berlin has grown together out of many settlements, some very old. Founded in 1705, Charlottenburg is the youngest town in the city. No large house remains from the first epoch, but many charming examples from the C19. Here is a façade in the Christstraße, one of many such houses in the streets around the Schloßstraße. Thanks to the public Preservation Society they are kept in good repair.

41 Ernst Reuter Platz

An exemplary example? That primarily is what one might call Ernst Reuter Platz. The camera looks from the Straße des 17. Juni westwards into the Bismarckstraße. To the right a glimpse of the Otto Suhr Allee. H. Schoszberger's 'Telefunkenhaus' dominates the effective interplay of outstanding architecture. The completely new lay-out was finished at the beginning of the 70s.

42 Carousel in a Scientific Age

Fairground people used to lead a nomadic life, but in West Berlin they must not travel far and yet still make a living. For the Berliners are born frequenters of fairgrounds, whether the attraction is Oktoberfest or American Festival, Christmas Market or the many small fairs in the suburbs. The picture was shot at the German-French Festival, where in quieter corners one can also sample French cuisine.

43 The Congress Hall in the Tiergarten

The Congress Hall, a building by H. A. Stubbins, was financed by the Benjamin Franklin Foundation. The hall was presented to the Senate of the City of Berlin in 1958 as America's contribution to the building Exhibition of 1957 (INTERBAU). It is intended as a "symbol of the freedom and dignity of man, an abode of free speech." The large auditorium has 1264 seats, each connected by earphones to a multilingual translation system.

44 Underground Station Fehrbelliner Platz

The Underground, which transports 700,000 people daily, is constantly in the process of extending its lines and adding to its stations. Under the old station Fehrbelliner Platz, still a terminus in 1907, a new line now runs from Neukölln, the No 7 line, which will eventually lead to northern Charlottenburg. The opportunity was taken to give the above-ground entrance a new pop-art appearance.

45 The Schöneberger Rathaus

After the division of Berlin in 1948, the West Berlin Senate had to look for a residence, and the Town Hall of the district of Schöneberg presented itself as a suitable place. The Freedom Bell, handed over by General Clay in 1950, hangs in the tower, and from the gallery J. F. Kennedy spoke his famous words "Ich bin ein Berliner". At the news of Kennedy's assassination, thousands gathered at night in a torchlight procession on the square in front of the Town Hall which now bears his name.

46 The 'Wall' or Socialist Bulwark

Since August 13th 1961 the 'Wall', 45 km long, runs through the middle of Berlin as a border between West Berlin and the 'Democratic Sector' or East Berlin. Typical of the situation: on the other side a Volkspolizist engaged in the maintenance of the 'Socialist Bulwark', a second man guarding the first; on this side an observation scaffold from which one can look over this unspeakable political structure, a child, not bothered about the unspeakableness, and a photographer.

47 The Brandenburg Gate from the East

The Brandenburg Gate was built in 1791 by C. G. Langhans and divided royal Berlin from the Tiergarten. Ever since Napoleon's theft of Schadow's quadriga and its restitution, the gate has become a German symbol. After the war West Berlin renewed the damaged victory chariot and East Berlin the fabric of the gateway. Since 1961 the 'Wall' has made any passage impossible. In the distance the Telefunkenhaus on Ernst Reuter Platz.

48 The Marienkirche in its new surroundings

In the middle of the picture is the Marienkirche from the beginning of the C15 and earlier, the spire by Langhans, 1790. At the left edge of the picture a point of the folded roof around the lower level of the Television tower (height with antenna, 365 m), to the right the Polish Information and Cultural Centre. The slogans on the cornice advertise products from Bitterfeld (a town belonging to East Germany). Behind is the cathedral (the brothers Raschdorf, 1905) in its – more simple – reconstructed state.

49 The Museum of German History in the Arsenal Unter den Linden

The Arsenal Unter den Linden is today the most important Baroque building in East Berlin. It was begun in 1695 by A. Nering and completed up to 1706 by M. Grüneberg, Andreas Schlüter and J. de Bodt. The statuary decoration, such as the trophies on the roof-balustrade and the masks of the dying warriors, is also by Schlüter. The Museum of German History displays historical documents as seen from a dialectic-materialistic point of view.

50 The New Guardhouse Unter den Linden

The New Guardhouse (from 1818) next to the Humboldt University is held to be the best work of Karl Friedrich Schinkel. The Victories on the architrave are by Schadow. Since 1931 a Memorial to the Fallen of 1914-18, this austere building today commemorates the Victims of Faschism and Militarism, which does not prevent armed guards from standing duty. Every Wednesday at 14.30 hours Changing of the Guard of the National People's Army.

51 The Alte Museum

No-one influenced the appearance of the city up to the second half of the C19 as much as Karl Friedrich Schinkel and his pupils. Here (behind a provisional hoarding) the Alte Museum by Schinkel. It was opened in 1830 as the 'Royal Museum', became a Museum of Antiquities, and now after complete rebuilding contains primarily the graphic department of the National Gallery and the collection of engravings.

52 Berlin Alexanderplatz today

The blitz is the father of many alterations both above and below ground, also in the region of Alexanderplatz, which, except for the S-bahn station, bares no traces of former times. Instead a spacious townscape, with auditorium-like pedestrian zones between the new high blocks, has been created, which provides an almost festive scene in the evening bustle. To the left a world clock.

53 Glienicke Bridge, 'Bridge of Unity'

From the centre of Berlin to Potsdam is 26.5 km, and from time immemorial the Havel has been crossed at 23.8 km by the Glienicke Bridge. Since 1904 a modern iron construction has replaced the stone bridge. On this side the Glienicke Public Park, on the other, which belongs to Potsdam, suburbs of Berlin. It is a sad joke that the pathos-loving German Democratic Republic has named the bridge 'Bridge of Unity': it is even now only open to allied traffic.

54 Köpenick Palace

Köpenick Palace, in the district of the same name, is the fourth palace on this site, an island between the Spree and the Dahme. Prince Jacza de Copnic must have built his residence on the older ramparts of a Slavic castle. Then followed a Gothic castle, a hunting-seat of Joachim II and the present building dating from 1682, architect: Rutger van Langeveld. The splendid interior contains the Museum of Applied Arts with treasures from the former Hohenzollern Museum.

55 Glienicke Palace

Schinkel built the Glienicke Palace in 1829 as a summer residence for Prince Karl of Prussia. Peter Lenné had previously begun to lay out the present Public Park of 98 ha (240 acres) which surrounds the palace. The picture shows the south front of the palace, constituting with other buildings a well-proportioned complex, which includes amongst other things a fountain court. In the depths of the park are several other unique buildings.

56 Sanssouci Palace

Potsdam must be allowed at least one picture in a book about Berlin. Potsdam was the actual residence of the Hohenzollern, and with their fall the town lost both its function and its purport. Replacing these is not easy, but one must give the German Democratic Republic credit for doing everything possible to prove her worth as "Guardian of the Cultural Inheritance", to use her own words, and looking after the palaces and gardens in an exemplary way, particularly Sanssouci.

57 Sailing-boats on the Havel

The little fleet which sails through the picture down the Havel does not prepare one for the fact that 40,000 sporting craft are registered in West Berlin alone. It is doubtful that East Berlin has less. 6% of the total area of Berlin (882.4 sq km) is water. The West Berlin section of the Havel is about 25 km long. This and the fact that Berliners are water-lovers turn the city into one of the largest water-sport areas in Europe.

58 Bathing-beach at Lake Halen

Even when the temperature only just permits, people bathe everywhere in Berlin, where it is permitted and where it is not, suitably attired or merely in bare skin, as it pleases them. But nudists are not welcome everywhere. Lake Halen, 6.08 ha (15 acres), in the background, belongs to the chain of Grunewald lakes, but is built up along more than half of its shoreline. At the northern end are attractive hilly parks.

59 Ryefields near Lübars

Lübars, in the north-east corner of West Berlin near the border, is not yet completely urbanised. On the hills edging the Tegeler Fließ a settlement from the beginning of the C13, a village around a square green, can still be clearly recognised. Remarkable people these twelve Lübars farmers, who would rather till their land instead of selling it to become millionaire-farmers like their colleagues in Schöneberg a hundred years ago.

60 The Buddhist House in Frohnau

Already 50 years ago the Buddhist Community of Berlin had built itself a Buddhist House in Frohnau (in the picture). The Mosque is the same age and the Russian Orthodox Church of the Resurrection in Wilmersdorf ten years younger. In Berlin there are 5 Synagogues, 200 Protestant, 80 Catholic and 50 Free Churches and religious Communities. The words of Frederick the Great are appropriate: "Here each must become holy in his own way."

61 Pines and Sand-dunes near Heiligensee

The characteristic plant of the Mark Brandenburg is the pinus silvestris, or Scots fir. But real sand-hills are not as frequent as the name 'Sand-box of the Nation' would suggest. These dunes near Heiligensee are sometimes used as a manoeuvre ground by French troops, but also as a playground by children and grown-up civilians. Sometimes both at the same time, since the French are not so particular in this matter.

62 Field in front of the Märkischen Viertel

The fact that West Berlin still has 2000 ha (5000 acres) of farmland under the plough or the spade is not what one primarily expects from a metropolis. The more than 100 farmsteads, about 200 market-gardens, dairy-, livestock- and chicken-farms do not make this city self-supporting, yet contribute much to her supplies. In the case of pot-plants self-sufficiency should soon be reached. Here a field near the Märkischen Viertel.

63 Lakeside Restaurant in Tegelort

A great number of restaurants border the shore of Lake Tegel without detriment to the 'fringe of firs' which Gottfried Keller praised. Here indeed in Tegelort several beach-cafés are congregated. In general the times are over when the well-known sign at the entrance "Families may make their own coffee here" attracted visitors. If these times are over, then it is not very long ago. And there are also dance-halls which cater for the younger generation.

64 On Lake Tegel

Whereas Lake Müggel in East Berlin with its 764 ha (1850 acres) of water takes first place among all the Berlin lakes, Lake Tegel with 40 ha (100 acres) is the largest in West Berlin. Gottfried Keller praised the lake in his writings, and O. J. Bierbaum the island of Scharfenberg. Unfortunately its rare beauty, a large Botanical Garden, cannot be visited, neither can the training farm, a so-called 'Musisches Gymnasium'.

65 The Humboldt-Schlößchen in Tegel

Formerly one of the hunting-lodges of Joachim II, Tegel Palace came into the possession of the Humboldt family. It was altered in 1822 for the famous brothers by Schinkel and given its present-day form. Although still in private hands and occupied by the descendants of the Humboldts, it is also open to the public as a museum for the vast collection of Wilhelm v. Humboldt. The park alone is a delightful place for excursions, in it the family vault erected by Schinkel.

66 The Julius Tower

Much visited and almost proverbial, the Julius Tower of the Spandauer Citadel, the watch-tower of a C12 castle, is Berlin's oldest building. The citadel, surrounded by water from the Havel, was built between 1560 and 1594, and, as the only fortress of this type and size in Northern Europe, deserves to be more famous than it is. From 1871 to 1918 the Julius Tower harboured the Imperial War Treasure: 120 million marks in gold pieces.

67 Spandau: Am Kolk

The construction of the centre of Spandau is just as complicated as those of the other riverside towns of the Mark. The old town grew together out of Behns, Kolk, Stresow and other close-set villages, which resulted in an incongruous architectural structure. The town was fortified in 1648 and remained so until 1903. Some outer walls from this time still remain, also Fort Hahneberg near the border post of Staaken. Here a view of the Kolk.

68 Small Hotel in the Ritterstraße in Spandau

Spandau's town-centre is not well preserved, but better so than that of Berlin. The Ritterstraße is one of 25 alleys formerly around Breite Straße and Klosterstraße (now Karl-Schurzstr.). The 'Hotel Benn' in this street was a private residence, and dates from about 1800. There are other similar houses but their number is decreasing. Whoever wishes to maintain such a house has to put his hand in his pocket frequently enough.

69 The Statue of Joachim II in front of the Nicolai Church in Spandau

The town of Spandau, independent until its amalgamation in 1920, is older than Berlin, a fact which is still apparent there today. The photo shows the statue of Joachim II (by E. Encke, 1889) in front of the Nicolai Church (C14) in which this Elector is said to have introduced the Reformation into the Mark Brandenburg in 1539. According to recent views, these changes in public worship were however made in the Nicolai Church in Berlin.

70 Havel Lock in Spandau

To the absurd data of this town belongs the fact that railways and canals are under the administration of the German Democratic Republic (DDR), which has no serious interest in the improvement of the present situation. The lock in Spandau, which divides the Upper and Lower Havel (see picture), has long since needed to be widened. In the meantime the DDR diverts its shipping-traffic on new canals around West Berlin.

71 The South Dock in Spandau

60% of Berlin's docks and loading facilities were destroyed by 1945, and the rest was dismantled. Since then over 40 km of quays with suitable equipment have been newly built, 7.6 km in the West Dock, 1.3 km in the East Dock (in East Berlin), 25 km in the wharves of the Teltow Canal area, the considerable remainder in Spandau at and below the junction of the Spree and the Havel. Here the South Dock at that point.

72 Motorway-triangle at the Radio Tower

In the bottom left of the picture the parkhouse of the Congress Centre, from the bottom towards the left the streams of traffic on the city motorway, to the right the racing-track of the AVUS leading to the border-post at Drewitz and the motorways to Hannover, Leipzig, Nürnberg etc. In the dark patch toward the top of the picture are the south-west residential suburbs of West Berlin, and in the top right-hand corner part of Grunewald.

73 The Ernst Reuter Power Station

Berlin altogether is the largest industrial city on the continent, West Berlin still the largest of both Germanies. Her energy requirements reflect this. The Ernst Reuter power station, one of seven stations, was built in 1931, dismantled in 1945, and rebuilt during the blockade of 1948/49. Boiler and machine parts were flown in over the air-bridge. In regard to energy production West Berlin is totally self-reliant.

74 Partition-wall in the Adalbertstraße

Werner Heldt often painted these partition-walls, symbols of a continually growing city of tenements with building gaps. The gaps had been closed but the war made new breaches. Here a house has disappeared. The exposed partition-wall of the neighbouring house which survived attracts slogan-writers to express themselves. The Brecht quotation applies both to the Turk in the foreground as well as the bank-clerk in the new building to the left. "That you must fight if you do not wish to lose, this you will surely understand."

75 The Berlin Museum in the Lindenstraße

East Berlin has its Museum of the Mark. The present Berlin Museum is a new creation in every aspect, and, though only opened in 1969, is increasingly worth a visit. The building in which it is housed, the previous Supreme Court of Justice (by Ph. Gerlach, 1735) is particularly beautiful. In this building the Counsellor to the Supreme Court, E. Th. A. Hoffmann, and the barrister Willibald Alexis sat over their briefs and . . . wrote poetry.

76 Weißbierstube in the Berlin Museum

Cafés and snack-bars in museums have become the fashion, but the Weißbierstube in the Berlin Museum holds the record for originality. "An enormous buffet, decorated like the altar of Teutonic chieftains", so wrote Wolfgang Menge. However this altar is the hearth and home of the good old Berlin specialities: from meat-balls, pickled eggs and collared herrings to Gardener's sausages, alias pickled cucumbers. Menge writes: "There are 30 seats but usually 120 people on them".

77 The Immortal Hurdy-gurdy Man

Even if Berlin is so very progressive, organ-grinders belong there. Each new generation is their audience. The firm which used to make this old-fashioned instrument did not survive the last war, but what they made is still for hire. Site of this open-air concert: the middle of Kreuzberg. The so-called Old Prussian façades give proof of the good taste before the grandiloquence of the Gründerjahre (Late Victorian). The district no longer possesses many old buildings.

78 Mehringplatz, formerly Belle-Alliance Platz

Berlin of the C18 built three geometrical Places: the square in front of the Brandenburg Gate, known from 1818 as Pariser Platz, the octagon, Leipziger Platz with its famous department store Wertheim in front of the Potsdam Gate, and the circus in front of the Halle Gate, formerly Belle-Alliance and now Mehringplatz. Preserving the old circular form, the attractive buildings including the high-rise blocks are by Werner Düttmann. Behind to the right the high-level railway of 1896.

79 Turkish Grocery-store in Kreuzberg

The Turks, the largest contingent of the Berlin guest-workers, straightway brought their provision-merchants with them, in order not to forgo their accustomed diet. That has its good side: since the Turks sell various sorts of vegetables and fruit which the immovable German trader once disregarded but is now forced to stock in order to combat the competition, all local households have a more varied menu.

80 Turkish Children in Kreuzberg

If one could count them exactly, there must be about 100,000 Turks in West Berlin. There is little doubt that they have changed the wonted appearance of the city. Here young Turks in a street of the Kreuzberg district, where they are often in the majority in the classroom. Enthusiasts on the one side see in this Berlin's downfall, and those on the other, her recovery. The comparison with the immigration of the Huguenots in 1685 is in any case inapplicable.

81 Panoramic View of the old City Centre

On the far side of the picture centre lies the capital of the German Democratic Republic, East Berlin. There also, the rebuilders were not idle, and the style is akin to that of the West. 7 cm from the left edge of the picture the Soviet Embassy Unter den Linden, 10.5 cm Hotel Stadt Berlin, 14.5 cm the spire of the Marienkirche behind the cupola of the cathedral, T.V. tower; in the middle above the Palace of the Republic, the Rote Rathaus (Town Hall) of 1870, 7 cm from the right the ruins of the Deutscher Dom (German Cathedral) on the Gendarmenmarkt, now Platz der Akademie, 17.5 cm its French counterpart from 1701.

82 Between Linden- and Friedrichstraße

The big building-boom of the post-war years is over. Only a few plots are still awaiting a significant use. Not that there is a lack of people wanting to build, but often they make no progress since the emigrated owners are dead, their heirs strewn over all continents, and the conditions of ownership are not easy to solve. On a building plot such as this in southern Friedrichstadt, the nearness of the 'Wall' also dampens the desire to build.

83 Jumble Market under the Arches of the S-Bahn

Since rag-merchants have died out, jumble-merchants have gotten into stride. To the right under the book-carts are turned bannisters which nostalgics use as table-legs. The 'right-wing' sentimentalist can also deck his need for the military and the patriotic. The prices are exorbitant. The horse's head over the S-Bahn arch is a reminder of the stables which were here when Tiergarten and 'Ku-damm' still had their bridle-paths.

84 Full-moon over Berlin

Panoramic views give an idea of the size of the districts – here South Charlottenburg and East Wilmersdorf – and entice one to look for details: at the bottom edge the southern tip of Lake Lietzen, diagonally across the middle the permanent-way around the Charlottenburg railway station, the dark patch in the middle the Kurfürstendamm Square, behind left the Europa Centre and ruined tower of the Memorial Church, and, above it all, the moon.

85 In the Wilhelm Foerster Observatory

If Eastern Berlin has its Archenhold Observatory in Treptow since 1896, then West Berlin has its Wilhelm Foerster Observatory on the Schöneberg 'Insulaner', a hill of rubble, since 1947 and 1962. Planetariums form a part in both cases. Berlin's first observatory however dates from 1711 and was to be found in the Dorotheenstadt. It was part of the Royal Prussian Academy of Science which Leibniz had called into being.

86 Hang-gliding on the Teufelsberg

Lilienthal had his first 'flying-hill' in Berlin. However what he eventually paid for with his life at Gollenberg near Stölln is today becoming a popular sport: hang-gliding. Here a glider is starting from the ridge of the Teufelsberg, a rubble-hill, 175 m high, made out of more than 21 million cbm of debris. That is about a fifth of all the Berlin rubble, which accounted for a sixth of the German ruins.

87 Trotting-racecourse Mariendorf

The grandstand is of recent date, but the trotting-racecourse Mariendorf exists since 1913 with never-diminishing popularity. In addition the established race-courses in East Berlin in Karlshorst and Hoppegarten are still in use. Mariendorf, Marienfelde, Rixdorf, now Neukölln, and Tempelhof, all in south Berlin, were foundations of the Templars, and came in 1318 into the possession of the Knights of St. John, and then in 1435 of Berlin.

88 An old Inn in Alt-Mariendorf

The centre of many villages which were incorporated into growing Berlin in 1921 are still to be recognised. Often the former village street carries the place-name with the prefix 'Alt' (old): Alt-Buckow, Alt-Britz, Alt-Tempelhof and thus Alt-Mariendorf. An undamaged village centre today still joins church and pub, and also, as in Dahlem or Britz, the former manor-house as an essential element. Here the village inn in Mariendorf.

89 The Village Church in Mariendorf

From the 59 villages which have been incorporated into Berlin, more than 50 village churches have survived, many from the C13 and C14, a unique possession which is found in no other metropolis. The church in Mariendorf (in the picture) is a late Romanesque residual stone building, with wooden bell-tower and turret from 1737. This ice-age building material was found everywhere when the fields were ploughed.

90 Satellite-estate Märkisches Viertel

From 1963 to 1974 a satellite-estate was built to the north of West Berlin, the Märkisches Viertel. 25 German and foreign architects worked on the project. Responsible for the lay-out were Düttmann, Müller and Heinrichs. The estate with its 17,000 appartments offers room for 50,000 inhabitants. The 'living quality' of the whole remains controversial, but in time one gets used to it.

91 The Hunting-lodge of Grunewald

Joachim II furnished Berlin well with hunting-lodges, from which the Tegeler Palace and the hunting-lodge Grunewald remain. The building (Caspar Theyß, 1542) underwent many alterations, but kept much of its original beauty, and even if the last Royal hunt took place in 1907, the common riders still wear hunting pink. There is an Art Gallery inside and concerts in the courtyard.

92 Havel Bight near Moorlake

In both sectors of the city, Berlin is rich in walks by the waterside, through woods and parks. The district with the largest area, Köpenick, can boast 180 km of foot-paths. But West Berlin is not far behind. The Havel bight near Moorlake is idyllic, and the paths from there through the Public Park Glienicke to Nikolskoe and thence to Pfaueninsel are particularly pleasing and not too crowded.

93 In the Central Airport Tegel

Berlin's oldest aerodromes Johannisthal and Staaken are no longer in use. The airports for civil aviation are Schönefeld in the East and Tempelhof and Tegel in the West. This newest airport was previously a firing-range, served a zeppelin department, became a rocket airfield in 1930 and from 1960 onwards the airport of Air France. In 1974 the terminal Tegel-South was opened, conveying 5,000,000 passengers per year. For the present.

94 View over the Große Wannsee

Große Wannsee with its surface area of 129.5 ha (320 acres) is really a bulge in the Havel, and has become the essence of all Berlin bathing enthusiasts even in song. The bathing-beach (picture taken from its terrace) with permanent buildings since 1924, and with its 400 wicker beach-chairs, four times as many deck-chairs and other comforts, at times draws as many as 40,000 visitors to its grounds. The district of the same name has many villas, clubs and sanatoriums.

95 Castle on the Pfaueninsel (Peacock Island)

The whims of Friedrich Wilhelm II have left Romantic-manneristic buildings on the Pfaueninsel. Here is the castle from 1797 in the form of a ruin, whose towers are joined since 1807 by an iron bridge; the first one was made of wood. The Cavalier's house and other buildings are by Schinkel, but the dairy, in the ruined style of the castle, is, like the latter, by Brendel, a cabinet-maker. The botanically interesting island is a much-visited Nature Reserve.

96 The Victory Column

The Victory Column (by J. H. Strack, 1873) recalls the Prussian victories of 1864 and 1866 as well as the German victory of 1870/71. The Victoria is by F. Drake. Previously the column stood in front of the Reichstag and when the street now known as the Straße des 17. Juni was broadened during the Third Reich, it was removed to its present site, the Großer Stern (Great Star) in the Tiergarten. This was Hitler's only interference with Berlin's townscape which need not be criticised.

97 Winter in Grunewald

Treptow Park, Tiergarten and Charlottenburg Palace park are remains of floodland woods along the Spree, which have a special place in the heart of the Spreewood-loving Berliner. The favourite Grunewald lakes are of ice-age origin, whose surroundings are sedimentary steps of alder flats and other marshes. The characteristic Grunewald pines prefer the drier soils.

Explication des illustrations

1 La Fortune sur le dôme du château de Charlottenbourg

Le bâtiment central du château de Charlottenbourg était une des ruines laissées par la guerre à Berlin. Le dôme de 1709 ne montrait plus que la charpente en fer toute calcinée. En 1950 on décida une reconstruction scrupuleusement historique. Seule, l'ancienne Fortune ne pouvait plus être copiée, alors Richard Scheibe en créa une nouvelle. Celle-ci se dresse sur un globe doré et tend son étroit manteau au vent qui la fait tourner dans un sens puis dans l'autre; en effet c'est une girouette.

2 Le château de Charlottenbourg, vue du parc

A partir de 1695 les architectes suivants participèrent à l'édification du château de Charlottenbourg: J. A. Nering et Andreas Schlüter pour le bâtiment initial (au centre de notre photo); pour le dôme et pour l'agrandissement du bâtiment central, Eosander von Göthe (1706). Ne figurant pas sur la photographie, l'aile est: à partir de 1740 par G. W. von Knobelsdorff; l'aile ouest, l'Orangerie, par Eosander (1709); le théâtre du château, par C. G. Langhans (1788). La longueur totale est de 505 mètres. L'intérieur du château montre au visiteur un très beau rococo et des objets précieux, dignes d'un musée.

3 Le Belvédère ou la maison de thé dans le parc du château de Charlottenbourg

Le Belvédère dans le parc du château de Charlottenbourg est l'oeuvre de C. G. Langhans (1788). Comme ce dernier s'adonna peu de temps après à une création plus cubique et plus plate à la Porte de Brandebourg, son Belvédère indique un style de transition à partir du rococo. Cet édifice original était baigné jadis par les eaux de la rivière Spree. Il passe pour avoir été un lieu de cérémonies d'exorcisme, au moyen desquelles on aurait essayé d'influencer le propriétaire, Frédéric-Guillaume II.

4 Le Kurfürstendamm, au coin de la rue Uhland, à 21 h 19

Le Kurfürstendamm (grand boulevard) mesure 3 kms 6 du Halensee (lac) à la Gedächtnis-Kirche de l'empereur Guillaume (église commémorative), laquelle partage depuis 1895 l'histoire du «Ku-Damm» (abréviation). En 1545 c'était une simple chaussée qui menait au château de chasse de Grunewald; à l'instigation de Bismarck elle devint une large avenue et, jusqu'à la première guerre mondiale, fut habitée par la plupart des millionnaires de Berlin. Aujourd'hui le Kurfürstendamm continue la tradition de la rue Unter den Linden, avec un côté populaire et démocratique.

5 Un café jeune sur l'ancien Kurfürstendamm

Combien d'établissements de toutes les catégories peut-il y avoir sur le Kurfürstendamm? On y trouve des hôtels, des restaurants, des boîtes à cocktails, des bars, des salles de danse, des pâtisseries, des pizzerias, des cafés où l'on consomme debout, des restaurants à libre service, des locaux chics et moins chics, danois, argentins, chinois, balkaniques, français, sans compter les «nationalités» des rues adjacentes et transversales. Et les nombreux consommateurs? Où trouvent-ils toujours le temps et l'argent?

6 Commerce ambulant sur le Kurfürstendamm

Des marchands ambulants de toutes les races et de toutes les nations bordent les trottoirs du Kurfürstendamm où ils ont étalé leurs marchandises, faisant presque oublier que la superbe avenue de jadis est restée une rue de commerce de première classe et que l'offre de ses magasins satisfait aux exigences les plus élevées. Cependant des musiciens ambulants et aussi, si le temps le permet, des artistes qui dessinent sur le pavé se mêlent au petit peuple bariolé des marchands. Ils sont parfois très adroits.

7 L'Europa Center au coeur de Berlin-Ouest

C'est en 1965 que fut inauguré l'Europa Center, construit par Hentrich et Petschnigg. Il comporte non seulement le building pour des bureaux (voir notre photographie) mais aussi un grand nombre de bâtiments dans le triangle de la rue de Nuremberg, celle de Tauentzien et celle de Budapest; à côté des hôtels, cinémas, cabarets, galeries d'art, bars, restaurants, d'une patinoire, d'un casino et de nombreux magasins, du très côuteux au meilleur marché, l'Europa Center porte en lui tout un «Ku-Damm».

8 Cour vitrée à l'intérieur de l'Europa Center

Depuis l'inauguration de l'Europa Center, son intérieur a subi encore plusieurs transformations, agrandissements et enjolivements. Quant au béton sans revêtement qu'il y avait à l'origine, on en est bien revenu. Dans cette cour vitrée la «Spirale d'Archimède» de H. Sinken (1976) accroche l'oeil d'une façon amusante. D'ailleurs, dans le langage populaire des Berlinois, l'objet au nom prétentieux a été baptisé sitôt après son installation «Spirale anticonceptionelle».

9 Vue vers l'ouest du haut de l'Europa Center

Du haut du toit de l'Europa Center le téléobjectif comprime d'une façon instructive le panorama ouest en une masse compacte de maisons. En réalité, le segment clair de la rue Kant, à droite sur la photo, mesure 2 kms de long. La voie ferroviaire, en bas et à gauche sur la photo, aura cent ans en 1981. A l'arrière-plan, tout à fait à gauche, le pylône de radio (1926) et, au centre, le building de l'émetteur de Berlin Libre, conçu par l'architecte R. Tepez en 1969.

10 Immeubles-tours à la lisière nord du quartier de la Hanse

A l'instigation d'un journaliste suisse, et dans le cadre de l'exposition internationale d'architecture (INTERBAU) on construisit de 1955 à 1957 sur les ruines de l'ancien quartier de la Hanse une cité modèle dans la verdure; elle combinait tous les types de constructions, de la maison pour une seule famille à l'immeuble-tour. Des architectes renommés, venus de nombreux pays, les ont conçus. Notre caméra est braquée au-dessus de la rivière Spree sur le sud-ouest, là où quelques immeubles tours délimitent au nord ce quartier.

11 Façade du château de Bellevue

Auguste Ferdinand, le plus jeune frère de Frédéric le Grand, se fit construire en 1785 par Bouman le Jeune, sur la rive gauche de la Spree, le château de Bellevue. C'est d'un style de transition entre le baroque et le classicisme. C. G. Langhans conçut en 1791 la salle ovale. De tout l'édifice presque entièrement calciné, il fut seulement possible de restaurer cette salle dans le style d'origine (1959). Le château est de nos jours la résidence officielle à Berlin du président de la République fédérale.

12 Dans le Jardin anglais

Derrière le château de Bellevue se trouve le parc de Bellevue, lequel faisait jadis partie du Tiergarten. Le Jardin anglais est lui-même un fragment de ce parc. Il fut aménagé dès 1952 grâce à la maison royale d'Angleterre, et il est devenu depuis, avec ses bosquets de conifères et de rhododendrons, ses parterres de tulipes et ses pièces d'eau bordées de roseaux, un jardin botanique de parade. Dans la maison de thé au toit couvert de roseaux ont lieu des concerts et un café pourvoit au bien-être des visiteurs.

13 Promenade en bateau sur le nouveau lac dans le Tiergarten

Le Tiergarten, centre géographique de Berlin, était depuis le XVIIIe siècle le but de tous les promeneurs. Knobelsdorff et Lenné avaient fait de la végétation à l'état sauvage une verte splendeur. Elle fut victime des derniers combats de 1945 et aussi du besoin de bois dans Berlin bloqué. Cependant on arriva en trois décennies à refermer les plaies, avec l'aide des villes de la République fédérale et beaucoup d'efforts.

14 La cour des sculptures de la nouvelle galerie nationale

Voici un assemblage réussi d'ancien et de moderne. A l'arrière-plan, l'église Saint-Matthieu de 1844, vue de la cour des sculptures de la nouvelle galerie nationale. Cette église, oeuvre de F. A. Stüler, fut l'un des rares édifices du noble quartier de Tiergarten à pouvoir être reconstruit en 1958. Dans la cour, le bassin est dominé par un objet de l'Américain David Black. Cette cour attire beaucoup de visiteurs et elle est chaque année le cadre approprié pour le festival «Jazz in the Garden».

15   La nouvelle galerie nationale

La nouvelle galerie nationale de 1968 est une oeuvre de Mies van der Rohe. Le hall visible sur la photo sert aux expositions. Dans le vaste sous-sol se trouvent les collections d'oeuvres d'art des XIXe et XXe siècles, lesquelles ont pour but de renouer avec la tradition du ‹Palais du Kronprinz›, dont les nazis ont, par malveillance, dispersé les trésors artistiques uniques en leur genre. La sculpture massive au premier plan est une oeuvre d'Henry Moore.

16   «Performance» à l'Académie des beaux-arts

L'Académie des beaux-arts à Berlin est avant tout une institution qui a pour tâche d'informer le public sur la situation mondiale de l'avant-garde. Voici la «Performance» de «Sara's Marathon» par R. Kushner, dans le cadre de l'exposition «SOHO - Downtown Manhattan» en 1976. Cette maison où ont lieu de telles manifestations et d'autres, certaines destinées aux enfants, est due aux largesses d'un ex-Berlinois, H. H. Reichhold (USA). W. Düttmann en est l'architecte (1955).

17   Portail de l'ancienne gare d'Anhalt

De toutes les grandes gares terminus qui faisaient jadis de Berlin le centre du réseau ferroviaire allemand – gares de Lehrte, Stettin, Görlitz, Anhalt et Potsdam – pas une n'a subsisté. Ce portail, devenu pour ainsi dire le monument de la gare d'Anhalt, d'où partaient les trains en direction de Dresde, Leipsig et Munich, faisait partie d'un édifice imposant (1880). L'architecte en était F. Schwechten; pour la construction de la toiture du hall, le poète Heinrich Seidel.

18   L'ancien édifice du Reichstag

En 1933 les nazis ont réduit le bâtiment en cendres. Douze ans plus tard, les derniers combats se livraient sous les fenêtres béantes des ruines calcinées que Hitler n'avait pas fait restaurer. Ce n'est qu'en 1970 que cet édifice de Wallot de 1894 (sans le dôme) put être suffisamment restauré pour servir de salle de congrès et offrir en permanence au visiteur l'exposition historique: «Questions à l'histoire de l'Allemagne – de 1800 à nos jours.»

19   La nouvelle Philharmonie

La nouvelle philharmonie, chef-d'oeuvre (1963) permit à Hans Scharoun de réaliser dans sa maturité ses idées originales en matière d'architecture et fait partie d'un centre culturel projeté à long terme entre le «Mur» et le canal du Landwehr, dont les contours deviennent déjà nets. Ce bâtiment dispose de 2200 places assises. Il est le champ d'activités de l'orchestre philharmonique mais on l'utilise parfois aussi pour d'autres concerts.

20   Meeting nocturne au stade olympique

Le stade olympique peut accueillir 100 000 spectateurs. Il a 230 mètres de large et 300 mètres de long; il fut conçu en 1932 pour les jeux olympiques (XI) par Werner March et, malgré le bousillage de Hitler, fut terminé en 1936 conformément à la date fixée. Il s'y ajoute une piscine olympique ainsi qu'un stade de hockey et de tennis, un manège et le «Maifeld» (champ de mai), lieu des célèbres «Tattoos» des troupes britanniques. Les matches de football internationaux obtiennent le plus grand nombre de spectateurs.

21   D'une gare de la S-Bahn, vue nocturne sur le pylône de radio

20 h 52. Le train qui entre en gare va à «Köllnische Heide». Mais là-bas les rails sont interrompus depuis longtemps et ne mènent plus à Berlin-Est. La portion de rails sur notre photo fait partie de la ligne de ceinture de 1871 qui, avec ses 70 kms, faisait de loin le tour de Berlin, telle que la ville était alors, et qui aujourd'hui se déroule entièrement au milieu des quartiers habités. A l'arrière-plan, le pylône de radio et le building de l'émetteur de Berlin Libre (SFB) comme sur notre photo 9. A droite, une usine à gaz.

22   Danseuse folklorique du Sénégal

Les représentations des artistes de couleur sont à l'ordre du jour ou plutôt de la nuit. Voici une photo de l'ensemble national du sénégal. A Berlin de telles choses ne sont pas des apports d'après-guerre. Dans les années 20, Joséphine Baker est montée sur les planches du théâtre Nelson, en 1929 l'orchestre de Sam Wooding y joua. Depuis 1945, les représentations des musiciens de couleur en tournée ne se comptent plus. Duke Ellington avait ici une commune.

23   Night life chez les travestis

Des boîtes de nuit pour les travestis? Il y en a toujours eu à Berlin. Celà amusait déjà Tucholsky, qui disait: «Les tapettes en grande robe du soir s'approchent». Cela n'a pas changé. Celui qui s'amuse de cette mascarade scintillante ne sait pas toujours à quel sexe il a affaire et ne remarque pas tout de suite que les créatures masquées ne veulent pas être prises trop au sérieux. D'ailleurs, à chacun son plaisir . . .

24   Mannequin et dressman sur l'estrade

C'est seulement dans une cité foncièrement gaie qu'il est possible de confectionner 75% de l'habillement féminin du Reich. Cela a changé davantage dans les statistiques qu'en principe. Une compétition des cités allemandes en ce qui concerne la haute couture par excellence et la confection qui plaît le plus aujourd'hui, prouverait que Berlin-Ouest est encore prima inter pares. Les rétrogrades sont ici incompétents.

25   Concert de jazz à la Philharmonie

L'intérieur de la Philharmonie est conforme à l'originalité architecturale de l'extérieur (photo 19). De tous les côtés, des rangées emboîtées assiègent l'estrade des exécutants, qui n'est plus un point de mire unilatéral mais le coeur battant d'une communauté d'auditeurs et de musiciens. Plus le programme est progressiste, plus le public est jeune. Mais la musique de jazz a aussi ses adhérents parmi les plus âgés.

26   Scène du théâtre «am Halleschen Ufer»

Aujourd'hui comme hier Berlin reste la ville des théâtres. Depuis que Peter Stein en a pris la direction au début des années 70, ce théâtre et son brillant ensemble ont acquis une renommée internationale. Notre photo montre une scène tirée de «Empédocle – lire Hölderlin», propre création et paraphrase originale des fragments de Hölderlin, dans une mise en scène de Klaus Michael Grüber; Bruno Ganz joue le rôle d'Empédocle.

27   Scène du théâtre Schiller

Le théâtre Schiller est le théâtre officiel de Berlin. Voici une scène tirée de «En attendant Godot» dans une mise en scène de Beckett. Les acteurs sont Stefan Wigger, devant Horst Bollmann, à droite Klaus Herm. L'édifice de 1906, théâtre de la ville de Charlottenbourg qui était encore indépendante à l'époque, n'était plus qu'une ruine après la guerre; mais il rouvrit ses portes en 1951 déjà, afin de donner à Berlin-Ouest la scène représentative que la ville ne possédait plus.

28   Jardin de l'Université Libre

Après que les étudiants épris de liberté eurent quitté l'ancienne université pour Berlin-Ouest, on fonda l'Université Libre en 1948. Au début les cours avaient lieu dans des villas de Dahlem. La fondation Henry Ford finança un grand nombre de nouveaux bâtiments et établissements appropriés. Cependant la constitution ultra-moderne de cette Alma mater ne lui a pas épargné l'agitation des étudiants qui partit d'Amérique.

29   La nouvelle construction de la bibliothèque nationale

Scharoun put encore voir son oeuvre gigantesque se réaliser, car on commença à bâtir ce temple du livre en 1967. La bibliothèque contient trois millions de volumes et pourra en recevoir d'autres millions. C'est la «Fondation de l'héritage culturel prussien», à la charge de tous les laenders, qui l'a fait bâtir et qui en est le propriétaire. Cet ensemble de bâtiments fait partie de ce centre culturel en création entre le «Mur» et le canal de Landwehr.

30   Sculpture sur le terrain de l'Université Technique

La superficie de l'Université Technique des deux côtés de la rue du 17 Juin est presque aussi grande que le noyau du vieux Berlin. En partant de l'ancien bâtiment principal de l'Ecole Supérieure Technique (créée dès 1878 par Hitzig et Lucae), qui fut détruit mais restauré sous une nouvelle forme, une construction s'ajouta à l'autre avec le temps. La sculpture sur notre photo est l'oeuvre de R. Graesel et se dresse devant l'institut Franz Fischer de chimie technique.

31   Institut de recherches de l'Association Max Planck à Dahlem

Ce qu'était l'«Association empereur Guillaume en faveur des sciences», est aujourd'hui l'«Association Max Planck en faveur des sciences», qui consiste, à Berlin du moins, en une douzaine et demie d'instituts. Celle-là était une fondation impériale de 1911, celle-ci fut fondée à nouveau en 1948, les sièges principaux étant à Göttingen et à Munich. L'institut de recherches de formation culturelle à Dahlem (voir notre photo) fut conçu en 1973 par H. Fehling et D. Gogel.

32   La section «océan Pacifique» au musée ethnologique à Dahlem

L'ancien musée ethnologique se trouvait en bordure de la cité et avait été inauguré en 1886. Bombardé, il n'était plus utilisable. Il possédait tant de richesses qu'on avait dû emmaganiser une grande partie de ses trésors. Même dans les nouvelles salles à Dahlem, on ne peut tout exposer, cependant le visiteur est impressionné par ce qu'il voit. Voici la salle des bateaux du Pacifique. On s'intéresse surtout au travail didactique.

33   La rampe de l'entrée principale de la clinique de Steglitz

La construction de la clinique de Steglitz commença en 1959. Le bâtiment presque achevé put recevoir les premiers patients en 1969. L'Amérique aida à financer l'oeuvre commune de deux architectes américains et d'un troisième allemand, par un apport de 60 millions marks. Avec une totalité des frais de 302,5 millions a construit 40 stations avec 1417 lits en tout, 19 bâtiments pour les instituts et 11 amphithéâtres. La clinique fait partie de l'Université Libre de Berlin.

34 La grande serre tropicale au jardin botanique

Souvent parler de Berlin signifie malgré tout user de superlatifs. Avec une superficie de 42 hectares, le jardin botanique de Berlin est le plus grand d'Allemagne et l'un des plus importants; la grande serre tropicale est la plus haute du monde. Le jardin, qui remplaça celui de 1679, fut créé au tournant de ce siècle. Le public s'en sert pour des promenades instructives, la science pour ses recherches en ce qui concerne la culture, surtout pour celle des plantes rares.

35 Un village vieux de 800 ans comme musée

Curiosité et rigueur scientifique, on trouve ce mélange insolite au village-musée de Düppel. Grâce à des fouilles, on a réussi à reconstruire exactement sur les lieux une agglomération du 12e siècle. A l'intérieur et à l'extérieur des maisons accueillantes couvertes de roseaux, vous pouvez contempler des ustensiles de ménage; on vous montre des artisanats tels que le tissage et la cuisson des poteries. Les fondateurs étaient des Slaves et des Allemands.

36 Deux éléphants de mer et leur public

Le fait que Berlin entretient deux jardins zoologiques est la conséquence du partage de la ville. Le zoo Est s'appelle jardin zoologique Friedrichsfelde, celui de Berlin-Ouest fut inauguré en 1844 sur l'ancien emplacement de la Faisanderie et a donc 111 ans de plus que son antagoniste de Berlin-Ouest; c'était le premier zoo d'Allemagne, le neuvième du monde. Il possède y compris l'aquarium environ 14000 animaux de 2400 espèces. Sur la photo voici les éléphants de mer Elfie et Bolle et leur public.

37 Vue de l'Europa Center sur le sud-est

Au centre de la photo et en bas voici la rue Tauentzien, rue d'affaires de première catégorie, qu'on appellait jadis «la balade de Tauentzien». Au centre, la place Wittenberg, célébrée par Rudolf Nelson; à gauche, au-dessus de trois lignes de métro, le bâtiment de la gare. C'était en 1902 la première gare de «métro». Le segment de 1896 était resté un métro «aérien». Les pancartes des quais, copiées sur celles de là-bas, ont été offertes par le métro londonien.

38 L'Opéra de Berlin, rue Bismarck

Le tracé de la rue, interrompu certes par le «Mur», qui mesure 20 kms du noyau urbain au contrôle douanier de Staaken, n'est sans doute pas le plus long mais le plus important de la ville; le premier segment est le boulevard Unter den Linden, la deuxième rue, celle du 17 Juin, la troisième (notre photo), la rue Bismarck. A gauche, le nouvel édifice de l'Opéra allemand de Berlin, conçu par Bornemann (1961); devant, une sculpture en métal de H. Uhlmann. Les créations de cet opéra ont une renommée mondiale.

39 Le lac Lietzen à Charlottenbourg

Etendue d'eau à l'intérieur de la ville, le lac Lietzen avec ses 7 hectares n'est pas à dédaigner car on peut y faire du bateau. On transforma en 1919 la résidence estivale du ministre de la guerre von Witzleben en un parc public; ainsi fut refoulé le désir de spéculer sur la construction des rives. Etant un des premiers bâtiments d'après-guerre, l'immeuble-tour du lac de Lietzen (notre photo) devint temporairement presque un symbole. J. B. H. von Lülsdorff en était l'architecte.

40 Façade dans la rue du Christ à Charlottenbourg

De nombreuses – en partie très vieilles agglomérations ont été réunies en la seule ville de Berlin. Fondée en 1705, Charlottenbourg est la plus jeune cité dans la cité. De cette première époque il n'est resté aucune habitation bourgeoise, mais pourtant un certain charme du XIXe siècle. Voici une façade dans la rue du Christ, telle qu'on en trouve encore dans la rue du château et ses environs. Grâce à l'entretien des monuments, ces façades sont bien conservées.

41 Place Ernst Reuter

La physionomie de la cité offre-t-elle quelque chose d'exemplaire? Il faudrait alors citer en premier lieu la place Ernst Reuter. De la rue du 17 Juin, la caméra est braquée vers l'ouest sur l'allée Bismarck. A droite une vue sur l'allée Otto Suhr. Le building de la firme Telefunken de H. Schoszberger domine cet ensemble architectural par excellence. Ce plan d'aménagement tout nouveau fut fini au début des années 70.

42 Manèges à l'ère de la technique

Jadis les forains faisaient certes partie des nomades mais ils n'ont pas à aller loin à Berlin-Ouest, tout en ayant de quoi vivre. Car le Berlinois est fait pour visiter les champs de foire, attiré qu'il est par la foire d'octobre ou celle de Noël, la fête populaire américaine ou les nombreuses kermesses des quartiers. Notre photo a été prise lors de la fête populaire franco-allemande, pendant laquelle on peut manger dans des quartiers plus tranquilles les spécialités françaises.

43 Hall des congrès dans le Tiergarten

Le hall des congrès a été bâti par H. A. Stubbins et financé par la fondation Benjamin Franklin. Ce hall, qui fut remis en 1958 au sénat de la ville de Berlin, était la contribution des Etats-Unis à l'exposition architecturale de 1957 (INTERBAU). Il «veut être un symbole de liberté et de dignité humaine, un lieu de liberté de langage». Son plus grand auditorium dispose de 1264 places, chacune étant reliée par casque d'écoute à un dispositif d'interprétation en cinq langues.

44 Gare de métro, place Fehrbellin

Le métro, qui transporte chaque jour environ 700 000 voyageurs, ne cesse d'allonger ses lignes et d'augmenter ses gares. Sous l'ancienne gare de la place Fehrbellin qui était encore un terminus en 1907, il y a une nouvelle ligne, la ligne 7 de Neukölln, qui mènera à Charlottenbourg-Nord. A cette occasion on a donné aux bâtiments d'accès aériens une forme de style pop.

45 L'hôtel de ville de Schöneberg

Après le partage de Berlin en 1948, lorsque le sénat berlinois cherchait un siège administratif, l'hôtel de ville de Schöneberg se présenta comme le domicile approprié. Dans la tour est suspendue la cloche de la liberté, remise par le général Clay en 1950. C'est de la tribune que J. F. Kennedy lança sa célèbre phrase: «Je suis un Berlinois». Sur la place de l'hôtel de ville qui porte le nom de Kennedy, on improvisa une retraite aux flambeaux en raison de son assassinat.

46 Le «Mur» ou le rempart socialiste

Depuis le 13 août 1961, le «Mur» de 45 km au milieu de la ville sépare Berlin-Ouest du «secteur démocratique» ou Berlin-Est. Situation typique: de l'autre côté voilà un policier populaire en train de veiller au bon état du «rempart socialiste», un autre en train de le surveiller; de ce côté-ci voici un belvédère du haut duquel on peut jeter un coup d'oeil sur les résultats indicibles de la politique, un enfant qui ne se soucie pas de l'indicible et un photographe.

47 La Porte de Brandebourg vue de l'est

La Porte de Brandebourg fut bâtie en 1791 par C. G. Langhans et isolait Berlin du Tiergarten. Depuis que Napoléon avait emporté le quadrige de Schadow et qu'on l'avait ramené, la Porte était devenue un symbole allemand. Berlin-Ouest rénova le char triomphal, Berlin-Est restaura la Porte. Depuis 1961 le «Mur» empêche tout passage. Dans le lointain voici le building de la firme Telefunken sur la place Ernst Reuter.

48 La Marienkirche dans un nouvel entourage

Au milieu de la photo voici la Marienkirche (église de Marie), début du XVe siècle et plus ancienne, la flèche de la tour étant de Langhans, 1790. A gauche les créneaux du rez-de-chaussée de la tour de télévision (hauteur de 365 mètres avec l'antenne); à droite le centre polonais de culture et d'information. Les formules publicitaires sur la corniche vantent des produits de Bitterfeld. A l'arrière-plan voilà le dôme (oeuvre des frères Raschdorf de 1905) qu'on est en train de reconstruire sous une forme plus simple.

49 Musée de l'histoire d'Allemagne dans l'arsenal Unter den Linden

L'arsenal Unter den Linden (Sous les tilleuls) est de nos jours le bâtiment baroque le plus important de Berlin-Est. Commencé en 1695 par A. Nering, il fut achevé en 1706 par M. Grünberg, Andreas Schlüter et J. de Bodt. Schlüter créa aussi les ornements en relief, tels que les trophées sur la balustrade du toit et les masques des guerriers à l'agonie. Le musée de l'histoire d'Allemagne montre des documents historiques dans l'esprit d'un matérialisme dialectique.

50 Le nouveau corps de garde Unter den Linden

Le nouveau corps de garde (1818) près de l'université Humboldt passe pour la plus belle oeuvre de Karl Friedrich Schinkel. Les Victoires de l'architrave sont de Schadow. Depuis 1931 monument aux victimes de la guerre 1914/18, cet édifice à la forme dépouillée est aujourd'hui celui qui «rappelle les victimes du fascisme et du militarisme»; ce qui n'empêche pas les sentinelles armées de fusils de garder l'image familière. Chaque mercredi à 14 h 30, garde montante de l'armée nationale populaire.

51 L'ancien musée

Plus que tout autre architecte, Karl Friedrich Schinkel et ses élèves ont créé la physionomie de Berlin jusque dans la deuxième moitié du 19e siècle. Voici derrière une palissade provisoire l'ancien musée de Schinkel. Inauguré en 1830 en tant que «Musée royal», il renfermait des antiquités; aujourd'hui qu'il a été radicalement reconstruit, il contient surtout le cabinet des dessins de la galerie nationale et le cabinet d'estampes.

52 La place Alexandre actuellement

Avec ses bombes la guerre a engendré beaucoup de changements dans les constructions souterraines et en surface, surtout dans les environs de la place Alexandre qui, excepté la gare de la S-Bahn (réseau ferroviaire urbain), ne montre plus aucun des bâtiments d'autrefois. A leur place on a créé entre de nouveaux immeubles-tours, un vaste paysage urbain avec des zones piétonnières en forme d'aula, qui prend un air de fête quand il s'anime après le travail. A gauche, une horloge indiquant l'heure de tous les continents.

53   Le pont de Glienicke, «Pont de l'unité»

Il y a 26,5 km du centre de Berlin à Potsdam. La rivière Havel est traversée au km 23,8 depuis très longtemps sur le pont de Glienicke. Cette construction en fer remplaça depuis 1903 un pont en pierre. En deça voilà le parc public, en delà voici la banlieue berlinoise qui fait partie de Potsdam. Quelle triste plaisanterie! La R. D. A. a baptisé pathétiquement le pont «Pont de l'unité», alors qu'il n'est practicable aujourd'hui encore que pour les véhicules des alliés.

54   Le château de Köpenick

Le château de Köpenick dans l'arrondissement du même nom est, sur son île entre les rivières Spree et Dahme, le quatrième château de cet endroit. Au-dessus de remparts slaves plus anciens, le prince Jacza de Copnic dut avoir sa résidence. Il y eut ensuite un château gothique, le château de chasse de Joachim II et enfin le château actuel de 1682 dont l'architecte était Rutger van Langeveld. Dans les salles somptueuses se trouve le musée des arts décoratifs avec les trésors de l'ancien musée des Hohenzollern.

55   Le château de Glienicke

En 1826 Schinkel édifia le château Glienicke pour servir de résidence d'été au Prinz Carl de Prusse. Auparavant Peter Lenné avait déjà commencé à créer le parc public (98 ha) qui entoure le château. Celui-ci, dont on voit la façade sud sur notre photo, forme avec d'autres bâtiments un ensemble harmonieux, qui englobe entre autres choses un *enclos* orné de fontaines. Dans les profondeurs du parc on trouve encore mainte construction originale.

56   Le château Sans-Souci

Dans un livre sur Berlin, Potsdam doit être représenté au moins par une photo. Potsdam était en fait la propre résidence des Hohenzollern. Leur disgrâce fit perdre à la ville sa tâche et sa substance. Certes il est difficile de les lui remplacer; mais il faut reconnaître que la R. D. A. fait tout ce qu'elle peut pour être à juste titre, dans ses propres termes, le «Conservateur de l'héritage culturel», et aussi qu'elle prend soin des châteaux et jardins d'une façon exemplaire, surtout de Sans-Souci.

57   Barques à voile sur la Havel

La petite flotille qui descend la Havel à travers notre photo ne fait pas supposer que, pour le seul Berlin-Ouest on a enregistré 40 000 bateaux de sport. A Berlin-Est il y en a à peine moins. Les eaux forment 6% de la superficie berlinoise (882 km²). Le parcours de la Havel dans Berlin-Ouest a 25 km. Ces faits et le plaisir de l'eau pour les Berlinois font de la ville un des centres de sport nautique les plus grands d'Europe.

58   Plage au bord du Halensee

A Berlin on se baigne partout, si la température le permet, aux endroits permis et interdits, en maillot de bain ou aussi tout nu, à son propre gré. Cependant les nudistes ne sont pas appréciés partout. Le Halensee (lac de 6 ha 08), à l'arrière-plan sur notre photo, fait partie de la chaîne des lacs de Grunewald, mais la moitié de ses rives est couverte de bâtiments. A l'extrémité nord on a aménagé de beaux parcs mamelonnés.

59   Champ de seigle près de Lübars

A l'angle limite nord de Berlin-Ouest, Lübars n'a pas encore été touché entièrement par l'urbanisation. On distingue encore nettement sur les collines qui bordent le ruisseau du Tegeler Fließ une agglomération du début du 13e siècle, village rectangulaire de pâturages. Personnages remarquables, ces douze paysans de Lübars qui préfèrent labourer leurs champs plutôt que devenir en les vendant des «cultivateurs millionnaires» comme leurs collègues de Schöneberg, il y a cent ans.

60   Maison bouddhiste à Frohnau

Il y a 50 ans, la commune des bouddhistes de Berlin se fit bâtir son temple bouddhiste à Frohnau (voir la photo). La mosquée a le même âge, l'église orthodoxe de la Résurrection à Wilmersorf a dix ans de moins. Berlin compte 5 synagogues, 200 églises protestantes, 80 catholiques et 50 églises libres ou communautés religieuses. La maxime de Frédéric le Grand est toujours valable: «Car ici chacun doit faire son salut à sa façon».

61   Pins et dunes au bord du Heiligensee

La plante caractéristique de la Marche de Brandebourg est le Pinus silvestris, le pin. Mais un sol uniquement formé de sable n'est pas aussi fréquent qu'on le dit, en parlant de la «Sablière du Reich». Ces dunes près du Heiligensee servent parfois de terrain d'entraînement aux troupes françaises, mais aussi de terrain de jeu aux enfants et aux civils adultes, assez souvent en même temps, car les Français ne sont pas si stricts.

62   Champ devant le Märkisches Viertel (quartier de la Marche)

Le fait que Berlin-Ouest a sous la charrue et la bêche encore 2000 ha de terre arable n'est pas ce qu'on attend en premier lieu d'une grande capitale. Plus de 100 fermes, environ 200 maisons d'horticulture, laiteries, engraissages de bestiaux et élevages de volailles, tout cela ne peut rendre la cité autarcique, mais contribue pourtant à l'approvisionnement. En ce qui concerne les plantes en pot, l'autarcie devrait être bientôt atteinte. Voici un champ près du Märkisches Viertel.

63   Auberge riveraine à Tegelort

Plus d'une auberge borde la rive du lac de Tegel, sans porter préjudice à la lisière de pins sylvestres dont Gottfried Keller fit l'éloge. Ici, à Tegelort, un bon nombre de cafés riverains s'alignent l'un à côté de l'autre. L'époque est en substance révolue où, à l'entrée des Cafés la phrase familière «Ici les familles peuvent faire leur café» racolait les visiteurs. Cependant, si elle est révolue, c'est depuis peu. Et il y a aussi des salles de bal pour les jeunes.

64   Sur le Tegeler See

Tandis qu'à Berlin-Est le Müggelsee (lac), nappe d'eau de 746 ha, est aussi en tête de tous les lacs berlinois, le lac de Tegel (408 ha) est la plus grande étendue d'eau de Berlin-Ouest. Gottfried Keller célébra le lac, O. J. Bierbaum l'île Scharfenberg. On ne peut malheureusement pas visiter ce qui fait sa rare beauté, un grand jardin botanique, pas plus que la «ferme» scolaire qui s'y trouve aussi, genre de lycée consacré aux muses.

65   Le châtelet des Humboldt à Tegel

Jadis château de chasse de Joachim II, le château de Tegel devint propriété des Humboldt. Les célèbres frères le firent transformer sous sa forme actuelle par Schinkel. Bien qu'étant propriété privée des descendants de la famille Humboldt, c'est aussi un musée ouvert au public qui renferme les riches collections de Wilhelm von Humboldt. A lui seul le parc est un beau but de promenade; on y a érigé le caveau de famille des Humboldt.

66   La tour de Julius

Souvent visitée et passée en proverbe, la tour de Julius qui fait partie de la citadelle de Spandau est le plus vieil édifice de Berlin, le donjon d'un château fort du 12e siècle. La citadelle fut érigée de 1560 à 1594 et, entourée des eaux de la rivière Havel, devait être alors plus célèbre qu'aujourd'hui, étant la seule forteresse de ce genre et de cette grandeur dans toute l'Europe. De 1871 à 1918 la tour de Julius abrita le trésor guerrier du Reich: 120 millions de marks en pièces d'or.

67   Spandau, le Kolk

La structure du noyau urbain de Spandau est aussi compliquée que celle de la plupart des villes de la Marche situées au bord d'un fleuve. Sur un espace très étroit, la vieille ville se compose de Behns, Kolk, Stresow et d'autres agglomérations, ce qui eut pour résultat une construction fissurée. En 1638 la ville devint place forte et le resta jusqu'en 1903. Il en est demeuré encore de petits ouvrages avancés et au passage de la frontière à Staaken, le fort Hahneberg. Voici une vue sur le Kolk (quartier).

68   Petit hôtel dans la Ritterstraße à Spandau

Le noyau urbain de Spandau n'est pas bien conservé, mais mieux que celui de Berlin. La Ritterstraße (rue des chevaliers) est une des 25 ruelles qui se trouvaient jadis autour de la Breite Straße et de la Klosterstraße (aujourd'hui rue Karl Schurz). L'hôtel Benn de cette ruelle était une demeure particulière et date environ de 1800. Il existe encore de telles maisons mais leur nombre diminue. Celui qui désire conserver une semblable propriété doit souvent mettre la main à la propre poche.

69   Statue de Joachim II devant la Nikolaikirche de Spandau

La ville de Spandau, plus ancienne que Berlin, était indépendante, ce qui est encore sensible aujourd'hui. Notre photo montre la statue de Joachim II (oeuvre de E. Encke, 1889), devant la Nikolaikirche (église du 14e siècle), où cet électeur passe pour avoir introduit la Réforme dans la Marche de Brandebourg en 1539. Cependant on estime plus récemment que ce changement de culte s'est fait à la Nikolaikirche de Berlin.

70   Ecluse de la Havel à Spandau

Une des données absurdes de cette ville est que le réseau ferroviaire et les voies navigables relèvent de l'administration de la R. D. A., qui n'a pas à coeur d'améliorer la situation ici. Voilà pourquoi l'écluse de Spandau, qui sépare les cours inférieur et supérieur de la Havel (notre photo), a besoin depuis longtemps d'être élargie. Cependant, la R. D. A. dirige son trafic maritime sur de nouveaux canaux tout autour de Berlin-Ouest.

71   Dans le port sud à Spandau

En 1945 les ports et les dispositifs de chargement étaient détruits dans une proportion de 60%, le reste fut démonté. Entre-temps on a aménagé avec les installations adéquates 40 bons kms de quais, dont 7,6 km dans le port ouest, 1,3 km dans le port est (à Berlin-Est), 25 km dans les docks du secteur du canal Teltow, enfin le reste considérable à Spandau, en aval et à l'embouchure de la Spree qui se jette dans la Havel. En voici le port sud.

72   Triangle de l'autoroute près du pylône de radio

Voici à gauche au bas de la photo le parking du centre des congrès, d'en bas changeant de direction à gauche, voilà l'autoroute urbain avec son réseau d'artères, à droite le parcours de l'AVUS, route d'accès aux autoroutes de Hannovre, Leipsig, Nuremberg etc. Cachés dans les noirceurs vers le bord supérieur de la photo, les quartiers sud-ouest des villas de Berlin-Ouest et tout en haut à droite voilà un morceau du Grunewald.

73   La centrale électrique Ernst Reuter

Berlin est au total la plus grande ville industrielle du continent, mais Berlin-Ouest est encore la plus grande des deux Allemagnes. Ceci correspond au besoin de courant électrique. La centrale Ernst Reuter, une des sept centrales, date de 1931, fut démontée en 1945 et reconstruite pendant le blocus de 1948/49. On fit venir le générateur et les pièces des machines par le pont aérien. En ce qui concerne l'alimentation en courant, Berlin-Ouest est sans appui de personne.

74   Mur mitoyen dans l'Adalbertstraße

Murs mitoyens – Werner Heldt les a souvent peints, ces symboles d'une ville de casernes incomplètement construite et sans cesse en expansion. Les lacunes étaient comblées, la guerre ouvrit de nouvelles brèches. Ici une maison a disparu. Le mur mitoyen de la maison voisine, mis à découvert, a subsisté. Il incite les auteurs de mots d'ordre à s'exprimer. Le Turc devant, mais aussi le caissier de banque dans l'immeuble neuf à gauche pourrait s'appliquer cette sentence de Brecht.

75   Le musée de Berlin dans la Lindenstraße

Berlin-Est a son musée de la Marche. Ce musée-ci est une nouvelle création à tous égards et, bien qu'inauguré en 1969 seulement, vaut de plus en plus la peine d'être vu. La maison dans laquelle il se trouve est remarquablement belle; c'est l'ancienne cour d'appel de Ph. Gerlach, 1735. Dans ce bâtiment, le conseiller de la cour d'appel E. Th. A. Hoffmann et le stagiaire Willibald Alexis ont pâli sur les dossiers et . . . composé des vers.

76   Brasserie de bière blanche au musée de Berlin

Cafés et snack-bars au musée sont devenus en usage. Mais la brasserie de bière blanche au musée de Berlin détient le record d'originalité. «Un buffet géant, décoré comme un autel de chefs de tribus germaniques», écrivit Wolfgang Menge. Cependant cet autel est devenu le foyer et l'asile des solides spécialités berlinoises: boulettes, harengs roulés, oeufs cuits dans l'eau salée, saucisses de jardinier alias cornichons au vinaigre. D'après Menge, «120 personnes occupent le plus souvent 30 places assises».

77   Eternel joueur d'orgue de Barbarie

Les joueurs d'orgue de Barbarie font partie de Berlin, si progressiste qu'il soit. Leur cercle d'auditeurs se renouvelle sans cesse. La fabrique de ces vieux instruments n'a pas survécu à la dernière guerre, mais il y a encore des loueurs d'orgues de Barbarie. Ces concerts de rue ont lieu au milieu de Kreuzberg. Les façades dites ‹de l'ancienne Prusse› attestent d'un bon style avant les enflures de l'ère de la révolution industrielle allemande. Le quartier n'a du reste plus beaucoup d'ancien.

78   Mehringplatz, jadis place Belle-Alliance

Dans Berlin du 18e siècle on aménagea trois places ‹géomètriques›: le carré devant la Porte de Brandebourg qui devint en 1818 place de Paris, l'octogone ou place de Leipsig avec le célèbre magasin Wertheim devant la Porte de Potsdam et, devant celle de Halle le rond-point, jadis place Belle-Alliance et maintenant place Mehring. Tout en gardant l'ancienne forme ronde, on y a construit des beaux bâtiments neufs y compris les immeubles-tours de Werner Düttmann. Au fond et à droite le métro aérien.

79   Magasin d'alimentation turc à Kreuzberg

Les Turcs qui représentent le plus grand contingent des travailleurs étrangers de Berlin, ont amené aussitôt leurs épiciers pour ne pas renoncer à leur nourriture familière. Cela a l'avantage suivant: comme les Turcs vendent divers fruits et légumes que l'épicier allemand peu flexible avait omis de tenir, mais qu'il doit avoir maintenant s'il veut supporter la concurrence, le menu de tous les ménages berlinois s'enrichit.

80   Enfants turcs à Kreuzberg

Berlin-Ouest compterait environ 100 000 Turcs, si on pourrait faire le compte exact. Sans aucun doute ils transforment la physionomie familière de la ville. Voici de petits Turcs dans une rue du quartier de Kreuzberg, où ils représentent la majorité des classes. Parmi ceux qui s'engagent pour cette cause, les uns voient venir la décadence de Berlin, les autres sa guérison. En tout cas la comparaison avec l'immigration des huguenots en 1685 est déplacée.

81   Vue panoramique de la vieille cité

Au-delà du centre de notre photo se trouve la capitale de la R. D. A. ou Berlin-Est. Là-bas on n'a pas négligé non plus de bâtir et dans un style architectural conforme à celui de Berlin-Ouest. A 7 cm du bord gauche de la photo, voilà Unter den Linden (avenue des tilleuls) l'ambassade soviétique, à 10,5 cm voilà l'hôtel Stadt Berlin; à 14,5 cm la flèche du clocher de la Marienkirche derrière le dôme, au milieu la tour de télévision; au-dessus du palais de la République on voit le Rote Rathaus de 1870 (hôtel de ville); à 7 cm à droite, sur le Gendarmenmarkt maintenant place de l'Académie se trouve la ruine du Deutscher Dom et à 17,5 cm son pendant français de 1701.

82   Entre la Lindenstraße et la Friedrichstraße

Le grand essor de construction des années d'après-guerre est terminé. De rares terrains à bâtir attendent encore impatiemment leur utilisation judicieuse. Non par manque d'entrepreneurs de construction mais souvent ceux-ci n'avaient aucune chance, parce que les propriétaires émigrés étaient morts depuis longtemps, leurs héritiers dispersés dans tous les continents et leurs droits de propriété difficiles à clarifier. Pour un terrain comme celui-ci dans le sud de la Friedrichstadt, le voisinage du ‹Mur› freine aussi l'envie qu'ont les entrepeneurs de bâtir.

83   Marché aux puces sous l'arche du métro

Depuis la disparition des marchands de chiffons, les marchés aux puces ont pris leur essor. A droite sous le chariot pour les livres, voici des balustres faits au tour que les adeptes de la mode rétro utilisent comme pieds de table. Egalement celui qui a le coeur à droite en politique pourrait satisfaire à ses besoins de panoplie militaire et patriotique. La tête de cheval au-dessus de l'arche du S-Bahn rappelle les écuries qui se trouvaient ici, quand le Tiergarten et le ‹Ku-Damm› avaient encore des pistes cavalières.

84   Pleine lune sur Berlin

Une vue panoramique donne une idée des dimensions des quartiers – ici la partie sud de Charlottenbourg et l'est de Wilmersdorf – et incite à chercher les détails: au bord inférieur de la photo voici l'extrémité sud du Lietzensee, traversant en biais le centre de la photo, les voies autour de la gare Charlottenbourg; le bloc sombre au milieu est le ‹Carré› du Kurfürstendamm; au fond et à gauche l'Europa Center et la tour en ruine de la Gedächtniskirche. Et sur tout cela brille la lune.

85   A l'observatoire Wilhelm Foerster

Si Berlin-Est possède son observatoire Archenhold à Treptow depuis 1896, Berlin-Ouest a depuis 1947 ou 1962 l'observatoire Wilhelm Foerster sur l'‹Insulaire› de Schöneberg, monceau de décombres. Des planétariums en font partie ici comme là. Mais le premier observatoire de Berlin se trouvait dans la Dorotheenstadt (quartier) et datait de 1711. Il faisait partie de l'Académie royale prussienne des sciences qu'avait créée Leibniz.

86   Vol libre au Teufelsberg

Lilienthal avait à Berlin ses premières montagnes pour ses vols planés. Cependant ce qui finit par payer de sa vie au Gollenberg près de Stölln, est en train de devenir aujourd'hui un sport populaire: le vol libre. Voici un pilote en train de prendre son essor au Teufelsberg – monceau de décombres provenant des bombardements, haut de 115 m et de plus de 21 millions de mètres cubes. C'est à peu près le cinquième de tous les décombres de Berlin qui, eux, représentaient le sixième du monceau de gravats en Allemagne.

87   Piste pour les courses au trot à Mariendorf

Les tribunes sont récentes mais la piste pour les courses au trot à Mariendorf existe déjà depuis 1913 et jouit d'une popularité non diminuée. De même les hippodromes très valables de Berlin-Est à Karlshorst et Hoppegarten sont encore en activité. Mariendorf, Marienfelde, Rixdorf qui est aujourd'hui Neukölln et Tempelhof, situés tous au sud de Berlin, furent fondés par les Templiers; après 1318 ils passèrent aux chevaliers de Saint-Jean et en 1435 à Berlin.

88   Vieille auberge dans le vieux Mariendorf

On distingue encore nettement le noyau de nombreux villages incorporés en 1921 à Berlin en pleine croissance. Fréquemment l'ancienne rue porte le nom du lieu avec l'adjonction ‹Alt› (vieux): Alt-Buckow, Alt-Britz, Alt-Tempelhof et aussi Alt-Mariendorf. Le noyau intact d'un village a encore de nos jours pour éléments essentiels l'église, l'auberge et – comme à Dahlem ou Britz – également l'ancienne résidence des chevaliers. Voici l'auberge de Mariendorf.

89   Eglise de village à Mariendorf

Des 59 villages qui ont fusionné avec Berlin, il est resté plus de 50 églises dont beaucoup encore des 13e et 14e siècles; cette possession caractéristique, on ne la trouve dans aucune autre grande capitale. L'église de village de Mariendorf (notre photo) est une construction de style roman tardif faite avec des pierres de pays, avec un beffroi et des tourelles en bois de 1737. Les matériaux de construction datant de la période glaciaire, on put les trouver partout en labourant.

90 *Märkisches Viertel, ville satellite*

De 1963 à 1974 on a construit au nord de Berlin-Ouest une ville satellite. 25 architectes du pays ou de l'étranger y ont travaillé. Düttmann, Müller et Heinrichs ont tracé les plans d'aménagement. Le quartier offre 17 000 logements où peuvent habiter 50 000 personnes. La qualité des conditions de vie dans cet ensemble fut contestée, toutefois on finit par s'arranger avec le temps.

91 *Château de chasse de Grunewald*

Joachim II avait bien pourvu Berlin de châteaux de chasse. Il en est demeuré le château de Tegel et celui de Grunewald (notre photo). Cet édifice plusieurs fois transformé (Caspar Theyß, 1542), a encore beaucoup de sa beauté originelle et même si la dernière chasse de la cour a eu lieu ici en 1907, des cavaliers roturiers portent aujourd'hui la tunique rouge. Une galerie de tableaux se trouve dans le château, dans la cour ont lieu des concerts.

92 *La baie de la Havel près de Moorlake*

Les deux parties de Berlin abondent en chemins pour se promener au bord de l'eau, à travers les bois et les parcs. Köpenick, quartier qui a la plus grande superficie, offre même 180 km de chemins de piétons. Mais Berlin-Ouest ne lui est que peu inférieur. La baie de la Havel près de Moorlake est idyllique; il y a des chemins pleins d'attrait et point trop encombrés qui mènent d'ici dans le parc public de Glienicke, à Nikolskoe et jusqu'à la Pfaueninsel (île des paons).

93 *L'aéroport central de Tegel*

On n'exploite plus les plus anciens aérodromes de Berlin, Johannisthal et Staaken. Pour le trafic aérien civil, Berlin-Est utilise Schönefeld et Berlin-Ouest Tempelhof et Tegel. Ce dernier terrain d'aviation était un champ de tir, servait à une section d'aérostiers, devint en 1930 base de lancement de fusées et à partir de 1960 aérodrome d'Air France. En 1974 on inaugura l'établissement Tegel-Sud pour transporter par an 5 000 000 passagers. Provisoirement.

94 *Vue sur le grand Wannsee*

Le grand Wannsee (lac), convexité de la Havel et dont la nappe d'eau a une superficie de 129,5 ha, est – même des poètes l'ont célébré – la quintessence de toutes les baignades berlinoises. La plage (notre photo a été prise de sa terrasse) possède depuis 1924 une architecture fixe, 400 fauteuils-cabines en osier, quatre fois plus de transatlantiques et tout le confort habituel. La localité du même nom a beaucoup de villas, de clubs et de sanatoriums.

95 *Château sur la Pfaueninsel*

Les lubies de Frédéric-Guillaume II ont laissé sur l'île des paons des édifices d'un style romantique et maniéré. Voici le château de 1797, sous forme de ruine et dont les tours sont reliées depuis 1807 par un pont en fer; le premier était en bois. La maison des cavaliers et d'autres bâtiments sont de Schinkel mais la métairie en forme de ruine comme le château – est l'oeuvre du maître ébéniste Brendel, également auteur du château. Cette île intéressante au point de vue botanique est une réserve très fréquentée.

96 *Colonne triomphale*

La colonne triomphale (de J. H. Strack, 1873) commémore les victoires prussiennes de 1864 et 1866 et celles de l'Allemagne en 1870/71. La Victoire est une oeuvre de F. Drake. La colonne s'élevait jadis devant le Reichstag; lorsqu'on élargit sous le troisième Reich l'actuelle rue du 17 Juin, on la transporta sur son emplacement actuel la ‹Grande Etoile› dans le Tiergarten; voilà bien la seule intervention de Hitler dans la physionomie de la cité qu'on n'ait pas à réprouver.

97 *Hiver au Grunewald*

Le parc de Treptow, Tiergarten et le parc du château de Charlottenbourg sont des résidus de la végétation alluvionnaire de la Spree; ils sont appréciés par les Berlinois dont le coeur bat pour le Spreewald (paysage de la Spree). Les lacs recherchés de Grunewald datent aussi de la période glaciaire; leurs environs présentent des marécages plats couverts d'aulnes et d'autres marécages – degrés de la sédimentation. Les pins caractéristiques de Grunewald préfèrent les terrains plus secs.

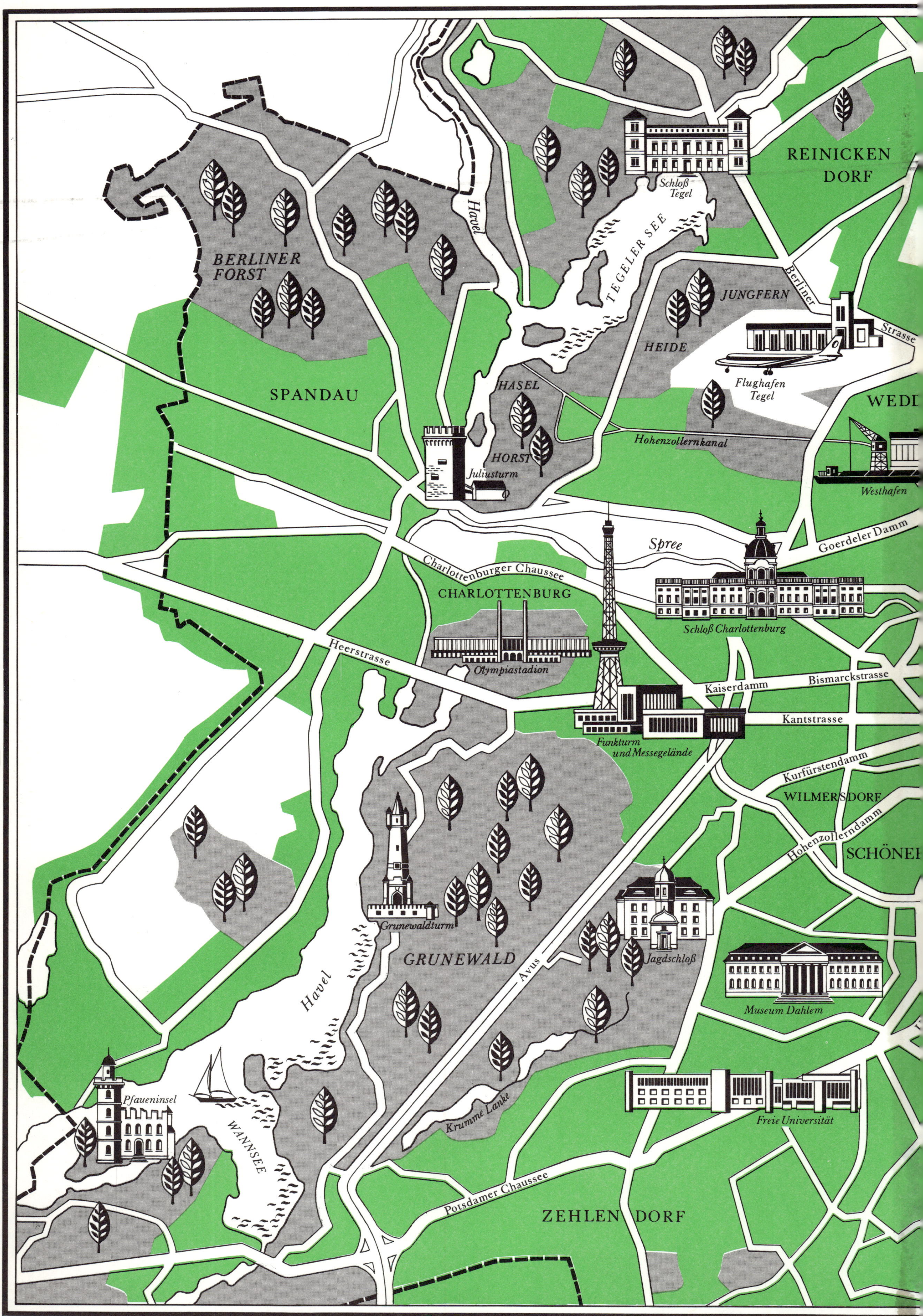

Schloß Tegel
REINICKEN DORF
TEGELER SEE
Havel
BERLINER FORST
JUNGFERN HEIDE
Berliner Strasse
Flughafen Tegel
SPANDAU
HASEL HORST
WEDD
Hohenzollernkanal
Juliusturm
Westhafen
Spree
Goerdeler Damm
Charlottenburger Chaussee
CHARLOTTENBURG
Schloß Charlottenburg
Heerstrasse
Olympiastadion
Kaiserdamm
Bismarckstrasse
Kantstrasse
Funkturm und Messegelände
Kurfürstendamm
WILMERSDORF
Hohenzollerndamm
SCHÖNE
Grunewaldturm
GRUNEWALD
Jagdschloß
Avus
Havel
Museum Dahlem
Pfaueninsel
Krumme Lanke
WANNSEE
Freie Universität
Potsdamer Chaussee
ZEHLEN DORF